게임 체인저

KB192451

일러두기

이 책에는 내 생각과 의견이 많이 등장하지만 그것들은 모두 기본적으로 과학과 역사에 뿌리
를 둔다. 나는 무엇인가를 시도할 때 필요한 전략을 수립하기 위해서는 사실, 문헌, 객관적인
수치가 필요하다고 믿는다. 인용문 출처에서 연구 문헌의 목록을 확인할 수 있다.

GAME
CHANGER

해롤드 햄, 50년의 석유탐사 여정과 시장을 바꾼 기술

게임 체인저

해롤드 햄 지음
장진영 옮김
유정준 감수

돋트

미국은 지난 몇 년간 사우디아라비아, 러시아를 제치고 세계 최대의 석유 및 천연가스 생산국으로 자리 잡았습니다. 연초 발표된 미국 에너지 정보청 통계에 따르면 2023년 1,292만 배럴이던 미국의 일 평균 원유 생산량이 2024년 1,321만 배럴로 증가했고 2025년에는 1,344만 배럴로 역대 최대 산유량을 경신할 예정이라고 합니다. 통계에 비추어 보아 앞으로도 미국이 세계 최대 석유 및 천연가스 생산국 지위를 유지할 것으로 전망하고 있습니다. 또한 미국은 2023년 8,890만 톤의 LNG를 수출하여 카타르를 제치고 세계 최대 LNG 수출국이 되었습니다.

미국이 역대 최대 산유량을 경신하고 지속적으로 생산 효율이 향상되고 있는 것은 셰일(매우 곱고 부드러운 점토 입자로 구성된 치밀한 암석으로 석유 및 가스가 생성되는 근원암. 전통적인 방법으로는 석유와 가스의 생산이 어려움-역주) 혁명을 일으킨 해롤드 햄Harold Hamm 회장 같은 에너지 현장의 혁신가들에게서 기인합니다. 미국의 셰일 혁명shale

5

revolution은 질적으로도 계속 향상되고 진화하고 있습니다. 원유 생산을 위한 굴착 장비Oil Rig 수를 보더라도 2024년 1월 기준 499개로 그 숫자가 10년 전에 비해 70퍼센트 감축되었으나 생산량은 10년 전보다 오히려 두 배 증가한 것이 그 예입니다.

'셰일 혁명의 아버지'*로 불리는 해롤드 햄 회장은 2012년에 이미 〈타임〉지가 뽑은 '세계에서 가장 영향력 있는 인물 100명'에 선정된 바 있으며 혁신적인 노력과 결단력으로 전 세계 에너지 지형을 변화시킨 놀라운 인물입니다.

그는 셰일 혁명의 중심에 있는 두 가지 핵심 기술, 수평 시추와 수압 파쇄 공법의 선구자입니다. 엑슨 모빌Exxon Mobil, 셰브론Chevron 같은 기존 석유 메이저조차 불신하여 이 분야에 대한 투자를 주저할 때, 2000년대 초반 노스다코다주 바켄 분지에서 이 신기술을 본격적으로 적용하는 대담한 시도를 하였습니다. 대다수의 회의적인 시선과 막대한 재정적 위험에도 불구하고 햄 회장은 끊임없는 시도와 혁신을 통해 이 기술을 발전시켰고 마침내 바켄 분지 개발 성공으로 이 기술의 엄청난 잠재력을 '현장에서, 상업적으로' 입증했습니다.

햄 회장의 바켄 분지 개발 성공 이후, 메이저를 포함한 많은 업체가 뛰어들며 미국은 셰일 붐을 맞이했고 햄 회장은 셰일 혁명의 아버지라는 칭호를 얻었습니다. 그가 주도한 셰일 혁명이 없었더라면 전

• '셰일 혁명의 어머니'는 조지 미첼(George Mitchell)로 셰일층에서 원유 및 가스 추출을 가능하게 한 수압 파쇄 공법을 20여 년간 1,000개 이상의 시추공에 시도하여 2008년경에 성공시킨 인물이다.

세계 석유 및 천연가스 소비자들은 에너지 비용에 매년 1조 달러의 돈을 더 썼어야 했을 것이라는 추산도 발표된 바 있습니다.

그러나 햄 회장의 바켄 분지 개발 성공은 성공 그 자체보다 그 성공에 이르는 과정에 더 주목해야 한다고 저는 생각합니다. 셰일 개발은 전통 에너지산업의 경계를 넘어서는 접근 방식이 요구되는 일이었습니다. 새로운 가능성에 대한 그의 편견 없는 시각과 강한 탐구 정신이 아니었다면 기존 업계의 틀과 상식을 깨기는 어려웠을 것입니다.

또 한 가지는 철저히 데이터를 기반으로 판단을 내렸다는 점입니다. 햄 회장은 성공에 대한 확신이 있었지만 단순한 직관이나 운에 기댄 것은 아닙니다. 지질, 화학, 엔지니어링 등 분야별 최고의 전문가들로 팀을 구성하여 이들의 경험과 철저히 분석한 자료를 기반으로 의사 결정을 내렸습니다. 그의 열린 사고와 호기심, 문제를 바라보는 객관적인 태도가 결합되어 미국의 에너지 혁명이 이루어졌습니다.

햄 회장은 화석연료인 석유 및 천연가스에서 셰일 혁명을 일으킨 장본인이지만 친환경 에너지와 대척점에 있지 않습니다. 그는 균형 잡힌 에너지 전략의 필요성을 믿으며 재생에너지의 도입을 지지합니다. 다만 그는 "재생에너지를 반대하는 것이 아니라 아직 존재하지 않는 새로운 시스템을 위해 현재 시스템을 무작정 해체하는 것에 반대합니다. 대신 실효성 있는 솔루션으로 측정 가능한 변화를 만들어야 합니다"라고 말합니다. 햄 회장은 에너지 안보와 환경보호를 위해서는 현실에서 석유, 가스, 풍력, 태양광, 원자력 및 기타 재생에너지를 모두 포함한 종합적인 에너지 전략이 필요하다고 강조합니다.

햄 회장은 현실적인 진화를 추구합니다. 셰일 혁명으로 값싼 셰일 가스를 대량생산 하여 석탄 발전 대신 천연가스 발전으로 에너지 전환을 이루었습니다. 미국은 2006년부터 2020년까지 지속적인 경제 성장을 이루면서도 이산화탄소 배출량을 22퍼센트나 감축했고 이는 혁신·기술에 기반한 점진적 진화가, 대안 없는 이상주의보다 현실적이고 합리적인 해결책이라는 점을 강조합니다.

이 부분에서 90퍼센트 이상의 에너지를 수입에 의존하는 대한민국의 현실을 돌아보게 됩니다. 에너지는 국제 지정학, 경제, 정치, 기술, 금융 등 너무 많은 변수가 상호작용 하는 복잡계이며, 그 근본에는 어느 것도 희생할 수 없으나 상황에 따라 비중은 바뀌는 세 가지, 즉 경제성, 친환경성, 에너지 안보의 세 축을 중심으로 변화하는 거대한 생태계입니다.

대한민국은 그동안 품질과 경쟁력 있는 가격의 안정적인 에너지 공급이 산업 성장을 뒷받침했으나 대전환기를 맞이하여 현재 위의 세 축 모두에서 거센 도전 과제에 직면했습니다. 햄 회장이 보여주는 균형 있고 종합적인 에너지 전략이 대한민국에 그 어느 때보다 필요한 시점이 아닐까 합니다.

햄 회장은 개인적으로도 존경스럽고 매력 있는 사람입니다. 제가 햄 회장을 처음 만난 것은 2014년입니다. 이 책에서도 언급되어 있지만 당시 제가 대표를 맡고 있던 SK E&S는 햄 회장의 콘티넨탈 리소시스Continental Resources가 보유하던 셰일 가스전 지분 약 50퍼센트를 인수하였고 이 과정에서 햄 회장과 교분을 맺게 되었습니다.

2014년 지분 인수 합작 계약을 위해 오클라호마를 방문했을 때입니다. 콘티넨탈 리소시스의 건물은 검소하나 누추하지 않았고, 햄 회장은 권위가 있었으나 부하 직원들의 진솔한 이야기를 잘 듣는 경청의 자세와 개방성을 가지고 있었습니다. 후일 일하는 과정에서 여러 번 보았으나 신입 사원까지도 구체적이고 기술적인 사안에 대해 자기 의견을 햄 회장 앞에서 거리낌 없이 발표하고 토론하도록 유도하는 모습이 인상 깊었습니다.

지금도 첫 만남인 비즈니스 런치가 기억납니다. 점심으로 나온 것은 기름지고 무척 큰 햄버거와 프렌치프라이가 들어 있는 Doggy Bag이었습니다. 미국 100대 부자인 햄 회장이 양상추와 소스를 흘리면서 맛있게 먹으며 연신 냅킨으로 입을 닦던 모습이 평범한 이웃 미국 아저씨 같았습니다. 오찬이 끝날 무렵 먹다 남은 눅눅한 프렌치프라이를 Doggy Bag에 싸 들고 나가면서 "See You Later!" 하던 모습에서 햄 회장의 검소한 평소 모습을 엿보았습니다.

햄 회장은 검소함이 몸에 밴 사람이지만 헌신적인 자선사업가이기도 합니다. 그는 지역사회에 기여하고 환원하는 것이 성공의 필수 요소라는 확고한 믿음을 바탕으로 의료 연구 등 지역사회에 거액을 기부합니다. 고향의 오클라호마 대학교에 6,000만 달러를 기부하여 해롤드 햄 당뇨병 의료 센터를 설립했고 노스다코다 대학교와 메리 대학교에도 수천만 달러를 기부하는 등 교육 분야에서의 자선 활동도 활발히 하고 있습니다.

최근에는 오클라호마 주립 대학교와 에너지 교육을 확대하고 혁신을 지속하기 위해 차세대 에너지 리더를 양성하며 미국의 에너지 독립을 위한 정책 연구를 목적으로 5,000만 달러를 기부, 햄 미국 에너지 연구소를 설립했습니다. 저도 햄 미국 에너지 연구소의 International Committee Chair를 맡아 연구소 활동에 동참하고 있습니다.

그리고 무엇보다 그는 신뢰할 수 있는 비즈니스 파트너입니다. 서로 이야기한 것은 문서로 확인을 하건 안 하건 꼭 지키는 원칙과 신념이 있는 경영자입니다. 미국 내의 E&P 파트너링 관행은 Operator가 전권을 가지고 운영하는 것이 일반적이나 햄 회장과 콘티넨탈 리소시스는 지난 10년간 SK 측과의 정보 교환과 조율에 진심으로 대화하고 협조하는, 신뢰감 있는 모습을 보여주었습니다.

지난 10여 년간 유가는 마이너스 45달러에서 140달러의 변화를 보이며 크게 출렁거렸으나 햄 회장과의 파트너십과 프렌드십은 변함이 없습니다. 햄 회장 같은 기업가와 파트너가 된 것은 참 좋은 인연이라고 생각합니다. 이처럼 오랫동안 상호 신뢰를 가지고 있기에 2022년에는 햄 회장의 전화 소개만으로 미국에 있는 세계 최대, 연간 1,600만 톤 이상 규모의 CCUS(탄소포집저장기술) 사업인 Summit Carbon Solutions에도 투자하게 되었습니다.

햄 회장이 『게임 체인저Game Changer』 출간 직후 제게 보내 준 책에 "Thank you for your partnership and friendship"이라는 메시지가 적혀 있었는데 그에 대한 저의 마음과 똑같아 미소를 지었던 기억이 납니다.

오클라호마에서 가난한 소작농의 13번째 아들로 태어나 작은 트럭 운송 회사의 운전사로 출발했지만 세계 에너지 무대의 정상에 오른 해롤드 햄의 여정은 인내와 혁신, 비전 있는 리더십에 관한 이야기입니다. 그는 석유와 천연가스 생산에 혁명을 일으켰을 뿐만 아니라 전 세계 에너지 정책과 시장을 재편하는 데 지대한 공헌을 하였습니다. 이 책이 독자들에게 에너지 분야에 대한 영감과 현명한 인사이트를 제공하길 바랍니다. 그의 이야기를 통해 협업과 비전 공유가 놀라운 성과로 이어질 수 있음을 알고 당신의 꿈과 혁신을 추구할 동기를 얻기를 바랍니다.

유정준 SK(주) 부회장

추천사

석유와 천연가스만큼 세계정세를 바꿀 정도로 세계정세에 큰 영향력을 행사하는 것은 없다. 에너지의 현실을 논하고 해결책을 제시할 사람으로 해롤드 햄보다 적임자는 없다.

— 마이크 폼페이오(제70대 미국 국무부 장관)

해롤드 햄은 50여 년 동안 미국의 에너지 이야기를 써 내려갔다. 그의 여정은 한마디로 '독특했다'. 오클라호마주 소작농의 13남매 중 막내로 태어난 그는 수평 시추법을 도입하여 미국의 '셰일 혁명'을 이끌며 에너지 세계를 영원히 바꾸어 놓았다. 그는 미국이 에너지 부족에서 에너지 풍족으로 나아가도록 도왔고 미국을 세계 에너지 초강국으로 변모시켰다.

햄은 대통령, 국가원수, 정책 입안자, 정치인, 에너지 전문가 등 그들의 결정이 우리의 일상에 영향을 주는 사람들에게 에너지와 관련해 조언을 한다. 그는 미국뿐만 아니라 전 세계의 에너지 정책에 관해서 인정사정없이 비평한다. 그는 자신이 걸어온 에너지 여정과 합리적인 에너지 미래를 모든 이들과 공유하고자 한다.

― 마이크 로(TV 호스트이자 작가이자 대변인)

나는 해롤드 햄의 열혈 팬이다. 업계뿐만 아니라 미국의 안보를 강화하는 더 좋은 에너지 정책이 마련되도록 돕는 일을 이끈 그의 리더십을 바로 곁에서 목격했다.

― 스티브 스컬리스(미국 하원 다수당 대표)

독창성, 결단력, 그리고 집념이 있는 해롤드 햄의 위험을 감수하는 대범한 기업가 정신이 미국의 에너지 전경을 완전히 바꾸고 미국이 에너지 안보와 독립을 이룰 수 있게 했다. 노스다코타주를 시작으로 미국 전역의 셰일층에서 대량의 석유와 천연가스를 생산한 수평 시추법을 개발한 것부터 40년 동안 굳건했던 원유 수출 금지를 철회시킨 것까지, 해롤드 햄은 전 세계에 측정할 수 없을 정도로 엄청난 영향을 미쳤다. 그의 여정을 다른 이들과 함께 나누어 그들에게 영감을 주어야 한다.

― 더그 버검(노스다코타주 주지사)

해롤드 햄은 진정 영웅과도 같은 기업가다. 그는 다른 나라에서 수입하는 연료에 대한 미국의 의존을 끊고 미국의 에너지 생산 방식을 혁명시킨 혁신을 통해서 에너지 독립을 이루었다. 그의 책은 혁신가가 되길 바라는 모두에게 큰 영감을 선사할 것이다.

― 찰스 슈와브(더찰스슈와브 코퍼레이션 창립자이자 CEO)

해롤드 햄의 이야기는 모든 역경에 맞서 극복한 불굴의 용기를 보여준다. 오클라호마주에서 가난한 소작농의 아들로 태어나 워싱턴 정계에서 에너지 정책에 관해 의견을 제시하고 미국의 원유 수출 금지를 철폐한 것까지, 그는 목적의식을 가지고 살았다. 수평 시추법을 개척한 그의 불굴의 의지가 우리 모두의 삶을 더 좋게 바꾸었다.

— 배리 스위처(오클라호마 주립 대학교 수너스와 댈러스 카우보이스 감독)

'그들은' 노스다코타주의 유전을 두고 '다 됐다'라는 표현을 쓴다. 하지만 해롤드 햄은 '일생일대의 기회'란 단어를 떠올렸다. 그는 소작농의 아들로 태어나서 자수성가한 미국인이다. 햄은 미국이 에너지 독립을 이루도록 이끌었다. 그런 그에게 할 이야기가 많은 건 당연하다.

— 해리 스미스(NBC 뉴스 기자)

해롤드 햄이 혁신을 동원하여 전장으로 나가서 미국의 에너지 독립을 쟁취한 이야기는 누가 들어도 영감을 얻을 수 있고 역사에 남을 만큼 중요하다. 세상을 바꿀 영향력을 지닌 이야기는 다음 세대에 영감을 주기 위해서라도 많은 이들의 입에 오르내려야 한다. 하지만 그는 조용히 격려하고 보이지 않는 곳에서 열정적으로 리더를 돕는다. 나는 이 부분에서 큰 흥미를 느꼈다. 그의 손길이 닿은 것은 더 좋아진다. 오클라호마 주립 대학교를 보면 이것이 사실임을 금세 이해할 것이다. 개인적으로 나는 해롤드 햄의 영향과 비전 덕분에 더 좋은 리더가 됐다.

— 케이스 슈럼(오클라호마 주립 대학교 총장)

해롤드 햄이 미국 사회에 한 기여는 우리가 살아가는 동안 가장 중요한 일 중 하나라는 데 이견이 없을 것이다. 이 세상 어디라도 그보다 인류의 삶의 질에 더 위대한 영향을 준 사람을 찾기는 쉽지 않다. 집념, 인내, 열정, 근면, 날것의 재능으로 그는 수평 시추법을 고안했고 개발이 거의 불가능했던 치밀 저류층을 시추했다. 나처럼 석유공학과 에너지 경영을 전공한 전문가들은 그가 하려고 하는 일은 불가능한 일이라고 배웠다. 다행히도 해롤드 햄은 전공 서적을 꼼꼼하게 읽지 않았다.

이 기술적 성취가 미국의 에너지 독립을 가능하게 했고, 석유 가격의 인하를 통하여 연간 수조 달러에 맞먹는 혜택을 전 세계 에너지 소비자들에게 선사했다. 그가 촉발한 셰일 혁명이 없었다면 소비자들은 매년 에너지에 1조 달러의 돈을 더 써야 했을 것이다. 그는 어떻게 이런 일을 해낸 것일까? 도대체 그는 무슨 일을 한 것일까? 궁금하다면 햄의 책을 읽어 봐라. 이 책은 허레이쇼 앨저가 쓴 아동문학처럼 유쾌하고 재미있는 읽을거리다. 이 책을 읽으면 셰일 혁명이 세계 에너지 안보와 인류 삶의 질에 어떤 이바지를 했는지 알 수 있다. 그의 문체는 너무나 진솔하고 재미있어서 난롯가에 앉아 해롤드 햄과 수다를 떨고 있는 것처럼 느껴진다. 곳곳에 재치 있고 흥미로운 이야기가 숨어 있고 겸손하다. 당신이 이 책과 즐거운 시간을 보내길 바란다.

— 빌 베리(전 콘티넨탈 리소시스 CEO)

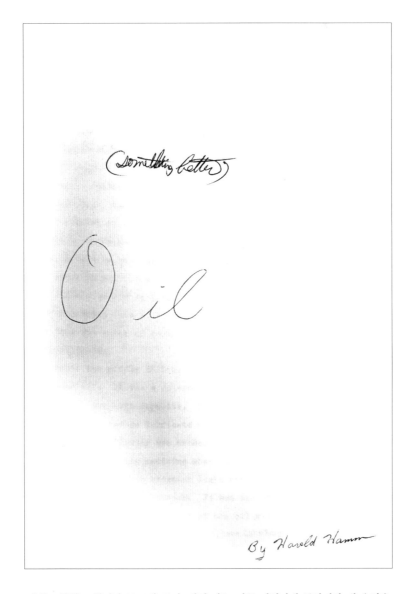

나의 고등학교 학기말 보고서 표지. 당시 나는 너무 어렸기에 몰랐지만 내 운명은
이 보고서를 쓰는 순간 시작됐던 것 같다. 나는 그 보고서에 〈석유(더 좋은 무언가)〉라는
제목을 붙였다. 내가 지금까지 걸어온 여정은 이 책을 통해서 확인할 수 있다.

늘 그렇듯이 세상은
해달라는 것은 많고 칭찬에는 인색하다

그런 의미에서 나는 이 책을 칭찬받아 마땅한 사람들에게 바친다. 한평생을 함께한 사람들이기도 하다. 그들은 깜깜한 곳에서 전등을 켜 빛을 볼 수 있게 하고 미국이 계속 움직이게 만드는 수천 명의 근면하고 성실한 보통의 사람들이다. 그들은 매일 사람들이 당연하게 여기는 일을 묵묵하게 해낸다. 그들은 유정의 굴착 작업 감독자, 석유 시추 인부, 굴착 장치 잡역부다. 그들은 펌프식 유정 노동자, 용접공, 화물 트럭 기사다. 그들은 중장비 기사이고 현장 지질학자이며 엔지니어다. 하루도 빠짐없이 나라를 위해 봉사하며 내가 설립한 콘티넨탈 리소시스와 미국의 에너지 르네상스를 이끈 다른 모든 기업의 최전선에서 일하는 강인한 수천 명의 남성과 여성이 바로 그 주인공이다.

꽁꽁 얼어붙은 노스다코타주 동토와 지글지글 끓는 오클라호마주 대초원에서 미국에 공급할 에너지를 생산하는 그들을 볼 수 있다. 우리는 그들에게 너무나 많은 빚을 지고 있다. 이 책은 나의 이야기이자 그들의 이야기다. 그들이 없다면, 다시 말해서 그들의 기술과 헌신이 없었다면 그 누구도 현대의 편리한 삶을 누릴 수 없다. 그러니 침실 전등을 켜거나 자동차 시동을 걸거나 할머니를 만나러 비행기에 올라탈 때, 미국의 에너지 노동자들 덕분에 그 모든 일이 가능하다는 것을 기억하길 바란다.

미국에 풍부한 에너지가 저렴하게 무엇보다도 안정적으로 공급될 수 있게 하는 그들에게 감사하자. 일터에 나와 이 세상 그 누구보다 더 책임감 있게 자신의 역할을 하는 그들에게 감사하자. 그들은 우리의 영원한 존경과 존중을 받을 자격이 있다. 나는 그들을 평생 존경하고 존중해 왔다. 나는 그들과 함께 일했다. 나는 그들을 지지하고 그들의 이익과 직업윤리를 대변하는 데 최선을 다했다. 그리고 전 세계 사람들을 위해서 우리가 생산하는 석유와 천연가스의 많은 혜택을 널리 알리는 데 힘쓴다.

지금은 시작에 불과하다. 우리는 미국의 풍부한 천연자원을 활용해 전 세계에서 증가하고 있는 에너지 수요를 충족시킬 차세대 에너지 업계 지도자들에게 영감을 불어넣도록 노력한다.

마지막으로 내 삶의 최고 기쁨인 자녀와 손주들에게 하고 싶은 말이 있다. 나는 지금의 너희와 미래의 너희가 모두 자랑스럽다.

디에나, 창의적이고 친절한 너를 항상 존경한단다. 장녀로서 너는 어머니, 딸 그리고 친구가 무엇인지를 보여주었지. 너는 별난 나를 오랫동안 참고 견디기도 했어.

셸리, 우리 회사와 이 산업에 관심을 두는 네가 너무나 자랑스럽구나. 너는 우리 문화의 명맥을 이어 가고 있어. 네가 이 업계에 크게 이바지했기에 에너지 업계에서 영향력 있는 여성 25인 중 한 명으로 선정되었단다. 너는 아주 친절한 사람이기도 해.

나의 하나뿐인 아들 톰, 너는 지금까지도 나보다 더 훌륭한 남자고 앞으로도 나보다 더 멋진 남자일 거란다. 근사하게 성장한 네가 무척 자랑스럽구나.

제인, 다른 사람들에게 인정을 베풀고 무력한 이들의 이익을 옹호하는 데 열정을 쏟는 너를 존경한단다. 너는 사법제도 개혁에 깊은 관심을 두고 이를 달성하기 위해 노력하고 있지. 사법제도 개혁에 앞장서는 너를 지켜보는 것이 대단히 자랑스럽단다.

힐러리, 너는 세상을 바꾸고 있어. 너는 독립적으로 생각하고 항상 다른 사람들을 잘 보살피지. 햄 미국 에너지 연구소Hamm Institute for American Energy에서 너와 함께 중요한 프로젝트를 진행하는 일은 매우 즐겁단다.

차례

서문

한 나라의 국력은 여러 가지로 평가될 수 있다. 예를 들어 인구, 총, 미사일, 탱크 등을 얼마나 많이 보유하고 있는가 하는 국방력이 국력의 척도가 될 수 있다. 또는 국내총생산이나 세계에 미치는 문화적 영향력으로 국력을 평가할 수도 있다.

다양한 요소가 한 나라의 국력을 평가하는 척도가 될 수 있지만 이 모든 것을 아울러 관통하는 한 가지가 있다. 바로 에너지다. 에너지가 없으면 한 나라의 경제는 앞으로 나아갈 수 없다. 탱크와 미사일은 강력한 무기지만 그것을 개발하고 생산하는 데 반드시 에너지가 필요하고 움직이는 데도 에너지가 필요하다. 심지어 문화도 본국에서 그것을 널리 알릴 에너지가 없으면 전 세계적으로 확산시킬 수 없다. 오늘날 세상의 모든 것은 에너지를 통해서 움직인다. 자국의 에너지 수요를 충족시키기 위해 해외에서 에너지를 수입하는 나라는 국가정책을 수립할 때 해외 에너지 생산업체의 눈치를 볼 수밖에 없다. 반면에 에너지 독립을 이룩한 나라는 자국 운명의 주인이다.

이 책은 미국의 에너지와 에너지 업계에서 50년 동안 중추적인 역할을 하고 있는 해롤드 햄에 관한 이야기다. 업계에서 그는 혁신적이고 대담하고 거침없고 관습에 얽매이지 않는 선지자다. 그리고 그는 미국이 에너지 독립을 이루고 역사적인 번영을 누리는 데 그 누구보다 크게 이바지한 사람이다.

해롤드 햄은 '아메리칸드림'의 화신이다. 오클라호마주의 가난한 가정에서 태어난 그는 수평 시추법을 개발하면서 에너지 업계를 변화시켰고 미국의 셰일 혁명을 이끌었다. 그는 미국이 에너지 부족국에서 에너지 풍족국이 되는 데 큰 일조를 했다. 결과적으로 그의 활력, 창의력, 통념에 도전하는 의지가 세상을 바꾸었다.

나는 그가 세상을 바꾸는 과정을 생생하게 목격했다. 당시 나는 캔자스주 위치토에서 에너지 장비 회사를 운영하고 있었다. 하지만 해롤드 햄을 직접 만난 것은 캔자스주 중남부 하원 의원으로 공직에 다시 발을 들였을 때다. 우리는 미국은 저렴한 에너지가 그 어느 때보다 훨씬 많이 필요하다는 데 의견을 같이했고 미국 안에서 독자적으로 저렴한 에너지를 풍부하게 공급할 수 있다고 믿었다. 미국을 더 안전하게 만들고 번성시킬 뿐만 아니라 에너지 업계를 미국과 세계 환경에 덜 위협적인 존재가 되게 만들 수 있다고 생각했다.

미국의 에너지 부문에서 일어난 변화는 트럼프 행정부 시절에 가장 두드러졌다. 이때 해롤드 햄의 지혜와 조언 덕분에 미국은 에너지 독립국이 됐다. 미국 지도자들이 중동 산유국들에게 머리를 숙이는 굴욕을 맛보거나 러시아가 자국 에너지 공급망을 이용해서 유럽 국가를 볼모로 삼아 제멋대로 행동해도 속수무책으로 지켜보기만 하던 시절은 지나갔다. 이제 미국은 동맹국이 그들의 에너지 수요를 충족시키기 위해서 의지할 수 있고 적대국과의 협상에서도 우위에 설 수 있는, 풍부한 에너지를 사용할 수 있는 에너지 초강국으로 우뚝 일어섰다. 해롤드 햄이 수평 시추법을 앞장서서 개발했던 일과 그가 미국의 지도자들에게 했던 조언이 천지개벽할 변화를 만드는 근원이 됐다.

국무부 장관으로서 나는 에너지 부문에서 경험 많고 귀중한 조언자로, 진실한 친구로 해롤드 햄을 신뢰한다. 에너지는 외교 활동에서 중요한 부분이고 그의 지혜는 미국인들을 위해서 정말로 역사적으로 의미 있는 외교적 성과를 얻어내는 데 도움이 됐다.

2020년 2월 1일, 나는 벨라루스에서 알렉산드르 루카셴코Aleksandr G. Lukashenko 대통령을 만났다. 당시 벨라루스는 석유 때문에 러시아와 약간의 갈등을 빚고 있었다. 그래서 나는 블라디미르 마케이Vladimir Makei 벨라루스 외교부 장관과의 기자회견에서 "미국은 세계 최대 에너지 생산국입니다. 벨라루스가 할 일은 미국에 도움을 요청하는 것뿐입니다"라고 말했다. 지난 수십 년 동안 공개적으로 이런 말을 했던 미국 행정부는 단 하나도 없었다. 이런 선언에는 큰 책임이 따른다. 그런데도 내가 이 말을 할 수 있었던 것은 해롤드 햄과 같은 사람들 덕분이다.

그렇다고 이 책은 미국의 에너지사에 관한 책만은 아니다. 미국의 미래에 관한 책이기도 하다. 트럼프 행정부 시절에 달성한 에너지 독립이 뒤를 이은 사람들에 의해서 사라졌다. 오늘날 너무나 많은 정책 입안자가 미국인의 번영에 도움이 되는 정치적 목표를 추구하지 않기 때문이다. 오히려 그들은 미국의 번영을 희생시키고 기후변화와 청정에너지와 관련된 애매하고 오만하며 변화무쌍한 목표만 추구하고 있다. 그래서 나는 독자들이 해롤드 햄의 비범한 삶의 진가를 알아보고 그 중심에 놓인 진실을 이해하길 바란다. 미래를 바라보며 미국의 석유와 천연가스가 제공하는 진정한 이익을 이해하는 것은 미국의 경제적 웰빙과 국가적 안보에 꼭 필요하다.

석유와 천연가스만큼 세계정세를 바꾸어 놓은 것은 없다. 그리고 이 이야기를 제대로 전달하고 진짜 해결책을 제시할 사람도 해롤드 햄을 제외하고는 아무도 없다.

마이크 폼페이오(Mike Pompeo, 제70대 미국 국무부 장관)

사람들은 책 표지만 보고 바로 어떤 책인지를 판단하기도 한다. 그래서 혹자는 이 책의 표지를 보고 정치적 색채가 다분한 책이라고 지레짐작할 수 있다. 그렇게 생각해도 큰 문제는 없다. 그렇지만 이책은 개인사가 담긴 책이기도 하다. 업계에 수십 년간 몸담고 열정적으로 일을 하면 마지막에 정계에 발을 들이지 않는다는 것은 불가능하다. 법과 규제가 있는 곳은 정치가 있기 마련이다. 석유와 천연가스 업계는 엉망이 아니다. 정확하게 말하면 엉망이고 계속 엉망일 것은 미국의 정책이다. 인간사는 항상 힘에 관한 것이었다. 누군가는 우리의 삶을 통제하기 위해서 정치적 힘을 찾는 동안, 다른 누군가는 우리의 삶에 힘이 되기 위해서 에너지를 찾아다닌다.

당신이 투표로 뽑은 공직자들과 그들이 임명한 사람들이 에너지가 당신의 미래에 어떤 영향을 미칠 것인가에 관심이 있든지 없든지 상관없이 당신 스스로는 에너지에 관심이 있기를 바란다. 나는 이 책을 당신과 같은 보통 사람들을 위해서 썼다.

왜 석유와 천연가스가 그토록 중요한 것일까? 왜냐하면 현대사회는 석유와 천연가스를 에너지로 삼아 움직이고 당신이 속한 사회도 마찬가지기 때문이다. 당신은 나만큼 에너지 업계에 관심이 없을지도 모른다. 하지만 우리는 모두 에너지와 관련된 정책적 결정에 세심한 주의를 기울여야 한다. 에너지 정책은 국가 안보뿐만 아니라 우리의 경제와 미래에 지대한 영향을 미친다.

지금의 '에너지 위기'는 쓸데없이 자초한 것이다. 그리고 과거의 모든 에너지 위기가 그랬다. 여기서 좋든 나쁘든 우리가 현재 상황에 처하게 된 경위를 살펴보고 우리 앞에 놓인 모든 난제에 대한 증명된 해결책을 제시한다.

끔찍한 예측 ▬

석유는 50년이 채 안 되는 동안 사용됐고, 앞으로 대략 25~30년 정도 사용할 수 있는 석유가 남아 있는 것으로 추정된다.

— 1909년 7월 19일, 〈타이터스빌 헤럴드〉

일찍이 1909년부터 시작해서 오늘까지, 지미 카터부터 앨 고어와 알렉산드리아 오카시오코르테스 Alexandria Ocasio-Cortez, 조 바이든과 개빈 뉴섬 Gavin Newsom까지 어딘가 의심스러운 많은 사람들이 화석연료를 계속 사용한다면 인류는 끔찍한 대재앙을 맞이할 수도 있다고 예측했다. 이런 끔찍한 예측의 출처는 지난 세기 '정평이 난' 언론사, 과학자, 정부 기관이다. 하지만 그런 예측은 매번 거짓으로 판명 났다. 소위 전문가라는 사람들이 하는 말을 전부 믿으면 사람들은 FUD 상태, 즉 끊임없이 공포Fear, 불확실성Uncertainty, 의심Doubt에 시달리며 살아가게 된다. 누군가의 개인적이거나 정치적인 안건을 밀어붙이기 위함이 아니라면 종말을 예견하는 거짓된 예측으로 대중을 겁먹게 할 타당한 이유는 없다.

앨 고어를 예로 들어 보자. 2006년 그는 NBC의 〈투데이 쇼〉에 출연해서 케이티 커릭Katie Couric에게 지금대로 간다면 맨해튼이 수십 년 안에, 물속에 완전히 잠길 것이라고 말했다. 2009년에는 북극이 5~7년 안에 '얼음이 전부 녹아 버릴 것'이라고 과학자들이 예측했다고 경고했다. 보다시피 앨 고어의 예측은 모두 틀렸다. 지금 우리는 그가 왜 그런 말을 했었는지 그의 의도만 짐작할 뿐이다. 그는 이런 암울한 예측으로 강의를 하거나 책 판매를 높이거나 다큐멘터리로 아카데미에서 상을 더 받고 싶었던 것일까? 나는 앨 고어가 암울한 예측을 제시한 의도를 모르겠다. 하지만 불편한 진실은 그가 여전히 화석연료를 가득 채운 제트기를 타고 전 세계를 돌아다니고 있다는 것이다.

알렉산드리아 오카시오코르테스도 재미있는 예측을 했다. 2019년에 그녀는 12년 뒤면 세계가 끝장날 것으로 예측했다. 웃고 넘길 만한 이야기가 하나 더 있다. 마이론 이벨Myron Ebell이 스티븐 밀로이

Steven J. Milloy와 함께 〈또 헛다리: 50년의 실패한 환경 종말론적 예측 Wrong Again: Fifty Years of Failed Eco-Pocalyptic Predictions〉이라는 제목의 기사를 썼다. 그들은 빙하기, 냉각 재앙 등 현실화되지 않은 환경 재앙을 집중적으로 다루었다.

우리가 미국에서 이토록 질적으로 우수한 삶을 누리는 이유는 저렴하고 풍부한 에너지 덕분이다. 석유와 천연가스 생산업체는 환경에 전혀 관심이 없다고 믿는 사람들에게, 그 믿음이 틀렸음을 증명해 왔다. 나는 50년이 넘는 긴 세월 동안 에너지 업계에 몸담았고 매일 에너지 업계가 환경과 사회에 미치는 부정적인 영향을 완화하기 위한 노력에 많은 관심을 기울여 왔다. 환경과 사회에 부정적인 영향을 덜 주면서 더 많은 에너지를 생산하는 것이 우리 회사와 내가 앞으로 나아가는 주된 추진력이다.

미국은 에너지 독립을 되찾고 유지할 수 있다. 우리는 오늘의 인위적인 에너지 부족 상태를 에너지 풍족 상태로 바꿀 수 있다. 우리는 열심히 일하는 미국인들과 전 세계 모든 사람들에게 더 저렴한 에너지를 제공할 수 있다. 지금까지도 내게는 이런 가능성이 보이고 나는 '와, 이게 바로 내가 하고자 했던 일이지'라고 생각한다.

단 한 번도 회자된 적 없는 위대한 이야기 ▬

석유와 천연가스 산업에 관해서 괴담이 너무나 많다. 말이 좋아서 괴담이지 실제로는 '거짓말'이다. 혹자는 의도적인 말로 석유와 천연가스 업계에 상처를 입힌다. 그중에서 한 예가 미국의 석유와 천연가스 시추의 부활이나 부흥을 두고 몇몇 사람들이 사용하는 표현이다. 그들은 프래킹(물, 화학제품, 모래 등을 혼합한 물질을 고압으로 분사해서 바위를 파쇄해 석유와 가스를 분리하는 공법-역주)이라는 이름으로 부른다. 그들이 석유와 천연가스를 시추하는 방식과 그 방식이 생겨난 배경에 대해 무지하고 의도적으로 석유와 천연가스 산업을 깎아내리고 있다는 사실이 여실히 드러난다. 이 책을 통해서 석유와 천연가스에 대한 많은 진실을 알면 당신은 놀랄 것이다. 충격을 받을 수도 있다. 이 책은 최초로 수평 시추법과 미국의 에너지 부흥기에 관한 진실을 들려준다. 이미 해야 했던 이야기지만 시간이 너무 빨리 지나갔다.

사람들이 석유와 천연가스 산업을 폄훼하고 수백만 달러가 산업을 헐뜯는 데 사용된다고 불평불만을 늘어놓는다. 하지만 나는 불평불만을 늘어놓기보다 석유와 천연가스 산업이 입은 피해를 되돌리고 산업의 이미지 회복에 집중해야 한다고 믿는다. 특히 우리가 어떤 문제를 해결하고자 뭉쳤을 때, 석유와 천연가스 산업은 현존하는 산업 중에서 가장 강력한 산업이 될 수 있다고 항상 말한다.

나는 최근에 이를 목도했다. 업계 관계자가 모인 자리에서 짧은 프레젠테이션을 할 기회가 있었다. 그들은 석유와 천연가스 산업을 대변하는 산업 협회와 회사 관계자들로 전 세계에서 모인 사람들이었다. 나는 석유와 천연가스 산업을 옹호해야 할 이유를 그들과 공유하고 그동안의 피해를 복원할 수 있다고 말했다. 단순히 프레젠테이션을 위해서 한 이야기가 아니다. 우리 업계가 하는 일은 세상에 이롭다는 것을 보여주는 객관적인 사실이다. 모두가 동시에 옳은 방향으로 밧줄을 당기면 석유와 천연가스 산업에 대한 서사를 바로잡을 수 있다. 빌리 그레이엄Billy Graham 목사가 한 말이다. "용기는 전염된다. 용감한 자가 자기 의견을 당당히 밝히면 다른 사람들은 그 말에 감화돼 허리를 꼿꼿이 세운다."

나는 정확히 15년 전에 용감한 자가 되기로 결심했다. 내 의견을 당당히 밝힌 덕분에 등 뒤에 비수가 날아와 꽂혔다. 하지만 그렇게 한 보람이 있냐고 묻는다면 '완전히 그렇다'고 답하겠다. 내 뒤를 이어서 많은 사람들이 석유와 천연가스 산업을 옹호하기 시작했고 기꺼이 미국의 에너지 업계에 대해서 좋은 이야기를 하기 시작했다. 이런 이야기는 유정 탐사만큼이나 중요하다.

석유와 천연가스 산업에서 인수 합병이 일어나 진성 업체만 시장에 남았다. 그들은 변화를 원하며 업계에 오랫동안 몸담고 있다. 그들이 석유와 천연가스 산업에 몸담는 데는 합당한 이유가 있다. 나는 그저 장밋빛 미래만 그리는 지질학자인지도 모른다. 하지만 우리가 함께 힘을 합쳐서 노력하면 석유와 천연가스 산업에 대한 부정적인 서사를 바꿀 수 있다고 믿는다.

Chapter 1

기회

"기회는 작업복 차림의 일거리처럼 보이기에 대부분의 사람들이 놓친다."

– 토머스 에디슨

　나는 그 일을 결코 잊지 못할 것이다. 2007년 5월, 경영진과 오리건주 포틀랜드에 있었다. 우리는 콘티넨탈 리소시스의 IPO를 앞두고 2주 동안 전국을 돌아다니며 투자 설명회를 개최할 계획이었다. 2주간의 살인적인 일정이 거의 끝나 가고 있었다. 당시 우리는 어마어마한 기회에 눈독 들이고 있었다. 바로 바켄 분지다. 전국 방방곡곡을 돌아다니며 잠재적 투자자들을 만나서 노스다코타주의 바켄 분지에 21세기 미국 최대 유전을 개발하겠다고 단언했다. 적어도 나는 그렇게 할 생각이었다. 우리의 임무는 월가를 설득하는 것이다.

　이미 몬태나주 바켄 분지에서 상당한 재미를 보고 있었다. 하지만 노스다코타주에 이보다 훨씬 더 특별한 무엇이 숨어 있고 발견되길 기다리고 있다는 것도 알았다. 우리는 이미 노스다코타주의 바켄 분지에서 성공적으로 유전 몇 개를 개발했고 머지않아 대량의 원유를 생산하여 채산성을 맞추게 될 것으로 예상했다. 물론 그때까지는 기대와 달리 별다른 소득이 없었지만 나는 노스다코타주 바켄 분지에 엄청난 양의 석유가 매장되어 있다는 것을 알고 있었다. IPO에 성공한다면 회사가 유전을 개발하는 데 필요한 자금을 확보할 수 있었다.

콘티넨탈 리소시스의 IPO는 내게 큰 용기가 필요한 엄청난 결정이었다. 콘티넨탈 리소시스는 원래 비상장사였기에 IPO를 하게 되면 지난 40여 년 동안 내가 누렸던 자유는 사라진다. 하지만 이것이 가족과 회사, 업계와 심지어 국가를 위한 일임은 분명했다. 우리가 이 거대한 자원을 개발하는 데 성공하기만 하면 모두가 더 큰 이익을 누리게 될 것이었다.

서부 해안에서 계획했던 투자 설명회 일정이 거의 마무리될 무렵, 지금의 SM 에너지SM Energy의 전신인 세인트 메리 랜드 앤 익스플로레이션 컴퍼니St. Mary Land & Exploration Company가 바켄 분지의 네슨 배사구조(습곡 작용을 받은 지층의 산봉우리처럼 볼록하게 올라간 부분-역주) 서쪽 면에서의 유전 개발에 실패했다는 소식이 전해졌다. 소식이 전해지고 3일 뒤, 근처에서 또 다른 유전을 개발하고 있던 빌 바렛 코퍼레이션Bill Barrett Corporation도 채산성을 맞출 정도의 원유 생산에 실패했다고 발표했다. 더욱이 빌 바렛은 명망이 높은 지하자원 탐사 전문가였다. IPO를 앞두고 있던 우리에게 먹구름이 드리웠다. 우리가 개발하고 있던 대부분의 유전이 네슨 배사구조의 서쪽 면에 있었기 때문이다.

소식이 전해진 시기가 정말 기가 막힌 타이밍이었다. 오클라호마주에서 석유와 천연가스를 생산하는 이들이 서부 해안으로 우르르 몰려와서 곧 미국 최대 유전을 개발할 회사에 투자하라고 침을 튀기며 열정적으로 이야기하고 있는데 업계에서 인정받는 두 기업이 노스다코타주의 바켄 분지에서 채산성 있는 유전 개발에 실패했다고 공언한 것이다!

빌 바렛이 갑자기 바켄 분지에 다량의 석유가 매장된 것 같지 않다고 예측하자 투자 설명회에 온 투자자들도 그렇게 생각하기 시작했다. 주가는 결국 예상 범위의 고점인 17달러 초과가 아니라 저점인 15달러 아래로 책정되었다. 수수료를 제외한 순수익은 주당 14달러 10센트다. 이렇게 되면 1억 달러 정도의 차액이 발생하고 이것은 당시 우리에게 엄청난 타격이었다.

나는 포틀랜드에서 묵고 있던 호텔의 회의실에 경영진과 투자 고문을 소집했다. 그들과 이 사태에 대해서 논의하고 그들의 생각과 의견을 듣고 싶었다. 이런 상황에서 계획대로 IPO를 진행해야 할까? 아니면 그대로 비상장사에 머물러야 할까?

나는 그들의 말을 한마디도 놓치지 않고 경청했다. 그리고 지금 돌이켜 보니 회의 직후 생각을 정리하려고 그들과 떨어져서 혼자만의 시간을 가졌던 것 같다. 우리는 이미 거기까지 가는데 엄청난 시간, 돈, 전문성을 쏟아부었다. 보유하고 있던 광권(광물이 매장된 구역을 채굴할 수 있는 권리-역주)을 유지하고 필요한 광권을 추가로 확보하고 바켄 분지를 시추하고 개발하기 위해서 우리는 추가 자금이 필요했다. 유전 개발은 경쟁이 치열한 업계고 우리는 우리의 우위를 지키고 싶었다. 더 이상 시간이 없었다. IPO를 할 것이냐 말 것이냐를 당장 결정해야 했다.

나는 일생일대의 결정을 내려야만 했다. 이날의 기억은 아직도 생생하다. 결정을 내린 나는 그들에게 되돌아가 "바켄 분지 시추를 시작하지요!"라고 말했다. 그렇게 결정을 내리긴 했지만 '이 중차대한 시기에 이런 소식이 전해지다니 나는 이 세상에서 가장 불운한 남자인 걸까? 지금 내린 결정이 내가 바라는 대로 나중에 큰 결실을 볼 수 있을까?' 하고 속으로는 우울한 생각이 들었다.

행운의 13

나는 꽤 운이 좋은 사람이다. 청소년기에 대가족과 함께 살았던 것은 행운이었다. 정확하게 말하면 나는 '행운의 13'이었다. 대가족의 막내였던 나에게는 형과 누나가 12명 있었다. 6명의 누나들은 나를 사랑했고 알뜰히 보살펴 주었다. 마치 어머니가 6명 있는 것 같았다. 그 시절의 나에게는 그들 모두가 필요했다.

아버지는 소작농이었다. 아버지에게는 우리가 사는 곳에 농사지을 땅이 한 마지기도 없었다. 가을이 되면 우리 가족은 트럭을 타고 텍사스 서부로 가서 목화를 따야 했다. 부족한 생활비를 벌어야만 했다. 온 가족이 이 일에 동원됐다. 다섯 살이었던 나는 목화를 따서 고

랑 중간에 쌓았고 아버지는 수북이 쌓인 목화 더미를 마대에 담았다. 우리는 무게 단위로 돈을 받았는데 1파운드(약 0.45kg)당 무려 2센트가 지급됐다. 혹시 목화를 마대에 넣어서 1파운드를 만들려면 솜털 같은 목화를 얼마나 따야 하는지 생각해 본 적이 있나? 나는 선택의 여지도 없이 직접 경험해야만 했다. 그때 생각만 하면 지금도 허리가 욱신거리고 뻐근하다. 목화 자루를 많이 만들어서 트럭이나 트레일러에 많이 실으면 실을수록 다가오는 겨울을 보낼 생활비를 많이 벌 수 있었다.

　나는 200년 전에 태어난 것이 아니다. 하지만 20세기 중반 오클라호마주는 완전 시골이었고 대부분의 농가가 기계화되지 않았기 때문에 사람이 직접 농사를 지어야 했다. 목화 따기는 크리스마스가 가까워지거나 첫눈이 내릴 무렵에 끝났다. 이것은 학교로 돌아갈 때가 됐다는 신호다. 우리 13남매는 가을에는 생활비를 벌기 위해서 일하느라 학교를 거의 다니지 못했다. 그래서 나는 항상 동급생들보다 조금 늦게 학기를 시작할 수밖에 없었다. 나는 배움에 대한 욕구가 강했고 반에서 일등이 되고 싶었다. 절대로 꼴등은 하고 싶지 않았다. 그래서인지 항상 수업 진도를 빠르게 따라잡았다. 그렇지만 10대가 될 때까지 내가 구체적으로 어떤 분야에 관심이 있고 앞으로 무엇을 배우고 싶은 것인지는 스스로도 잘 몰랐다. 1963년, 내가 열일곱 살이었던 해, 조회 시간에 드디어 진심으로 배우고 싶은 것이 무엇인지를 알게 됐다.

절대로 일하지 않는다고?　　　　　　　　　—

어느 도예가가 내가 다니던 학교를 방문한 것은 내게 행운이었다. 그날 조회 시간에 초청된 강연자는 존 프랭크 John Frank였고 프랑코마 포터리Frankoma Pottery라는 도자기 회사를 설립한 사람이었다. 나는 프랭크가 지질조사를 하면서 오클라호마 대학교에서 도예와 예술을 가르치고 있다는 것을 알게 됐다. 또한 지질조사를 통해서 오클라호마주에서 점토 퇴적층을 발견했다는 사실도 알게 됐다.

그날 아침, 도예나 예술에는 전혀 관심이 없었고 잠이 부족해서 몰려드는 졸음과 싸우고 있었다. 그런데 프랭크가 내 속의 무엇인가를 깨웠다. 그는 돌림판 앞에 앉아서 점토 덩어리를 아름다운 물체로 빚었다. 그 후 그는 예쁘게 빚은 물체를 뭉개 버리고 새로운 물체를 다시 빚었다. 나를 완전히 사로잡은 것은 그의 행동이 아니라 프랭크가 전달하려던 메시지였다.

그는 도예와 회사에 대한 애정을 이야기하면서 활짝 웃었다. 프랭크는 미소를 지으며 "열정이 있으면 삶이 더 즐거워지지요. 여러분만의 열정을 찾고 그 열정과 관련해서 배울 수 있는 모든 것을 배우세요. 직업이 즐거우면 살면서 단 하루도 일하지 않을 수 있어요"라고 말했다.

나는 그때까지 그런 말을 들어 본 적이 없었고 일이 그렇게 즐거울 수 있다고는 상상조차 하지 못했다. 그의 말이 가슴에 맹렬히 날아와 꽂혔다. "지금 당장 당신이 무엇에 열정을 느끼는지를 찾으세요!"

듣기만 해도 멋진 말이다. 하지만 나는 그게 불가능하다고 느꼈다.

그날 오후, 장거리 화물 트럭 기사 휴게소에서 일하면서 '도대체 나는 무엇에 열정적이지? 나는 그저 매주 마지못해 학교에 다니면서 휴게소에서는 트럭에 기름을 넣고 펑크 난 타이어를 고치고 있을 뿐이잖아!'라고 생각했다. 그날 이후로 나는 내가 사는 오클라호마주 이니드의 지역사회에 좀 더 관심을 기울이기 시작했다. 흥미를 불러일으키는 무언가와 누군가에 더 집중했다.

당시에 이니드 주변에서 석유 호황이 일어났고 이는 내게 행운이었다. 석유산업 관계자들은 내가 자랐던 렉싱턴 사람들과 다소 달랐다. 그들은 평범한 사람처럼 보이지 않았다. 그들은 낙관적이고 카리스마 있고 관대한 것 같았다. 프랭크의 말을 들은 뒤로 가슴을 두근거리게 하는 모든 일이 매력적으로 다가왔다. 석유산업도 그중 하나였고 석유를 사고파는 사람들이 돈을 무진장 많이 번다는 것도 나쁘지 않았다.

우연히 직업 실습 교육 강사가 내가 석유산업에 관심을 가지기 시작하던 달에 흥미롭다고 생각되는 산업이나 직업에 관해 보고서를 쓰는 과제를 내주었다. 나는 석유산업을 주제로 정했다. 그것은 운명이었음이 틀림없다. 나는 직업 실습 교육 강사였던 주월 리지Jewel Ridge가 사람들에게 영감을 주는 사람이라고 생각한다. 참전 용사였던 그는 보 테크vo-tech라고 알려진 오클라호마주의 직업 기술 교육 시스템을 개발한 사람 중 한 명이다. 보 테크는 미국에서 최고의 직업 기술 교육 시스템이다.

석유산업과 싱클레어Sinclair, 게티Getty, 필립스Phillips, 스켈리Skelly

등 초기 개척자들에 대해서 조사하기 시작했다. 그들의 이야기, 성격, 업적은 너무나도 매혹적이어서 나는 '와, 이게 내가 하고 싶은 일이야'라고 생각하게 됐다. 석유와 천연가스를 탐사하는 나를 상상하기 시작했다. 석유와 천연가스를 탐사하는 사람들은 고대의 유물을 파헤치고 그 누구도 찾지 못한 숨겨진 가치를 찾아내는 사람들처럼 보였다. 오클라호마주에서 일어난 초기 석유산업 호황기를 타고 '석유를 찾아서 여기저기 닥치는 대로 시추하는' 내 모습이 보이기 시작했다. 이 자신만만한 지하자원 탐사 전문가들은 세상을 더 살기 좋은 곳으로 바꾸었고 큰돈을 자선단체에 척척 기부했다. 나는 단순히 석유산업에서 일하는 것을 넘어서 그들처럼 석유산업의 지도자이자 길잡이가 되고 싶었다.

보고서 제목은 간단하게 〈석유(더 좋은 무언가)〉였다. 보고서를 작성하면서 인생이 완전히 바뀌었다고 말하는 것은 절제된 표현일 것이다. 그때 내가 미처 알지 못했던 것은 고등학교 과제물로 보고서를 작성하면서 이미 운명의 수레바퀴가 돌아가기 시작했다는 것이다. 무려 60년 전에 썼던 그 보고서의 일부를 공개한다. 놀랍게도 이 보고서는 지금도 여전히 유용한, 석유산업 역사에 관한 입문서라고 할 수 있다.

학기 말 보고서 〈석유(더 좋은 무언가)〉에서

석유는 오랜 시간 동안 압력과 열, 그리고 기타 극한 조건을 견디면서 형태가 바뀐 선사시대 생물의 부패한 사체다. 석유의 마법은 이미 수천 년 전에 발견된 것으로 보인다. 고대 그리스인들은 시체를 미라로 만들 때 석유를 보존제로 사용했다. 로마의 전차 경기 기수들은 석유로 전차 바퀴가 더 쉽게 굴러가게 했다. 로마인 덕분에 석유는 영어로 petroleum이라 불린다. petro는 '암석'을, oleum은 '기름'을 뜻한다.

수년 동안 미국에서 사람들은 셰일에서 석유를 발견한 이후로 석유를 '암석 기름'이라고 불렀다. 초기에는 석유를 의료용으로 귀하게 여겼다. 심지어 약국에서도 석유를 병에 담아서 팔았다. 인도인들은 특정 샘에서 퍼 온 샘물에서 기름을 뽑아 가벼운 질병을 치료하는 데 사용했다. 그러나 1800년대 중반까지는 석유를 원하거나 필요로 하는 사람이 거의 없었다. 소금 퇴적물을 오염시키는 석유는 염전꾼들에게 골칫덩어리였을 뿐이다.

맨 먼저 석유는 집에 불을 밝히고 기계가 부드럽게 돌아가게 만드는 데 사용됐다. 과거에는 고래기름이 부족했기 때문에 그것을 대체할 무언가가 필요했다. 사람들은 인도인들이 간단한 치료제로 사용하던 약을 정제하면 램프에 불을 붙일 수 있다는 사실을 알게 됐다. 그것으로 붙인 램프 불은 고래기름으로 붙인 램프 불보다 훨씬 더 밝았다. 게다가 고래기름보다 더 저렴했다. 그리고 원유를 분리하고 남은 용액은 매우 진하고 미끄러웠다. 이것은 새로운 기계가 잘 돌아가게 하는 윤활유로 제격이었다. 오래지 않아 사람들은 석유 샘이 있는 땅을 임대하기 시작했다. 석유를 채집했던 첫 번째 방식은 액체 위에 뜬 기름기를 걷어 내는 스키밍이었다. 스키밍은 안에 칸막이가 있는 나무통에 석유 샘에서 떠온 샘물을 흘려보내며 작업했다. 하지만 스키밍으로 석유를 채집하는 데는 시간과 비용이 많이 들었다.

코네티컷주 뉴헤이븐의 펜실베이니아 록 오일 회사Pennsylvania Rock Oil Co.는 석유를 확보할 더욱 확실한 방법을 찾기 시작했다. 회사는 에드윈 드레이크Edwin L. Drake를 고용했고 그를 펜실베이니아주 타이터스빌로 보내서 현장을 감독하고 생산량을 높일 방법을 찾도록 했다. 그는 석유산업에는 문외한이었다. 하지만 그는 똑똑했고 문제 해결을 즐겼다. 드레이크는 오래지 않아 현재 채집 방법을 더 빠르고 효율적인 방법으로 대체해야 한다는 것을 깨달았다. 그는 염전에서 석유가 발견됐다는 사실을 알고 석유를 찾기 위해 우물을 파기로 결심했다.

구경꾼의 야유를 받으면서도 드레이크는 시추 작업자들로 팀을 꾸려서 우물을 팠다. 오래지 않아 그들은 대략 15피트(약 4.5m) 깊이의 구덩이를 팠고 그 순간, 구덩이 한쪽에서 끈적끈적한 검은 웅덩이가 생기기 시작했다. 석유가 발견된 것이다. 바위가 뽑히거나 물이 차오르지 않았다면 드레이크의 유정은 대단히 성공했을지도 모른다. 그 뒤에 드레이크는 강관 길이의 드릴 나사를 사용하는 당시로서는 최신의 시추법을 시도했다. 작업은 유정에 다시 물이 차오르기 전까지 순

조로웠다. 드레이크는 긴 강관으로 이 문제를 해결했다. 그는 시추공(시추기로 지반을 파 뚫은 구멍-역주)에 지지대 역할을 할 긴 강관을 꽂았다. 그리고 사람이 유정에서 진흙을 퍼냈다. 이것은 최초로 석유 케이싱(외부 토사나 물이 원유에 섞이지 않도록 석유와 가스 시추 현장에서 시추공 내 삽입하는 강관-역주)이 사용된 유정이었다.

이 유정의 시추 작업은 1859년 초에 시작됐다. 1859년 8월 29일, 69피트(약 21m)를 파 내려갔을 때 석유가 터져 나왔다. 석유 호황이 널리 퍼져 나갔고, 석유 생산량은 1859년 200배럴에서 1862년 305만 7,000배럴로 급증했다.

아니나 다를까 기존의 석유 시장은 완전히 무너졌다. 새롭게 형성된 석유산업에서 풀어야 할 첫 번째 과제는 수송 문제였다. 석유 가격이 하락하면서 석유를 도시와 시골로 수송할 저렴한 수단에 대한 수요가 커졌다. 운송업체가 석유를 오일 크리크로 운송해서 오하이오강을 통해 바지선에 실어서 보냈다. 그런데 무자비한 수레꾼들은 비싼 화물 운송료를 요구했고 강으로 석유를 수송하는 것 자체가 매우 위험했다. 관로가 첫 번째 문제의 해답이었다. 관로와 화물 트럭 기사들은 운송업자의 천적이었고 이 두 집단은 잦은 갈등을 빚었다.

그 이후 철도가 건설되면서 석유 수송에 사용됐고 머지않아 화물 트럭 기사와 바지선은 옛것이 됐다. 약 기름 판매원이었던 샘 키에르 Sam Kier는 약 기름을 정제하면 더 잘 팔릴 것으로 생각했다. 그는 뚜껑이 달린 위스키 증류기를 구해서 석유를 한 번 끓이기 시작했다. 그의 이웃들은 코를 찌르는 악취에 항의했고 그는 하는 수 없이 증류기를 마을 밖으로 옮겼다. 그곳에서 그는 더 큰 증류기와 더 센 불로 석유를 끓였다. 가스가 빠져나간 뒤에 연한 액체가 증류기 주둥이에서 떨어지기 시작했다. 그렇게 키에르는 원유에서 추출한 첫 번째 상품 등유를 발견했다.

정유 공장이 여기저기에 생겼다. 석유산업이 본격적으로 호황을 맞이하기 시작했다. 원유에서 뽑아낸 부산물이 램프에 더 밝은 불을 밝혔다. 등유에 대한 수요는 대단했다. 등유의 유일한 단점은 폭발하기 쉽다는 점이었다. 하지만 사람들은 위험성을 무시하고 등유를 구매했다.

등유의 발견은 대중의 사회생활에 대단히 중요한 사건이다. 해가 지면 잠자리에 들어야 했던 예전과 달리, 사람들은 밝은 불빛 아래에서 사회생활을 온전히 즐기거나 밀린 업무를 처리할 수 있게 됐다. 화학자들과 석유 기술자들은 석유의 새로운 용도를 찾고 원유에서 새로운 상품을 뽑아내고 석유를 처리할 더 효율적인 방법을 찾으려고 노력했다. 등유가 쉽게 폭발했던 이유는 휘발유 때문이었지만 휘발유는 원유의 최고 부산물이다. 휘발유의 발견으로 전 세계 사람들의 생활방식이 바뀌었다. 이후 사람들은 원유에서 윤활유를 뽑아내고 플라스틱과 의약품 같은 석유화학제품마저 만들었다.

작가의 길도 잠시 희망했지만 나는 확실한 석유 업계 종사자로 성장했다. 석유탐사는 어린 나에게 생각만 해도 가슴 떨리는 일이었다. 지금도 여전하다. 자신이 사랑하는 일을 찾아서 직업으로 삼으라고 했던 도예가, 존 프랭크에게 진심으로 감사한다. 이후 나는 많은 나날 동안 일을 하고 있지만 정말로 그 일을 즐기고 있다.

심사숙고하다 ▬

이 책을 쓰기로 결심했을 때 어떤 내용부터 시작해야 할지가 가장 큰 문제였다. 내게는 종이 문서로 가득 찬 상자와 스크랩한 신문 기사가 잔뜩 저장된 컴퓨터 파일, 그 당시에는 중요한 것 같던 수백 개의 기사가 잔뜩 있다. 책, 상패, 사진, 그리고 성공적인 경력을 쌓는 사람이 모을 법한 기념품이 가득한 방도 있다. 전 이스라엘 총리 베냐민 네타냐후Benjamin Netanyahu와 함께 찍은 사진 옆에 놓인 액자에는 알파벳 H가 잔뜩 찍힌 넥타이가 있다. 칼리드 알 팔리흐Khalid A. Al-Falih가 사우디아라비아 에너지부 장관이었을 때 받은 넥타이로 석유와 천연가스 업계에 몸담은 사람이 지나간 지정학적 여정을 상징적으로 보여준다.

나는 사람들을 시켜서 회의실 벽에 문서와 사진과 기념품을 붙인, 길이가 대략 30피트(약 9m)이고 높이가 8피트(약 2.5m)쯤 되는 타임라인을 걸었다. 누구나 차고, 다락방 또는 지하실에 자신만의 타임라인을 만들어 봐야 한다고 생각한다. 이렇게 하면 자신이 어떤 삶을 살았는지를 되돌아보게 된다. 나는 타임라인을 만들면서 몇 가지 깨달음을 얻었다.

첫째, 미국의 거의 모든 에너지 정책은 '에너지가 부족하다는 두려움'에서 나왔다. 1950년대부터 소위 전문가란 사람들은 미국에서 석유와 천연가스가 금세 고갈될 것으로 예측했다. 그들의 의견이 일치하지 않는 부분은 오직 그게 언제냐다.

둘째, 지난 몇 십 년 동안 시장점유율을 빼앗을 기회만 호시탐탐 노려 온 사람들은 석유와 천연가스 산업을 지구의 적이자 과거, 현재, 미래를 막론하고 지구의 거의 모든 병폐의 원인이라고 주장했다.

셋째, 나쁜 에너지 정책이 나쁜 법, 나쁜 규제, 나쁜 결정으로 이어졌다. 우리는 오늘날에도 그것의 영향을 받으며 살아간다. 나쁜 에너지 정책은 당신, 경제, 환경에 모두 해롭다. 분명히 더 나은 에너지 정책이 존재한다.

1966년 해롤드 햄 트럭 서비스Harold Hamm Truck Service를 시작했을 때만 해도 이런 장애물은 전혀 없었다. 이 회사를 시작으로 나는 곧장 석유와 천연가스 산업에 뛰어들었다. 그 시절 내가 품고 있던 큰 꿈에는 '트럭 할부금을 감당할 수 있을까? 내가 사랑에 빠진 이 산업에서 성공할 수 있을까?'라는 질문이 항상 꼬리표처럼 붙어 있었다.

Chapter 2

화물 트럭
운송업과
신뢰

나는 화물 트럭 기사들을 존경한다. 당신은 어떤가? 나는 화물 트럭 기사들이 미국 경제를 어떻게 움직이는지 잘 안다. 보통 사람들의 생각과 달리 지난 몇 년 동안 화물 트럭 기사들이 아주 비싸게 경유를 주유했다는 사실이 절대 달갑지 않다. 모든 물자는 궁극적으로 소비자에게 운송되어야 하므로 경유는 오늘날에도 인플레이션의 주요 원인이다. 미국 정부가 석유와 천연가스 탐사와 생산을 제한하는 한, 경유는 계속 비싸지고 인플레이션이 이어질 것이다. 전혀 그럴 필요가 없는 데도 말이다. 이것은 화물 트럭 기사와 그들의 회사뿐만 아니라 모든 미국 가정에 피해를 준다.

화물 트럭 기사들을 존경하는 또 다른 이유는 내가 화물 트럭 기사로 경력을 쌓기 시작했기 때문이다. 나는 트럭으로 100만 마일(약 160만km)을 주행하고 나서야 화물 트럭 기사를 그만두고 석유와 천연가스 탐사에 모든 것을 걸었다.

1964년 고등학교를 졸업하고 나서 얻은 첫 직장은 오클라호마주 이니드의 조니 기어 탱크 트럭 Johnny Geer Tank Truck이다. 그곳에서 트럭을 운전했다. 취업할 때만 해도 트럭이 3대밖에 없는 작은 회사였다. 나는 석유와 천연가스 산업의 경기가 바닥이었을 때 일을 시작했다. 하지만 나는 유류 저장 탱크에 낀 침전물을 청소하면서도 "자기 위치에서 가야 할 방향은 오직 위!"라고 말하곤 했다.

곧 이니드를 중심으로 하던 본래 사업이 제대로 진행되지 않아서 회사 사정이 나빠졌다. 나는 사장인 조니 기어를 설득해 새로 산 밥테일 트럭을 타고 오클라호마주 링우드까지 갔다. 링우드는 이니드에서 서쪽으로 겨우 20마일(약 32km) 떨어진 지역이었지만 유정 사업이 호황이었다. 이니드와 링우드를 오가며 그곳 사람들과 안면을 텄고 사업 이야기를 했다. 그렇게 한 지 며칠 만에 새로운 고객을 확보했다.

몇 달 뒤 우리는 링우드를 벗어난 지역에서도 트럭 몇 대를 운영했다. 덕분에 완전히 새로운 사업에 도전할 수 있었고 나는 그곳에 화물 트럭 하역장을 만들었다. 우리는 화물 트럭 운송업을 키웠고 회사에서 보유한 화물 트럭은 불과 2년 만에 10대가 넘어섰다. 조니 기어는 나를 믿고 경영의 많은 부분을 서서히 내게 맡겼다. 그런데 사장의 개인적인 문제 때문에 직원 이직률이 올라갔고 회사에 문제가 발생했다. 나는 회사를 그만두는 고통스러운 결정을 내려야 했다. 그들과 함께 노력해 이룬 성과는 자랑스러웠지만 고객 서비스 부문에서 적당히 타협하면서 계속 성공할 수는 없다는 것을 알았다.

퇴사하고 3주 뒤에 나는 챔플린 페트롤리움 Champlin Petroleum에 입사했다. 그곳은 이니드에 본사가 있는 대형 석유 회사였고 당시에 그 지역 생산직에 종사하는 육체노동자인 블루칼라에게는 최고의 직장이었다. 하지만 문제가 있었다. 구체적으로 말하면 '나 자신'이 문제였다.

이전 직장에서 나는 유전 지대를 달리며 자유를 누렸고 점점 그 일이 좋아졌다. 나는 그곳 사람들과 석유와 천연가스를 탐사하고 생산하면서 느꼈던 흥분이 그리웠다. 대기업 안에 존재하는 제약과 노동조합에서 강요하는 규칙, 정유 공장에 갇혀서 일해야 하는 근무 환경으로 인해 새로운 직장에서 나는 누군가가 나를 야생에서 잡아다 동물원 우리에 가두어 놓은 것처럼 느꼈다.

나는 다른 기회를 엿보기 시작했고 얼마 지나지 않아 직접 사업을 할 기회가 생겼다. 나는 그 사람을 링우드에서 알게 됐다. 그는 트럭 할부금을 체납했고 트럭 할부금과 기타 장비를 인수하면 자신의 물탱크 트럭을 내게 넘기겠다고 제안했다. 나는 금융회사와 거래를 해서 그의 체납된 할부금은 처리했지만 영업허가를 받고 호스와 기구를 사기 위해 1,000달러나 대출받아야 했다. 지금 시세로 계산하면 1만 달러 정도다. 나는 스물한 살이 채 안 됐기 때문에 은행은 연대보증을 설 사람을 구해 오라고 했다. 그래서 고등학교에 다닐 때 일했던 화물 트럭 휴게소 사장인 찰스 포터Charles Potter에게 연대보증을 부탁했다. 그는 다행스럽게도 연대보증을 서 주었다. 여전히 그에게 감사한다. 모두가 대기업을 퇴사하는 내가 제정신이 아니라고 생각했다. 하지만 나는 퇴사하여 내 사업을 시작하는 것이 옳은 일이란 것을 알고 있었다. 비록 빚을 졌지만 내 사업을 드디어 시작했다.

오늘날 석유와 천연가스 회사 대부분은 서비스 제공 업체나 시추 업체에서 시작했다. 나는 트럭 한 대로 화물 트럭 운송업을 시작했다. 1966년 스무 살이었던 나는 아내와 두 어린 딸과 이니드 동부의 내 집에서 살다가 링우드로 집을 임대해서 옮겼다. 지금 생각하면 그 많은 변화가 아내와 어린아이들에게는 큰 스트레스였을 것이다. 당시에 나는 오직 가능성만 좇았다.

무의식적으로 나는 남들이 실패한 곳에서 내가 성공할 거라고 믿었다. 나의 비즈니스 철학은 단순하게도 '받은 만큼 일을 해야 한다'는 것이다. 그래서 나는 그렇게 했고 효과가 있었다. 시간이 흐르면서 비즈니스 파트너가 생겼다. 사업이 나 혼자 감당할 수 없을 정도로 커지자 레스 필립스 Less Phillips가 비즈니스 파트너가 되어 나를 도왔다. 우리는 화물 트럭 운송업에서 사업 범위를 확장하기 시작했고 1968년 햄 앤 필립스 서비스 컴퍼니 Hamm&Phillips Service Company를 설립했다. 그 뒤로도 레스 필립스와 계속 비즈니스 파트너 관계를 유지했다. 2004년 햄 앤 필립스 서비스 컴퍼니는 오클라호마주 최대 유전 유체 서비스 회사가 됐고 사업 영역을 주변 5개 지역으로 확장했다.

우리와 같은 서비스를 제공하는 업체 중에서 눈에 띄는 업체가 몇 곳 있었다. 개중에는 유정 유지 보수 서비스 업체와 공구 임대 업체가 있었고 론 보이드 Ron Boyd는 그중에서 어느 한 업체의 임원이었다. 우리는 비슷한 유전 서비스 업체를 운영하는 존 슈미츠 John Schmitz 와 L. E. 시먼스 L. E. Simmons와 손을 잡았고 컴플리트 에너지 서비스

Complete Energy Services가 탄생했다. 이렇게 결합된 여러 회사의 경영 시스템과 서비스 장비가 통합되면서 IPO가 성공적으로 이어졌다. 이 시기에 소비자 수요가 증가하면서 원자재 가격이 상승했고 우리는 IPO에 이를 이용했다. IPO를 했던 때가 2007년이다. 우리는 이 시기를 투자자와 유전 서비스 업체의 '신데렐라 시기'라고 부른다. 유전 서비스 시장이 수평 시추법의 발전으로 성장했기 때문이다. 이후 몇 년 동안 나는 이사로 활동했으며 합병 덕분에 유전 서비스업에서 살짝 손을 떼고 콘티넨탈 리소시스를 운영하는 데 집중할 수 있었다. 콘티넨탈 리소시스는 나를 흥분시키고 손이 많이 가지만 빠르게 성장하는 석유와 천연가스를 탐사하는 회사다. 그러나 유전 서비스 시장에 몸담지 않았다면 나는 지금의 지하자원 탐사 전문가가 될 수 없었다.

현장 교육

석유 및 천연가스와 연관된 분야에서 시작한 현장 경험을 통해 많은 것을 배웠다. 전문적인 고등교육은 아닐지라도 그 시간은 확실한 배움의 과정이었다. 하지만 나는 사랑해 마지않는 석유와 천연가스 산업에 관해 더 많이, 더 빨리 배우고 싶었다. 당시의 나는 대학 학비를 감당할 수 없었지만 언젠가 꼭 전문 지질학자가 되겠다고 마음먹었다. 석유와 천연가스 산업 전반에 걸쳐서 만난 고객, 동료, 현장 작업자에게 그들이 불쾌해하지 않는 범위 내에서 최대한 많은 질문을 했다. 아직 유정도 없고 석유와 천연가스를 생산하지도 않았지만 나는 석유와 천연가스 사업을 하겠다고 굳게 다짐했다.

1967년 11월, 최초로 석유와 천연가스를 탐사하고 생산하는 회사를 설립했고 두 딸 셸리와 디에나의 이름을 따서 셸리 딘 오일 컴퍼니Shelly Dean Oil Company라고 불렀다. 이 회사가 나중에 콘티넨탈 리소시스가 되었다.

밤이 되면 나는 검층 기록(시추 작업 과정 중간에 시추공 내부로 다양한 센서를 내려보내 지층의 각종 물리적 성분을 측정한 기록-역주)을 살펴보며 숨은 기회를 찾았다. 내가 찾던 숨은 기회는 대형 석유 회사가 이미 시추했지만 잠재력을 알지 못하고 버린 유정이었다. 유정을 시추할 때 석유 회사는 땅을 파 내려가면서 어느 깊이에서의 지질 상태는 어떠하고 어떤 광물이 나왔는지를 자세한 기록으로 남긴다. 이러한 업계 관행 덕분에 엔지니어와 지질학자는 암석 종류, 공저압(시추된 심도에서 측정되는 지층 내 유체압력-역주), 그리고 시추공 안에 석유와 천연가스가 존재하는지를 확인할 수 있다. 시추 작업 동안에 채취한 암석 표본도 천공기 날로 절단한 누층(서로 평행하게 상하로 겹친 지층의 모임-역주)의 지질학적 구성을 분석하기 위해서 현미경으로 조사한다.

데이터를 검토하는 것은 고대 문서를 해독하는 것 같다. 나는 이 작업이 대단히 흥미롭고 여전히 매력적이다. 어느 날 저녁, 어떤 유정에서 시선을 사로잡는 패턴이 발견됐다. 35년 전에 시추했던 유정이고 시추 과정에서의 폭발로 시추기는 불에 타 버렸다. 그 유정이 심상치 않게 보였다. 나는 유정 어딘가에 훨씬 더 큰 저류암(석유지질학에서 석유나 천연가스를 보유할 수 있는 공극과 투수성이 있는 암석-역주)이 있다는 예감이 들었다. 폭발 이후 새로 시추됐던 대체 유정은 생산 개시 초반에는 높은 생산성을 보이지 못하였으나 최종적으로 10만 배럴 이상을 누적 생산했다.

1940년대 유정이 시추됐을 때 시추 작업자는 기본적으로 시추의 '시' 자도 몰랐다. 정확하게 말하자면 그들은 당시의 기술 수준으로 할 수 있는 최선을 다했다. 유정 밀도 기록에서는 아무것도 나타나지 않았지만 나는 근처의 몇몇 유정의 특정 깊이에서 시추공 안쪽에 진흙 덩어리가 쌓여 있었다는 것을 눈치챘다. 데이터에서 일정한 패턴이 보였지만 그 누구도 이 사실을 알아차리지 못했다. 나는 다공질암을 보았고 오클라호마주 알팔파 카운티의 맥윌리 근처에 있는 오스위고 누층Oswego Formation에서 석유 냄새를 맡았다!

나는 적당한 곳의 광권을 매입했고 다른 회사와는 팜인 협정farmins(통상 탐사권자가 제3의 참여 희망자에게 일정한 탐사 작업을 수행하는 조건으로 일정 지분을 양도하는 약정-역주)을 통해서 광권을 확보해 나갔다. 그리고 일반 구역에서 비슷한 진흙 덩어리가 발견된 건공dry hole(석유나 가스가 생산되지 않고 완결된 유정 또는 투자비에 못 미치는 양의 석유나 가스를 가진 유정-역주)을 분석해서 그린 추세선 위에 있는 유정 몇 개를 게티 오일 컴퍼니Getty Oil Company로부터 인수했다. 나는 오스위고 누층을 개발한 게티 오일 컴퍼니한테서 산 기존 유정을 다시 시추했고 1969년에는 새로운 유정을 처음부터 시추하기 시작했다. 시추를 재개한 유정은 채산성이 있다는 것이 증명됐고 새롭게 시추한 유정에서는 하루에 대략 500배럴의 석유가 생산됐다.

그 유전에서 두 번째 유정은 다른 유정에서 5마일(약 8km) 정도 떨어진 곳에 있는, 알려지지 않은 탐사용 유정으로 시간당 75배럴의 석유가 나왔다. 근처에 있는 세 번째 유정은 시간당 100배럴의 석유가 나오는 것으로 측정됐다. 모두 6,000피트(약 1,830m) 깊이에서 석유가 나왔다! 석유탐사 회사를 시작하기에 기막히게 좋은 방법이었다. 이곳은 거대한 광구는 아니지만 대략 600만 배럴의 채굴이 가능한 석유가 매장되어 있었다. 물론 그곳의 유정이 모두 내 것은 아니다. 그렇지만 석유와 천연가스 산업에 이제 막 발을 들인 신생 기업과 내게는 거대한 발견임이 분명했다.

그 당시 석유 가격은 바닥이었지만 나는 석유 가격이 곧 오를 것이라고 믿었다. 예감을 믿고 위험을 감수하기로 했다. 몇 달 안에 나는 사업 영역을 확장하고 고등교육을 받을 수 있는 자금을 확보했다. 마침내 대학에 다닐 수 있게 됐다는 사실에 뛸 듯이 기뻤다. 나는 오스위고의 재고 유전(완결되지 않고 임시로 봉인한 유정-역주)을 보호하고 광구를 직접 시추하기 위해서 시추기를 사들였다. 1974년도에는 시추기가 굉장히 부족했다. 순간, 충분한 정보를 확보한 뒤에 위험을 감수했더니 세계가 변했다는 생각이 불현듯 떠올랐다. 그 뒤로 멋지고 신나는, 석유와 천연가스 산업에서 나와 비슷한 생각을 하는 사람들과 힘을 합친다면 전 세계를 바꿀 수 있다고 믿기 시작했다.

내가 석유와 천연가스 산업에서 경력을 쌓기 시작한 지 얼마 안

됐을 때는 멘토들의 조언이 성공에 큰 힘이 되었다. 그들은 쉴 새 없이 질문을 던져도 친절하게 답해준 업계 전문가들이다. 지역 지질학자인 잭 페르차우Jack Ferchau와 잭 커트버스 Jack Cutbirth, 시간을 내서 전자 검층 기록을 읽는 법을 가르쳐 줬던 슐룸베르거Schlumberge 소속 엔지니어인 폴 맥릴Paul McRil, 시추법과 다운홀 기법의 기본을 알려 주었던 플로이드 해링톤Floyd Harrington, 업계 최고 유정 자극법(낮은 투과성을 가진 저류층의 생산성을 향상하는 기술-역주) 전문가인 돈 롱돈Don Longdon 등 모두가 최고의 결과를 얻을 수 있도록 세세하게 유정을 완결하는 법을 가르쳐 줬다. 그들의 도움이 없었다면 빠르게 필요한 지식과 정보를 습득할 수 없었을 것이다. 그들의 도움은 업계의 관대함을 보여주는 사례 중 하나다. 모두가 스스로 선택한 업종에 대해 배우고 자신만의 입지를 다지고 싶어서 안달 난 청년을 두 팔 걷어붙이고 도왔다.

게티 오일 컴퍼니로부터 첫 번째 광권을 넘겨받았을 때 그들은 그들에게 훨씬 이득이 되는 계약을 체결했다고 생각하며 기쁘게 서로 손바닥을 마주 쳤을 것이다. 그들은 완전히 헛다리를 짚었다. 그들은 내가 그저 운이 좋았다고 생각했을지도 모른다. 하지만 운이 좋아서 시추에 성공했던 것이 아니다. 내 성공 뒤에는 과학이 있다. 유전의 잠재력은 많은 데이터 속에 숨어 있는데 그들은 데이터를 충분히 검토하고 분석하지 않았다. 석유 시추에 성공하면서 회사와 나는 전환점을 맞이했고 다른 많은 기회로 이어졌다.

대학 교육

어떤 분야의 세계 최고 전문가는 그렇게 되기 위해서 1만 시간을 연습했다. 말콤 글래드웰의 말이다. 일을 시작한 초창기에 나는 내 빨간 화물 트럭을 기가 막히게 잘 몰았다. 화물 트럭 기사로 세계 최고 전문가 경지에 올랐으니 다음으로 새로운 분야의 세계 최고 전문가가 되기 위해서 1만 시간의 여정을 시작할 때가 왔다.

유정 시추에 성공한 덕분에 경제적으로는 매우 넉넉해졌지만 석유와 천연가스 업계에서 그때의 나는 현실적으로 보면 사람 잡는 선무당과 다름없었다. 다시 말해 시추에 성공했다고 산업적 지식이 충분한 것은 아니었다. 그래서 나는 기술 교육을 가능한 한 많이, 가능한 한 빨리 받아야 했다.

1974년 서른 살 생일을 코앞에 두고 나는 최고의 지질학과가 있는 오클라호마주 이니드의 필립스 대학교에 입학했다. 나는 학위에는 관심이 없었다. 그저 석유지질학, 광물학, 지구과학, 석유와 천연가스 산업에 대해서 가능한 모든 것을 배우고 싶었을 뿐이다. 하지만 내게 필요한 석유지질학 강의를 들으려면 경영, 문학, 역사, 화학 등에 관한 강의도 들어야 했다. 모든 수업이 내게는 일종의 일이었다. 나는 여러 사업체를 운영하면서 전업 학생이 되었다. 하지만 나는 그 생활이 좋았다. 회사, 학교, 집을 오가며 정말 바쁜 나날을 보냈다. 그 와중에 미국 중부 내륙 지역의 유전에서 새로운 기회가 보였고 나는 더 바빠졌다.

나의 첫 번째 유망 광구는 오클라호마주 블레인 카운티의 폭스 유 닛Fox Unit으로 알려진 가스전의 광권이다. 거기서는 천연가스가 많 이 생산됐고 이 가스전을 시작으로 블레인 카운티에서 연이어 석유 와 천연가스 시추에 성공했다. 블레인 카운티는 여전히 오클라호마 주에서 석유와 천연가스가 많이 생산되는 지역이다. 우리 회사도 아 직 이 지역에서 석유와 천연가스를 탐사한다. 사업 영역을 확대하면 서 수너 트렌드Sooner Trend 광구에 속한 오클라호마주 메이저 카운티 에서 석유를 탐사하고 유정을 시추하기 시작했다. 나는 석유와 천연 가스를 탐사하는 일이 너무 즐거웠다. 심지어 이 일은 수익성도 있다.

대학 중퇴 —

1974년 대학에 등록했을 때 내가 석유와 천연가스를 탐사하고 생 산하는 산업뿐만 아니라 학업에도 집중할 수 있도록 레스 필립스 가 화물 트럭 운송 회사를 전담해서 운영하기로 합의했다. 하지만 1977년 필립스는 화물 트럭 운송 사업 보험에 가입할 수 없는 이유가 생겨 보험이 해약될 위험에 처했다. 하는 수 없이 내가 보험에 가입하 고 화물 트럭 운송 회사를 성장시키기 위해서 복귀해야 했다. 이후 나 는 화물 트럭 운송 회사의 모든 지분을 인수했고 나중에 우리가 이용 할 수 있는 맥 화물 트럭 대리점을 필립스가 열 수 있게 도왔다.

나는 석유와 천연가스를 탐사하고 생산하는 회사와 함께 화물 트력 운송 회사를 운영하는 데 많은 시간과 공을 들였다. 하지만 안타깝게도 무언가는 포기해야 했고 대학 교육을 포기하기로 결정했다. 그때까지 필립스 대학교에서 들었던 강좌를 통해서 지질학의 기본 지식은 모두 습득할 수 있었다. 여기서 얻은 지식은 내게 아주 유용했다. 나의 대학 생활은 끝났지만 나의 배움은 끝나지 않았다. 죽을 때까지 배움을 손에서 놓지 않을 것이다.

기업 성장

누구와 함께 일하느냐에 따라 기업이 성장하느냐 마느냐를 결정짓는다. 새로운 유정을 시추하는 데 성공한 덕분에 나는 유능한 석유 엔지니어, 지질학자, 금융 전문가 등 각 사업 영역의 최고 인재를 고용할 수 있었다. 이 시기에 나는 역경 속에서도 성장하고 번창할 수 있는 기업의 틀을 마련하기 시작했다. 그리하여 마침내 세상을 바꿀 꿈의 팀이 만들어졌다.

12년여 동안 오클라호마주의 사실상 모든 분지와 지하자원이 상당량 매장됐다고 여겨지는 지층에서 석유와 천연가스 탐사를 진행했다. 회사가 성장하는 동시에 석유와 천연가스 생산량이 증가하는 것을 보니 짜릿한 전율이 느껴졌다. 처음부터 우리는 다른 회사와는 다르게 사업을 했다. 시장 경기가 나쁘면 탐사 활동을 중단하고 지질학자, 지구 물리학자, 엔지니어로 구성된 탐사 팀을 해체하는 석유와 천연가스 회사가 일부 있다. 콘티넨탈 리소시스에서는 생각하지도 못할 일이다. 회사의 제일 귀중한 자산은 사람이다. 그리고 최대 유정 몇몇은 시장 경기가 나쁠 때와 다른 회사가 관심을 두지 않는 분지에서 발견됐다.

나는 일찍부터 지질학의 기초 지식을 중요하게 생각했고 모든 사업과 모든 분지에 그 지식을 적용했다. 우리는 지질학적 개념을 찬찬히 따라가면서 사업을 하고 작업을 진행했다. 덕분에 우리는 항상 다른 회사와의 경쟁에서 한 발짝 앞서 나갔다. 대체로 우리 회사는 유기적으로 성장했다. 다시 말해서 콘티넨탈 리소시스는 석유와 천연가스 시추를 통해서 자연스럽게 성장했다. 우리 회사는 석유, 천연가스 등 자원이 매장되어 있을 만한 탐사 지역을 직접 찾는다. 기술적 전문성을 바탕으로 대담하고 도전적으로 탐사 작업을 하고 그 덕분에 오클라호마주에서 미국 대륙의 주요 유전 지대인 노스다코타주와 사우스다코타주, 몬태나주의 윌리스턴 분지와 캐나다로 사업을 확장했다. 그리고 켄터키주, 인디애나주와 미시간주의 일리노이 분지, 텍사스·루이지애나의 멕시코만 지역, 텍사스 퍼미안 분지, 와이오밍주의 파우더리버와 와샤키 분지에서도 석유와 천연가스를 시추했다.

사람을 귀하게 여기는 기업 문화 덕분에 우리 회사는 석유와 천연가스 업계에서 최고 전문가들과 오랫동안 함께할 수 있었고 이 문화는 지금도 지켜지고 있다. 경기가 불안정하고 하강하는 시기에도 탐사 팀을 해체하지 않고 유지하겠다는 의지는 우리 회사만의 독특한 정신이다.

미래를 신뢰하며

    지금까지 내게는 강한 예감이 드는 순간이 몇 번 있었다. 1974년부터 1982년까지 시추기 선단에 크게 투자했다. 시추기 선단은 자본 집약적이고 선단 전체가 현장에 배치되어야 수익성이 있다.

    1982년 4월 일이 너무나 잘 풀리고 있었다. 시추 서비스 가격이 계속 올랐고 고객사는 시추 작업이 시작되기 몇 달 전에 비용을 전액 지급했다. 나는 '일이 너무 잘 풀려. 이거 꿈이 아닐까?'라는 생각이 들었다. 시장 상황을 살펴보니 무엇인가 잘못된 것 같았다. 그래서 나는 시추 사업에서 손을 떼고 3,200만 달러에 시추기 11개를 한 무리의 투자자에게 매각했다. 내 결정에 사람들은 "이 호황기에 돈을 포기하다니 제정신이야?"라고 수군댔다.

    이미 나는 시추 사업에 대한 마음을 고쳐먹었다. 나는 다른 회사의 석유탐사 활동을 돕는 유전과 시추 서비스만 계속 제공하고 싶지 않았다. 나는 석유를 탐사하고 싶었다. 그리고 나는 시장 경기가 머지않아 꺾일 것이라고 예상했다. 아니나 다를까 불경기가 찾아왔다.

    유전 회사에 주로 대출을 해주던 펜 스퀘어 뱅크Penn Square Bank 가 1982년 7월 5일 파산했다. 호황이 끝나고 10년간 불황이 석유와 천연가스 업계를 덮쳤다. 나중에야 알았지만 1980년과 1981년에 가스는 1,000세제곱 피트당 9달러에 거래됐고, 과도한 규제를 받고 있던 주와 주 사이의 가스전에서 모두의 예상을 깨고 천연가스가 빠르게 생산되면서 공급과잉이 발생했다. 가스 공급량이 과잉되자 가스값은

1,000세제곱 피트당 약 3달러에 정상화됐다. 그리하여 높은 가스 가격 때문에 활발했던 시추 활동의 대부분이 중단됐고 펜 스퀘어 뱅크가 흔들리기 시작했다.

오클라호마시티는 펜 스퀘어 뱅크의 파산으로 전국적인 뉴스거리가 됐다. 펜 스퀘어 뱅크의 파산은 미국의 금융권을 뒤흔들었고 여러 은행이 줄도산했다. 콘티넨탈 일리노이스 내셔널 뱅크 앤 트러스트 컴퍼니Continental Illinois National Bank & Trust Company도 파산했다. 석유 호황기의 끝을 알리는 신호였다.

나는 운이 좋았던 것일까 아니면 선견지명이 있었던 것일까? 그저 예감을 믿었을 뿐이었는데 갑자기 그 누구보다 석유와 천연가스 업계에서 유리해졌다. 나는 시추기 선단을 매각해서 확보한 현금으로 석유와 천연가스 가격이 하락해서 현금 부족에 시달리고 있는 부실기업의 자산을 사들일 수 있었다. 우리 회사는 자산을 아주 빠르게 인수하면서 '현금이 왕'이란 사실을 뼈저리게 느꼈다. 크고 작은 기업이 부채 때문에 자산을 유지할 수 없거나 파산절차를 밟고 있어서 그들의 보유 자산을 매각했다. 우리 회사는 석유와 천연가스 산업의 전 영역에 걸쳐 부채에 시달리는 기업에게서 유정과 생산 설비를 현금으로 인수했다. 또한 덴버의 페트로 루이스Petro Lewis로부터 유정 600개를 사들였다. 페트로 루이스는 현금이 필요했고 때마침 나는 현금을 조금 가지고 있었을 뿐이다. 업계가 불황에 빠지면서 어려움에 처한 회사들은 더 이상 시장을 낙관적으로 바라보지 않았다. 하지만 나는 미래를 생각했다. 사업을 하면서 배운 게 있다면 많은 회사가 어느 정도 성장하면 용기를 잃고 신조가 무엇이든지 상관없이 그저 현상 유지에 만족한다는 점이다.

1985년 로널드 레이건 대통령은 소련 경제를 무너뜨리고자 사우디아라비아와 손을 잡았다. 그는 사우디아라비아 왕가를 보호해 주는 대가로 값싼 석유를 받았다. 그 결과, 석유 가격이 배럴당 약 30달러에서 10달러 밑으로 폭락했다. 오늘날로 치면 휘발유 1갤런(약 3.7L)이 30센트에 거래되는 것과 같다. 예상했다시피 석유 가격 폭락은 산업 전체에 큰 타격을 주었다. 미국 정부는 소련을 붕괴시키려는 전략이 자국의 석유산업에 미칠 영향은 간과했고 지정학적 우위에 서기 위해서 위험한 도박을 한 셈이다. 미국의 많은 석유 회사가 무너졌다. 하지만 늘 그렇듯이 혼란한 상황에서는 새로운 기회도 나타난다. 석유 시장이 붕괴하기 전에 매각했던 시추기 11개를 기억하는가? 그 장비를 1/10 가격으로 다시 사들였고 석유 가격이 다시 오를 때를 대비했다.

다른 회사의 생산 장비를 사들이고 석유와 천연가스가 매장될 가능성이 큰 유전도 탐사하기 시작했다. 석유 탐사자로서 나는 거대한 유전을 발견하고 싶었기 때문에 석유를 찾는 데 집중했다. 시간이 흐르면서 나는 앞으로 석유가 천연가스보다 더 좋은 내재 가치를 지니고 있다는 것이 증명될 것이라고 확신했다. 특히 이때(1983년)는 나와 같은 생각을 지닌 석유탐사자나 석유 회사 경영진이 거의 없었다.

Chapter 3

고래를
멸종 위기에서
구한 산업

2021년 미국의 총 석유 소비량 : 72억 600만 배럴

2020년 미국의 회수 가능 매장량 : 3,730억 배럴

51년 동안 석유 공급에는 문제없을 정도의 양이다.

나는 적어도 100년은 걱정 없이 쓸 수 있는 석유와 천연가스가

미국에 매장돼 있다고 믿는다.

미국 사회는 토양 관리와 농작물 생산에 필요한 과학적 지식과 기술인, 농경학에 깊이 뿌리를 두고 있다. 그래서 미국인은 곡물 저장고에 저장된 식량만 신뢰하거나 의지하는 편이다. 가뭄이 들거나 운이 나빠서 식량이 부족해지면 곡물 저장고에 저장된 식량을 먹으면 되기 때문이다. 이는 일종의 국민성이다. 그래서 이미 확보한 석유와 천연가스의 소비량만 기준으로 생각하는 경향이 있다. 때문에 항상 석유와 천연가스가 '고갈되어 가고 있다'고 생각하기 쉽다.

표 세계 석유와 기타 액체연료

	2020	2021	2022	2023
공급량과 소비량	(단위 : 100만 배럴/일)			
비(非)OPEC 지역 생산량	63.12	63.89	66.56	68.31
OPEC 생산량	30.75	31.66	34.44	34.66
OPEC 원유 생산량	25.59	26.23	28.95	29.18
세계 총생산량	93.87	95.55	101.00	102.97
OECD 상업용 재고량(연말)	3,025	2,677	2,781	2,863
OPEC 잉여 원유 생산능력	5.38	5.44	3.31	3.63
OECD 소비량	42.03	44.60	46.03	46.31
비(非)OECD 소비량	49.95	52.88	54.57	56.24
세계 총소비량	91.98	97.48	100.61	102.55
기본 추정치	(전년 대비 변화율 − %)			
세계 실질 국내 총생산(GDP)	−3.3	5.9	4.3	4.0
실제 미국 달러 환율*	1.7	−3.9	2.2	−1.2

* 미국 달러당 외국 통화

출처 : "단기 에너지 생산 및 소비 전망", 미국 에너지 정보청, 2022년 3월 3일

위의 표가 보여주는 것은 놀랍게도 세계는 엄청난 양의 석유를 생산하고 소비하며 그중 상당량이 바로 미국에서 생산되고 있다는 것이다.

석유가 처음 발견됐을 때부터 그랬다. 사람들의 생각은 변함이 없다. 지난 세기 동안 석유가 고갈될 것이라고 경고하는 소위 전문가란 사람들은 석유와 천연가스 업계가 지난 100년 동안 이룩한 성과를 신뢰하지 않는다. 석유와 천연가스 업계는 계속해서 석유와 천연가스를 탐사하고 유전을 개발하면서 경제성장을 촉진할 방법을 발견하고 혁신했다.

어떤 분야든지 아는 것이 많을수록, 더 정확하고 유용한 의견을 제시할 수 있다. 그러니 석유와 천연가스 산업에 관해서 좀 더 살펴보고 더 정확하고 유용한 의견을 제시하도록 하자. 건전한 에너지 정책의 최대 적은 무지다. 지질학자가 지적하지 않아도 사람들이 에너지산업, 즉 석유와 천연가스 산업에 대해서 무지하다는 것을 알 수 있다.

이번 장은 탄화수소 입문 과정이 될 것이다. 이번 장을 읽고 나면 석유와 천연가스 산업이 어떻게 움직이는지, 왜 당신에게 중요한지, 왜 식물부터 말과 거대한 해양 포유류에 이르는 모든 생명체에게 중요한지를 더 잘 이해하게 된다. 특히 거대한 해양 포유류에게 석유와 천연가스 산업이 중요한, 꼭 필요한 이유를 이해하게 된다.

무엇이 고래를 구했을까?   —

무엇이 고래를 멸종 위기로부터 구했을까? 펜실베이니아주 타이터스빌 유정이다. 예상했던 대로 타이터스빌 지역신문은 석유가 1939년

이 되면 고갈될 것이라고 보도했다.

미국 남북전쟁이 발발하기 전에 미국과 다른 나라들은 빠르게 산업화하고 있었다. 그래서 에너지 수요는 커졌고 고래기름이 램프에 불을 붙이는 연료로 주로 사용됐다. 거대한 포경선이 바다를 누비며 고래를 닥치는 대로 잡아들였고 고래 뼈를 삶아서 귀한 기름을 얻었다. 이렇게 생산된 고래기름은 커지는 도시인구의 에너지 수요를 충족시키는 데 사용됐다.

1846년 미국에 등록된 포경선은 700척이 훌쩍 넘었다. 포경선은 뉴베드퍼드, 낸터컷, 뉴런던 같은 항구도시에서 바다로 출항했다. 고래잡이는 전 세계적으로 이루어졌다. 한 번 바다로 나가면 2년이 넘도록 바다를 항해했다. 포경선 선장은 당시에 영웅으로 칭송받았다. 그들은 위험을 무릅쓰고 망망대해로 나가서 거대한 고래를 잡아 기름을 가지고 집으로 돌아왔다. 『모비딕』을 읽어 보았는가? 당시에 발표된 이 소설은 포경선 선원을 용감한 영웅으로 그리는 수백 편의 유명 문학작품 중 하나다. 오늘날 〈데드리스트 캐치Deadliest Catch〉와 같은 리얼리티 TV쇼를 생각하면 감이 올 것이다. 비버와 들소 사냥꾼처럼 포경 산업은 고래를 멸종 직전까지 몰아갔다.

1846년 노바스코샤의 한 외과 전문의이자 지질학자가 연구실에서 원유로 이런저런 실험을 하다가 고래 멸종을 막을 방안을 찾아냈다. 등유를 발견한 것이다. 등유는 고래기름보다 더 깨끗하고 밝게 탔고 냄새도 훨씬 더 좋았다. 유일한 문제는 등유를 더 많이 추출할 원료를 안정적이고 저렴하게 공급할 원천을 찾는 것이었다.

등유가 발견되고 10년이 흐른 1859년 여름 고래는 멸종 위기에서 벗어날 기회를 잡았다. 에드윈 드레이크 대령과 염정을 시추하는 윌리엄 스미스William Smith가 펜실베이니아의 동쪽 끝 땅에 매장된 석유를 시추할 방법을 찾아냈다. 그들은 시추공의 붕괴와 진흙과 지하수의 침투를 막기 위해서 강관을 땅속에 박아 그 관 속을 시추하기로 했다. 지금도 여전히 관 속에서 석유 시추를 한다. 다만 차이가 있다면 과거보다 훨씬 더 정교한 방법을 사용한다는 것이다. 미국의 최초 유정에서는 하루에 25배럴의 석유가 생산됐다. 이후 다른 사람들도 석유 시추에 뛰어들었다. 미국의 석유산업이 형성되기 시작했다. 적어도 빠르게 성장할 채비를 마쳤다.

에너지 발전은 인간의 독창적인 아이디어에서 시작됐고 전 세계는 덜 잔인한 방법으로 생산되는 더 효율적인 연료를 사용하게 됐다. 에너지 발전은 우리가 실현할 수 있는 대책이 마련되기도 전에 산업 전환을 강요하는 정책을 도입해서 기존의 에너지산업을 파괴하지만 않는다면 앞으로도 계속될 것이다. 간단하게 말해서 더 좋은 대안 에너지가 발견되기 전에 고래기름 사용을 금지했더라면 인류는 혁신 동력 없이 어둠 속에 버려졌을 것이다.

저렴하고 언제나 사용할 수 있으며 쉽게 운송할 수 있는 에너지원을 활용하기 시작하면서 세계는 급작스럽게 변했다. 심지어 이 에너지원으로 생태계에 영향을 훨씬 덜 주면서도 꼭 필요한 에너지를 생산할 수 있다. 고래가 멸종 위기를 모면했을 뿐만 아니라 나무를 땔감으로 사용하는 경우가 급감하여 숲도 보호하게 되었다. 탄화수소는 전기화를 통해 인류가 더욱 풍요롭고 건강한 세상으로 나아갈 수 있는 에너지를 공급해 주었다.

석유 냄새를 맡는 사람들　　　　　　　　　　　　　　－

　세상을 완전히 뒤집어 놓은 이 광물을 더 찾으려고 너도나도 경쟁에 뛰어들었다. 석유탐사자들은 석유 유출지, 광천, 파라핀 흙, 암염 돔 그리고 퇴적암층을 찾았다. 그들은 단서를 얻기 위해서 현지인에게 물어보았고 때때로 땅에서 쉭쉭 소리가 나는 곳을 찾아서 불이 붙는지 보려고 성냥불을 가져다 댔다. 과학과 기술이 제대로 발달하지 못했던 시기였다. 그래서 석유탐사자들은 대체로 일확천금을 노리는 사람에 지나지 않았다. 하지만 소 뒷걸음치다 쥐잡기식으로 석유를 찾는 데 성공하는 일도 가끔 있었다.

　1897년 오클라호마주에서 조지 B. 킬러George B. Keeler와 윌리엄 존스톤William Johnstone은 넬리 존스톤Nellie Johnstone 1호 유정을 시추했다. 많은 석유탐사자의 관심을 끌었고 순식간에 지구상에서 가장 많은 석유를 생산하는 유정의 발견으로 이어졌다. 주의 지위를 얻기 전 10년 동안 오클라호마주는 세계에서 가장 많은 석유가 생산되는 지역이 됐다. 선지자들과 모험가들이 앞다투어 오클라호마주 털사로 모여들었고 털사는 세계 석유 수도로 빠르게 성장했다. 혹자는 털사가 한 세기 동안 뉴잉글랜드가 배출한 백만장자보다 더 많은 백만장자를 단 한 세대 만에 배출한 것으로 추정했다.

3D 지진 센서나 컴퓨터와 같은 현대 장비의 도움이 없었던 초기 석유탐사자들은 석유의 위치를 찾는 데 도움이 되는 육감을 가지고 있다고 여겼다. 일부는 석유가 매장된 곳의 '냄새를 맡을 수 있다'고 주장했다. 이는 사실일 수도 있다. 천연 유출지에서는 땅에서 석유와 천연가스가 새어 나오기 때문이다.

석유탐사자로 유명한 톰 슬릭Tom Slick은 석유 냄새를 기가 막히게 맡는 능력을 지닌 소위 스니퍼sniffer였다. 나는 스니퍼보다 톰 슬릭처럼 석유가 발견되지 않은 곳에서 석유를 찾는 사람을 와일드캐터wildcatter라고 부르는 것을 선호한다. 슬릭은 사람들에게 자신은 석유를 많이 찾을 거라고 말하고 다녔다. 1912년 3월 그는 오클라호마주 쿠싱에서 유전을 발견했다. 쿠싱 유전은 향후 수십 년 동안 수백만 배럴의 석유를 생산하면서 털사에 수십 억 달러를 벌어 주었다. 오랫동안 쿠싱 유전은 하루에 평균 20만 배럴의 석유를 생산했다. 전성기에는 하루에 30만 배럴의 석유가 쿠싱 유전에서 나왔다. 1920년대 후반 톰 슬릭은 미국에서 최대 석유 회사의 주인이 됐고 초기에는 '와일드캐터의 왕'으로 알려졌다. 궁극적으로 쿠싱 유전은 4억 5,000만 배럴의 석유를 생산했다. 오늘날 쿠싱에는 석유 저장 설비가 밀집된 주요 탱크팜이 있고 이 지역은 '미국의 파이프라인 교차로'로 알려졌다.

이어서 프랭크 필립스Frank Phillips가 등장했다. 아이오와주의 이발사였던 그는 거의 무일푼으로 오클라호마주 바틀즈빌로 왔지만 석유를 찾아 부자가 될 것이라는 자신감은 가득했다. 첫 두공은 실패했지만 이후 시추한 81개의 공에서 그는 모두 석유를 찾았다. 이는 나쁘지 않은 성과다. 그는 동생과 함께 필립스 페트롤리움 컴퍼니Phillips Petroleum Company를 설립했고 오래지 않아 세계 최대 석유와 천연가스 회사로 성장했다.

필립스 페트롤리움 컴퍼니는 오클라호마주 북동부의 바틀즈빌 근처 버뱅크 유전을 찾아서 개발했다. 프랭크 필립스는 나와 같은 기업가로 이 산업에 발을 들였다. 그는 석유 시추를 하면서 산업에 대해서 배웠고 지속 가능한 세계 최고 회사를 만드는 데 집중했다. 노년에 그가 했던 말은 항상 심금을 울린다. "돈이란 참으로 이상하다. 아무리 돈이 많은 사람이라도 양복은 한 벌만 입을 수 있고 한 개의 침대에서만 잘 수 있고 삼시 세끼를 먹어야 한다."

나는 요즘 양복을 잘 입지 않는다. 양복보다는 청바지와 카우보이 부츠가 편하다. 하지만 그의 말은 여전히 통찰이 돋보인다.

석유는 어떻게 찾을까?　　　　　　　　　　　─

언제나 설명은 간단한 게 최고다. 앞에서 설명했던 학기 말 보고서를 쓸 때 개념을 이해하기 쉽게 정리하려고 정말 많은 노력을 했다. 다음은 그 보고서의 일부 내용을 발췌한 것이다.

학기 말 보고서 〈석유(더 좋은 무언가)〉에서

석유를 발견하고 생산하는 작업은 석유산업에서 가장 신나고 손이 많이 가는 부분이다. 석유를 시추하기 전에 흐르는 긴장감은 업계 사람들을 흥분시킨다. 유전의 위치를 찾는 것은 대단한 도박이다. 예나 지금이나 노련한 석유탐사자는 성실히 조사하고 기술을 활용해서 대부분의 불확실성을 제거한다. 석유가 매장돼 있을 가능성이 있는 지점을 콕 집어내는 것은 굉장히 복잡하고 고된 과정이다.

지질학자와 지구 물리학자는 석유탐사에서 중요한 자원이다. 그들은 조사를 통해서 석유가 매장돼 있을 만한 곳을 찾는다. 석유는 대체로 석회암과 같은 다공질암에 갇혀 있다. 초기 유전은 아주 단순했다. 석유는 배사구조 형태의 비다공질암 안에 갇혀 있다. 배사구조는 암석이 산봉우리처럼 올라가거나 서로 다른 층이 만나 미는 힘 때문에 알파벳 V가 뒤집힌 형태와 비슷하게 생겼다. 석유는 아래로부터의 수압 때문에 배사구조 안에 갇혀 있다. 배사구조는 쉽게 말해서 암석이 돔 모양을 한 곳이다. 지질학자의 역할은 앞서 언급한 조건을 지닌 장소를 찾는 것이다. 그들은 석유가 있는 곳의 단서를 얻기 위해 지형학을 이용해서 옛 해안선, 사구 가장자리, 사주를 분석한다.

석유를 생산하는 회사를 운영한다고 가정하며 석유 시추 단계를 차례대로 살펴보자. 지질학자는 지질구조를 관찰해서 배사구조의 단서를 찾는다. 지진파 탐사 해석 전문가가 이 단계에 개입해서 불침투성 암석층으로 둘러싸인 약 6,000피트(약 1,830m) 깊이에서 석회암층을 발견한다. 회사는 이곳을 시추하기로 결정하고 땅 주인인 카터에게서 광권을 확보하기 위해 노력한다. 카터와 같은 땅 주인이 우리에게 토지의 광권을 판다. 회사가 큰 어려움 없이 광권을 확보하면 석유 시추에 들어간다. 지진파 탐사가 진행되고 배사구조가 있다는 결과를 얻는다. 마지막 결정을 내리는 데까지 상당한 시간이 소요된다. 초기 유정 시추는 10만 달러에서 200만 달러까지 소요될 수 있는 작업이었기 때문에 석유 회사는 올바른 결정을 내리기 위해서 심사숙고했다. 오늘날 유정 시추는 더 복잡하고 더 많은 돈이 드는 작업이다.

마침내 유정 시추를 시작했고 나중에는 유정을 챔플린 페트롤리움의 카터 1호라고 부르기로 한다. 1940년대 초반 유정 시추에는 회전식 시추와 케이블 툴 시추라는 두 가지 방법이 있었고 깊이 파 내려가는 데는 회전식이 최고였다. 이번에는 트럭으로 운반하는 회전 장비로 유정을 시추한다. 시추할 위치를 정하고 장비를 설치하기 시작한다. 커다란 불도저로 굴착 작업을 시작하고 굴착 작업을 하는 동안에 진흙을 순화시킬 연못을 유정 근처에 만든다. 굴착 장치, 유정탑, 시추기가 준비된다. 파이프 스템, 케이싱 파이프, 연료, 작업 도구 등 시추 작업에 필요한 것들이 운반된다. 마지막으로 설비를 조정하고 계획을 검토한 뒤 '와일드캣wildcat'이 '굴착spud'된다. 다시 말해서 석유 시추가 시작된다.

여기서 와일드캣은 석유나 천연가스가 단 한 번도 생산되지 않은 지역에서의, 지하자원이 매장돼 있는지 알 수 없는 유정을 가리킨다. 석유가 발견되기 전까지 그 누구도 알 수 없다. 지질학자는 5피트(약 1.5m)와 10피트(약 3m) 간격으로 절단 암석의 표본을 수집해서 분석한다. 비가시광선인 자외선 아래에서 암석 표본의 '형상show'이 형광 발광하는 모습을 관찰하거나 시추 과정에서 원유나 가스가 흘러나올 때의 압력과 유량 특성을 판단하기 위해 원유 산출 시험Drill Stem Test(저류층에 있는 탄화수소물을 조금 퍼 올려 분석하는 작업-역주)이 진행된다. 이는 생산 케이싱을 설치해서 유정 완결을 할 가치가 있는지를 판단하기 위한 작업이다.

유정 현장 지질학자가 형상을 보고 원유 산출 시험을 할 만하다고 판단하면 하청 업체가 '형상 표본'이 나온 시추공 내 지층을 나머지 지층으로부터 분리하기 위해서 시험 장비를 설치한다. 그리고 해당 구역에 원유 산출 시험 장비를 열어서 매장되어 있을지도 모르는 석유가 흐름의 방해를 받지 않고 지표면으로 나올 수 있도록 통로를 확보한다. 원유 산출 시험이 진행되는 동안 유정 주변에는 긴장감이 감돈다. 채산성 있는 석유량이 저장 시설로 흘러가 시간당 40배럴의 석유가 생산될 것으로 측정되면 유정 주변이 흥분에 휩싸인다. 실로 훌륭한 유정이다! 1940년에는 와일드캣 10개 중에서 3개에서만 채산성 있는 양의 석유가 매장되어 있었기 때문에 이것은 참으로 이례적인 결과였다. 새로운 유전을 발견하는 방대한 시추 작업이 성공으로 끝난 것은 참으로 운이 좋은 덕분이다!

확실히 석유 사업은 매우 흥미롭고 나는 배워야 할 것이 많았다. 그로부터 60년이 지났는데도 나는 여전히 배우는 중이다.

수백만 년의 시간이 흐르면서 석유와 천연가스는 성숙한다. 그리고 팽창하기 때문에 지표면으로 자주 누출된다. 성숙기 동안 분자가 팽창하면 석유와 천연가스 매장량이 원래의 두 배로 증가할 수도 있다. 그래서 지하에 갇혀 있지 않고 지표면으로 누출되는 경우가 종종 발생한다. 팽창한 탄화수소는 엄청난 압력을 발생시켜서 사실상 주변 암석을 파열시킨다. 엄밀히 말하면 자연은 틈에 고압의 액체를 주입하여 광물을 파쇄하여 채굴하는 프래킹을 즐긴다. 유정 시추 과정에서 강한 압력을 받는 석유가 매장된 지점에 도달하면 분유정이 나타난다. 옛 영화에서 석유가 하늘로 뿜어져 나오는 유정을 떠올려 보자. 사실 분유정에서 석유가 뿜어져 나오면 주변이 엉망진창이 되고 표준 작업과도 거리가 멀다. 하지만 이 광경은 초기 홍보 영상으로 자주 사용됐다.

석유탐사

수천 피트의 땅속에서 석유와 천연가스를 어떻게 찾는지 궁금해한 적이 있나? 제발, 당신이 땅속에 매장된 석유와 천연가스를 찾는 확실한 방법을 발견했다면, 내게도 꼭 이야기해 주길 바란다.

우리는 석유 유출지를 굴착하거나 육감에 따라서 석유탐사를 했다. 석유와 천연가스 탐사에 쓰이는 지질학적 지식은 지난 세기 동안 순조롭게 진화했다. 1800년대 후반 조사 팀은 지형과 암석 노출지의 변화를 기록하며 지형 지도를 그리기 위해 말과 사륜차를 타고 오클라호마주 전체를 종횡무진 했다. 나중에 그들이 작성한 지형 지도는 석유를 찾는 데 없어서는 안 될 값진 도구로 사용된다. 지표 지형은 수천 피트 아래에 어떤 자원이 매장되어 있는지를 예측하는 단서를 제공했다.

1920년대 석유탐사자들은 석유와 천연가스가 매장되어 있을 가능성이 있는 지질학적 특성을 찾는 데 음파와 지진파를 활용했다. 이것은 본래 단일중합 탐사로 알려졌고, 나중에 2D 탄성파 탐사로 발전했다. 2D 탄성파 탐사는 1935년 무렵 오늘날 코노코필립스 ConocoPhillips의 전신이자 E. W. 마랜드 E. W. Marland가 세운 콘티넨탈 오일 컴퍼니 Continental Oil Compay가 2D 탄성파 이미지 기술을 개발하면서부터 시작됐다. 이후 미국의 석유 생산량은 눈에 띌 정도로 증가했다. 이 초기 기술로 새로운 유전을 이전보다 쉽고 정확하게 찾아낼 수 있었기 때문이다. 이제는 기술이 더 발전해서 지표면 아래의 누층

이미지를 훨씬 더 분명하게 보여주는 3D 탄성파 탐사와 4D 탄성파 탐사가 등장했다. 기술의 발전은 더 많은 새로운 유정과 가스정의 발견으로 이어졌다. 또한 이 기술은 수평 시추에서 시추정을 제어하는 데 유용하게 사용한다.

고등학교 학기 말 보고서를 쓰던 때부터 지금까지 내가 생각하는 석유탐사의 가장 큰 매력은 경쟁 업체보다 과학적 지식이 풍부하면 석유와 천연가스를 더 많이 찾아낼 수 있다는 믿음이다. 예전부터 그렇게 믿었고 지금도 그 믿음은 변함없다. 내가 굴착 사업에 뛰어들었을 때 석유를 찾는 '옳은 방법'은 없었다. 나의 팀과 나는 소위 '운명을 읽는 법'을 배울 것이라고 믿었고 정말 그 방법을 배웠다.

시추한 석유로 무엇을 할까? —

시추한 석유는 근처 저장 시설에 저장됐다가 화물 트럭으로 정유회사에 운송된다. 석유와 천연가스가 많이 생산되는 대형 유전은 파이프라인을 이용해서 석유를 현지나 지역 네트워크로 보내서 정유회사로 운송한다. 정제 과정을 통해 석유는 휘발유, 경유, 항공유 및 기타 부산물로 바뀌며 그 후 내수 시장에 팔리거나 수출된다.

천연가스는 석유와는 완전히 다르다. 천연가스는 액체가 아닌 기체이기 때문에 말 그대로 공기 중으로 쉽게 날아가 버릴 수 있다. 그래서 천연가스는 파이프를 통해서 저장소로 운반된다. 천연가스는 가압 저장소에 보관되어 처리 과정을 거친다. 처리 과정 중 천연가스에서 액체 물질이 추출된다. 이때 추출되는 액체 물질은 프로판과 부탄, 두 가지다. 수분과 석유와 같은 물질도 제거되고 건성가스만 남는다. 건성가스는 기본적으로 메탄이다. 메탄은 난방, 요리, 비료와 플라스틱 생산 등 여러 방면에서 사용된다.

재미있는 사실이 하나 있다. 천연가스 자체도 약간의 냄새가 있긴 하지만 메르캅탄이라는 물질을 인위적으로 추가 주입하여 의도적으로 고약한 냄새가 나게 한다. 메르캅탄은 일종의 안전장치다. 고약한 냄새가 나면 냄새 탐지 전문가가 아니더라도 누구나 천연가스가 누출됐다는 것을 알 수 있다.

세상을 바꾼 에너지원, 석유 ▬

인류가 탄화수소를 주 에너지원으로 사용한 것은 불과 150년밖에 안 됐다. 본격적으로 석유와 천연가스의 잠재력을 탐사하기 전, 말로다 할 수 없는 오랜 시간 동안 인류는 대부분 에너지 궁핍 속에서 살았다. 조상들은 숲에서 나무를 베어 땔감으로 썼고 풍차와 기초적인 수차를 만들어서 사용했다. 하지만 인류는 지속 가능하고 안정된 에너지 기반 시설을 만드는 데 애를 먹었다.

1820년 세계 인구의 대략 89퍼센트가 극심한 가난에 시달렸다. 1910년 이 비율은 74퍼센트로 하락했고 2018년에는 8.6퍼센트로 급감했다. 무엇이 이토록 큰 변화를 만들어 냈을까? 나는 이렇게 대단한 진보를 촉진한 주된 촉매는 값싸고 안정적인 탄화수소 에너지의 등장이라고 생각한다. 오랜 시간에 걸쳐서 발명가들은 세계를 변화시켰고 절대다수 미국인 삶의 수준을 높였다. 그리고 세상은 진화했다.

석유는 그저 단순한 에너지원이 아니다. 석유는 의약품, 플라스틱, 의류, 위생 장비 등 사실상 현대사회에서 편의를 제공하는 거의 모든 것의 핵심 재료다. 사람들이 웰빙을 위해서 의지하는 거의 모든 것이 어떤 식으로든 탄화수소를 재료로 만들어진다. 19세기 전의 도시는 각종 질병이 들끓는 곳이었다. 전염병이 정기적으로 도시를 휩쓸었다. 기반 시설은 거의 존재하지 않았다. 깨끗한 물을 공급하고 쓰레기를 처리하는 시설에는 문제가 많았다. 말과 노새가 주요 운송 수단으로 사용됐고 그들은 걸어 다니며 배설물을 쏟아 냈다. 더운 8월에 수만 마리의 말과 노새가 싼 배설물로 융단폭격을 맞은 뉴욕의 거리를 걷고 있다고 상상해 보자.

고래기름으로 불을 붙인 곧 꺼질 듯이 깜빡이는 램프 아래에서 이책을 읽고 있는 게 아니라면 모두 석유가 이 세상을 긍정적으로 바꾸었다는 데 동의할 것이다. 하지만 일부 에너지산업의 적대자와 정치인은 과거로 돌아가고자 한다.

나는 석유와 천연가스의 열렬한 옹호자라고 당당하게 말할 수 있다. 나는 땅을 1만 피트(약 3km)에서 1만 5,000피트(약 4.5km)나 파고 내려가서라도 석유와 천연가스를 찾아내겠다는 강한 의지를 지닌 석유탐사자의 면모를 지닌 지구과학자다. 나는 야외 활동 애호가로서 광활한 대지에 영원히 감사하고 그것을 보호하는 데 헌신한다.

　나의 이야기는 유난히 미국적이다. 나와 같은 독자적인 석유탐사자와 생산자가 미국과 세계 도처에서 이룬 성과가 자랑스럽다. 햄 일가가 가난에서 벗어나는 데는 두 세대가 걸렸지만 그 과정에서 얻은 교훈을 영원히 소중하게 여긴다. 하루하루 먹고사는 데 급급할 정도로 가난했지만 서로를 무척 위하는 대가족 사이에서 배운 많은 것은 나의 열정과 행동의 밑바탕이 되었다! 그리고 내가 받은 최대 특혜는 미국에서 태어났다는 점이다. 미국은 내게 극복할 수 없을 것 같은 장애를 이겨 내고 성공할 기회를 주었다.

Chapter 4

쇠퇴 일로의
석유

"에너지 수요의 75퍼센트를 충당하고 있는 석유와 천연가스가
고갈되고 있다. 생산량을 늘리기 위해 노력했지만 국내 생산량은 매년
약 6퍼센트씩 서서히 하락했다. 지난 5년 동안 석유와 천연가스
수입량은 두 배로 증가했다. 그리하여 미국의 경제와 정치 독립성이
갈수록 위태로워지고 있다. 석유 소비를 줄일 근본적인 변화가 없다면
1980년대 초에는 전 세계의 석유 수요량이 공급량을 앞설 것이다."

– 대통령 지미 카터, 1977년 4월 18일

대체로 정치인들은 자신이 도덕적인 지도자라고 생각한다. 그리고
그들의 보좌진은 항상 자신들이 모시는 정치인이 떳떳하게 우위를
점할 방법을 내놓는다. 1977년 여름도 그러했다. 지미 카터는 고전하
고 있었고 대부분이 스스로 자처한 정치적 고통이었다. 미국에서는
두 번째 에너지 위기가 한창이었고 인플레이션이 상승하고 있었다.
인플레이션이 두 자리였던 시절이 기억나는가? 나는 기억한다. 젊은

부부가 이자율이 11퍼센트인 주택담보대출을 받는다고 상상해 보자. 이자율 12퍼센트의 자동차 대출은 어떤가? 1970년대 후반의 미국에서는 이것이 현실이었다.

지미 카터의 에너지 정책 모델은 델라웨어의 젊은 상원 의원인 조

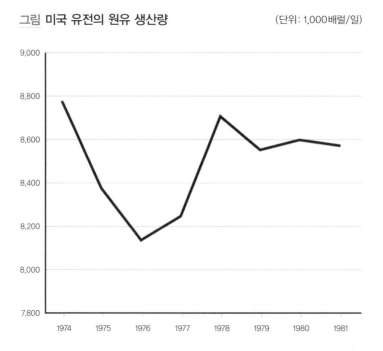

그림 미국 유전의 원유 생산량   (단위: 1,000배럴/일)

출처: "미국 유전의 원유 생산량", 미국 에너지 정보청, 2022년 12월 12일

위 그림은 지미 카터가 대통령에 당선되기 직전과 그의 재임 기간 동안
미국의 석유 생산량이다. 그림의 통계 사실과 달리 지미 카터 행정부가 믿었던
당시의 사회적 통념에 따르면 화석연료는 고갈되고 있었다.

바이든이 지지하고 찬성표를 던진 계획이었다. 그 계획에는 석유와 천연가스 산업을 규제하고 세금을 부과하고 석유와 천연가스 회사의 생산능력을 없애고 제한하는 방안이 담겨 있었다. 대통령과 그를 따르던 시민들에게는 애석하게도 이런 정책은 자연스럽게 미국 내에서의 원유와 천연가스 생산량을 감소시키고 연료 가격은 천정부지로 치솟게 한다. 중동에서의 원유 수입이 많아져 중동에 대한 에너지 의존도가 높아지고 동시에 인플레이션이 제멋대로 날뛰는 결과를 가져온다. 실상 오늘날 상황과 크게 다를 바 없다.

지미 카터의 박애주의적 지도력은 칭찬받아 마땅하다. 그가 해비타트 운동Habitat for Humanity과 함께 오랫동안 한 일을 대단히 존경한다. 그러나 그의 박애주의적 활동은 차치하고 미국은 그의 잘못된 많은 에너지 정책으로 지금도 대가를 치르고 있다. 지미 카터는 외부인이자 테크노크라트(과학적 지식이나 전문적 기술을 소유함으로써 사회 또는 조직의 의사 결정에 중요한 영향력을 행사하는 사람-역주)다. 그는 자신의 식견으로 힘없는 사람들이 직면한 큰 문제를 해결할 수 있다고 생각했다. 지미 카터는 유명한 1977년 연설에서 에너지 정책에 대한 그의 좁은 식견을 보여주었다.

당시에 중동은 권력에 굶주린 독재자들의 손아귀에 있었다. 그들은 오늘날과 마찬가지로 영향력을 손에 넣기 위해서 다투었다. 석유는 그들이 지닌 가장 강력한 무기였다. 이스라엘은 1967년의 6일 전쟁과 1973년의 욤 키푸르 전쟁이라는 두 번의 전쟁을 치르면서 국가 존폐의 기로에까지 몰렸다. OPEC 전제군주들은 자신들과 뜻을 달리하는 사람들을 벌하는 데 주저하지 않았다. 그들은 서양 민주국가에 석유 금수 조치를 내리기도 했다. 대다수의 서양 산유국은 '석유 최대 생산량'에 이르렀기 때문에 중동의 군주들에게는 힘이 있었다. 적어도 당시의 전문가란 사람들은 그렇게 말했다. 최대 생산량에 도달한 까닭은 석유 가격이 지나치게 낮았기 때문이다. 정유 회사는 유전에서 석유를 생산하는 중소기업에 배럴당 4달러가 채 안 되는 값을 치르고 있었다. 대형 정유 회사들은 자신들이 직접 생산하는 원유보다 더 많은 양을 정제하여 석유제품을 만들기 때문에 원유 가격을 낮게 유지하는 것이 회사에 더 큰 이익을 가져온다고 믿었다. 20년이 넘는 기간 동안 정유 회사는 아무 고민 없이 이런 관행을 따랐다. 대부분 석유는 중동에서 들여왔다. 하지만 1973년 석유파동이 일어났고 더 이상 관행은 이어질 수 없었다.

1973년 석유 금수 조치는 석유 가격 인상으로 이어졌고 중동에서 석유를 많이 수입하고 있던 미국은 중동 원유에 대한 의존도가 대단히 높은 유럽 및 일본과 껄끄러운 관계가 됐다. 유럽과 일본은 이스라엘과 우호적인 관계를 맺고 있는 미국과 거리를 두려고 했다. 석유 가격이 빠르게 인상되자 미국 역사상 가장 긴 경기 침체가 찾아오면서 실업률이 역대 최고치인 9퍼센트를 기록하기까지 했다.

앞서 공화당 대통령 리처드 닉슨은 임금과 물가를 통제하는 정책을 도입했다. 석유 가격이 1973년 배럴당 4달러에서 4.25달러로 오르자 닉슨 대통령은 석유 가격을 규제하기 시작했다. 지금 생각하면 우습지만 그는 석유 가격이 '통제를 완전히 벗어났다'고 생각했다. 리처드 닉슨 행정부는 먼저 자동차의 연비 기준을 도입했다. 이 정책의 도입은 일본의 가벼운 소형차가 미국에 홍수처럼 밀려 들어와서 미국 자동차 시장을 점유하는 계기가 됐다. 일본산 소형차의 미국 시장 점유율은 계속 증가했고 미국의 자동차 산업을 거의 고사시켰다. 안타깝게도 닉슨 대통령의 정책 중에서 미국의 국내 산업에 큰 타격을 준 정책이 이것 하나만은 아니다.

미국 의회는 1975년 석유 수출 금지 조치를 내렸다. 석유 수출 금지 조치를 철회하는 데 무려 40년이 걸렸다. 2015년 우리는 석유 수출 금지 조치를 없애려고 노력하며 역사적으로 지켜야 할 미국의 수출 금지 항목은 석유가 아니라 목재로 가공된 서부 지역 삼나무와 도살을 목적으로 한 말, 두 가지밖에 없다고 말하곤 했다. 농담이 아니라 진담이다.

석유 수출을 금지하고 국내에 석유를 비축하는 것은 문제를 더욱 악화시킬 뿐이다. 제럴드 포드 대통령은 1975년 전략비축유Strategic Petroleum Reserve; SPR 제도를 만들었다. 전략비축유는 루이지애나주와 텍사스주 땅속에 거대한 염돔을 만들고 상당량의 석유를 보관하는 것으로 거대한 석유 호수다. 미국에 석유가 단 한 방울도 남지 않을 것이라는 잘못된 믿음 때문에 수백 억 달러를 들여서 이런 시설이 만들어졌다. 이 시설은 현재 10억 배럴의 3/4에 해당하는 석유를 저장할 수 있지만 저장된 석유량은 수억 배럴에 불과하다. 미국 에너지부는 홈페이지에 미국의 전략비축유는 전 세계에서 가장 많다고 자랑스럽게 이야기하고 있다. 필요하다는 오해에서 나온 다른 모든 제도와 마찬가지로 전략비축유가 존재하게 됐고 국가 비상사태보다는 정치적인 목적을 위해 사용되고 있다.

하지만 지난 50년 동안 변한 것은 거의 없다. 2022년 1분기에 바이든 행정부는 물가를 잡는 해결책으로 연방 정부가 보유한 전략비축유를 6개월간 매일 100만 배럴씩 방출하기로 했다. 알다시피 전략비축유는 국가 안보에 직접적으로 위협이 발생하는 국가적 비상사태에 대비해서 보유하는 것이다. 물가 안정을 위해서 전략비축유를 방출하는 것은 순전히 홍보성 결정이고 정치적인 공작이다. 근본적으로 바이든 행정부가 연방 정부가 소유한 부지에서의 광권 발급을 금지했기 때문에 국내 석유 생산 활동이 위축돼 석유 공급량이 석유 수요량을 따라가지 못하면서 휘발유 가격이 계속 오르고 있었다.

석유 가격이 세 배, 네 배로 뛰면서 이런 정치적 결정은 경기 침체와 인플레이션으로 이어졌다. 오늘날 우리는 다시 한 번 스태그플레이션 시대를 경험하고 있다. 물가는 오르는 데 경제성장률은 떨어진다. 경제성장률 하락과 물가 상승은 동시에 일어나기가 어렵다. 이 어려운 일을 워싱턴의 똑똑한 양반들이 많은 연습을 통해서 해냈다. 그 결과 미국은 다시 스태그플레이션을 경험하고 있다.

에너지 위기는 도덕적 전쟁과 같다 ▬

1977년 4월 지미 카터 대통령은 방송에 나와서 전국을 공포에 빠뜨렸다. 그는 석유 위기가 악화될 것이고 국가적 재앙이 닥칠 것이라고 선언했다. 그가 보기에 미국은 자신과의 전쟁을 벌이고 있었다. 지미 카터 대통령은 "에너지에 관한 우리의 결정은 미국 국민성과 대통령과 나라를 이끌 의회의 능력을 시험하는 것이다. 이 나라를 파괴하지 않고 바로 세우기 위해 힘을 합치지 않는다면 우리의 힘겨운 노력은 '전쟁의 도덕적 등가물'이 될 것이다"라고 선언했다.

미국의 에너지 소비량은 매년 증가하고 있다. 지미 카터 대통령은 1976년에는 360억 달러어치의 석유를 수입했지만 1985년에는 연간 5,500억 달러어치의 석유를 수입하게 될 것으로 예측했다. 경제학자가 아니더라도 엄청난 액수의 돈이 미국으로 들어오는 것이 아니라 빠져나가고 있다는 것을 알 수 있었다.

지미 카터 대통령은 뼛속 깊이 신앙심이 강한 침례교 목사였다. 미국은 회개해야 했다. 우리가 타는 자동차는 너무 크고 너무 연비가 떨어지고 미국인은 동승자 없이 혼자서 차 타기를 좋아했다. (나는 항상 지미 카터 대통령이 요즘 고속도로를 내달리는 크고 멋진 SUV와 픽업트럭을 보면서 무슨 생각을 할지 궁금하다.) 그는 어려운 시기에 내가 좋아하는 단어인 '희생'이라는 말을 시작으로 장황하게 해결책을 늘어놓았다. 석유와 천연가스를 생산할 새로운 유전을 개발하고 석유와 천연가스 산업에 대한 부담스러운 규제를 철회하는 대신, 그는 더 많이 오갔던 길을 선택했고 소비를 수치스러운 것으로 만들었다. 전 세계의 석유와 천연가스 탐사를 이끌어 온 미국 석유와 천연가스 회사에게 힘을 빌리는 대신, 보수가 높은 직업을 많이 창출할 환경보호 프로그램을 고민했다. 사실 이것은 소비자의 주머니에서 돈을 빼내서 워싱턴으로 보내는, 이제 꽃피우기 시작한 행정부의 정치적 발언에 불과했다.

연설 이후 미국 에너지부가 만들어지고 그 조직을 이끌 장관이 뽑혔다. 워싱턴 정계에서 잔뼈가 굵고 진중한 인물인 제임스 슐레진저 James Schlesinger가 첫 번째 미국 에너지부 장관이 됐다. 그는 파리로 가서 국제 에너지 조약을 닥치는 대로 체결했다. 아무래도 오늘날 진보주의자들이 사용하는 전술이 1977년에 전부 만들어졌나 보다.

풍부한 석탄?　　　　　　　　　　　　　　—

지미 카터 대통령은 대국민 연설 중 에너지 정책에 관해 가장 어처구니없는 역대급 실언을 했다. 이때 그가 한 말은 지금도 미국에 큰 영향을 미치고 있다. 그가 촉구한 행동으로 세계는 여전히 숨이 막혀서 캑캑거린다.

"우리는 풍부한 석탄으로 에너지 정책을 전환해야 한다."

제대로 들은 것이 맞다. 지미 카터 대통령이 제시한 해결책은 석탄이었다. 그의 말 한마디로 석탄 생산량은 2/3 증가하면서 연간 10억 톤이 넘어섰다. 1975년 미국의 석탄 사용량은 제2차 세계대전 이후 전체 에너지 사용량의 18퍼센트로 하락했고, 미국은 자국의 에너지 수요를 충족하기 위해서 석유와 천연가스를 사용하기 시작했다. 석유와 천연가스는 파이프라인을 통해서 효율적이고 안정적으로 운송됐고 석탄보다 더 환경친화적이다. 그런데 석탄이 풍부하다니…. 탄화수소를 기반으로 한 석유와 천연가스는 고갈되고 있다고 생각하고 중동에는 큰 엿을 먹이고 싶을 때, 에너지원에 대해 잘 알지도 못하는 전문가란 사람들이나 석유와 천연가스 회사가 사라지기를 바라는 사람들에게는 석탄이 꽤 좋은 대책으로 보였을 것이다.

그들의 논리는 '미국에서 석유와 천연가스가 고갈되고 있다. 우리의 적대국은 석유와 천연가스를 많이 가지고 있다. 우리는 싫어하는 사람에게 계속 돈을 줄 수 없다. 그렇지 않나? 그러니 다시 석탄으로 돌아가자'다. 이것은 전혀 논리적이지 않다.

이 연설 이후에 만들어진 정책은 몇 십 년 동안 미국의 거의 모든 것에 영향을 미쳤다. 1978년에는 신규 발전소가 전력 생산에 천연가스나 석유를 사용하지 못하도록 금하는 발전소와 산업 연료사용법Fuel Use Act이 제정됐다. 재미있게도 그 당시 테네시주 하원 의원에 처음 당선된 앨 고어는 청문회에서 석탄 생산량을 높이기 위해 지미 카터 대통령이 내세운 정책의 환경적 영향에 대한 증언을 듣고 있었다. 당시에 델라웨어주 상원 의원이었던 조 바이든은 석탄으로 되돌아가자는 지미 카터 대통령의 제안에 찬성표를 던졌다.

다음은 지미 카터 대통령이 대국민 연설에서 실제로 한 말이다. "세계는 하루에 6,000만 배럴의 석유를 사용하고 수요는 매년 대략 5퍼센트 증가한다. 이것은 기본 수요와 공급을 맞추기 위해서 매년 텍사스유전을 개발하거나 9개월마다 알래스카 노스슬로프 유전을 개발하거나 3년마다 사우디아라비아 유전을 새로 개발해야 한다는 뜻이다. 다들 알다시피 이대로는 계속될 수 없다." 그의 연설이 끝나자 여기저기서 경고음이 울렸다. 그는 기본적으로 석탄 업계에 전시 상황에 준하는 양의 석탄을 채굴하라고 말했다. 석탄 생산량을 두 배로 증가시키면 석탄 채굴, 처리, 운반에 관여하는 기반 시설이 엄청난 압박을 받는다.

당시의 환경 운동가들이 길길이 날뛰었다. 석탄은 천연가스보다 에너지 한 단위당 이산화탄소 배출량이 1.75배로 대기오염의 최대 원인이다. 대통령이 새로운 환경오염을 규제하거나 환경에 대한 부정적인 영향을 완화하는 기술을 개발하지도 않고 앞으로 석탄을 더 많이 사용하자고 말하는 것이다! 석탄을 태울 때는 나쁜 물질이 여전히 많이 배출된다. 주요 오염 물질로 이산화황, 산화질소, 수은, 숯검정, 이산화탄소가 있다. 그리고 공장 굴뚝은 매년 수천 톤의 미세먼지를 뿜어냈다. 상황은 점점 더 나빠질 뿐이다.

석탄을 채굴하는 가장 효율적인 방법은 노천채굴이다. 노천채굴은 주변 급수 시설과 야생동물에 끔찍한 영향을 주는 동시에 작업이 진행된 곳에 지울 수 없는 상처를 남긴다. 설상가상으로 과학자들은 석탄의 재앙적 부작용을 깨닫기 시작했다. 바로 산성비다. 공기 오염 물질이 대기 중에서 수증기와 반응을 일으켜 부식을 발생시키는 비를 만들고 이것은 농업지대, 건물, 다리와 같은 사회 기반 시설에 막대한 피해를 준다.

지미 카터 대통령이 새롭게 임명한 미국 에너지부 차관보인 존 오리어리John O'Leary는 이런 우려를 대수롭지 않게 여겼다. 그는 "미국

인구의 85퍼센트가 거주하는 미국 국토의 80퍼센트에서 환경적 제약은 문제가 아니다. 로스앤젤레스 분지나 휴스턴 주변처럼 화력발전소를 세울 수 없는 곳이 몇몇 있지만 이를 제외하면 화력발전소를 세울 곳은 넉넉하다"라고 말했다. 존 오리어리는 숯검정을 제거할 기술이 개발돼서 석탄이 환경적으로 수용할 수 있는 에너지원으로 자리 잡기 전 10여 년 동안 석탄으로 인한 환경오염을 미국이 감당할 수 있다고 생각했다. 얼마나 오랫동안, 얼마나 많이 석탄을 사용할 것이냐에 대해서만 의견이 갈렸다. 미국은 그 모든 경고에도 굴하지 않고 석탄 발전으로 빠르게 회귀했다.

미국 정부는 오른손으로는 석탄을 채굴하면서 왼손으로는 그 누구도 더 많이 찾지 못하도록 가격을 통제하여 석유와 천연가스 산업을 탄압했다. 석유와 천연가스 산업에 내려진 사형선고를 확실히 하기 위해서 그들은 석유와 천연가스 회사에 횡재세(일정 기준 이상의 이익을 얻었을 때 그 초과분에 부과하는 세금-역주)를 부과했다. 다음은 지미 카터 대통령의 연설, 입법안과 그 결과 도입된 수많은 규제의 결과를 일부 정리한 것이다.

- 새로운 석탄 화력발전소가 건설되면서 국내 오염도가 급격히 증가했다.
- 미국 정부는 석탄을 아시아 시장에 수출하려고 안간힘 썼다. 미국은 석탄과 함께 석탄 연소 기술을 세계로 수출했다. 그 결과 전 세계적으로 수천 개가 넘는 석탄 화력발전소가 건설

됐고 전 지구적으로 오염이 급격히 심각해졌다. 그 와중에 미국 정부는 석탄에 친환경 이미지를 덧씌워서 '청정 석탄'이라 불렀다. 그야말로 모순적인, 에너지 전략 오류를 숨기기 위한 일종의 연막이다. 우연히도 현재 중국과 인도에는 수백 개의 석탄발전소가 세워지고 있다. 대체로 중국 회사들이 미국의 석탄발전소 건설 기술을 그대로 베껴서 자국에 석탄발전소를 세운다.

- 미국은 신뢰할 수 없는 지역에서 석유와 천연가스를 확보하기 위한 노력을 해야 한다.

- 미국의 석유 공급량이 줄어들고 있다는 생각에 미국 정부는 석유 수출 금지 법안을 제정했다.

- 미국 제조업은 에너지 가격의 상승으로 활동에 큰 제약을 받았다. 특히 자동차 제조업과 같은 주요 제조업이 해외로 생산 시설을 옮겼다.

- 지미 카터 대통령이 도입한 횡재세와 기타 유해한 법률과 규제는 석유와 천연가스 업계에 부담을 가중시켰고 궁극적으로 소비자에게 해를 끼쳤다.

- 과격한 환경보호주의가 탄생했고 환경 운동가들이 지역, 주, 국가 차원의 에너지 정책 논의에 개입하기에 이르렀다.

- 미국 환경보호청Environmental Protection Agency; EPA과 에너지부는 굉장히 강력한 조직이 됐고 규제를 연이어 도입해 에너지 시장을 훨씬 더 왜곡시켰다.

이 모든 일은 미국의 석유와 천연가스 산업에 대한 미신과 오해, 한심한 법률 때문에 일어났다. 최근에서야 사람들은 진실이라고 생각했던 거의 모든 것이 사실이 아님을 깨닫기 시작했다. 결국 최대 피해자는 미국 소비자다. 이 모든 조치가 석유와 천연가스 생산을 주도하던 미국을 '희소성의 시대'로 밀어 넣었고 미국의 석유산업은 쇠퇴 일로를 걷게 됐다. 전문가들은 이를 되돌릴 수 없다고 말한다. 그러나 나는 그들이 틀렸다는 것을 알고 있었고 피크오일(석유 생산량이 기하급수적으로 확대되었다가 특정 시점을 정점으로 급격히 줄어드는 현상-역주) 이론이 틀렸음을 입증할 새로운 유전과 석유탐사를 해내기로 결심했다.

나는 인위적인 가격통제, 규제적 부담, 정부의 생산 방해에서 완전히 해방돼 '선전포고 없는' 전쟁이 끝난다면, 그 무엇의 방해도 받지

않는 미국의 석유와 천연가스 회사가 얼마나 많은 석유와 천연가스를 생산할 수 있을지를 가늠했다. 미국이 에너지 독립을 다시 이룰 수 있다는 희망이 생기기 시작했다.

나는 1977년에 공개된 정치 풍자만화도 아직 보관하고 있다. 만화는 현 정부에게도 적용되는 것처럼 보인다. 아이러니하게 바이든 행정부가 들어서면서 지미 카터 시기처럼 실패한 에너지 정책이 곱절이 됐다. 바이든 행정부는 부적절한 대안 에너지원을 지지하기 위해서 국내 석유 회사와 석유 생산량을 거세게 압박하고 있다. 이것은 불안정한 중동에 대한 의존도를 높였고 전 세계적으로 환경에 해로운 석탄의 사용량을 증가시키고 있다.

Chapter 5

50여 년의
석유탐사
여정

1956년 M. 킹 허버트 M. King Hubbert라는 이름의 신사가 석유와 천연가스 생산이 곧 최고점에 이르고 서서히 또는 급격하게 쇠퇴하리라 예측했다. 그의 예측은 석유의 쇠퇴 일로로 불리며 유명해졌다. 여기에는 석유와 천연가스 생산의 급격한 감소를 되돌릴 수 없다는 믿음이 깔려 있다. 전체 문명은 안정적으로 공급되는 값싼 에너지에 기대며 생존해 왔기에, 『허버트의 정점 Hubbert's Peak』은 무시무시한 생각이 담긴 무서운 책이었다.

누구나 이 책의 내용이나 구절을 어디든지 인용할 수 있었고 피크오일이라는 개념은 사회적 통념이 됐다. 피크오일의 증거와 미신이 강렬했다. 전문가들은 인류가 역대급 위기와 마주했고 시간은 인류의 편이 아니라고 믿었다. 지적 공황이 닥쳤고 수백만 개의 단어가 쏟아지고 수천 건의 연설이 있었다. 그리고 미국 의회에서는 수많은 회의가 열렸다.

에너지산업이 조용하게 공황에 빠지면서 1980년대 초반 경기 침체는 깊어졌다. 경쟁 업체와 소위 '빅오일'은 해외에 투자했다. 빅오일은 석유 회사 중에 주식시장에 상장된 대형 업체를 일컫는다. 하지만 우리 회사는 알래스카주를 제외한 미국 본토 48개 주에 모든 것을 걸었다. 나에게는 아주 색다른 아이디어가 있었고 그 아이디어를 시험해 보고 싶었다.

잠재 에너지 ▬

    인간은 최소한 한 가지 면에서 석유와 천연가스의 성질과 많이 유사한 점이 있다. 바로 석유와 천연가스와 같이 사람들은 환경이 잘 갖추어지고 계기와 약간의 운만 있으면 발휘될 대단한 잠재력을 지니고 있다는 점이다.

    나는 석유와 천연가스 산업의 서비스 업체로 첫발을 내디뎠지만 금세 석유와 천연가스를 찾는 일에 매진했다. 굳이 비교하자면 내가 석유탐사자로서 걸어온 길은 영화 주인공 인디아나 존스의 모험과 비슷하다. 그는 다른 사람들은 그냥 지나치거나 무시하거나 불가능하다고 생각했던 곳에서 보물을 찾는다. 석유탐사는 예술이자 과학이다. 문명이 시작될 무렵에 인간은 하늘을 보고 해와 별을 읽으면서 길을 찾았다. 시행착오가 비약적인 진보로 이어졌다. 초기에 기록된 인류 역사의 대부분이 서사시적인 탐사에 관한 것임은 그저 우연이 아니다.

    19세기 오클라호마주를 생각해 보자. 탐험가들은 다른 곳으로 가는 길에 오클라호마주를 지나쳤다. 나는 그들의 이야기를 자세하게 읽고 분석했다. 그들은 새로운 무언가를 찾아 나선 '석유탐사자들'이었다. 소수만이 뜻밖의 행운으로 성공했다. 지질학자들과 엔지니어들은 놀랍도록 정확하게 오클라호마주의 퇴적분지를 지도로 그렸고 세상을 바꾼 석유와 천연가스를 찾아냈다. 그로부터 얼마간 오클라호마주는 에너지 탐사와 생산의 세계 중심이었다. 실제로 털사는 세계의 석유 수도로 알려졌다.

대부분, 심지어 석유와 천연가스 업계의 일부도 재래식 채굴법으로는 지구상에 존재하는 탄화수소의 대략 15퍼센트만 발견했다는 사실을 깨닫지 못했다. 다시 말해서 우리는 지하 웅덩이, 배사구조, 단층트랩(구조트랩의 한 종류로 몇 개의 단층으로 인해 석유나 천연가스가 차단되어 단층을 따라 괴어 있는 것-역주)에서 지표면 가까이 흘러나온, 탐사하기 쉬운 석유와 천연가스만 발굴해 낸 것이다!

나는 나머지 85퍼센트를 찾고 싶다. 그것은 지표면 가까이 새어 나오지 못하고 땅속 깊은 곳 어딘가에 묻혀 있다. 나는 배울 것, 찾을 것, 탐사할 것이 아직도 많다는 것을 안다. 이것은 천명이 됐고 반세기 넘게 지속된 인생의 열정이다. 별일 없으면 죽을 때까지 발견되지 않은 석유와 천연가스를 찾아다닐 것이다.

내가 석유와 천연가스를 찾는 곳은 산맥 너머나 바다 건너가 아니다. 내 발밑에 있는, 수억 년 된 지질구조에서 석유와 천연가스를 찾는다. 기술이 진화하면서 옛 지도와 검층 기록이 지질구조의 비밀을 드러내 보이기 시작했다. 계속 말하지만 정말 똑똑한 사람들조차 이

명확한 사실을 간과했다는 것을 깨달았다. 어쩌면 그들은 연안에 매장된 석유와 천연가스를 찾는 데만 집중했었는지도 모른다.

다시 한 번 대다수의 석유와 천연가스 회사가 어느 한 방향으로 우르르 움직일 때, 콘티넨탈 리소시스는 반대 방향에서 기회를 찾으려고 했다. 우리는 회사의 기반이 됐던 주요 유전을 탐사하던 것에서 벗어나 실패할 위험이 크고 매장된 석유와 천연가스를 찾는 것이 몹시 어려운 지역으로 눈을 돌리기 시작했다. 첫 번째가 오클라호마주고 그다음은 미국의 중부 내륙에 위치한 지역이었다. 우리는 다른 회사가 관심을 두지 않는 지역에서 석유를 탐사했다. 1979년 '건공과 채산성이 없는 유정'을 내리 17번 시추하면서 회사의 명성이 큰 타격을 입었다. 이 시기에 나는 일부러 평범한, 매장량이 적고 보상이 낮은 광구보다 고위험 고수익의 석유와 천연가스가 많이 매장되어 있을 가능성이 있는 유망 광구를 선택했다. 나는 원유 매장량이 수십억 배럴에 이르는 초대형 유전인 '엘리펀트'를 찾고 있었다. 미국에서는 그 어떤 석유 회사도 내륙에서 엘리펀트를 찾을 생각을 안 했고 내륙에서 엘리펀트를 찾을 수 있다고 생각하는 회사도 없었다.

새로운 발견 —

채굴 팀과 시추 팀 실력이 아무리 뛰어나더라도 석유와 천연가스가 매장된 지점을 채굴하지 않으면 탐사에 실패한다. 우리는 오늘날 이용 가능해진 2D 관측폭과 3D 탄성파 기술로 오클라호마주 가필드 카운티의 모지에 팜스 필드 Mosier Farms Field를 포함해서 적당한 크기의 유전을 다수 발견했다. 이 발견은 나를 가장 독특하고 희귀한 유전의 발견으로 이끌었다.

오클라호마주 에임스 홀 Ames Hole의 지질학적 특성을 살펴보았을 때 지금까지도 중요하게 여겨지는 데는 여러 가지 이유가 있다. 에임스 홀은 운석 충돌구다. 운석 충돌구는 운석이 낙하할 때의 충격파로 지표면에 생긴 거대한 둥근 구덩이다. 북아메리카에는 운석 충돌구가 총 6개 있고 에임스 홀은 그중 하나다. 내가 알기로 에임스 홀은 오클라호마주에서 유일하게 컴퓨터 모델링 기술을 이용해서 석유 탐사가 진행된 지역이다. 에임스 홀은 대략 4억 5,000만 년 동안 땅속에 완전히 묻혀 있어서 지표면에서 들여다볼 수 없는 지역이었다. 지질학 데이터를 분석하면서 지질학자와 지질공학자로 구성된 우리 탐사 팀은 이 지역의 모습을 가상으로 구현했다. 이것을 완성하는 데 무려 2년이나 걸렸다.

오클라호마주 에임스 출신 지질학자인 크레이그 로버츠 Craig Roberts 가 탐사 관리자인 렉스 올슨 Rex Olsen과 함께 프로젝트를 감독했다. 어느 날 나는 크레이그 로버츠에게 컴퓨터 지도가 어떻게 나왔는지를 물었다. 그는 작업이 거의 마무리됐지만 오클라호마주 에임스 근처에서 커다란 '소 발자국처럼 생긴 패턴'을 만들어 내는 데이터상의 사소한 오류를 수정할 수 없다고 했다. 렉스 올슨과 나는 크레이그 로버츠의 사무실에 들러서 지도 제작 작업과 이미지를 자세히 살펴보았다. 몇 분 뒤에 UC 버클리를 졸업한 실력 있는 지질학자 렉스 올슨이 8마일(약 12km)의 소 발자국 패턴을 보더니 "와우, 운석 충돌구처럼 보이네요"라고 말했다. 나는 그의 말을 듣고 고객을 끄덕이려다 말고 "그래, 운석 충돌구가 뭐지?"라고 물었다.

간단하게 설명하자면 1980년대 운석 충돌구를 발견한 이 탐사는 전국 뉴스에 보도됐고 우리는 석유탐사를 위해서 운석 충돌구 주변 광권을 최대한 많이 확보했다. 운석 충돌구는 석유가 매장되어 있기에 아주 적합한 지질구조다. 운석 충돌구는 수 마일 깊이의 움푹 파인 지형이었고 시간이 흐르면서 우리가 분화구 셰일이라고 부르는 유기물이 풍부하게 차올랐다. 초기 유정 시험에서 시간당 200배럴의 석유가 생산됐고 이것은 하루에 대략 5,000배럴의 석유를 생산할 수 있다는 의미였다. 심지어 이것은 수직정이었으니 정말로 이 세상 유정 수준이 아니다! 운석 충돌구와 관련된 유정들은 현재도 계속 석유를 생산 중이고 앞으로도 2,500만 배럴의 석유를 더 생산할 것으로 보인다.

나는 즉시 운석 충돌구에 대해서 깊이 파고들기 시작했다. 에임스 홀은 석유가 많이 매장되어 있을 뿐만 아니라 과학자들은 이와 같은 운석 충돌이 지구상에 모든 생명체를 없애고 공룡을 멸종시켰다고 믿는다. 나와 렉스 올슨이 했던 것처럼 탐사 팀에게 운석 충돌구에 대해서 알게 된 사실을 논문으로 작성해서 발표하게 했다. 우리의 운석 충돌구에 대한 지질학적 해석은 처음에 회의적인 시각에 부딪혔지만 결국 대단한 발견으로 인정받았다.

에임스 홀은 여러모로 최초의 발견이다. 북아메리카에서 석유를 생산하는 운석 충돌구의 지질학적 특성이 있는 유전 6개 중에서 최초로 다량의 석유가 시추됐고 최초로 마을 크기의 지역이 컴퓨터 매핑을 통해서 발견된 유정이었고 최초로 코어 시료를 이용해서 소행성의 충격파가 지구에 어떤 결과를 낳았는지가 확인된 지역이다. 종합적으로 에임스 홀에서 운석 충돌구 유전을 발견한 것은 지질학적으로 비할 데 없는 위대한 발견이고, 콘티넨탈 리소시스가 이니드의 중소 석유 회사에서 전 세계가 주목해야 하는 진보 기술을 소유한 석유 회사로 자리매김할 수 있게 만들었다. 렉스 올슨은 이 발견으로 크게 성공해서 지질학자로서 명성을 떨쳤다. 이런 좋은 추억을 가지게 해준 그에게 감사하다. 이니드나 에임스로 여행 올 기회가 있다면 에임스 홀 박물관에 잠깐 들러서 초자연적인 경험을 통한 지질학적 발견과 기술의 발전을 빠르게 둘러보길 바란다.

Chapter 6

수평 시추법 :
게임 체인저

내 서재 벽에는 1991년 4월 털사 월드 신문의 에너지 섹션에 보도된 기사가 하나 붙어 있다. 이 기사는 당대 최고 작가 중 한 명으로 꼽혔던 대니얼 예긴Daniel Yergin 박사가 썼다. 그는 기사에서 미국뿐만 아니라 전 세계적으로 석유와 천연가스 생산이 계속 하락하고 있다며 그 원인으로 과도한 규제를 꼽았다. 미국의 석유와 천연가스 역사는 해당 업계에 과도한 부담을 주는 규제 때문에 여전히 과거에 있는 것처럼 여겨진다. 그것이 극복하기 어려운 거대한 장애라는 데 나도 동의하는 바다. 규제는 항상 석유와 천연가스 업계의 앞길을 막았고 미국 행정부가 매일 만들어 내는 새로운 요식 행위 때문에 업계가 느끼는 부담은 날로 커졌다.

우연히 같은 에너지 섹션에 '이니드 석유 회사가 긴 수평정을 시추하다'란 제목의 기사가 실렸다. 우리 회사가 오아시스 페트롤리움 오브 텍사스Oasis Petroleum of Texas에서 일하는 나의 좋은 벗, 돈 크로퍼드Don Crawford 와 함께 진행한 석유탐사 프로젝트에 대한 글이다.

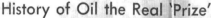

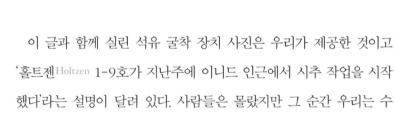
이 글과 함께 실린 석유 굴착 장치 사진은 우리가 제공한 것이고 '홀트젠Holtzen 1-9호가 지난주에 이니드 인근에서 시추 작업을 시작 했다'라는 설명이 달려 있다. 사람들은 몰랐지만 그 순간 우리는 수 평 시추로 세계를 바꾸고 있었다.

같은 페이지에 실린 이 두 기사는 석유와 천연가스 산업을 완전 히 다르게 그리고 있다. 이처럼 당시에는 석유와 천연가스 산업을 보 는 시각이 극명하게 갈렸다. 나는 30여 년 동안 산업 현장에서 일했 고 시추 기술은 근래 대단히 발전했다. 그래서 나는 석유와 천연가스 에 대한 세계 수요가 증가하고 있는 점을 고려하더라도 미국에 1세 기 이상은 족히 쓸 수 있는 미개발 석유와 천연가스가 매장되어 있다고 믿는다. 나는 미국의 석유와 천연가스 산업이 정부의 통제와 규제에서 벗어나 자유롭게 혁신하고 생산할 수 있게 해방되면 미국은 에너지 독립을 이룰 수 있다고 주장하기 시작했다. 처음에는 조용히 주장했지만 갈수록 내 목소리는 커졌다.

나는 대니얼 예긴 박사를 존경한다. 그는 당시에 『황금의 샘The Prize: The Epic Quest for Oil, Money, and Power』을 출판했다. 이 책으로 논픽션 부문에서 퓰리처상을 받았다. 친애하는 친구이자 전직 오클라호마주 교육부 장관 에드 롱Ed Long이 친히 서명해서 선물로 준 이 책의 원본이 있다. 대니얼 예긴 박사는 운이 좋았고 그의 책은 아주 기가 막힌 타이밍에 출판됐다. 그의 책은 사담 후세인이 석유가 풍부한 쿠웨이트를 침공하고 몇 달 뒤, 미국이 이끄는 연합군이 이라크 군대를 쿠웨이트에서 몰아내기 위해서 첫 번째 걸프전쟁을 일으키기 한 달 전에 출판됐다. 이 세상의 거의 모든 정책 입안자가 그의 책을 읽거나 보좌진에게 책을 요약하게 시켰다. 그저 영향력이 컸다고 말하는 것은 책의 가치를 떨어뜨리는 셈이다.

예긴 박사는 많은 것을 제대로 이해했다. 석유는 정말로 자본주의와 현대적인 삶의 번영을 이끌었다. 석유는 귀중한 원자재가 됐고 나라와 대륙의 부와 궤적을 바꾸어 놓았다. 대니얼 예긴 박사는 20세기에 '탄화수소 시대'라는 별명을 붙였다. 그는 소수의 대기업이 주로 '이 상(탄화수소)'을 독식하고 있다고 넌지시 말했다. 대니얼 예긴 박사가 책에서 제시한 의견은 석유와 천연가스 산업에 대해서 역사적으로 대단히 중요한 진술이다. 하지만 그도 곧 세상을 바꿀 미국의 위대한 독창성은 감안하지 않았다.

나는 석유와 천연가스 산업에서 판도를 완전히 뒤집은, '게임 체인저'라 불릴 만한 기술 기반을 마련했다. 그 기술은 미국의 에너지 업계를 완전히 바꾸었다. 지금부터 석유와 천연가스 산업에서 혁명을 이끈 기술을 소개하고자 한다. 많은 사람들이 수평 시추가 그저 2000년대에 사용되기 시작한 시추 기술이라고만 생각한다. 수평 시추에 대해서는 이것보다 할 이야기가 훨씬 더 많다.

잿더미 속에서 부활한 업계

'잿더미 속에서'라는 표현은 우리 회사가 수평 시추법을 처음으로 선보였을 당시의 세계 상황을 적절하게 보여준다. 늘 그렇듯이 필요는 발명의 어머니이고, 당시에 절실하게 필요했던 것이 바로 발명이었다. 1900년대 초부터 1970년대 중반과 1980년대까지, M. 킹 허버트와 같은 모든 전문가들은 미국의 석유와 천연가스 생산이 쇠퇴 일로를 걷고 있다고 예견했다. 대니얼 예긴 박사도 마찬가지였다. 설상가상으로 미국 행정부는 이 예언이 스스로 실현되도록 옆에서 힘을 보탰다. 하지만 나는 상황을 그들과 다르게 보았다.

지미 카터 대통령의 재임 4년 동안 도입된 가혹한 에너지 정책으로 미국은 극심한 에너지 부족에 시달리게 됐다. 이어서 로널드 레이건 대통령이 등장했고 경제 회복을 돕기 위한 규제 완화 전략의 일환으로 앞서 도입한 가혹한 규제 중 일부를 철회하기 시작했다. 그중에는 지미 카터 대통령이 도입했던 횡재세와 석유와 천연가스 산업을 괴롭히던 다른 부담스러운 규제도 포함되어 있었다. 하지만 시장 왜곡은 지속됐고 석유와 천연가스 산업 전반에 경제적인 타격을 주었다.

수십 년 동안 정부의 천연가스 가격정책으로 인해서 천연가스는 인위적으로 저가에 거래됐다. 제품의 가격이 지나치게 낮으면 기업은 시장에 투자하기를 꺼린다. 마침내 1979년 미국 행정부는 공백을 메우고자 지하 1만 5,000피트(약 4,500m)의 심층 천연가스를 포함해서 특정 범주에 속하는 천연가스의 가격정책에 대한 규제를 완화했다. 하지만 공백이 메워지면서 1982년, 천연가스 가격이 붕괴했다. 그 결과 석유산업이 불황에 빠졌고 이 불황은 10년간 지속됐다. 정부 정책은 미국의 천연가스 생산을 깔아뭉갰고 석유 생산에도 타격을 주었다. 이 모든 일은 불과 몇 년 만에 일어났고 그 영향은 실로 파괴적이었다.

연명에 급급한 업계 —

석유와 천연가스 업계는 '1985년까지만 버티자'라고 외쳤지만 그들의 외침은 금세 절망적인 비명으로 변했다. 대다수가 석유와 천연가스 가격대를 지속 가능한 수준으로 되돌려달라고 애원했다. 석유와 천연가스 업계에서 가압류와 파산이 일상화되면서 석유와 천연가스 회사의 수가 거의 절반으로 줄었다. 석유와 천연가스 업계와 연관된 은행과 금융기관도 피폐해졌다. 로널드 레이건 대통령은 다음과 같이 사우디아라비아를 연계한 '좋은 의도'의 3단계 계획을 제안했다.

1. 석유 냄새가 풀풀 나는 자금줄을 막아서 소련을 붕괴시킨다.
2. 러시아가 제안했던 유럽 시장으로 이어지는 천연가스 파이프라인을 건설하는 데 필요한 서양 기술을 러시아에 제공하지 않는다.
3. 러시아의 자본을 더 고갈시키기 위해서 스타워즈계획으로 알려진 우주 경쟁을 시작한다.

이 모든 것은 세계 대표 핵보유국인 미국과 소련의 끝나지 않는 냉전을 종식하기 위해서 고안됐다. 로널드 레이건 대통령의 계획은 효과적이었고 소련은 극단적인 경제적 압박을 받으며 무너졌다. 소련의 붕괴는 20세기에 일어난 사건 중에서 가장 중요한 사건이다.

미국에서는 석유 가격이 급격하게 떨어지고 있었다. 오래지 않아 로널드 레이건 대통령은 모두가 학수고대하던 결정을 내렸다. 그는 오랜 가격 규제를 철회하여 천연가스 시장의 규제를 없애기로 했다. 그 결과 한꺼번에 천연가스가 미국 시장으로 쏟아져 나왔다. 물론 어느 시점에서 천연가스 시장의 규제는 철회되어야 했다. 하지만 규제 철회는 서서히 단계적으로 진행되어야 한다. 한순간의 규제 철회로 시장은 큰 충격을 받았고 가격이 50퍼센트나 하락했다. 이로써 천연가스 과잉 공급이 발생했고 1999년 말까지 12년 동안 지속됐다.

1989년 여름 미국 의회는 1993년 1월까지 천연가스 가격에 대한 모든 규제를 없애는 법안을 통과시켰다. 유전 서비스 업계에서 시추 작업 건수가 1981년 4,500건에서 1986년 700건 이하로 급감했다. 많은 시추 업체가 파산하면서 설비를 팔거나 파산 신청을 하고 많은 시추기가 고철 처리장으로 들어갔다. 그곳에서 시추기를 분해해서 고철을 분리하는 작업이 진행됐다. 절망적인 시기였다. 이해가 가는가?

석유와 천연가스 산업이 전반적으로 쑥대밭이 됐다. 많은 사람들이 경제적 어려움을 극복하지 못할 것만 같았다. OPEC은 문자 그대로 배를 가득 채울 만큼의 많은 석유를 생산했고 아직 개발되지 않은 채 땅속에 매장된 석유도 많았다. 사우디아라비아는 겨우 550개의 유정에서 1,000만 배럴의 석유를 매일 생산했다. 다양한 형태로 석유가 수출되면서 사우디아라비아가 앞으로 40년 동안 하루에 최대 2,500만 배럴의 석유를 생산할 수 있을 것이란 가설마저 나왔다. 흥미롭게도 이 가설이 나오고 대략 40년이 흘렀고 바이든 대통령이 아무리 자세를 낮추고 응원해도 사우디아라비아의 최대 일일 석유 생산량은 1,200만 배럴인 듯하다.

미국의 석유와 천연가스 일일 생산이 500만 배럴 이하로 떨어지자 석유와 천연가스 생산이 쇠퇴 일로를 걷는다는 생각이 미국인의 머릿속에 깊이 박히게 됐다. 대다수가 "OPEC은 석유가 있고 미국은 없다. 그러니 이제 겁에 질려 어쩔 줄 모르겠다"며 안절부절못했다. (대학교에서 나는 정치 강좌를 빼먹었던 것 같다. 그래서 얼마나 다행인지 모른다.)

한편 천연가스 부문에서는 규제 완화 정책의 결과로 시장은 여전히 공급과잉 상태지만 자본 제약 때문에 미래 공급에 문제가 생길지도 모른다는 우려가 일었다. 쉽게 말해 천연가스를 시추하는 사람이 거의 없어서 천연가스를 찾아내는 사람도 거의 없었다. 상상력이 부족했던 미국 행정부는 상황이 매우 심각하다고 판단하고 수입한 천연가스를 저장할 시설을 지을 준비를 시작했다. 그렇다. 천연가스를 수입하기에 이르렀다.

낙관주의자라면, 당신이 사랑해 마지않는 산업의 거의 모든 것이 무너지고 있다면, 무엇을 하겠나? 답은 간단하다. 기회를 찾아야 한다. 오클라호마주 바틀즈빌에서 온 마이클 레이Michael Ray가 발표한 논문이 관심을 끌었다. 그는 유동성과 비유동성 석유의 비율이 부정확하게 편향되어 있다고 추산했다. 다시 쉽게 말하면 우리가 1배럴의 석유를 지상으로 생산해도 여전히 땅속에는 흐르지 못한 비유동성 석유가 2배럴 남아 있다는 것이다. 비유동성 석유를 땅속에서 생산하는 법을 찾아낸 이들에게는 그야말로 큰 상이다. 생산한 석유보다 더 나은 무엇이 분명히 땅속에 남아 있다!

탐사부터 시추까지의 여정   ▬

석유와 천연가스 산업에서 나의 깊고 변함없는 열정의 대상은 항상 탐사다. 이번 장 초반에 콘티넨탈 리소시스는 유정 시추에서 커다란 돌파구를 마련했다고 말했다. 미래의 유전 개발에 우리가 찾아낸 기술적 발전이 크게 이바지했다. 그래서 나는 우리가 이 돌파구를 어떻게 마련하게 됐는지를 들려주려고 한다.

나는 시추기를 특별히 애정하는 것은 아니다. 하지만 나는 1973년에 우리 회사가 소유하고 있는 광구를 시추하는 데 필요한 장비를 충분히 확보할 수 없었다. 그래서 나는 시추기 하나를 아예 사기로 했다. 나는 유정 시추와 석유 생산에 경험이 있는 사람과 손을 잡았고 우리는 함께 1974년 시추기 한 대로 시추 회사를 설립했다. 시추기가 놀고 있으면 다른 회사와 계약을 체결하여 시추 작업을 진행했다. 우리 회사가 성장하고 명성이 커지자 시추기 선단도 마찬가지로 성장하고 명성을 얻었다.

우리는 시추기 6개를 만들었고 이어서 12개로 그 수를 늘렸다. 우리는 턴키 방식의 굴착 작업, 천연가스 저장소 굴착 작업, 오클라호마주 아나다코 분지에서의 심층 및 고압 유정 탐사 작업 등 전문화된 시추 작업을 진행했다. 미처 예상치 못했지만 이 과정에서 얻은 시추 전문성이 석유탐사에 대한 나의 애정과 결합하여 미국의 에너지 르네상스를 열 새로운 수평 시추법을 개발하는 밑거름이 됐다.

발상의 전환에서 나온 수평 시추법 ▬

대부분의 사람들이 심해 시추든 석유 시추든 간에 기본적인 시추법은 알고 있다. 핵심은 시추기의 날을 지표면에 수직으로 세워서 파

들어가는 것이다. 시추기의 날이 지표면에 수직으로 꼽힐수록 더 좋다. 이것은 수직 시추법이라고 알려져 있다. 그리고 전체 석유와 천연가스 탐사 산업이 이 단순한 시추법에 기반을 두었고 이를 중심으로 시추기가 진화했다.

1970년대 우리 회사는 시추 작업에서 기념비적 성과를 올렸을 뿐만 아니라 획기적인 탐사 기법도 도입했다. 당시 업계에서 3만 1,000피트(약 9,450m) 유정 몇 개가 시추됐다. 거리로 따지면 대략 6마일(약 9.6km)이다. 반면에 콘티넨탈 리소시스는 도시와 다른 지역의 아래에 묶인 석유와 천연가스를 채굴하고자 회사의 시추기로 방향성 시추를 시도하기 시작했다. 당시에는 내륙과 해안에 편향된 유정의 시추가 시도되고 있었다. 그런데 우리는 드릴 스트링(시추 과정에서 시추공 아래로 시추 비트와 연결되어 내려가는 강철 파이프-역주)을 구부릴 수 있었기 때문에 새로운 시도에 도전했다. 땅을 파 내려가면서 서서히 각도를 조정해 수백 피트를 팠다. 발상의 전환이 매우 새로운 유정의 시추 방법으로 이어졌다.

예를 들면 오클라호마주 이니드에는 석유와 천연가스가 많이 매장돼 있었다. 좀 더 정확하게 말하면 도시 아래에 다량의 석유와 천연가스가 매장돼 있었다. 거대한 시추기를 도심 안이나 공원에 설치하는 것은 불가능하다. 하지만 도시 밖에서 수직으로 채굴을 시작해 들어가면서 각도를 틀어 도심에 매장된 석유와 천연가스를 수평으로 시추하면 어떻게 될까? 우리는 이것을 시도했다. 1980년대 초 우리는 이니드에서 유정 16개를 시추했다. 그중에서 하나를 제외한 15개는 도시 아래에 있는 유정으로 수평 시추법이나 또 다른 새로운 시추법으로 채굴했다. 우리는 오클라호마시티, 치카샤 및 다른 여러 도시의 하부로도 유정을 시추했다. 우리 시추 팀은 작업을 거듭하면서 경험이 쌓이고 명성을 얻었다.

우리는 기존 장비를 활용했고 나머지는 즉흥적으로 해결했다. 휩스톡(굴진 방향을 바꾸는 약간 휜 강축), 벤트 서브(살짝 굴곡이 있는 짧고 단단한 강철 굴곡자), 벨리 어셈블리(벤트 서브를 미는 시추 중장비), 싱글샷 서베이(방향정·수평정 시추 중 실제 굴진 중인 각도와 방향을 측정하는 장비-역주)나 와이어라인 방향기 등 여러 시추기를 그때그때 만들어서 사용했다. 그리고 드릴 스트링의 방향을 조정하는 데, 전체 어셈블리부터 드릴 비트(지하 암석을 분쇄할 목적으로 시추 파이프 최하단에 설치되는 강철 또는 다이아몬드 소재로 만들어진 설비-역주)까지 우리가 가진 모든 도구가 동원됐다. 초반에 사용했던 장비는 오늘날의 장비와 비교하면 좋게 말해서 투박했다. 그래도 잘 굴러가기만 했다.

도심 안과 주변에 유정을 배치하는 데 우리 팀의 독창성이 돋보이는 사례가 하나 더 있다. 우리는 단일 위치에서 교차 레일 야드를 이용해서 4개의 유정을 시추하기 시작했다. 우리는 이 시추 위치를 에코 패드 Eco-Pads®라고 부르고 상표등록을 했다. 처음부터 몇몇 팀원들은 우리의 시추 기법에 상표를 등록하길 원했지만 나는 상표등록이 내키지 않았다. 나는 기법에 상표를 등록하는 것이 불가능하다고 생각했다. 그리고 상표등록이 기술을 발전시켜서 효율성을 높이고 환경에 대한 영향을 줄이고자 하는 업계의 노력에 방해가 되는 것이 싫었다. 하지만 나는 결국 그들의 의견을 받아들였다. 결과적으로 기법의 상표등록도 가능했고 업계는 우리의 기술을 받아들였다. 이제 전체 업계가 우리가 상표등록 한 에코 패드로 약 5에이커(약 2만m²)의 유정 패드에서 원하는 곳에 2개에서 36개의 유정을 시추한다.

시추하기 어려운 지역에 매장된 석유와 천연가스를 탐사할 수 있게 된 것은 그저 시작에 불과했다. 몇몇 이유로 다른 지점에서 수평으로 시추한 유정이 수직으로 시추한 유정보다 더 많은 곳도 있었다. 그 이유는 나중에 완전히 이해하게 될 것이다. 이로써 전등은 꺼지지 않고 계속 밝게 빛날 것이다. 오래 지나지 않아 나는 수평 시추법이 게임 체인저란 것을 깨달았다. 미국 소비자에게는 에너지 시장의 흐름을 통째로 바꾼 게임 체인저고 앞으로 오랫동안 에너지 시장을 뒤흔들 게임 체임저였다.

석유와 천연가스가 매장된 60제곱피트(약 5.5m²)의 부지를 수직으로 파고 들어간 일반적인 수직정이 있다고 가정해 보자. 이 수직정은 커다란 빨대의 밑이라고 생각하자. 이 수직정과 비교하면 2마일(약 3.2km)의 수평정에는 8만 제곱피트(약 7,430m²)의 시추공이 존재한다. 물과 모래를 이용하는 현대의 시추법은 암석의 자연 균열을 촉진하여 수평정의 폭을 20만 제곱피트(약 1만 8,580m²)로 넓히고 1,200만 제곱피트(약 1.1km²)의 시추공을 만든다. 이제 구멍이 많이 뚫려 있는 빨대가 있다고 가정하자. 빨대를 수평정 위에 눕힌다. 이 빨대가 수직 시추법으로는 생산할 수 없는 석유와 천연가스를 채굴할 수 있도록 효과적으로 돕는 역할을 한다.

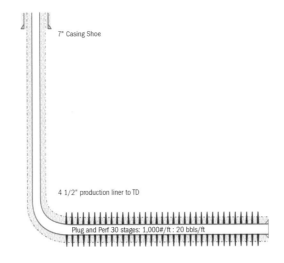

Drilling Schematic

MD	TVD	Casing/Hole Size Directional/Form Tops
		13 1/2" Hole
	80	7", 32#, P-110 IC, LTC
	2,671	Pierre Shale
	2,770	9 5/8" 36# J-55 STC
		8 3/4" Hole
	5,137	Greenhorn
	5,597	Dakota Group (fka Mowry)
	6,354	Base of Dakota Sand
	7,291	Dunham Salt Top
	7,340	Dunham Salt Base
	7,529	Pine Salt Top
	7,609	Pine Salt Base
	7,730	Minnekahta
	7,813	Opeche Salt Top
	7,896	Opeche Salt Base
	8,318	Minnelusa Group
	8,686	Tyler
	9,110	7", 32#, P-110 IC, LTC
	9,305	Top Charles
	9,872	Base Last Charles Salt
	10,070	7", 32#, P-110 IC, LTC
	10,053	Mission Canyon
	10,567	Lodgepole
10,990	10,950	Top of Liner
	10,990	KOP
11,556	11,432	Upper Bakken Shale
11,601	11,447	Middle Bakken Member
11,740	11,467	Target - 7", 32#, P-110 IC, LTC
21,540	11,439	Liner Depth - 4 1/2" 13.5# P-110 BTC

4 1/2", 13.5 #, P-110, TOP

Well TD   21,372   ft MD
           11,439   ft TVD

9,800' Lateral: Plug and Perf 30 Stages; 1,000#/ft: 20bbs/ft

CURVE
BUR: 12°/100 ft
Radius: 478 ft
Length: 750 ft

6" Hole

Brine
9.0-10.1 ppg

MWD/LWD Gamma

1만 피트(약 3,000m)나 1만 5,000피트(약 4,570m) 아래에서 많은 일이 일어나고 있다. 기술의 발전 덕분에 우리는 지표면 아래의 모습을 훨씬 더 확실하게 파악할 수 있다.

미국에서 아직 개발되지 않은 85퍼센트의 석유와 천연가스를 채굴할 수 있는 열쇠가 내 손에 쥐어진 것이다. 나는 불현듯이 초기에 수직 시추법으로 채굴했던 석유와 천연가스가 매장된 많은 저류층도 수평 시추법으로 시추하면 채산성이 있다는 것을 깨달았다. 나는 흥분을 숨길 수가 없었다.

수평 시추법의 잠재력

1993년 수평 시추법이 어느 정도의 잠재력을 지녔는지 시험할 기회가 자연스럽게 찾아왔다. 우리는 턴키 방식의 짧은 수평정을 시추하는 프로젝트에 참여했다. 프로젝트에 참여하면서 우리는 수평 시추법을 사용했을 때 발생할 수 있는 위험을 모두 추정해 볼 수 있었다. 프로젝트는 천연가스를 지하에 보관하기 위해 시추하는 것이었고 이곳은 겨울에 사용할 여분의 천연가스를 저장하는 데 사용됐다. 기존의 가스정들은 주입하거나 다시 채굴하는 속도에 한계가 있었다. 프로젝트의 목표는 기존의 가스정을 개선하는 것이었다.

천연가스 저류층에서 수평 시추법을 사용해 가스정을 시추하는 것은 이번이 첫 시도였다. 위험했지만 가스정을 수평 시추법으로 개발한 사례가 많지 않았기 때문에 성공만 하면 큰 보상을 얻을 수 있을 것이라는 확신이 있었다. 솔직히 가스정을 수평 시추법으로 개발하는 데 도전할 배짱이 있는 사람은 나 말고는 없었다. 우리 팀이 프로젝트를 맡았고 계획을 짰다. 우리는 겨우 50피트(약 15m) 두께의 저류층에 2,500피트(약 762m)의 수평정을 시추할 계획이었다. 건초 더미에서 바늘 찾기에 맞먹는 난이도의 프로젝트였다. 가스정 수평 시추법은 사실상 존재하지 않았지만 우리는 가능하다고 믿었다. 결과적으로 우리는 수평 시추법으로 가스정을 시추할 수 있음을 증명했다.

우리가 수평 시추법을 사용해서 개발한 수평 가스정에서는 같은 크기의 관을 통해서 기존의 수직 가스정보다 5배 빠르게 천연가스가 주입되거나 채굴됐다. 머릿속에서 종이 마구 울렸다. 이 방법으로 유정과 가스정을 거듭해서 시추할 수 있을 것이다. 수평 시추법은 석유와 천연가스 시장의 판도를 완전히 바꿀 게임 체인저다!

불가능을 수익으로 바꾼 수평 시추법 —

이번에는 지질학자의 관점에서 수평 시추법이 석유와 천연가스 산업의 판도를 바꾼 게임 체인저인 이유를 설명하고자 한다. 미국에 퇴적작용으로 생긴 많은 분지 지역에는 투과성이 낮은 암석으로 이루어진 지역이 넓게 존재한다. 이 암석은 수백만 년에 걸쳐서 셰일층에서 이동한 탄화수소를 함유하고 있다.

쉽게 설명하면 이 암석은 석유와 천연가스로 흠뻑 젖어 있지만 기존의 시추법으로는 많은 양을 뽑아낼 수 없었다. 단일 시추공 안에 수천 피트의 저류층을 연결하면 10배가 넘는 양의 석유와 천연가스를 회수할 수 있다. 사업가의 관점에서는 초기 투자금 절반을 손해 본 유정에서 만약 석유와 천연가스를 다섯 배 정도 많이 생산할 수 있게 된다면 최소한 3년 안에 투자한 자본의 두 배나 세 배의 수익을 창출할 수 있다. 그리고 유전이나 가스전에 있는 유정 1,000개 중 한 개가 이런 유정에 해당한다!

샤이엔 근처 와이오밍주 라라미 카운티의 사일로 유전은 수평 시추법으로 나이오브래라 지층의 수평정을 개발할 지역으로 선택됐다. 이 지역은 지층이 두껍지 않았다. 그래서 먼 거리에서 지층으로 시추해 들어가거나 유정을 시추하기가 더 힘들었다. 내가 기억하기로는 실제 시추에 소요된 시간보다 시추 파이프가 움직이지 못하거나 우회 시추하는 작업에 더 많은 시간이 소요되었다. 우회 시추는 장애물을 피하고 다른 방향에서 원하는 지층으로 되돌아가기 위해서 유정의 시추 방향을 바꾸거나 드릴 비트의 각도를 바꾸는 것이다. 그 지층은 채산성이 있는 것으로 확인됐지만 기대했던 만큼 수익성이 좋지는 않았다. 우리는 해당 유정에 대한 지분을 모두 매각하고 계속해서 수평 시추법을 적용할 더 좋은 지역을 찾기로 했다.

시더 힐스 —

시더 힐스는 시더 크리크 배사구조의 꼭대기에 있는 지역이다. 몬태나주 글렌다이브 인근에서 노스다코타주 보면 그리고 사우스다코타주 버펄로까지 이어지는 150마일(약 241km) 길이의 단층이 있다. 그곳은 사방이 탁 트인 지형이 많이 있는 넓은 지역이다. 적어도 지금은 그렇게 생겼다. 하지만 초반에는 이런저런 문제가 많은 곳이었다. 수직정을 개발해서는 채산성이 없었다.

1993년 탐사 팀은 노스다코타주 보면 카운티와 몬태나주 팰런 카운티에서 2D 탄성파 그리드 작업을 했다. 우리는 레드리버 C와 D지층에서 구조트랩(습곡운동, 단층운동과 같은 지각운동에 의해 형성된 트랩-역주)을 찾고 있었다. 우리는 이 지역에 몇 개의 광구를 확보했고 석유가 매장되어 있을 가능성이 있는 광구 2개를 시험할 준비를 했다. 유망 구조를 검토하던 중 이 지역의 로그 크로스 섹션에서 못 보고 넘어갔던 레드리버 B지층이 눈에 들어왔다. B지층은 수평정을 개발할 필요조건을 모두 갖추고 있었다. 그것은 땅속 8,000피트(약 2,440m)에서 9,000피트(약 2,740m) 깊이의 공극률이 좋은 초미세 결정질 조직의 백운암이었다. 하지만 이러한 공극들은 잘 연결되지 않아서 낮은 투과성을 지닌다는 한계가 있었다. 레드리버 B지층의 두께도 평균 10피트(약 3m) 정도로 얇았다. 이런 지층에서도 수직공을 통해 생산을 하긴 하지만 생산량이 낮아서 채산성이 없었다. 그래서 이 지층에서는 수평 시추가 답이라고 생각했다.

우리는 처음에 탐사 팀이 산출한 예측량을 바탕으로 대략 2만 에이커(약 80km²)의 광구를 취득했다. 우리는 2,000마일(약 3,220km)의 2D 탄성파 데이터를 확보했고 석유와 천연가스가 레드리버 D지층에 축적될 수 있는 구조트랩을 찾고 있었다.

당시에 석유와 천연가스 업계에 존재하던 통념에 따르면 투과성이 낮은 백운암 B지층에서 석유 생산을 시도하는 것은 비경제적이었다. 하지만 우리 팀의 노고 덕분에 우리는 레드리버 지층, 특히 레드리버 B지층의 투과성이 낮은 구역에 탄화수소가 가득 차 있다는 것을 알게 됐다. 우리는 수평으로 길게 시추공을 굴착하고 모든 다공질 암들을 연결하여 석유 생산량을 채산성이 있는 수준으로 끌어올리기로 했다. 이 방법이 효과가 있는지를 알기 위해서는 시추를 해야만 했다. 우리는 시추기 2개로 시작했다. 이 구역에 개발된 기존의 수직정에서는 하루에 겨우 60배럴의 석유가 나왔다. 우리는 1마일의 추가로 자극하지 않은 그대로의 수평정을 이용해 하루에 600배럴이나 700배럴이 넘는 석유를 생산할 수 있기를 바랐다.

우리의 첫 번째 유정인 장 피터슨 유정은 초기에 하루 동안 700배럴의 석유를 생산했다. 이것은 5,000피트(약 1,520m) 깊이의 관을 설치하지 않은 수평정 하나에서 나온 양으로 정상 수직정의 초기 생산량보다 훨씬 많다. 당시에는 수평 시추공을 대상으로 하는 자극법은 거의 고려되지 않았고 완벽하게 진행되지도 않았다. 우리는 저류층과 맞닿은 시추공의 전체 면적이 채산성 확보에 필요한 전부라고 믿었다. 운이 좋게도 이번이 그런 경우였다.

1995년 그곳에서 탐사 작업을 시작한 지 얼마 되지 않은 밤에 노스다코타주에 설치한 시추기 네이버스 557의 철 계단을 올랐다. 하늘은 맑고 조금 쌀쌀한 밤이었다. 나는 시추기를 들여다보았다. 잠시 초기 탐사자가 되어서 곧 대단한 일을 앞둔 그들이 어떤 기분이었을지를 상상해 봤다. 나는 그 기분을 뼛속 깊이 느꼈다. 그와 동시에 모든 여정이 참담한 실패로 끝나지 않을까 하는 걱정도 됐다. 네이버스 557에서 바라본 밤 풍경은 무엇인가 이상했다. 우리는 시더 크리크 배사구조에서 2개의 시추기로 2개의 시험정을 채굴하고 있었다. 그런데 시추기에 올라서면 나머지 시추기 하나가 보이지 않았다. 우리가 광권을 취득한 광구와 유망 유정이 표시된 지도에는 시추기가 서로 가까이에 있는 것처럼 표시되어 있었다. 바로 그 어두운 밤에 나는 무한한 잠재력에 압도됐다. 톰 셀렉Tom Selleck이 말했듯이 '기회를 얻기 위해 치러야 하는 대가는 오직 위험'뿐이다. 그 순간 우리는 진짜 귀중한 무엇을 곧 발견할 참이었다.

초기 시험정은 모두 성공했다. 우리는 즉시 추가로 10만 에이커(약 405km²)의 광권을 추가 취득했다. 나는 석유와 천연가스가 매장되어 있다고 생각되는 광구에 대해 광권을 모두 취득하기 위해서 전 재산을 쏟아부었다. 광구 확보의 총책임자였던 톰 러트렐Tom Luttrell은 나와 함께 광권을 획득하기 위해서 여기저기 뛰어다녔다. 긴장과 흥분이 가시지 않았다. 몬태나주 베이커에서 사우스다코타주 버펄로까지 우리는 메리디안 오일 컴퍼니Meridian Oil Company와 광권 확보 경쟁을 벌였다. 경쟁은 가상의 군사작전실이 필요할 정도로 치열했다. 마침내 25만 에이커(약 1,010km²)의 광권을 확보했다. 게다가 인접 유전에 포함된다고 생각했던 레드리버와 메디슨 폴 힐스를 포함해 이 지역에서 유전을 개발하는 프로젝트를 위하여 코흐 오일 컴퍼니Koch Oil Company가 보유한 지분도 모두 인수했다. 시더 힐스는 콘티넨탈 리소시스가 수평 시추법으로 개발했던 유전 중에서 기념비적인 지역이 됐다. 하지만 수평 시추법으로 시더 힐스에 유전을 개발한 것이 우리가 했던 가장 큰 도전은 아니었다. 우리는 경쟁자보다 기술적 우위에 있다고 자신했고 그 자신감 덕분에 차이를 만들어 낼 수 있었다.

장 피터슨 유정은 콘티넨탈 리소시스가 처음으로 개발했던 초대형 유전인 시더 힐스 유전에서 시추한 수백 개의 유정 중 하나다. 그것은 수평정으로만 시추된 세계 최초의 유전이다. 윌리스턴 분지에서 석유와 천연가스를 탐사하는 다른 회사는 당시에 수평 시추법에 대해서 회의적이었고 수평정으로 유전을 시추하거나 개발하는 데 참여하지 않았다. 당시에 수평 시추법은 석유와 천연가스 산업의 대다수에게 너무나 새롭고 생소한 아이디어였다. 오직 대담하거나 인습에 얽매이지 않거나 제정신이 아닌 자들만 수평 시추를 시도했다. 우리는 세 가지 모두에 해당했다. 메리디안 오일 컴퍼니와 콘티넨탈 리소시스가 전체 유전에서 유정을 시추하는 유일한 회사였다.

유전이 개발된 뒤에 나는 우연한 기회에 그 지역에서 유명한 시추 전문가에게 시더 힐스 유전 개발에 참여하지 않는 이유를 물었다. 그는 "석유와 천연가스 시추에 대해서 아는 게 너무 많아서 부담됐다"라고 간단하게 대답했다. 그의 말은 많은 것을 의미한다. 그의 말을 듣고 다시 한 번 내가 아는 것이 많지 않아서 기뻤다. 너무나 많은 사람들이 변화를 거부하고 가능성을 믿기보다 현상을 유지하려고만 한다. 나는 새로운 도전을 시도했다. 정확한 위치를 유지하기 위해서 시추할 때 땅속에 무엇이 있는지 볼 수 있다면 어떻게 될까?

시추 방향 조향 개선 기술 개발

우리는 수평정의 특정 지층에 드릴 스트링 위치를 잡을 때 감마선 데이터를 이용했다. 하지만 감마선 데이터로 위치를 잡는 도구는 드릴 비트에서 거의 100피트(약 30m) 떨어진 곳에 있었다. 이게 기술적 한계였다. 목표 지층을 정확하게 시추하기 위해서 가능한 드릴 비트 가까이에 설치할 수 있는 도구가 필요했다. 나는 시추 방향을 잡는 도구를 공급하는 협력사에 도움을 청하기 위해 그들을 이니드의 사무실로 초대했다.

1995년 할리버튼Halliburton, 슐럼버제, 베이커 INTEQ Baker INTEQ, 스페리 선Sperry-Sun 등 모든 협력사가 이니드로 왔고 우리와 미팅했다. 우리는 그들에게 수평 시추법의 문제를 설명했고 드릴 비트의 방향을 정확하게 조정할 더 좋은 방법이 필요하다고 말했다. 나는 그날 할리버튼 CEO가 했던 말을 결코 잊지 못할 것이다.

그는 "해롤드, 수평 시추법은 아주 새로운 기술이다. 그래서 그 기술을 개발하는 데 투자할 여유가 우리에게 없다"고 말했다. 나는 "좋다. 하지만 어디든 이 기술을 개발하고 투자할 의향이 있는 회사와 우리는 앞으로 거래하겠다"고 답했다.

할리버튼보다 규모가 훨씬 작은 스페리 선이 위치측정기를 드릴 비트에 가깝게 설치하는 기술을 연구하고 개발할 업체로 선택됐다. 약속대로 콘티넨탈 리소시스는 스페리 선에 모든 프로젝트를 맡겼다. 다른 협력사는 해당 기술을 개선할 돌파구가 마련되지 않을까 연구

그림 수평정과 수직정의 시장점유율 변화

출처 : "북미 시추정 개수", 베이커 휴즈(Baker Hughes), 2022년 12월 21일

첫 100여 년 동안 화석연료를 생산한 방법은 기껏해야 근원암에서
새어 나온 석유가 고여 있는 곳을 찾아 채굴하는 것이었다. 수평 시추법은
석유와 천연가스를 생산하는 방법을 혁명적으로 바꾸었다. 그러므로 수평정이
수직정을 거의 대체한 것은 그렇게 놀랄 일도 아니다.

개발 과정을 주시했다. 이런저런 관련 기술이 개선되자 수평 시추법이 널리 확산됐다. 변화가 시작되자 속도가 붙기 시작했다. 그해 할리버튼은 수평 시추에 활용할 기술을 얻고자 드레서 인더스트리Dresser Industries와 합병을 진행했고 프로젝트의 일환으로 스페리 선을 인수했다. 할리버튼은 기술 개발에 쓸 자금은 부족했으나 드레서 인더스트리라는 대기업과 합병할 자금은 있었던 듯하다. 어쨌든 아예 안 하는 것보다 늦어도 하는 것이 나으니까 말이다. 오늘날 미국에서 시추하는 유정의 90퍼센트 이상이 수평 시추법으로 개발된다.

시더 힐스 유전에서 거의 30년 동안 석유가 생산되고 있고 노스다코타 산업위원회가 시더 힐스에 있는 광구를 성공적으로 통합했다. 이것은 시더 힐스 유전에 대한 모든 이해관계자가 석유 저류층에 물이나 가스를 주입해서 압력을 유지하고 석유 회수율을 높이는 2차 재가압을 위해서 유전을 공동으로 관리한다는 의미다. 이에 대해서는 추후 좀 더 자세히 살펴보겠지만 통합된 광구는 훨씬 더 많은 석유를 회수하기 위해 3차 회수를 준비하여 이산화탄소로 재가압되고 탄소 포집과 저장에 사용될 것이다.

시더힐스 유전의 전체 회수 가능 석유 매장량은 2억 5,000만 배럴을 초과할 것으로 예상된다. 이 말은 시더 힐스 유전은 대형 유전이고 채산성 높은 석유 시추 프로젝트가 가능한 곳이란 뜻이다. 콘티넨탈 리소시스는 오랜 시간이 흘렀음에도 시더 힐스 유전에서 지금도 하루 7,500배럴의 석유를 생산하고 있다. 대량으로 석유를 채굴하길 원하는 우리에게 나쁜 출발은 아니었다. 이게 모두 수평 시추법 덕분이다!

수평 시추, 탐사 사업의 새로운 지평을 열다 　　—

　수평 시추법이 석유와 천연가스 산업에 일으킨 변화는 기적과도 같다. 수평 시추법은 20세기 기술적 성취에서 열 손가락 안에 꼽히는 위대한 성취로 역사에 남을 것이다. 수평 시추법은 에너지와 관련된 모든 것을 완전히 바꾸어 놓았다. 그것은 수직 시추법과 비교하면 그야말로 혁명이다. 수평 시추법의 등장으로 너무나 많은 것이 변해서 오늘날 어린 지질학자들은 내게 수직 시추법으로 석유를 탐사하던 시대는 어땠는지 물어볼 정도다. 수평 시추법이 일으킨 변화가 너무나 엄청나서 젊은 세대는 과거의 모습을 상상조차 못 한다. 수평 시추법과 같은 기술적 진보는 구상하는 데는 오랜 시간이 걸리지만 한 번 발생하면 사회에 빠르게 영향을 미친다.

　새로운 변화가 나타나며 나는 수평 시추법으로 할 수 있는 다른 일에 대하여 고민하기 시작했다. 수평 시추법은 얇은 저류층에 매장된 풍부한 석유를 채굴하는 핵심 기술이다. 나는 즉시 나 자신과 팀원들에게 "다음엔 무엇을 해야 하지?"라고 물었다. 안타깝게도 당시에는 질문에 대한 답을 찾는 것이 어려웠다.

Chapter 7

바켄 분지의
암호를 푼
셰일

해롤드 햄은 미국에서 14번째로 큰 석유 회사인 오클라호마주의 콘티넨탈
리소시스의 창립자이자 CEO다. 그는 큰 생각을 하는 사람이다.
그는 지난달 워싱턴에서 이 시기에 우리가 듣고 싶은 낙관적인
경제 전망을 내놓았다. 국가 에너지 정책이 제대로 도입되면 미국은
'10년 안에 완전한 에너지 독립을 달성할 수 있고, 21세기 석유와
천연가스의 사우디아라비아가 될 수 있다'라고 말이다.

— 스티븐 무어Stephen Moore, 2011년 10월 1일 〈월스트리트저널〉,
"노스다코타주는 어떻게 사우디아라비아가 됐나!" 中

2011년 스티븐 무어는 재치 있게 〈월스트리트저널〉 1면 머리기사
에서 노스다코타주를 차세대 사우디아라비아라고 칭했다. 이것은 미
국의 석유 업계가 의지, 투자 자본, 규제 체계, 기술만 있다면 미국산
석유로 외산 석유에 대한 의존도를 빠르게 줄여 나갈 수 있을 것이란
나의 믿음을 세계에 보기 좋게 알린 것이다. 1995년 시더 힐스 유전

에서 수평 시추법으로 석유를 채굴하는 데 성공한 이후, 우리는 곧장 이 파격적인 기술로 석유를 채굴할 다음 지역을 찾았고 몬태나주에서 시작하는 바켄 분지에서 가능성을 발견했다.

우리 탐사 팀에 속한 지질학자 짐 코칙Jim Kochick은 도전 정신으로 무장한 채 1996년 바켄 분지의 거대한 다공질 지대의 지도를 그렸다. 바켄 분지 지층은 석유가 풍부한 유기질 셰일, 결정질 백운암 간층, 사암층을 포함하고 있고 몬태나주, 노스다코타주, 서스캐처원주, 매니토바주를 포함한 대략 20만 제곱마일(약 517,980km²) 크기의 지대다. 이 지대는 노스다코타주 티오가의 농부, 헨리 바켄Henry Bakken의 이름을 땄다. 그가 노스다코타주에 소유한 부지에서 첫 유정이 시추됐다. 석유는 1950년대 초반에 처음 발견됐지만 헨리 바켄의 이름이 업계에서 유명해지는 데는 50년이나 걸렸다. 수평 시추법으로 셰일층에서 석유와 천연가스를 뽑아낼 수 있게 되면서 이 지대는 주목받았다.

우리는 바켄 분지에 석유와 천연가스가 어마어마하게 많이 매장돼 있다는 것을 알았다. 초기 예측치에 따르면 지질시대 동안 바켄 분지의 셰일층에서 4,500~5,000억 배럴의 석유가 생성됐다. 자원량은 엄청났지만 셰일층에서 석유와 가스를 생산하는 것은 어려웠기에 극소량만 생산됐다. 수직정으로는 셰일층에서 석유와 천연가스를 채굴하는 것이 거의 불가능했다. 이런 이유로 주변 사람들은 대체로 "해롤드, 셰일층에서 석유를 채굴하겠다는 것은 미친 생각이야"라고 말했다. 하지만 그들은 나를 설득하지 못했고 나는 새로운 기법인 수평 시추법으로 그들의 생각이 잘못됐음을 증명했다.

팀원들과 나는 바켄 분지의 셰일층을 미국 본토에서 가장 많은 석유와 천연가스를 생산하는 유전 지대로 개발할 것을 결심했다. 가족과 친구들과 함께 시간을 보내는 것 다음으로 지질학자들과 엔지니어들과 보내는 시간이 가장 행복하다. 그들과 검층 기록을 꼼꼼히 분석하고 해석하고 3D 탄성파 데이터를 살폈다. 사무실은 지도와 차트로 어수선하게 어질러져 있었다. 나는 어쩌면 지표보다 지하에 대해 더 많이 아는지도 모른다.

우리는 1996년에 바켄 분지의 지질구조를 완전히 파악했고 2000년 몬태나주에 처음으로 광구를 확보하기 시작했다. 바켄 분지에서 채산성이 있을 정도의 석유를 채굴하려면 수평 시추법과 저류층 파쇄 자극이 모두 필요하다는 것을 알았다. 하지만 우리는 바켄 분지를 시추하기 전에 규제 장벽을 뚫어야 했다.

몬태나주에는 풀어야 할 규제가 산더미처럼 쌓여 있었고 이것 때문에 몬태나주의 에너지산업은 사실상 빈사 상태였다. 첫 번째로 우리는 주지사의 승인을 얻었고 기타 이해관계자들과 정보를 공유하고자 많은 사업 설명회와 개별 만남을 가졌다. 그리고 우리는 수평 시추를 포함해서 혁신적인 시추 기법에 대해 18개월 동안 세금을 감면하는 법안을 후원하고 통과시켰다. 우리는 이후 노스다코타주에서도 똑같이 주지사, 업계 관계자, 기타 의사 결정권자들과 협업했다. 이어지는 이야기에 스포일러가 있으니 주의 바란다. 세금 감면과 규제 완화는 실제 매출 인상으로 이어졌고 해당 주의 경제를 활성화하는 데 크게 기여했다. 이 변화로 시더 힐스 유전에서 석유탐사가 시작됐고 변화가 시작된 몬태나주의 바켄 분지에서 석유 시추가 활발해졌다. 규제와 세금 부담이 사라지자 몬태나주와 노스다코타주에서 석유와 천연가스 산업이 되살아났다.

기가 막힌 변혁의 과정을 되짚어 보다가 불현듯 우리가 기적이나 다름없는 일을 해냈다는 생각이 들었다. 우리가 바켄 분지에서 석유 시추를 시작하기 전에는 업계 관계자 모두가 그곳은 채산성이 없는 지역이라고 생각했다. 셰일층에서 석유를 채굴할 기술이 없었기 때문에 그 지역에 아무도 관심을 가지지 않았다. 모두가 그것이 석유를 다량으로 채굴할 수 있는 생산 구간이 아니라 근원암이란 사실을 알고 있었다. 하지만 우리 팀은 한두 번의 기술적 약진이 일어나면 근원암에서도 석유를 채산성 있게 생산할 수 있다고 생각했다. 실제로는 한두 번의 기술적 약진으로는 불가능한 일이었다!

짐 코칙을 포함한 우리는 댈러스 소재 석유가스 회사가 소유한 지역 내에서 두어 개의 시추할 만한 유정 위치를 찾아냈고, 수평 시추법과 시추공 자극을 이용해서 함께 유정을 개발하자는 합작 투자를 조건으로 그들에게 계약을 제안했다. 그들은 제안을 거절했다. 하지만 우리의 아이디어를 도용해서 우리가 제안한 방식과 아주 유사한 방식으로 수평 시추를 시작했다. 그들은 수평 시추로 유정 개발에 성공하지 못했다. 그들은 2년 동안 18개의 수평정을 개발했지만 채산성을 확보하는 데 실패했다.

우리는 인내심을 가지고 가만히 지켜보았다. 그들은 좌절감을 뼈저리게 느낄 때까지 이런저런 방법과 아이디어를 시도했다. 펌프 앤 프레이란 방법을 시도하는 곳도 있었다. 이것은 미들 바켄 분지 안에 있는 케이싱이 설치되어 있지 않은 고립된 유정 안으로 중간 케이싱을 통해서 엄청난 양의 물과 모래를 무차별적으로 쏟아붓는 방법이다. 그 회사는 이 방식으로 유정에서 하루에 800배럴의 석유를 생산했다.

우리가 어떻게 경쟁 업체가 하고 있는 일을 훤히 알고 있는지 궁금해하는 사람도 있을 것이다. 사실 이 업계에서는 비밀이 오래가지 않는다. 시추 활동과 유정 개발은 공개적으로 기록된다. 하지만 유전에서 최고의 소식통은 바로 입소문이다. 입소문이야말로 유전에서 가장 신뢰할 수 있는 정보통이다.

우리는 다시 내달리기 시작했다. 짐 코칙이 그린 영역 안에 남아 있는 모든 땅의 광권을 확보하기 시작했다. 몬태나주 바켄 분지의 유전 안에서 우리가 소유한 광구가 눈덩이처럼 불어나 전체 유전의 1/3이 됐다.

2002년 몬태나주 쪽에 있는 바켄 분지에 석유와 천연가스가 다량 매장되어 있다는 확신이 커지자 우리는 톰 러트렐과 그의 광권 확보 팀을 보내서 노스다코타주의 네손 배사구조를 따라서 최대한 많은 광구를 확보하도록 했다. 네손 배사구조는 북에서 남으로, 캐나다 국경에서 노스다코타주 티오가까지 이어지는 지층으로 노스다코타주를 가로질러서 노스다코타주 디킨슨 남부에서 끝났다. 2003년 우리는 우선 노스다코타주에서 30만 에이커(약 1,200km²)의 광구를 확보했다.

지질학적으로 이 지역은 바켄 분지의 셰일층에 갇힌 유기물이 성숙 과정을 거치면서 석유와 천연가스로 변한 고온의 과압력 '키친 kitchen'이라고 추정했다. 우리에게 이곳은 다음 그림처럼 보였다.

그림 바켄 분지 석유 시스템

우리는 지하 수천 피트 아래까지 들어가서 방향을 바꾸고
수백 마일의 지층을 가로지르며 시추했다.

작업 총괄 책임자였던 제프 흄Jeff Hume은 그 당시 정말 무서웠다고 한다. 솔직히 말하면 당시에는 모두 살짝 불안해했다. 우리는 모든 자금을 광권을 확보하는 데 할당했다. 우리는 더 많은 광구를

확보하고자 더 많은 파트너를 확보하길 바랐다. 하지만 그 누구도 우리의 제안을 수락하지 않았다. 댈러스와 휴스턴에서는 '햄의 어리석음'에 대한 비웃음이 회의실을 가득 메웠다. 이 상황에서 우리는 무엇을 했을까? 그저 말없이 시추를 시작했고 몬태나주에 8개의 시추기를 설치했다. 완결된 유정들이 우리의 성장을 증명해 냈다. 유정에서 하루에 800~1,000배럴의 석유가 나왔다. 유정 한 개를 개발하는 데 무려 200만 달러를 쏟아부었다. 이 초기 투자는 단 6개월 만에 모두 회수했고 투자수익률은 대단히 좋았다. 하지만 몬태나주의 바켄 분지는 노스다코타주의 바켄 분지에 있는 셰일층과는 완전히 달랐다. 몬태나주 쪽에는 얇고 다공도가 낮은 구역이 있다. 노스다코타주 쪽에는 다공도가 있는 구역이 없었다. 그래서 우리는 액체와 기체를 거의 통과시키지 않는 셰일층을 시추할 수밖에 없었다.

2003년 노스다코타주 쪽의 바켄 분지에서 시추기 하나를 설치해 우리의 결정을 시험했다. 이때 시추한 유정은 디바이드 카운티의 로버트 호이어Robert Heuer 1-17R이다. 노스다코타주 바켄 분지에서 첫 번째 파쇄 자극이 사용된 채산성 있는 수평정이다. 하지만 이 유정에서는 아주 간신히 채산성을 맞추었다. 초기에 우리는 마법 주문을 찾느라 애를 먹었다.

게임 체인저 : 노스다코타주의 암호를 풀다

석유지질학은 액체와 기체를 통과시키지 않는 특성과 석유 분자의 크기 때문에 액체 상태인 석유를 다공도가 낮은 암석에서는 추출할 수 없다고 추정했다. 교과서적 대답은 오직 천연가스 분자만 다공도가 낮은 근원암을 통과할 수 있다는 것이다. 다시 한 번 더 교과서를 꼼꼼하게 읽지 않았던 것이 기쁘다. 되돌아보면 석유 시추의 암호를 푸는 데는 결단, 많은 시행착오와 응용 암석학에 기반한 기술이 필요했다. 다공도가 낮은 암석에서 석유를 시추할 수 없다는 회의감을 느끼기보다 암석의 불투수성 문제를 극복해야 했다.

간략하게 말해서 우리는 독특한 지질학적 조건을 독자적으로 다시 검토했다. 석유가 매장됐다고 생각되는 지점은 압력을 과도하게 받는 분지 중심에 가까웠으므로 암석 파쇄를 위해 필요한 압력은 더 높았고 투과도와 다공도에서 큰 차이가 있었다. 오픈홀(케이싱이나 시멘트로 보강하지 않은 시추공-역주)을 펌프 앤 프레이 방식으로 시추하는 것은 노스다코타주에 있는 바켄 분지에서는 불가능했다. 회수율이 제한적이고 석유와 천연가스 생산량이 상당히 급감하여 경제성이 없었다.

세일층의 투과도 문제를 해결하려고 우리는 암석자극범위Stimulated Rock Volume; SRV를 높일 전략을 고안했다. 우리는 슬릭워터를 저류층에 낸 작은 구멍 속으로 쏘아서 다량의 미세한 모래를 유정 측면의 분리된 개별 구역 내부로 보내 파쇄하는 다단계 파쇄 자극을 시도했다.

이 모래가 암석 내부에서 일어나는 자연 파쇄를 촉진한다. 수평 구간의 길이를 업계 표준의 두배인 2마일로 늘렸고, 비용은 두 배가 아닌 1/3 정도가 추가되었다. 일부 규제를 해결해야 했지만 경제성이 입증됐고 노스다코타주 시추에서 새로운 기준이 됐다.

우리는 투자수익률을 높이기 위해서 오랜 시간에 걸쳐 프로세스를 일관성 있게 개선해야 했다. 콘티넨탈 리소시스는 힘든 일은 즉시 처리했고 불가능한 일은 좀 더 시간을 들여서라도 결국 해결했다. 노스다코타주의 바켄 분지에 있는 셰일층에서 석유를 생산하는 암호를 풀면서 우리는 이를 몸소 증명했다. 작업을 완수하기 위해서 기술적으로 새로운 아이디어를 연이어 시도하자 우리의 학습 속도는 유정을 개발할 때마다 서서히 빨라졌다. 유전을 온전히 개발하는 데 다 합쳐서 대략 5년이 걸렸다. 앞서 말했듯 불가능한 일을 하는 데는 시간이 조금 더 걸린다. 2008년 우리는 유정 몇 개를 개발하며 경탄했고 결국 투자수익률이 비약적으로 증가했으며 새로운 에너지자원을 개발했다. 암호를 풀었다. 정말 불가능하다고 여긴 일을 해냈다. 또 다른 게임 체인저를 발견했다! 수평 시추법이 투과도가 낮은 저류층에서 생산성을 높이는 데 크게 기여했듯이 셰일층에서 석유를 생산한 것도 업계를 영원히 바꾼 게임 체인저다.

시추 중 측정Measurement While Driling ; MWD과 기타 첨단 기술 덕분에 시추 중 방향 조정이 훨씬 수월해졌다. 우리는 향상된 방향 조정 기술로 시추 비용을 줄였고 그 덕분에 투자수익률이 개선됐다. 이제 현대식 방향 조정 기술로 곁길로 빠지지 않고 수평 구간만 3마일(약

4.8km) 이상인 유정을 시추한다. 말 그대로 페니 사이즈, 오늘날의 인플레이션을 감안해 말을 바꾸면 쿼터 사이즈의 작은 목표 지점을 정확히 맞출 수 있다. 바켄 분지에서 시추 시간이 유정 한 개당 45일에서 8~11일로 줄어들었다. 초기에는 단일 구역만 완결할 수 있었지만, 지금은 다단계 유정 완결 기술 덕분에 동시에 60개의 개별 구역을 완결할 수 있다.

스리포크스 ▬

2000년 나는 팀원 한 명과 바켄 분지의 모든 코어(시추 중 지하 암석 샘플을 파쇄 없이 채취한 것으로 지하 암석의 물리적 특성을 측정하는 중요 데이터-역주)를 조사하고자 노스다코타주 그랜드 포크스에 있는 코어 연구소를 찾았다. 노스다코타 대학교에서 코어 연구소장을 맡고 있던 줄리아 르피버 Julia LeFever는 깔끔하게 정리된 관련 자료를 보여주었다. 우리는 바켄 분지의 코어에 관해서 모든 것을 이해하려고 노력했다. 흥미롭게도 바켄 분지 아래의 스리포크스 지층에서 석유 흔적을 발견했다. 나는 석유 흔적이 왜 그렇게 낮은 구역에 생겼는지 궁금했다. 근원암이거나 내부에 충분한 유기물이 포함된 것 같지도 않았는데 말이다. 마지막에는 '언젠가는 우리가 저 지점을 시추해 시험해 보겠다'고 생각했다.

바켄 분지가 개발되면서 나는 스리포크스를 시험해 봐야 한다는 생각을 떨칠 수 없었다. 모두 내 생각에 반대했다. 우리는 미들 바켄 분지에서 잘하고 있었다. 나는 고집을 꺾지 않았고 2008년 바이스 스리포크스 유정을 시추했다. 큰 성공을 거두었다. 나의 미친 생각이 성공한 것이다. 1년 뒤에는 모두 스리포크스 간층을 시추하는 데 동의했다. 스리포크스가 3개의 간층에서 상업성 있을 정도로 충분한 석유를 생산했고 그 면적이 아주 넓었기 때문에 우리에게 돌아오는 대가는 기하급수적으로 커졌다.

2008년 5월에 배포한 보도 자료에는 "바이스 1-29H가 생산 첫 7일 동안 하루에 평균 693배럴의 원유를 쏟아 냈다. … 결과가 성공적이어서 매우 기쁘다. 이 유정은 스리포크스·새니쉬 지층이 위 지층인 미들 바켄 분지의 수평 완결정에 전혀 영향을 받지 않는 개별 석유 저류층일 것이라는 우리의 가설을 시험한 첫 사례다"라고 적혀 있다.

모두가 경제와 관련된 온갖 이슈로 혼란스러울 때 우리는 광활한 지역의 광권을 취득했다. 바켄 분지에서 유전을 개발했을 때 얻게 될 대가가 엄청나다는 것을 알고 있었기 때문이다. 2008년과 2009년 사이에 90만 에이커(약 3,642km²) 대지의 광권을 취득했다. 그로부터 10년 뒤에 콘티넨탈 리소시스는 바켄 분지 유전에서 가장 많은 광구를 보유하게 됐다. 몬태나주와 노스다코타주의 바켄 분지에 우리가 확보한 최대 광구 면적은 120만 에이커(약 4,856km²)에 달한다. 당시에 우리가 바켄 분지에서 가지고 있던 광구의 총 면적은 로드아일랜드주의 면적에 맞먹었다.

2005년 미국 지질 조사국은 바켄 분지에 1억 5,100만 배럴의 회수 가능 석유가 매장되어 있다고 말했지만 1995년 이후로 데이터를 업데이트하지 않았다. 이 정도도 괜찮은 양이지만 우리의 피를 들끓게 할 정도의 양은 아니었다. 2008년 봄 노스다코타주 산업 위원회가 데이터를 다시 확인해달라고 요청했고 그들은 당시의 전통적인 기술을 이용하면 30~40억 배럴의 석유를 회수할 수 있는 매장량이라고 데이터를 고쳤다. 이로써 바켄 분지는 세계에서 손꼽히는 유전이 되었다. 미국 지질 조사국은 다른 이들과 마찬가지로 바켄 분지의 셰일층에 상당한 양의 회수 가능 석유가 매장됐다는 생각은 전혀 하지 못했던 것 같다. 석유 생산을 위해서 바켄 분지에 그토록 집착해야 한다고 생각하는 전문가는 많지 않았다. 하지만 나는 측정치에서 훨씬 벗어난 많은 양의 회수 가능 석유가 이 지역에 매장돼 있다고 생각했다. 이 지역에서는 이미 40억 배럴이 넘는 석유가 생산됐고 누적 생산량은 현재 50억 배럴에 근접하고 있다.

당시에 콘티넨탈 리소시스는 바켄 분지에 200~300억 배럴의 석유가 매장됐을 것으로 추정했다. 이는 정부 추정치의 5~7배에 해당하는 것이다. 하지만 시간과 기술이 우리가 옳았음을 증명했다. 우리는 지금 350억 배럴의 석유가 매장되어 있다고 추정한다. 그리고 이 추정치는 2차와 3차 회수, 이산화탄소 투입과 지속적인 기술 발전으로 더 올라갈 수 있다.

우리가 석유 회사로 얼마나 먼 길을 왔는지를 간단하게 설명하고자 한다. 1992년 콘티넨탈 리소시스 CFO 로저 클레멘트Roger Clement

는 테이블 맞은편에 앉은 신임 탐사 책임자 잭 스타크Jack Stark에게 문서 한 장을 들이밀며 "이게 올해 시추 예산이다"라고 말했다. 그해 시추 예산으로 400만 달러가 잡혀 있었다. 그리고 "낭비하지 마시오"라고 덧붙였다. 내가 사업을 시작했던 시기를 떠올리면 400만 달러는 눈이 튀어나올 정도로 엄청난 액수다. 오늘날 바켄 분지에서 유정 하나를 시추하는 데 700만 달러가 들어간다. 그날부터 30년 동안 유정 시추 예산은 50억 달러로 증가했고 그 에피소드는 잭 스타크가 가장 좋아하는 이야기 중 하나가 됐다.

바켄 분지에서 굵직굵직한 유정이 시추되면서부터 바켄 분지는 미국의 에너지 궤도를 바꾸어 놓았다. 미국은 에너지 독립을 단숨에 이루었다. 미국 내에서 생산되는 석유량이 미국 내에서 소비되는 석유량보다 더 많다. 오랫동안 외국에서 석유를 비싸게 들여와야 했던 상황에서 벗어나면서 외국에서 들여오는 석유에 대한 의존도를 끊었다. 바켄 분지에서 나온 원유에서 추출한 경유용 원유는 유황 성분이 없다. 아스팔트 성분의 침전물은 아주 소량이고 중간 유분은 다량이다. 그래서 경유, 항공유, 휘발유를 정제하는 데 완벽하다. 그 결과 2020년 말 경유 가격이 갤런당 4.5달러에서 2.5달러 이하로 떨어졌다. 바이든 행정부가 들어서기 전에 미국의 휘발유 가격은 산업화된 국가 중에서 보조금 없이 가장 저렴했다.

하지만 무엇보다도 가장 중요한 것은 원유가 셰일층에서 다량으로 생산될 수 있다는 증거를 제시했다는 점이다. 그 결과 미국 전역에 걸친 수많은 셰일층에서 혁신 기술을 이용한 시추 작업이 진행되고 있다. 오클라호마주의 우드포드 지층이 아주 좋은 사례다.

수평 시추법 덕분에 마이클 레이가 오래전에 그의 논문에서 언급했던 '비유동성' 석유를 채굴할 수 있었다. 수평 시추법은 미국의 에너지 르네상스를 이끈 직접적인 요인이다. 수평 시추법이 개발되기 전 한 세기 동안 우리는 문자 그대로 지표면만 긁어 댔다. 이 세상에서 천연가스와 석유의 생산량을 확장하는 데 기여할 역할이 내게 주어진 것에 감사하고 그 역할을 감사한 마음으로 즐긴다. 동료들의 헌신과 독창성도 고마울 따름이다.

무엇이든지 가능하다고 믿는 문화는 지난 55년 동안 나의 신념과 콘티넨탈 리소시스의 핵심 가치에서 가장 중요한 요소다. 우리는 '어려운 일은 즉시 해치우고, 불가능한 일은 조금 시간을 들여서 해치워라'는 속담을 몸소 실천했다. 이 정신은 시간이 흘러도 변함없을 것이라고 믿는다. 수평 시추법 덕분에 수백만 개의 일자리가 만들어졌다. 풍부한 에너지가 안정적으로 공급되었다. 생산 세액이 연방 정부, 주 정부, 지방 정부의 금고로 흘러 들어갔고 미국에 1조 달러의 가치를 지닌 긍정적인 경제적 변화가 일어났다. 이것은 미국 소비자에게 1조 달러의 잉여금을 되돌려준 셈이다. 이 모든 것이 미국 내에서 생산한 에너지를 수출하고 외국에서 에너지를 수입하지 않게 된 덕분이었다.

콘티넨탈 리소시스는 새로운 일자리를 만들어 내고 조광료를 납부하면서 몬태나주와 노스다코타주에서 새로운 백만장자가 대거 탄생하는 데 일조했다. 이는 오클라호마주 이니드에서 온 유능한 석유탐사자인 우리에게 나쁘지 않은 성과다.

책의 시작 부분에서 2007년 주당 15달러에 회사를 주식시장에 상장하는 데 모든 것을 걸었다고 이야기했다. 그 결과는 어땠을까? 정말로 성공적이었다. 바켄 분지 유전에 다량의 석유가 묻혀 있음을 검증하는 과정 동안 우리와 함께 위험을 감수한 투자자들은 16개월 만에 주가가 81.68달러로 상승하며 보상을 받았다. IPO 결정은 힘들고 아주 어려운 결정이었지만 결국 적절한 시기에 시행한 올바른 결정이었음이 입증됐다.

미국에서 석유탐사를 한다는 것

소위 전문가란 사람들이 오른쪽으로 갈 때, 우리는 완전히 반대 방향인 왼쪽으로 움직였다. 덕분에 우리는 저류층을 발견하고 석유를 생산할 수 있는 기술을 개발했다. 지난 20년 동안 셰일층에서 유정을 시추할 때 소위 거물급 회사가 단 한 번도 언급되지 않았다는 사실을 눈치챘을 것이다. 그들은 그저 셰일층에서 자신들의 재정 상태에 긍정적인 영향을 줄 정도로 충분히 많은 양의 석유가 생산될 것이라고 생각하지 못한 것뿐이다.

최근 미국 대륙의 주요 분지 셰일층에서 대규모로 시추 작업이 진행되면서 그들의 편협한 시각이 급격하게 바뀌었다. 나는 농담으로 대형 석유 회사의 유조선이 들어왔을 때, 그들은 공항에 있었다는 말을 즐겨 한다. 그들은 이후 미국으로 돌아와 석유가 생산되는 미국

그림 시추와 완결 기술의 진화

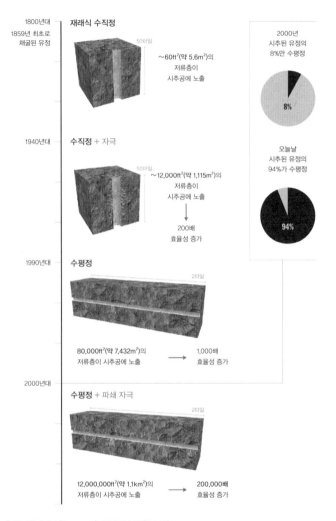

출처 : 엔버러스(Enverus), 2022년 12월 21일

내가 입이 아프게 하는 말이 있다. 기술이 진화하고 계속해서 개선되면
더 많은 에너지가 더 경제적으로 생산될 것이다.

의 주요 셰일층이 위치한 분지의 소유 지분을 다시 사들이는 데 수십 억 달러를 썼다. 그리고 대부분의 대형 석유 회사는 분지의 셰일층에서 석유와 천연가스를 생산하고 유전 개발을 더 많이 하며 관련 인프라를 확보하기 위해서 수십 억 달러의 인수를 진행했다.

책에서 언급했던 나의 유능한 동료들뿐만 아니라 재능 있고 헌신적인 콘티넨탈 리소시스 직원들 외 미국의 모든 시민들이 미국의 석유와 천연가스 산업을 바꾸어 놓았다. 그들의 헌신과 노고에 머리 숙여 감사한다.

신기원　　　　　　　　　　　　　　　━

수평 시추법이 아니었다면 미국과 우리의 일상은 지금과는 완전 딴판이었을 것이다. 휘발유 가격이 갤런당 10달러를 넘었을까? 아마도 그럴 것이다. 잘못된 곳에서 석유를 찾아 헤맸을까? 분명히 그럴 것이다. 그러면서 위험한 정권의 은행 계좌만 불리고 있었을 것이다.

펜실베이니아주 타이터스빌에서는 1900년대 초부터 전문가들이 미국에서 생산한 석유와 천연가스를 사람들에게 공급하는 데 한계가 있고 머지않아 바닥날 것이라고 말했다. 하지만 미국의 석유와 천연가스 회사들은 저류층을 추가로 찾아내고 새로운 기술로 더 많은 유전을 개발하면서 전문가들이 틀렸다는 것을 거듭 증명했다.

수평 시추법의 등장으로 인해 석유와 천연가스가 곧 바닥날 것이라고 믿었던 대다수가 생각을 바꾸었고 그들의 생각이 틀렸음을 인정해야 했다. 아주 기초적인 드릴 비트 기법만 수 세기 동안 사용했지만 이제는 미국과 전 세계의 에너지 소비량을 감당할 수 있는 엄청난 석유와 천연가스 자원이 있음을 알게 되었다.

우리는 계속해서 과거 전문가들의 예측이 틀렸음을 증명하였고, 결국 그들이 입을 다물게 만들었다. 이제 우리는 오늘날 미국이 세계에서 석유와 천연가스를 가장 많이 생산하는 국가라는 것을 자랑스럽게 말할 수 있다. 미국이 다시 석유와 천연가스 부족에 직면하게 될까? 정치적 이유에서는 그럴 수도 있지만 미국의 지질학적 자원 때문에 그런 일은 다시 일어나지 않을 것이다.

Chapter 8

르네상스 :
에너지 독립을
이룬 미국

현대인의 삶을 이끄는 원동력에 대해서 조금 더 깊이 상상해 보자. 알람이 울렸다. 알렉사가 다정하게 침대에서 일어날 시간이 됐다고 알린다. 알렉사가 살고 있는 아마존 에코 기기는 플라스틱과 인조섬유로 만들어졌다. 알렉사는 서버 클러스터와 전력망 덕분에 작동한다. 이날 아침에 사용한 전력의 20퍼센트가 신재생에너지원에서 만들어졌을지도 모른다. 아마 얼마의 풍력과 약간의 태양광이 전기를 만드는 데 사용됐을 것이다.

당신은 베트남에서 만들어져서 거대한 화물선에 실려 수입되고 트럭으로 미국 전역의 소매점으로 운송된 시트와 이불을 박차고 일어난다. 분명히 매트리스, 사용한 침구 용품과 수건은 천연섬유와 합성섬유로 만들어졌을 것이다. 완전히 석유로 만들어진 이 합성 물질로 생산된 운동화 끈을 질끈 동여맨다. 손목에 찬 스마트워치, 땀을 흡수하는 섬유로 만들어진 운동복, 달리고 있는 포장도로는 모두 탄화수소로 구성되어 있다.

아침 조깅을 마치고 집으로 돌아오면 커피 머신이 정확하게 오전 7시 15분에 작동을 시작한다. 금방 내린 커피 향이 온 집 안에 퍼진다. 원두는 코스타리카에서 생산된 것으로 화물선에 실려서 미국으로 운송됐다. 이 거대한 화물선은 절대로 풍력으로 움직이지 않는다. 커피 머신에는 대만에서 만든 스마트 칩이 내장되어 있다. 커피 머신 자체는 독일에서 제조됐고, 중동에서 수입한 석유 제품으로 구성된다.

내장재가 석유가 주원료인 합판 복도에서 넘어질 뻔하자 작년에 배우자가 설치한 실용적인 전등을 켠다. 전등 자체는 LED로 에너지를 절감하지만 전구는 대체로 화석연료로 만들어진다.

이번에는 냉장고를 연다. 아마도 냉장고 안에 있는 식품 중 당신과 당신 가족이 직접 재배했거나 수확했거나 도축했거나 사냥한 것은 하나도 없을 것이다. 전 세계를 연결하는 탄화수소로 구동되는 물류와 운송 네트워크와 농장에서 사용하는 비료 덕분에, 캘리포니아주에서 재배된 신선한 딸기, 텍사스주에서 수확한 포도, 멕시코에서 자란 체리 토마토, 남부 지역에서 키운 유기농 허브를 집에서 먹을 수 있다. 식량 공급의 안보가 천연가스에 달린 셈이다.

계속 상상해 보자. 달걀 몇 개를 냉장고에서 꺼내고 가스레인지를 켠다. 어라, 이게 뭔가? 가스레인지에서 펜실베이니아주 마르셀러스 분지의 셰일층에서 채굴한, 깨끗하게 연소하는 천연가스가 1,000마일(약 1,609km)의 가스관을 타고 집 안까지 들어와서 푸른 불꽃을 가스레인지에 피운다.

샤워를 하려고 계단을 올라서 2층으로 간다. 예상했다시피 벽 뒤에 새롭게 설치한 PVC 파이프도 탄화수소로 만든다. 태양이 지평선 위로 떠올랐지만 아직 태양광에서 공급받은 에너지는 없다. 수백만 명의 미국인들이 이와 비슷한 아침 일과에 필요한 에너지를 전력망을 통해서 공급받는다. 미국 전체가 잠에서 깨어나면 에너지 수요는 치솟기 시작한다. 하지만 일반인들은 여기에 전혀 관심이 없다. 그저 따뜻한 물로 샤워를 하고 싶을 뿐이다.

석유 엔지니어링의 기적이라 할 수 있는 60인치 스마트TV를 켠다. 이 모습을 본 증조부모들이 놀라며 감탄한다. 태양이 져도 계속 전력을 공급하는 탄화수소에 기반을 둔 전력망의 호의로 지난밤 동안 충전한 스마트폰과 노트북을 챙긴다. 가전 기기는 대체로 불과 20년 전에는 존재하지 않았던 탄화수소에 기반을 둔 기술로 만들어졌다. 새로운 가전 기기의 등장으로 매년 전력망에 전기 수요가 대략 1~2퍼센트 가중된다.

가전 기기는 인터넷에 연결되어 작동하고 인터넷은 작동하고 열을 식히는 데 엄청난 양의 에너지가 소요되는 거대한 서버팜에 의해서 구동된다. 다시 한 번 더 말하지만 이 모든 것은 탄화수소로 발전하는 전기 덕분에 가능한 일이다.

이제 자동차에 올라탄다. 자동차는 휘발유로 움직인다. 하이브리드나 전기차를 구입할까도 생각했지만 2만 달러를 더 주고 도무지 종잡을 수 없는 일론 머스크가 만든 전기차를 살 엄두가 안 나서 관두었다. 휘발유로 달리는 자동차는 편안하고 잘 나가고 무엇보다도 운전과 연료 주입이 편리하다. 평소에는 거의 생각하지 않겠지만 부모

님이 타고 다녔던 자동차와 비교하면 지금 타고 다니는 자동차가 배기가스를 훨씬 덜 배출한다는 것을 알게 될 것이다. 그리고 일론 머스크가 만든 테슬라를 둘러싼 환상이 와해되며 당신이 내린 결정이 옳다는 것이 기쁘다.

시간이 지날수록 탄화수소에 대한 의존도는 높아진다. 날이 밝으면서 사무실, 식당, 가게가 사람들로 붐비기 시작하면 탄화수소에 대한 의존도는 더 올라간다. 전기 수요가 급증한다. 항공기가 수십만 명을 태우고 공항을 출발해서 각국으로 향한다. 석유에서 나온 항공유 없이는 비행기를 타고 이동할 수 없다.

사실상 모든 미국인이 저렴하게 어디든 이동할 수 있도록 하는 데 필요한 모든 인프라와 일자리를 생각해 보자. 200명을 태우고 시속 600마일(약 966km)로 1,500마일(약 2,414km)의 거리를 나는 비행기 중에서 태양광이나 배터리로 움직이는 비행기는 없다. 그런 비행기가 나온다면 지금으로부터 수십 년 뒤가 될 것이다.

오늘은 비행기가 아니고 자동차로 이동한다. 그래서 출퇴근하는 데 연료비로 대략 5달러 정도가 든다. 이 정도 비용이면 5분 남짓한 시간 동안 가득 주유 시 300마일(약 483km)을 달릴 수 있는 자동차로 이동할 수 있다. 이 모든 것이 휘발유가 제공하는 에너지 덕분이다.

회사 주차장에 도착했다. 앞으로 8~9시간 동안 탄화수소로 발전한 전기에 의존해서 일을 한다. 사무실에 있는 거의 모든 것이 탄화수소로 만들어지거나 운송됐다. 책상, 고급 의자, 소음 차단 칸막이, 카펫과 타일, 복사기까지 이 모든 것이 화석연료에 기반을 두고 만들어지거나 작동한다. 줌 미팅이 두어 개 잡혀 있을지도 모른다. 고객과 회사 동료들은 미국 전역 8개의 다른 지점에서 일한다. 불과 몇 년 전만 해도 존재하지 않았던 정교한 전자 네트워크가 그들 모두를 연결한다.

오후 5시다. 아이의 축구 경기를 보러 가기 전에 식료품점에 들러 장을 보기에 충분한 시간이다. 식료품점에 있는 모든 카트에 대해서도 할 이야기가 있다. 지금 사용하고 있는 카트는 인류 역사상 가장 위대한 발명이라 할 수 있는 적시 공급 생산 방식의 물류 네트워크 산물이다. 덧붙이자면 이와 관련된 모든 것은 탄화수소를 연료로 움직인다. 사실 탄화수소는 단순히 연료의 역할만 하는 것이 아니다. 현대 농업에서 수확량을 기적적으로 향상시킨 비료부터 시작해서 모든 것의 핵심 재료는 석유를 기반으로 한다.

신선한 과일과 채소, 갓 구운 빵, 우유, 냉장육을 카트에 담는다. 이 모든 식품은 낮 동안 식료품점으로 배달돼서 냉장고나 진열대에 정리됐다. 이것 역시 탄화수소 덕분이다. 축구 경기에 딸아이를 데려가려고 집으로 향하는 동안 전기 수요는 증가한다. 수백만 가정에서 에어컨, 식기세척기, 세탁기가 돌아간다. 해가 뉘엿뉘엿 저물 무렵에는 태양광과 바람이 줄어든다. 하지만 전기 수요는 계속 치솟는다.

저 먼 국제 우주정거장에서 밤이 내린 지구를 내려다본다. 우주인들은 놀라운 광경을 목격한다. 탄화수소 덕분에 반짝이며 북미의 도시를 수놓은 밝은 불빛이 그들의 눈에 들어온다.

우리가 많은 연료를 '친환경 연료'로 모두 대체하여 현대의 삶을 변함없이 누릴 수 있게 되기까지는 아주 오랜 시간이 걸릴 것이다. 물론 우리는 분명히 이 목표를 향해서 열심히 나아가야 한다. 탄소 포집과 지하 저장과 기타 조치가 그 시작이다. 시간과 지적 수준을 고려하면 언젠가는 이 목표를 달성할 수 있을 것이다. 하지만 앞으로 5년, 10년 또는 20년 뒤에 화석연료를 완전히 사용하지 않을 수 있다고 믿는 사람들은 망상에 사로잡혀 있거나 무지하거나 다른 속셈이 있는 것 같다. 우리가 지극히 당연하게 여기는 생활 방식의 한 요소를 생각해 보자. 너무나 오랫동안 그것은 다른 나라에서 수입한 석유와 천연가스로 움직였다.

미국의 에너지 르네상스

르네상스란 단어를 들으면 무엇이 떠오르나? 대부분 굉장히 이국적으로 차려입은 중세의 사상가와 예술가가 머릿속에 떠오르리라. 그들은 대체로 통념을 뒤엎고 위정자들에게 그들이 진실이라 믿는 대부분이 말도 안 되는 것이라고 바른 소리를 하여 암흑기에서 인류를 구했다. 어느 시대나 사회적 통념에 도전하는 것은 대체로 위험한 행위다. 궁금하면 갈릴레이한테 물어봐라.

우리는 또 하나의 르네상스를 한창 살아가고 있다. 혹자는 그것이 휴대용 컴퓨터와 소셜미디어, 글로벌 네트워킹의 부상을 중심으로 일어나 기술혁명이라고 주장할지도 모른다. 하지만 기술혁명을 가능하게 한 또 하나의 르네상스가 있다. 그것은 바로 '미국의 에너지 르네상스'다. 20년이 채 안 되는 기간 동안 여러 사람들의 매서운 눈길 아래 미국은 에너지 초강대국이 됐다. 연결에 대한 인간의 결코 채워지지 않는 욕구를 충족시키는 제품과 서비스를 개발한 실리콘밸리의 테크 대기업이 주목을 받고 있다. 하지만 그 이면에서 안전모를 쓰고 위험한 현장에서 일하는 수천 명의 노동자와 에너지 기업과 혁신가들이 이 모든 것에 필요한 동력을 제공했다.

미국의 에너지 르네상스는 현재진행형이다. 인간이 탄화수소를 사용한 지는 겨우 150년쯤 됐다. 그리고 앞서 말했듯 문자 그대로 지표면만 긁어서 탄화수소를 채굴했을 뿐이다. 초기 15년 동안은 이용 가능한 탄화수소 에너지의 15퍼센트 정도만 사용했다. 그런데 최근 바로 코앞에서 경제적, 지정학적 대변혁이 일어났다. 대니얼 예긴 박사는 최근 저서 『뉴맵The New Map』에서 이를 정확하게 지적했다.

이 세상을 더 살기 좋은 곳으로 바꾸고 문명을 진보시켰던 중세 영웅들처럼 21세기 초기의 기업가들은 정세를 보고 숨은 가능성을 찾아내 행동했다. 우리가 찾고 생산해야 하는 탄화수소 에너지는 여전히 많다. 나는 이를 누군가가 찾아내서 다른 사람들과 나누어 쓸 때까지는 어딘가에 안전하게 보관된 고대 재산이나 숨겨진 보물이라고 부른다. 내가 자주 하는 말이지만 당신에게 거대한 유전이 없다면 지금부터 하나 찾아봐라.

어렸을 때는 오클라호마주에서 태어난 것이 항상 축복처럼 여겨지지는 않았다. 그런데 그것은 운명이었는지도 모른다. 이곳은 주로 지정되기 전에 세계에서 석유가 가장 많이 생산되는 곳이 됐다. 미국의 첫 번째 에너지 르네상스가 일어난 곳이다. 그러니 오클라호마주가 최근에 미국의 에너지 르네상스를 이끄는 수많은 개척자의 고향인 것은 결코 우연이 아니다.

미국은 세계에서 가장 역동적인 경제를 지니고 있다. 그렇기에 에너지가 필요하다. 그것도 매우 많은 에너지가 필요하다. 정치인, 정책 입안자, 전문가가 현대사회가 직면한 현실을 이해하기 위해서 분투하고 대체로 잘못된 결론을 내리고 있을 때, 소수의 인습에 얽매이지 않는 사상가들은 미국의 에너지 허기를 채우기 위해서 실험하고 혁신했다. 그들은 대체로 독립적으로 사고하고 행동한다. 그들이 자신들의 사업이 환영받지 못하는 곳에서 사업을 하거나 연안에 수십 억 달러를 쏟아붓거나 영하 50도의 작동하는 것이 아무것도 없는 북극으로 가야 할 이유는 사실 없다. 수 세기 전 통념을 뒤집은 사상가들처럼 우리의 새로운 아이디어는 조롱과 경멸과 마주해야 했다. 예전에도 그랬고 솔직히 말해서 여전히 그렇다.

크게 생각하라

2010년부터 사용한 수평 시추법 덕분에 미국은 역사상 그 어느 때보다 많은 석유를 생산하고 있었다. 바켄 분지에서 수천만 배럴의 최고급 석유를 공급하고 있었다. 수평 시추법으로 새로운 석유를 다량으로 생산한 덕분에 우리 회사는 미국의 석유 수출 금지법을 철폐하는 데 일등 공신이 됐다. 석유 수출 금지법은 1970년대의 비뚤어진 생각의 유물이다. 모든 전문가들이 미국의 천연가스 매장량이 고갈됐고 다시 채워지지 않을 것이라고 확신했다. 그들의 논리는 단순하다. 남은 것이 별로 없으니 다른 누군가에게 팔지 않는 것이 더 낫다는 것이다. 이 얼마나 이기적이고 편협한 생각인가? 보다 중요한 것은 그들의 전제가 완전히 틀렸다는 것이다.

미국은 석유를 가지고 있지만 수출할 수 없었다. 대형 정유 회사는 오래전부터 미국 대륙에서 석유 찾기를 포기했다. 그들은 캐나다의 역청사암층과 멕시코에서 들여온 무거운 중重질유를 처리하기 위해서 정유 설비를 바꾸었다. 미국에 경질유를 정제할 시설이 부족했기 때문에 다운스트림 정제 회사들은 우리가 생산한 황 성분이 적은 경질유의 가치를 배럴당 27달러라는 헐값을 매겼다. 당연히 이 가격으로는 사업을 유지할 수 없었다. 게다가 황 성분이 적은 경질유는 중질유보다 더 값어치 있다. 석유 수출 금지법을 철회해야 한다는 여론이 형성됐지만 이유가 분명하지 않았다. 풍부한 석유, 부족한 정제 시설, 황 성분이 적은 경질유에 대한 세계적 수요, 특히 영국 정유 회사의 수요가 바로 그 이유였다.

2014년 미국의 석유와 천연가스 업계의 중지를 모아서 의회로 향했다. 미국 에너지 생산업자 연맹Domestic Energy Producers Alliance; DEPA과 많은 기타 조직과 힘을 모아서 우리는 이 부당함을 바로잡을 새로운 법안을 통과시키고자 했다. 대부분의 사람들이 가능성이 없다고 생각했다. 낙관론자들은 3년이나 5년이 지나 업계에 친화적인 행정부가 들어선다면 가능할 것이라고 내다보았다. 반면 비관론자들은 전혀 가망이 없다고 생각했다. 낙관론자들과 비관론자들이 서로 개탄만 하고 있을 때, 나는 15개월 동안 워싱턴을 35차례 방문했고 미국 상·하원 의원들, 그들의 보좌진, 다른 정부 기관과 규제 당국을 설득했다. 미국이 다시 에너지 독립을 이루려면 미국의 석유와 천연가스 산업이 부흥해야 한다고 믿었기 때문에 나는 거칠 것이 없었다.

기적은 정말로 일어난다. 특히 올바른 방향으로 살짝 등을 밀어주면 반드시 일어난다. 우리는 우리의 의견을 피력했고 치열한 교섭을 통해 우리가 제안한 법안을 오바마 행정부가 통과시켜야 하는 일괄 세출안Omnibus Spending Bill에 포함시켰다. 그리고 석유 수출 금지법은 2015년 12월 18일에 철회됐고 그 결과는 대단했다. 우리는 15개월 동안 치열하게 협상하고 설득해서 목표를 이루었다. 그래서 크리스마스가 일찍 찾아왔다. 나는 크리스마스를 맞이한 어린아이처럼 뛸 듯이 기뻤다. 정부관계와 규제 부문 부사장인 블루 헐시Blu Hulsey와 나는 전 세계에서 쏟아지는 축하 세례에 정신이 없었고 경제적으로 힘들었던 2015년이 마침내 저물자, 최고급 스카치위스키로 축배를 들었다.

미국산 원유는 거대한 세계시장을 형성하고 있다. 수십 억 달러의 투자가 멕시코만 지역으로 흘러들었고 세계 원유 시장에서 경쟁력을 갖추기 위한 관련 인프라가 들어서면서 미국 전역에 일자리가 만들어졌다. 불과 몇 달 만에 미국에 1조 달러의 가치를 지닌 긍정적인 경제적 변화가 일어났다.

흐뭇할 정도로 정확하게 미국의 석유가 바닥나지 않았을 뿐만 아니라 에너지 독립을 달성할 수 있었고 시장가격의 차이를 없앨 수 있다고 예측했다. 우리는 우리의 이야기를 들어 주는 사람이라면 누구에게든 석유를 직접 세계시장에 내다 파는 것이야말로 모두가 해야 하는 일이라고 이야기했다. 2015년 나의 예측은 수평 시추법이란 혁신 덕분에 현실이 됐다. 11시간의 거래 뒤에 시장가격 차이는 사라졌다. 수평 시추법이 미국을 에너지 초강대국에 다시 올려놓았다. 수년이 흐른 2019년, 우리는 에너지 독립을 이루었다.

미국산 석유 —

그로부터 몇 년 뒤, 콘티넨탈 리소시스의 본사 로비 벽에 "좋은 일은 미국 석유에서 나온다"란 문구를 액자에 넣어서 걸어 두었다. 이 문구는 '모든 미국인에게 이로운, 비범하고 믿기 어렵지만 판도를 뒤집어 삶을 개선하는 일은 미국산 석유에서 나온다'로 이해하면 된다.

미국에서 석유와 천연가스 생산량이 급증하면서 생긴 좋은 점 몇 가지를 살펴보자. 미국은 지구상에서 최대 에너지 생산국이 됐다. 사우디아라비아와 러시아를 석유와 천연가스 생산에서 앞질렀고 2019년에는 일일 생산량이 각각 1,300만 배럴, 980억 세제곱피트에 달했다. 코로나19 팬데믹 위기를 이겨 내고 2년간 바이든 행정부를 겪으면서 이 글을 쓰는 시점 기준으로 현재 매일 1,010억 세제곱 피트의 천연가스와 1,400만 배럴의 석유를 생산하고 있다. 바이든 대통령이 연방 소유 토지 임대 금지법을 철회한다면 2019년에 설정된 1,300만 배럴이란 한계점을 초과해서 훨씬 더 많은 석유를 생산하고 또다시 에너지 독립을 이룰 수 있다. 나는 지금부터 이 부분을 아주 자세하게 설명하고자 한다.

2019년 미국은 석유 순 수출국이 됐다. 다시 말해 미국은 에너지 독립을 이루었고 넉넉한 석유와 천연가스를 해외의 동맹국에 수출할 수 있었다. 러시아의 푸틴이 자국의 천연가스를 군사 무기화하자 미국은 현재 하루에 110억 세제곱피트가 넘는 천연가스를 전 세계 동맹국에게 수출하고 있다. 더 많은 미국의 에너지를 유럽과 아시아의 동맹국에게 판매하는 것이 유럽의 에너지 시장을 지배하려는 러시아의 계획을 저해하는 가장 효과적인 전술이다. 그리고 미국 경제를 부흥시키는 최고의 방법이다. 에너지를 수입하는 데 돈을 쓰지 않으니 우리의 돈은 불량 정권과 독재자의 불순한 의도를 실천하는 데 쓰이지 않고 미국 안에서 투자된다.

에너지를 생산하는 주들은 석유와 천연가스 생산으로 발생하는 세수 덕분에 큰 재정 흑자를 보기 시작했다. 세수는 교육 시스템 개선에 쓰이고 에너지산업뿐만 아니라 건설, 물류, 유통산업에서 일자리를 창출했다.

전기를 발전하기 위해서 사용하는 연료로 석탄 대신 깨끗하게 연소하는 천연가스를 사용한 덕분에 이산화탄소 배출량이 급격하게 하

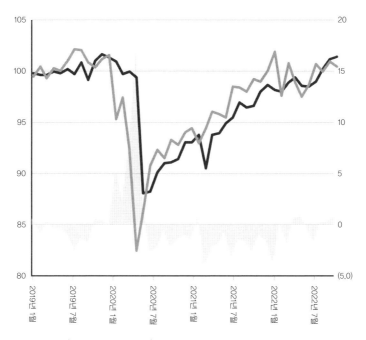

그림 세계 석유 공급량, 수요량 그리고 불균형   (단위: 100만 배럴/일)

불균형(단위: 100만 배럴/일)

⏤ 세계 석유 생산량(단위: 100만 배럴/일)

⏤ 세계 석유 소비량(단위: 100만 배럴/일)

출처: "3a. 국제 석유와 기타 액체연료 생산량, 소비량, 그리고 재고량", 미국 에너지 정보청,
2022년 12월 21일

석유에 대한 세계의 갈증은 코로나19 팬데믹 때문에 일시적으로 중단되어
보였을 뿐이다. 세계는 곧장 에너지 수요를 회복했고 에너지 수요는 증가하고 있다.

그림 미국 에너지 순 수입량 (단위: 1,000조 BTU/월)

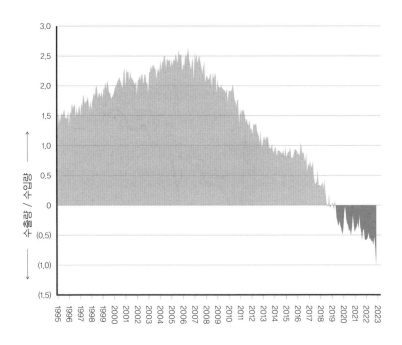

■ 수입량
■ 수출량

출처: "미국 에너지 정보청의 단기 에너지 전망", 블룸버그, 2023년 5월 3일

총 영국열량단위(British Thermal Unit; BTU)를 기준으로 우리가 지금 해외로
수출하는 액화천연가스 양을 감안하면 미국은 사실상 에너지 순 수출국이다.
2021년 이후 바이든 행정부가 연방 토지 임대와 사용 허가를 제한하면서 미국의
에너지 순수출국 지위를 유지하기 어려워졌다. 어쨌든 수평 시추법이 없다면
미국은 에너지 순 수출국이 될 수 없었을 것이다.

락해서 1990년 수준으로 되돌아갔다. 결과적으로 오늘날 미국인들은 산업화된 세상에서 가장 깨끗한 공기를 들이마시고 있다.

그리고 미국은 세계 지위를 공고하게 세웠다. 중동 국가들은 베네수엘라와 러시아처럼 에너지를 무기화할 것이다. 하지만 미국은 그들의 에너지가 더 이상 필요 없다. 미국이 석유를 생산할 때마다 석유 수입량이 줄어든다. 미국은 석유와 천연가스를 얻기 위해서 더 이상 독재자들에게 머리를 숙일 필요가 없고 러시아의 군자금으로 사용될 러시아의 석유 판매 수익을 줄일 수 있다.

미국 경제가 부흥하면서 미국의 연 소득이 6,000달러 더 많아졌다. 미국의 일반 가정은 휘발유, 난방비, 전기 요금에 쓸 돈이 줄어들어 저축을 더 많이 할 수 있게 됐다. 에너지가 풍부한 시대는 미국에 경제적으로 아주 긍정적인 결과를 가져왔다. 미국은 석유 생산을 유례없을 정도로 빠르게 증가시켰다. 예를 들어 미국은 1995년에는 하루에 대략 600만 배럴의 석유를 생산했지만 2019년에는 하루에 1,300만 배럴의 석유를 생산했다. 미국은 이 세상에서 그 어느 나라보다 많은 석유와 천연가스를 생산한다. 에너지 순 수입국이었던 미국은 에너지 순 수출국이 됐다.

2023년 서부 텍사스산 미들랜드유가 추가되면서 미국산 석유는 처음으로 세계 표준으로 인정받았다. 전 세계에서 이루어지는 석유 거래의 75퍼센트 이상의 거래가를 결정하는 브렌트 유가油價 산출 공식에 미국산 석유가 포함될 것이다. 말 그대로 석유 수출 금지법을 철회한 것이 미국산 석유를 전 세계적으로 거래되는 원자재로 만들었다.

미국의 일자리

미국의 석유와 천연가스 산업은 미국에서 창출된 1,000만 개 이상의 일자리와 직접적인 연관이 있다. 민주당은 이 수치를 대폭 깎아내리고 싶은 것 같다. 석유와 천연가스 업계는 미국 GDP의 7퍼센트를 창출했으며 오클라호마주에서는 GDP의 30퍼센트 이상에 기여했다.

미국의 에너지 르네상스가 일어나지 않은 세상을 상상해 보자. 미국은 탄화수소 에너지를 생산하는 국가에 미래를 담보 잡힐 것이다. 경제성장을 이끌 저렴하고 풍부한 연료를 확보하지 못해서 제조업은 완전히 미국에서 다른 나라로 도망칠 것이고, 교통비는 하늘 높은 줄 모르고 치솟을 것이다. 작은 사업체를 운영하는 데 소요되는 비용은 급격하게 증가하고, 일자리와 건전한 경쟁이 사라질 것이다. 세금이 에너지 생산과 사용에 대한 추가 부담금 부족액을 채우기 위해서 인상될 것이다.

하지만 기적이 일어났다! 미국은 정말로 풍요의 시대를 열었고 오늘도 여전히 대단한 회복력을 유지하고 있다. 지금 생각해 보면 정치적으로 전기차 사용을 독려해 전기차에 들어가는 주요 광물의 80퍼센트 이상을 중국에서 수입해야 하는 작금의 상황에서, 미국이 석유와 천연가스 덕분에 에너지 독립을 이루었다는 것이 아이러니하다. 누군가는 이것이 정말 아이러니한 상황일 뿐인 건지, 의도적인 것인지를 궁금해할지도 모르겠다.

Chapter 9

극단적
변동성의
삼중고

원유 시장에는 변동성의 역사가 존재한다. 시장 변동에 익숙한 나처럼 독자적인 석유 생산자도 요즘처럼 극단적인 변동성은 경험한 적도, 본 적도 없다. 우리는 작금의 상황을 극단적 변동성의 삼중고라고 부른다.

첫 번째 극단적 변동성은 2020년 초 사우디아라비아와 러시아 OPEC+ 결전으로 나타났다. 이 사건은 두 나라가 시장점유율을 두고 경쟁하는 결과를 낳았다. 사우디아라비아와 러시아가 원유 생산량을 일일 100만 배럴 이상으로 올리자 유가는 거의 배럴당 10달러로 하락했고 전체 원유 시장에 하방 압력을 가했다.

이러한 시장 조작이 한창인 와중에 두 번째 극단적 변동성이 나타났다. 코로나19 팬데믹이 걷잡을 수 없이 전 세계로 확산되기 시작했다. 2020년 3월 우리가 채 인지하기도 전에 코로나19 팬데믹으로 여행, 기업 활동, 에너지 소비와 수요에 제동이 걸렸다. 거의 즉각적으로 심각한 석유 초과 공급이 발생했다. 콘티넨탈 리소시스는 최대한 재빠르게 상황에 대처하려고 유가가 수요와 함께 하락함에 따라 생산과 시추를 줄였다. 너무나 불확실한 시기였다. 모든 유형의 많은 기업체가 문을 닫았다. 인력을 축소하는 곳도 있었다. 석유와 천연가스 산업에서는 확연히 탐사가 줄어들었다. 2020년 4월 20일 유가는 최초로 마이너스가 됐고 종국에는 마이너스 37.63달러를 기록했다.

2021년이 시작되면서 코로나19 팬데믹이 잦아들고 OPEC+가 다시 한 번 유가 결정 독점 기구라는 제 역할을 하면서 기업 활동이 되살아났다. 세계경제가 활동을 재개하고 세계무역이 재건되면서 수요가 오르기 시작했다. 하지만 조 바이든이 미국 대통령이 되면서 세 번째 극단적 변동성이 석유와 천연가스 업계를 덮쳤다. 앞선 두 가지의 극단적 변동성은 유가에 부정적인 영향을 미치는 데 그쳤지만 세 번째 극단적 변동성은 미국 경제를 희생시키고 원자재 가격의 상승을 초래했다. 바이든 대통령이 징벌적 성격의 행정명령을 내리면서 석유 공급을 높이는 일에 제한이 가해졌다. 바이든 대통령은 취임하자마자 약속했던 대로 미국의 석유와 천연가스 업계를 제거하기 위한 수순을 밟아 나갔다.

바이든 행정부는 미국의 석유와 천연가스 업계에 날을 세우고 규제하고 정책적으로 압박했다. 시장이 공급 부족으로 이어지는 저투자 시대가 새롭게 올 것이란 낌새에, 휘발유와 경유 가격이 즉시 오르기 시작했다. 바이든 대통령의 첫 번째 행정명령은 연방 토지에 대한 광권 승인과 시추 허가를 금지하는 것이었다. 2022년 여름 휘발유와 경유 가격은 두 배로 뛰었고 전기 요금도 상승했다.

2021년 1월 조 바이든이 대통령으로 취임한 주에 전미 평균 휘발유 가격은 갤런당 2.30달러였다. 2022년 2월 러시아가 우크라이나를 침공하기 전에 바이든 행정부의 발언과 달리 평균 휘발유 가격은 이미 갤런당 3.61달러를 형성하고 있었다. 2022년 6월 역사상 처음으로 전미 평균 휘발유 가격은 갤런당 5달러를 넘어섰다.

바이든 행정부의 실패한 에너지 정책은 세 번째 극단적 변동성을 불러왔고 교통비에 소위 '바이든 프리미엄'이 붙었다. 이 와중에 1970년대 카터 행정부 이후로 경험한 적 없었던 역대급 인플레이션이 발생했다. 두 행정부가 이끄는 시대는 평행 우주처럼 닮았다.

설상가상으로 세계가 전혀 예상하지 못한 일이 발생했다. 러시아가 우크라이나를 침공한 것이다. 그 결과 전 세계는 빠르게 석유 부족 상태에 빠졌다. 불과 18개월 만에 미국은 석유 과잉 공급에서 석유 부족을 경험하게 됐다. 세계는 에너지 전환을 성급하게 시도한 탓에 취약할 대로 취약한 상태였다. 이런 상황에서 한 나라가 에너지를 무기로 사용하자 전 세계가 위태로워졌다. 우리는 이런 상황이 발생할 수도 있다고 내내 예측했다.

평행 우주 ─

연료사용법과 같은 정책 결정의 이면에는 어떤 사고방식이 항상 존재한다. 그런 사고방식은 논리에 근거하지 않고 거의 일방적인 선입견을 가지고 특정 대상을 처벌하려는 특징이 있다. 워싱턴 정계는 항상 정치권력을 휘두를 방법을 찾고 있다. 그런데 워싱턴 정계는 석유와 천연가스 산업에 대해 편견을 가지고 있다. 이 산업에 종사하는 사람들은 대체로 보수주의자라는 인식 때문이다. 그래서 기성세력은 대체로 석유와 천연가스 업계를 좋아하지 않는다. 그리고 확실히 나쁜 결정을 내리기 전에 우리와 대화를 나누지 않는다. 지미 카터가 1977년 나와 대화를 나누었다면 그는 미국을 22세기를 선도할 나라로 성장시키기에 충분한 석유와 천연가스가 미국에 존재한다는 사실을 알았을 것이다. 나와 다른 에너지 업계 종사자들은 1977년 워싱턴에서 있었던 에너지 협의회에서 이 점을 강조하는 프레젠테이션을 했다.

에너지와의 전쟁에서 연료사용법은 승자와 패자를 고르는 미국 행정부의 시도를 보여주는 가장 지독한 초기 사례다. 이는 결과적으로 미국 소비자들에게 불리한 정책 결정으로 이어졌다. 2022년 5월 바이든 대통령이 도입한 정책과 똑 닮았다. 지미 카터는 아마도 그를 표절로 고소할지도 모르겠다. 바이든 대통령은 "상황은 이렇다. 휘발유 가격에 관해서 우리는 믿을 수 없는 변화를 겪고 있다. 지금 일어나는 변화가 무사히 끝나면 미국은 더 강력해지고 화석연료에 대한 의존도가 줄어든 전 세계도 더 강력해질 것이다"라고 선언했다. 2023년 외골수로 집중해서 실패한 청정에너지 정책이 다시 인류가 화석연료, 즉 석탄을 역대 최고치로 사용하도록 만들었다. 로널드 레이건 대통령이 말했듯이 "또 시작이다".

한편에서는 석유와 천연가스 산업을 잘해야 퇴물로 보고, 최악의 경우에는 인간 실존에 대한 위협으로 본다. 하지만 탄화수소는 우리가 현대사회에서 살게 된 이유다. 수십 억 명을 가난에서 벗어나게 했고 앞선 1만 년보다 지난 100년 동안 인류가 더 빠르게 진보한 원동력이다. 석유와 천연가스는 문명을 변혁시켰고 에너지를 저렴하고 안정적으로 인류에게 공급했다.

우리의 존경하는 기후 특사 존 케리John Kerry는 전용기를 타고 전 세계를 누비며 금융기관에 미국의 석유와 천연가스 회사에 투자를 줄이라고 압력을 가하고 있다. 그는 그들이 미국의 석유와 천연가스 회사에 대한 재정 지원을 줄이거나 중단하겠다는 합의인 소위 '탄소 중립 은행 연합Net Zero Banking Alliance'에 동참하기를 바란다. 행정명령, 규제 기구, 법, 규제로 충분하지 않으면 미덕 과시라는 가면을 쓴 구닥다리 강압 전략이 완벽한 다음 계책이다.

자금줄을 막는 것은 미국 에너지산업의 두 다리를 묶는 것과 같다. 극단적으로 간다면 가장 효과적인 방법일지도 모른다. 간단히 이야기하자면 미국에서는 은행과 금융기관이 연방 정부의 인가로 설립되거나 규제를 받기 때문에 연방 정부가 발행한 금융 문서로 수십 억 달러를 벌어들이고 있다. 그러니 연방 정부에 협조하라는 압박은 그들에게 무시할 수 없는 어마어마한 압력이다.

나의 입장에서는 미국에서 에너지를 탐사하는 것은 문제가 아니고 해결책이다. 미국의 석유와 천연가스 사업은 수백만 개의 일자리를 만들어 내고 수천 억 달러의 세금을 내고 대의를 위한 약물 개발, 연구, 학교, 예술에 많은 돈을 기부한다. 그리고 우리는 미국 경제가 돌아가게 만든다. 게다가 우리는 꾸준히 탄소 발자국을 줄이기 위한 혁신에 힘쓴다.

소비자와의 전쟁 ▬

내가 이 책을 쓸 무렵, 미국 교통부 장관이 "미국에서 생산되는 청정에너지에 기반을 둔 에너지 독립을 이룰 때까지" 미국인은 높은 휘발유 가격을 인내해야 한다고 선언했다. 2021년 제니퍼 그랜홈Jennifer Granholm 에너지부 장관은 전기차를 타고 다닌다면 높은 연료비가 미국인에게 '영향을 미치지' 않을 것이라고 말했다.

일부 정부 관계자는 여전히 미국의 석유와 천연가스 업계와 일종의 전쟁을 벌이고 있다. 그들은 석유와 천연가스 업계에 너무나 적대적이어서 대서양 연안의 공장들이 석탄이나 연료유를 그만 태우고 천연가스를 사용하도록 도울 천연가스 파이프라인 건설을 막고있다. 천연가스 운송의 핵심 인프라인 마운틴 밸리 파이프라인은 90퍼센트 정도 건축된 상태로 수년 동안 방치되었다. (이 파이프라인은 2023년 6월 미국 국회의 극적 합의로 공사가 재개되어 2024년 6월 드디어 그 가동이 개시되었다.-역주)

많은 앞선 행정부처럼 바이든 행정부는 미국의 에너지 시스템을 자신들의 정치적 의제에 맞게 고치려고 시도한다. 지난 카터 행정부는 환경 영향 평가 보고서Environmental Impact Statement; EIS의 경고에도 아랑곳하지 않고 깨끗하게 연소하는 천연가스의 사용을 금지하고 하늘을 시커멓게 만들 정도로 많은 양의 석탄을 태울 것을 조장하는 정책을 펼쳤다. 이제 바이든 대통령이 거의 똑같은 행동을 하고 있다. 그 결과 휘발유와 경유 가격은 두 배로 뛰고 인플레이션은 40년 전 카터 행정부 당시의 최고치로 치솟았다. 이런 상황에서 바이든 대통령은 자신의 의제를 더 강하게 밀어붙이고 있다! 클린턴 대통령은 "구멍에 빠지면, 그만 파라"고 말한 것으로 안다. 바이든 대통령은 아직 이것을 배우지 못한 것 같다.

나는 내가 하는 일에 대한 확신이 있다. 석유와 천연가스 산업을 대변하는 입장에서 마지막으로 한마디 한다. 우리 업계는 수십 년 동안 우리 사회를 더 살기 좋은 곳을 바꾸었고 앞으로도 멈추지 않을 것이다.

바이든 행정부가 들어선 이후 미국의 석유와 천연가스 생산 현황

코로나19 팬데믹에도 맞서 싸워야 했지만 미국의 석유와 천연가스 산업은 바이든 행정부 때문에도 더 복잡해졌다. 바이든 대통령은 화석연료 사용을 끝내겠다고 선언했다. 우리 업계는 역사상 유례없는 세계적인 팬데믹에서 벗어나려고 최선을 다하고 있었다. 그런데 바이든 대통령은 내가 살면서 보았던 정책 중에서 징벌적 성격이 가장 강한 행정명령을 이행했다. 연방 정부 소유 토지에서 석유를 생산할 기회를 거의 박탈해 버린 것이다. 연방 소유 토지는 미국인이 주인이고 미국 국토의 28퍼센트를 차지하며 미국 생산력의 1/3을 차지한다.

2022년 말 세계 수요가 회복되기 시작했다. 미국의 석유와 천연가스 생산은 증가하고 있었지만 바이든 행정부가 징벌적 규제가 도입된 인허가 제도를 마련하면서 회복세가 느려졌다. 증가하는 에너지 수요를 충족시키려면 에너지 생산을 증가시켜야 한다. 아니면 유가가 거의 배럴당 120달러까지 오르고 천연가스 가격이 mcf당 10달러에 이르렀던 2022년 여름처럼 에너지 가격이 영향을 받을 것이다. 미국의 석유와 천연가스 생산을 줄이겠다는 바이든 행정부의 잘못된 전략은 역효과를 냈고 미국의 에너지 생산은 바이든 행정부가 들어서면서 곧장 곤두박질쳤다. 바이든 대통령은 완전히 정치적 행보로 보이는, 전략비축유에서 석유를 방출하기 시작했다. 규제 완화가 안 된다면 우리는 오늘날 에너지 가격이 요동치는 상황에 익숙해져야 한다.

다음은 조 바이든과 그의 행정부가 대선 후보 시절부터 이 책을 쓸 무렵까지 했던 발언에서 핵심만을 요약한 것이다.

- 2019. 7. 31. 바이든 행정부가 내놓을 정책에서 화석연료가 설자리가 있느냐는 질문에 바이든 대선 후보는 "없다. … 화석연료는 없어질 것이고 모든 화석연료에 … 보조금은 더 이상 지급되지 않을 것이다"라고 대답했다.

- 2019. 12. 29. 바이든 대선 후보는 "화석연료에 대한 모든 보조금을 철폐한다. … 업계가 지금까지 한 행동에 대한 책임을 지게 하겠다"라고 말했다.
- 2020. 1. 25. 새로운 파이프라인 건설을 중단하겠냐는 질문에 바이든 대선 후보는 "물론이다"라고 대답했다.
- 2020. 2. 5. 바이든 대선 후보는 "화석연료를 없앨 것이다"라고 말했다.
- 2020. 3. 15. 바이든 대선 후보는 "연방 토지에서 시추를 금한다. 연안 시추도 금한다. 석유 업계는 미국에서 시추를 더 이상 못하게 될 것이다"라고 말했다.
- 2020. 10. 22. 바이든 대선 후보는 "시간을 들여서 서서히 재생에너지로 대체되어야 한다. 나는 석유 업계에 대한 지원을 중단한다. 나는 미국 석유 업계에 대한 연방 보조금 지급을 중단한다"고 말했다.
- 2020. 10. 22. 바이든 대선 후보는 "연방 토지에서 수압 파쇄나 석유 시추를 금한다"고 말했다.
- 2021. 1. 20. 취임식에서 바이든 대통령 당선인은 키스톤 XL 파이프라인 건설에 대한 승인을 철회했다.
- 2021. 1. 27. 바이든 대통령은 연방 토지와 영해의 석유와 천연가스 광권에 대하여 모라토리엄(일시 정지)을 선언했다.
- 2021. 2. 26. 바이든 대통령은 화석연료를 엄격하게 규제하는 것을 정당화하고자 탄소의 사회비용을 부풀렸다.

- 2021. 3. 2. 민주당은 연방 토지에서 석유와 천연가스 생산에 소요되는 비용을 높이는 법안을 도입했다.

- 2021. 3. 19. 민주당은 미국의 에너지 회사가 석유와 천연가스를 생산하는 데 천문학적인 비용이 들도록 만드는 법안을 도입했다.

- 2021. 4. 1. 민주당은 석유, 천연가스, 각종 부산품에 국가 에너지세를 부과할 것을 제안했다.

- 2021. 5. 28. 바이든 대통령은 에너지 회사가 부담하는 세금을 350억 달러까지 인상하는 예산을 제안했다.

- 2021. 8. 11. 바이든 대통령은 국내 에너지 업체가 아니라 OPEC+의 외국 석유와 천연가스 회사에게 에너지 가격 상승을 해결하기 위해서 공급을 증가시킬 것을 요청했다.

- 2021. 10. 28. 바이든 대통령과 민주당 의원들은 본질적으로 석유와 천연가스 생산에 세금을 부과하는 것과 다름없는 메탄 수수료를 제안했다.

- 2021. 11. 17. 바이든 대통령은 리나 칸Lina Khan 연방거래위원회 위원장에게 석유와 천연가스 회사에 대한 조사를 촉구하는 서한을 보냈다.

- 2022. 2. 17. 바이든 대통령의 FERC 위원장은 변화를 밀어붙였고 파이프라인을 새로 만들거나 업그레이드하는 것을 거의 불가능하게 만들었다.

- 2022. 3. 11. 에너지 회사에 에너지 생산을 늘리라고 촉구하

는 바이든 대통령의 메모를 읽지 못한 것 같은 민주당은 더 많은 석유를 생산할 인센티브를 모두 없애고 미국 에너지 업계에 엄청난 세금을 부과하는 법안을 도입했다.

- 2022. 3. 21. 바이든 행정부의 증권거래위원회는 탄소 에너지에 대한 투자를 다른 데로 돌리기 위해 규칙 변경을 제안했다.
- 2022. 3. 28. 에너지 위기가 한창인 와중에 바이든 대통령은 다시 한 번 미국의 석유와 천연가스 회사에 부과하는 세금을 인상할 것을 제안했고 인상액이 거의 450억 달러에 육박했다.
- 2022. 3. 30. FDIC 위원장은 탄소를 배출하는 에너지자원은 금융 업계의 안전에 위험을 초래한다고 주장했다.
- 2022. 10. 사우디아라비아 정부는 생산을 줄이겠다는 선언에 이어서 다음 성명을 내놓았다. "사우디아라비아 정부는 미국 행정부와의 지속적인 협의를 통해 모든 경제 분석에 따라서 제안했던 대로 OPEC+가 의사 결정을 한 달 동안 지체하면 경제적으로 부정적인 결과가 초래될 것임을 분명히 하는 바다."

바이든의 석유와의 전쟁   —

2022년 5월 소비자물가가 8.6퍼센트 상승하며 40년 만에 최고치를 기록했다. 식료품 가격은 10.1퍼센트, 에너지 가격은 34.6퍼센트 인상됐다. 미국이 자초한 인플레이션이 걷잡을 수 없는 지경에 이르렀다. 미국의 에너지산업은 준비가 되어 있었다. 단지 미국 행정부가 우리에게 도움을 청하고 우리를 시장에서 퇴출하려는 시도를 멈추기만 하면 됐다.

휘발유 가격이 천정부지로 치솟으며 역대 최고치를 기록했다. 내가 예측했던 갤런당 6달러를 뛰어넘었다. 바이든 대통령이 전략비축유를 방출하면서 휘발유 가격이 일시적으로 하락했지만 경유 가격을 의미 있는 수준으로 하락시키는 데 실패했다. 경유 가격은 바이든 행정부가 징벌적 에너지 정책을 펼치고 있다는 것을 가장 분명하게 보여주는 지표다. 바이든 행정부가 방출한 전략비축유는 경유를 생산하는 데 부적합한, 중간 유분의 양이 아주 제한적인 황 성분을 다량으로 함유한 중질유다. 경유 가격은 트럭과 기차 운송비에 영향을 미치는 주요 요인이다. 미국에서 생산된 경질유를 더 많이 시장에 공급해서 미국인들이 숨을 돌릴 수 있게 해야 한다. 그런데 이를 방해하고 있다. 바이든 대통령은 미국 소비자들이 희생하더라도 석유와 천연가스 공급량을 제한하여 미국에 석유와 천연가스 산업이 발을 못붙이게 하겠다는 생각을 바꾸려고 하지 않는다.

더 이상 연방 토지에 대하여 광권과 시추 허가를 내주지 않으면서 미국의 안보는 위험에 처했다. 미국이 외국산 석유와 천연가스에 더 의존하도록 만들 합당한 이유가 없음에도 불구하고 말이다. 외국산 석유와 천연가스에 대한 의존도가 높아지면 정책 결정에 제약이 발생하고 석유와 천연가스를 생산하는 외국 세력에 마지못해 국가 안보를 이양하고 미국에 해를 가하게 될 세력의 배를 부르게 한다. 바이든 행정부는 미국의 에너지 문제를 해결하고자 사우디아라비아, 베네수엘라, 심지어 이란에게 도움을 청했다. 왜 이토록 어리석은 것일까? 미국인들과 석유와 천연가스를 절실히 필요로 하는 동맹국이 쓰고도 남을 만큼 풍부한 석유와 천연가스가 미국에 매장되어 있다. 그런데 미국 행정부는 불량 정권에 권력을 양도하면서까지 에너지자원의 개발을 금지했다. 나는 작금의 상황이 너무 답답하다. 그들은 결국 탄화수소를 더 이상 사용하지 않겠다는 목표 근처에는 가지도 못하면서 미국의 에너지 안보와 경제 안보를 저당 잡힌 것이다. 최근에 일어났던 일을 살펴보면 내가 무슨 말을 하는지 알 수 있다.

현대인의 삶은 안정적으로 공급되는 저렴하고 풍부한 에너지에 입각한다. 왜 정치인들과 전문가들은 전 세계적으로 에너지가 부족하다는 말을 꾸며 내 불안감을 조장할까? 에너지 가격은 세계 곳곳에서 증가하고 있다. 바이든 대통령이 전략비축유 1억 8,000만 배럴을 방출한 것은 자신의 지지도를 높이고 의회에서 다수 의석을 유지하기 위한 임시방편에 불과하다. 그의 지지도는 그의 잘못된 에너지 정책 때문에 곤두박질쳤다. 전략비축유를 방출한다고 해서 장기적인 수요, 공급의 기본 원칙이 바뀌지 않는다. 이 결정으로 전략비축유의 양은 대략 절반으로 줄어 진짜 비상사태가 발생하면 국가 안보가 훨씬 더 위태로워진다. 그런데 미국의 석유 분지에는 세계 최대의 석유와 천연가스가 매장되어 있다. 이 자원을 개발해서 에너지로 사용한다면 그 경제적 가치는 50조 달러에 달할 것이다. 그러니 미국에 에너지 부족은 없다. 미국은 에너지 초강대국이다. 미국의 에너지 정책을 고칠 방법이 우리 모두에게 시급히 필요하다.

나는 2022년 3월 〈월스트리트저널〉에 논평을 실었다. 미국의 에너지 독립을 재건할 단순한 행동 세 가지를 전제로 글을 썼다.

- 첫째, 미국에 존재하는 모든 에너지자원을 사용한다는 내용의 정책을 공식적으로 만든다. 이 정책을 도입하는 목적은 미국에 석유와 천연가스를 더 많이 공급하는 것이다. 이렇게 하면 미국의 석유와 천연가스 회사들은 확신이 생겨서 시장에 새로운 자본을 투자하고 석유와 천연가스를 더 많이 공급하여 세계 에너지 수요를 충족시킬 수 있다.
- 둘째, 연방 토지를 에너지 개발 업체에 개방한다. 공유지는 개발 대상이고 150년이 넘는 긴 시간 동안 미국의 에너지 안보에 이바지했다.
- 셋째, 석유와 천연가스, 이산화탄소를 안전하게 수송할 파이프라인 등 중요한 에너지 인프라를 지원한다. 마운틴 밸리 파이프라인과 같은 에너지 인프라 건설 프로젝트가 에너지 이용 가능성을 높이고 동맹국에 에너지를 수출할 능력을 개선한다. 우리가 수출하는 에너지는 동맹국이 석탄에서 깨끗하게 연소하는 천연가스로 전환하도록 유도하는 비용 절감 인센티브가 될 것이다.

2021년 바이든 대통령이 취임한 이후로 미국의 석유와 천연가스 업계는 행정부를 만나서 에너지 정책과 관련하여 줄 수 있는 도움에 대한 통찰과 전문성을 제공하고자 온갖 노력을 했다. 하지만 의견은 묵살됐고 슬프게도 국익을 해치는 에너지 정책이 계속되고 있다.

2022년 2월 푸틴이 우크라이나를 침공하기 오래전부터 석유 공급이 줄어들고 석유 가격이 오르기 시작했다. 2021년 말 석유 가격은 이미 배럴당 80달러를 웃돌았다. 러시아가 우크라이나를 침공하기 직전 석유 가격은 배럴당 96달러로 올랐다. 러시아가 우크라이나를 침공하며 석유와 천연가스를 정치 무기로 사용했다. 바이든 대통령은 천연가스를 러시아에서 독일로 곧장 운송할 노르트스트림 파이프라인에 대한 제재를 철회했고 이로써 푸틴은 지정학적 우위를 차지했다. 러시아의 우크라이나 침공으로 석유 가격은 천정부지로 치솟아서 배럴당 120달러에 육박했다.

스스로 자초한 경제적 고통

2022년 4월 미국의 많은 석유 회사 대표들이 의회 위원회에 우르르 불려 가 중간 선거에서 희생양으로 희생된 자신들의 산업을 옹호했다. 나는 의회 위원회에 가진 않았지만 기회가 된다면 하고 싶은 말이 있다. 현재의 에너지 위기는 당신들이 자초한 것이다!

미국은 매장량이 세계 최대인 석유와 천연가스를 포함해 엄청난 양의 천연자원을 지닌 복된 나라다. 수평 시추법을 중심으로 엄청난 기술 발전과 혁신이 이루어진 덕분에 수십 년간 적대적인 정책이 계속 되었어도 결국 미국은 에너지 강대국이 됐다. 우리는 비밀 암호를 해독해서 수백 억 배럴의 석유와 천연가스를 생산하여 시장에 공급했다.

가장 중요한 것은 그것이 미국에서 생산된 석유와 천연가스라는 점이다.

2022년 6월 30일, 브라이언 디스Brian Deese 백악관 국가경제위원회 위원장은 러시아의 우크라이나 침공으로 인해 국내 휘발유 가격이 급등한 것이라는 의견에 대한 질문을 받았다. '시간이 얼마나 걸리든' 소비자들이 주유소에서 휘발유를 넣을 때 웃돈을 줘야 할 거라는 바이든 대통령의 발언을 언급하면서 브라이언 디스는 "오늘 대통령이 한 말은 현재 상황에 무엇이 걸려 있는지를 전달했다. 자유세계 질서의 미래가 걸려 있으니 우리는 흔들려서는 안 된다"라고 말했다. 그런데 그의 말을 나름대로 해석하면 '우리는 미국 소비자는 안중에 없이 세계를 변화시키는 임무만 수행하고 있다'라고 하는 것 같다.

미심쩍은 정책에 관해서 토를 다는 것은 전문가들만이 아니다. 2022년 7월 2일 바이든 대통령은 "주유소를 운영하고 휘발유 가격을 결정하는 회사들에게 내가 보내는 메시지는 간단하다. 지금은 전쟁 중이고 세계는 위태롭다. 당신들이 휘발유를 수급할 때 쓰는 비용을 반영해서 주유소에서 부과하는 휘발유 가격을 낮추어라. 지금 당장 휘발유 가격을 인하해라"라고 트위터에 메시지를 올렸다.

이것은 너무 도가 지나친 행동이고 심지어 제프 베이조스는 "어이쿠, 이런 메시지를 트위터에 올릴 정도로 인플레이션이 백악관에 엄청나게 중요한 문제인가 보다. 이것은 백악관이 완전히 잘못된 방향으로 가고 있다거나 기본적인 시장의 역학 관계를 전혀 이해하지 못하고 있다는 반증이다"라는 메시지를 트위터에 올렸다.

내가 별일도 아닌 데 야단법석을 떤다고 생각하나? 다음은 2022년 6월 15일 제니퍼 그랜홈 에너지부 장관이 한 말이다.

> 오늘 우리가 하고자 하는 말은 '석유' 공급을 증가시킬 필요가 있다는 것이다. … 물론 5년이나 10년 뒤에, 사실상 즉시, 청정에너지로 빠르게 나아가고 있을 것이다. 푸틴처럼 석유를 무기화하는 독재자나 화석연료의 변동성에 쩔쩔매지 않도록 말이다. … 정말로 청정에너지로 전환하고 싶지만 지금 당장 석유 공급을 늘릴 필요도 있다.

무슨 소리인지 이해가 가나? 나 역시 무슨 말인지 이해가 안 가지만 나름대로 그녀의 말을 해석해 보았다.

"우리는 수년이 걸리는 수십 억 달러 규모의 신규 프로젝트에 에너지 업계가 서둘러 투자하길 원한다. 하지만 우리는 어느 토지가 탐사 불가능한지는 알려주지 않을 것이다. 어쨌든 올해 선거가 있으므로 더 많은 석유와 천연가스를 생산하기 위해 행정 조치를 위협하며 부당이득을 취하려 하는 그들을 규탄한다. 그리고 우리는 석유의 종말을 모의하고 있지만 당장은 석유 수입을 늘리고 이를 위해서 베네수엘라와 사우디아라비아와 친구가 될 것이다."

여전히 무슨 말인지 이해가 안 된다.

재닛 옐런과의 가상 대화

2022년 6월 19일 재닛 옐런Janet Yellen 재무부 장관이 한 말이다.

글쎄, 나는 '바이든 대통령의' 정책 때문에 지금 이런 일들이 석유 시장에서 벌어지고 있다고 생각하지 않는다. … 사실 휘발유와 연료 소비는 코로나19 팬데믹 이전보다 더 낮고 생산이 줄어들었다. 미국의 정유 능력이 하락했고 석유 생산이 줄어들었다. 석유와 천연가스 업계가 강한 경제 회복세를 인식하지 못했고 회복하는 경제의 에너지 수요를 충족시킬 준비가 되지 않았다고 생각한다. 에너지 가격이 상승하면 장기적으로 공급이 증가할 것이다. …

그리고 중기적으로 에너지 비용이 합리적인 수준에 이르게 하는 방법은 신재생에너지로 전환하여 기후변화에 대처하는 것이다. 중기적으로 말이다. 이것이 지정학적 움직임에 영향을 받아서 요동치는 석유 가격으로부터 우리가 자유로워지는 방법이다.

나는 천성적으로 소리를 잘 지르지 않는다. 하지만 실황중계를 한다고 가정하고 재닛 옐런의 말을 한마디씩 반박해 보겠다.

옐런: 나는 '바이든 대통령의' 정책 때문에 지금 이런 일들이 석유 시장에서 벌어지고 있다고 생각하지 않는다.

나: 맙소사, 당신은 경제학자다. 코로나19 팬데믹이 한창이던 시기에 석유와 천연가스 산업이 얼마나 많은 타격을 입었는지 모르는가? 대통령은 수백만 에이커의 땅에서 석유와 천연가스를 생산하지 못하도록 했고 지금 에너지를 생산하기 더 어렵게 만들고 있다. 그의 에너지부 장관은 10년 뒤에 석유와 천연가스 회사가 미국에서 사라지길 원한다!

옐런: 사실 휘발유와 연료 소비는 코로나19 팬데믹 이전보다 더 낮고 생산이 줄어들었다.

나: 휘발유 가격이 역대 최고치라서 사람들이 소비를 줄이게 된 것이라고 생각하지 않는가? 이것은 사람들이 생필품을 포함해서 구매를 줄이게 된 이유다.

옐런: 석유 생산이 줄어들었다. 석유와 천연가스 업계가 강한 경제 회복세를 인식하지 못했고 회복하는 경제의 에너지 수요를 충족시킬 준비가 되지 않았다고 생각한다. 에너지 가격이 상승하면 장기적으로 공급이 증가할 것이다.

나: 행정부가 에너지산업과 전쟁을 이 정도까지 벌일지 몰랐

다. 특히나 인플레이션이 치솟고 경제가 둔화되는 상황에서 말이다! 높은 물가가 석유 생산의 증가로 이어지길 바라나? 아니면 우리가 석유를 더 이상 사용하지 않기를 원하나?

옐런: 에너지 비용이 합리적인 수준에 이르게 하는 방법은 신재생에너지로 전환하여 기후변화에 대처하는 것이다.

나: 전기 요금이 하늘 높은 줄 모르고 치솟고 있고 대부분 전기는 탄화수소로 만든다. 당신의 안건을 보면 재생에너지로 전환할 수만 있다면 미국 경제가 망가지고 미국인 수천만 명이 높은 에너지 가격을 부담하더라도 상관없다는 것 같다! 장관님, 당신과 바이든 행정부는 감정적으로 재생에너지로의 전환을 시도하는 동안 미국인이 경기 침체를 감내하도록 기꺼이 내버려 두었다. 나는 우리 국민에게 부정적인 영향을 미치는 망상에 반대한다. 내가 말하는 망상은 전기의 80퍼센트 이상이 탄화수소로 만들어짐에도 불구하고, 당신은 휘발유 가격이 갤런당 10달러가 되면 어떤 식으로든 우리가 태양광과 풍력으로 전환될 거라고 믿는다는 것이다.

옐런: 이것이 지정학적 움직임에 영향을 받아서 요동치는 석유 가격으로부터 우리가 자유로워지는 방법이다.

나: 당신이 모를 수도 있으니 하는 말인데, 지금의 행정부 아래에서 미국은 베네수엘라처럼 적대국이 생산하는 석유에 더 의존하게 됐다. 장관님, 죄송하지만 오클라호마주에서는 이런 종류의 말을 '황소 똥 같은 소리'라고 한다.

재닛 옐런이 이런 말을 한 것과 관련하여 가장 애석한 부분은 그 녀가 '대내외 금융, 경제, 세금 정책을 수립하여 제안하고, 경제 전반에 영향을 미치는 포괄적인 재정 정책을 수립하는 데 참여하고, 공공부채를 관리한다'는 점이다.

그리고 몇 가지 사실을 추가로 공유한다. 2009년 정부가 자초한 금융 붕괴를 제외하고 지난 20년 동안에 1인당 국민 소득과 함께 미국의 국민총생산GNP은 꾸준히 증가했다. 대부분 이 사실을 알고 놀라지는 않는다. 그런데 1인당 에너지 소비가 계속 하락하고 있다는 것은 알고 있나? 결론은 더 효율적으로 에너지를 소비하면서 미국 경제와 국민은 성장할 수 있다는 것이다.

세계 전쟁

석유와 천연가스 업계가 미국에서 일구어 낸 일과 일부 유럽에서 일어나고 있는 일을 대조해 보자. 네덜란드에서 수만 명의 농부와 그들의 지지자들이 정부의 비료 규제에 대해 대규모 시위를 벌였다. 참고로 대부분 화학비료는 천연가스로 생산한다. 네덜란드 정치인들은 유럽연합의 엘리트를 기쁘게 하고자 암모니아와 질소에서 배출되는 배기가스를 2030년까지 50퍼센트 감축시키려고 애쓰고 있다. 그래서 그들은 인공 비료의 사용을 줄일 것을 지시하고 가축 수마저 줄일 것을 요구한다.

네덜란드 정부는 의기양양하게 "솔직히 말하면 ⋯ 모든 농부가 계속 농사를 지을 수 있는 것은 아니다"라고 발표했다. 얼마나 현실 감각이 없으면 수많은 농부를 길거리로 내몰 정책에 관해서 어깨를 으쓱하며 이런 말을 하는 것일까? 이제 식량도 사치품인가?

정부가 비료 사용을 법으로 금지한다면 무슨 일이 벌어질까? 궁금해할 필요도 없다. 스리랑카를 살펴보면 그 답은 쉽게 나온다. 2021년 스리랑카 대통령은 제초제, 살충제, 비료 등 농약을 사용하는 것을 법으로 금지했다. 곧장 농업 부문이 붕괴했다. 벼 수확량이 20퍼센트 하락했고 쌀 가격이 치솟았다. 이 정책으로 많은 농부의 삶이 피폐해졌을 뿐만 아니라 이미 엄청난 재정난을 겪고 있는 스리랑카가 추가로 엄청난 부채를 떠안아야 했다. 식량을 자급자족하던 나라에서 농부의 삶은 연료 부족으로 지옥이 됐다. 혹자는 스리랑카의 농업 생산량이 50퍼센트 하락할 것으로 예측했고 이 모든 것은 정부가 농약 사용을 금지하면 어떤 결과가 초래될지 무지했기 때문이었다.

2022년 7월 농약 사용 금지법을 도입했던 스리랑카 대통령은 대규모 시위가 벌어지자 스리랑카에서 도망쳐 자신의 호화로운 성에 당도했다. 엘리트 계층이 늘 그렇듯 한때 자신의 국민이었던 스리랑카 사람들은 입에 풀칠하려고 애쓰는 데 그는 아마도 서유럽에서 잘 먹고 잘살고 있을 것이다.

전쟁이냐? 평화냐?

　미국의 중심지에서 자라며 애국심은 내 정체성에 깊이 영향을 미쳤다. 그래서 마이크 펜스 Mike Pence 부통령이 위대한 웅변가이자 19세기 초 정치인이었던 대니얼 웹스터 Daniel Webster 전 상원 의원의 명언이 적힌 사진에 직접 서명해 내게 주었을 때, 매우 의미 있었고 아주 겸허해졌다. 그것은 내가 복되게도 미국의 에너지 르네상스에 기여했던 노고에 대한 감사의 표시였다. 내가 받은 사진에 적힌 명언은 워싱턴의 미국 하원 건물 입구 위에 적혀 있기도 하다. "우리 땅에 묻힌 자원을 개발하고, 이 땅의 힘을 이끌어 내고, 이 땅에 제도를 세우고, 이 땅의 위대한 이익을 증진하며, 우리가 우리 시대와 세대에 기억될 만한 일을 할 수 있을지 지켜보자." 이것은 내가 죽을 때까지 완수해야 할 미션이다.

　미국의 기반이 되고 이 위대한 나라를 세운 사람들에게 아주 큰 의미를 지닌 원칙을 무시하기로 결심한 사람들이 있다. 나는 지질학자이자 타고난 역사학자다. 미국 정부와 그것이 수립된 이유를 떠올리려면 미국 헌법 전문으로 돌아가야 한다. 미국 헌법 전문에는 "국내 안녕을 보장하고, 공동 방위를 도모하며, 모든 국민의 복지를 증진하고, 우리와 후손들에게 자유의 축복을 보장하기 위해 이 미합중국 헌법을 제정한다"라고 적혀 있다. 우리의 건국 아버지들은 압제에서 벗어나 미국인의 권리를 보호하기 위해서 치열한 전쟁을 벌였다. 하지만 평범한 미국인들은 과연 우리 정부가 우리의 자유, 안

녕, 번영을 빼앗는 결정을 내리고 있다는 것을 알고 있을까? 우리는 속담 속 개구리처럼 끓는 물에 서서히 삶겨 죽는 게 아닐까? 최근에 가스레인지 사용이 금지되면서 집에서 음식을 준비하는 것까지 구속받게 됐다.

과연 누가 강력한 정부 기관의 정치적 공격 대상이 된 산업에 투자를 하고 싶을까? 과연 누가 미래 없는 산업에서 일하고 싶을까? 과연 누가 인류의 최대 적으로 그려지는 회사를 옹호하고 싶을까?

뉴스나 정치인의 입에서 들은 이야기만 놓고 보면 '지구를 질식시키는' 에너지 생산자와 함께 미국인은 현재의 생활 방식을 부끄러워해야 마땅하다. 그러나 자유와 혁신은 최악의 상황을 두려워하는 자들을 항상 놀라게 한다. 빅터 데이비스 핸슨Victor Davis Hanson은 최근에 "바이든 행정부의 에너지 정책하에 우리는 미국 경제를 구하기 위해서 미국 경제를 파괴해야 한다"라고 했다. 그러니 우리 자신과 도덕적, 경제적 전쟁은 그만두자.

우리가 입는 옷, 우리가 복용하는 약, 우리가 먹는 음식과 요리하는 방법, 우리가 세상을 살아가는 방법은 모두 나의 사업, 즉 석유와 천연가스 산업의 생산품과 연결되어 있다. 에너지가 비싸질수록 모든 것이 비싸진다. 그리고 가장 큰 피해를 입는 사람들은 물가 상승을 감당할 능력이 거의 없는 사람들이다. 현재는 미국의 석유와 천연가스를 대체할 에너지자원이 없다. 딴소리하는 것은 솔직하지 못한 행동이다. 역사적으로도 징벌적 정부 개입이 진보와 자유기업 체제에 방해가 된다는 것이 증명됐다.

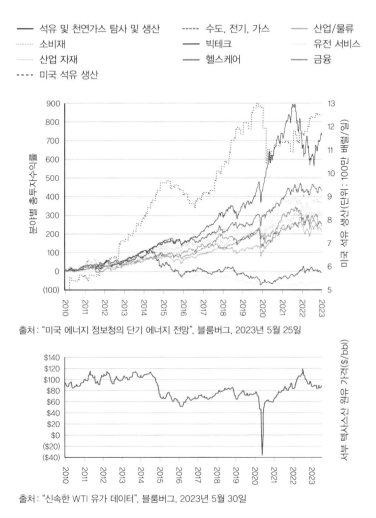

그림 미국 분야별 투자 총수익 분석

─── 석유 및 천연가스 탐사 및 생산   ---- 수도, 전기, 가스   ─── 산업/물류
.... 소비재   ─── 빅테크   ─── 유전 서비스
─── 산업 자재   ─── 헬스케어   ─── 금융
---- 미국 석유 생산

출처 : "미국 에너지 정보청의 단기 에너지 전망", 블룸버그, 2023년 5월 25일

출처 : "신속한 WTI 유가 데이터", 블룸버그, 2023년 5월 30일

나는 이 일을 하면서 석유 가격에 관한 수없이 많은 질문을 받았다. 20세기가
시작된 이후로 저렴하고 풍부한 에너지가 미국 경제성장을 뒷받침한다고 믿는다.
저렴한 에너지는 미국이 계속 번창하는 데 매우 중요하다. 우리가 진행한
연구에 따르면 지속 가능한 석유 가격은 대략 배럴당 80달러 중반이다.

미국인은 에너지 결핍 시대를 에너지 풍족 시대로 대체할 수 있다. 우리는 에너지 미래와 경제 미래를 확보할 수 있다. 미국은 생산 효율을 높여서 환경을 보호할 기술로 세계를 이끌어 갈 수 있다. 우리는 열심히 일하는 미국인에게 보다 저렴하게 에너지를 제공할 수 있다.

더 많은 석유를 달라고 독재 정권에 애원하고 그들의 배를 불릴 이유가 없다. 의회 의석 몇 개를 확보하겠다고 전략비축유의 40퍼센트를 방출하는 것은 어리석고 위험한 결정이다. 미국의 석유와 천연가스 산업에 몸담은 사람들은 골칫거리가 아니라 당면한 문제를 헤쳐 나갈 해결사다. 우리를 다시 일하게 해달라. 미국의 에너지 르네상스가 나머지 일을 맡을 것이다. 승자는 정치인이 아니라 소비자여야 한다.

Chapter 10

마음껏
날아오르다 :
회사에
날개를 달다

내 삶을 되돌아보면 가장 인상적인 사건은 거의 우연히 일어났다. 비행기를 조종하면서 알게 된 사실이 여기에 해당한다. 하늘을 나는 것에 대한 열정을 계속 좇지 않았다면 나는 로키산맥을 탐험하고 바켄 분지에 유전을 개발하게 될 줄 몰랐을 것이다.

여섯 살인가 일곱 살 때 나는 팅커 공군기지의 넓은 비행 패턴 안에 있는 시골 농장에서 살았다. 어린 소년이었던 나는 제2차 세계대전 이후에 머리 위를 날아다니는 거대한 폭격기를 보며 감탄했다. 그리고 전투기 조종사들이 음속 장벽을 부수면서 느낄 흥분을 상상했다. 음속 폭음에 낡은 농가의 창문이 흔들리고 찬장에 들어 있는 그릇이 달그락거렸다. 나는 조종사가 경험하는 자유가 부러웠다.

얼마 지나지 않아 나는 렉싱턴의 작은 공항 잔디 활주로 근처에 격납고를 가지고 있는 사람 덕분에 경비행기를 타 볼 수 있었다. 경비행기 바퀴가 지면에서 떨어지는 순간 나는 비행기 조종사가 되어야겠다고 결심했다. 첫 비행의 짜릿함을 결코 잊을 수 없었다.

1970년 빌 리스턴Bill Wriston이란 친구와 비행을 시작했다. 그는 파이퍼 코만치 단발 항공기를 가지고 있었다. 그는 시추용 이수 회사를 운영하면서 낚시를 즐겼다. 루이지애나주의 톨레도 벤드 레이크와 멕시코 국경의 레이크 아미스타드에 낚시하러 가는 길에 그는 내게 비행기 조종대를 맡겼다. 내가 비행기를 조종하고 그는 옆에서 항로를 파악했다. 이 비행 경험이 열정에 불을 붙였고 오래지 않아 나는 비행 학교에 등록했다. 1973년 나는 비행기 조종사 면허를 취득했다. 돈을 충분히 번 뒤에 작은 1968 무니 이그젝큐티브를 사서 비행시간을 기록하기 시작했다. 당시에 나는 오클라호마주 북서쪽에 살았다. 내가 살던 곳은 공항에서 100마일(약 160km) 이상 떨어져 있었기 때문에 비행은 사치가 아니라 필수였다. 우리의 유전 서비스 회사는 오클라호마주 전역으로 사업을 확장해 갔고 시추 회사는 성장하고 있었다. 그래서 비행기를 타고 이동하는 것은 갈수록 중요해졌다. 나는 시간을 쪼개 가며 영업과 운영을 모두 챙겼다. 오래지 않아서 비행기 조종실이 내 사무실이 됐다.

무전기와 항공유 ▬

나의 첫 제트기 이용 경험은 상당히 특이했다. 아이러니하게도 그 경험은 콘티넨탈 리소시스가 아닌 콘티넨탈 에어라인즈Continental Airlines와 관련됐다. 콘티넨탈 에어라인즈는 기업 전용기로 사브레라이너 65를 보유하고 있었다. 콘티넨탈 에어라인즈 창립자인 밥 식스 Bob Six 와 유명 여배우 오드리 메도우즈Audrey Meadows 가 타고 전 세계를 돌아다녔던 비행기다. 콘티넨탈 에어라인즈는 재정난을 겪고 있었고 파산을 면하기 위해서 구조 조정을 단행해야만 했다. 구조 조정 계획에서는 1억 달러 가치의 노사 간 양보 교섭이 아주 중요했다. 조종사, 승무원, 엔지니어 등 노조는 임금 삭감에 합의했고, 경영진은 창립자들이 타고 다녔던 전용기와 상여금 등 임금 이외의 특혜를 포기했다. 콘티넨탈 에어라인즈는 로스앤젤레스 격납고에 있는 기업 전용기를 신속하게 판매하기 위해 국내 석유제품 운송 회사와 거래를 진행했는데 나 또한 이 거래에 참여했다. 이 거래는 사브레라이너 65의 판매 가격과 같은 가치를 지닌 항공유를 콘티넨탈 에어라인즈의 항로를 이용해서 운송하는 내용이 담겨 있었다.

콘티넨탈 에어라인즈의 마지막 협상은 노조와 진행했다. 회사 임원진이 사용하던 회사 전용기가 협상에서 골칫거리였다. 그 결과 콘티넨탈 에어라인즈의 경영진은 우리에게 전용기를 자신들의 격납고에서 당장 치우라고 달달 볶았다. 나는 바빴고 비행기를 가지러 갈 수 없었다. 그래서 비행기에 우리 회사 로고를 입혀달라고 제안했고 그 비행기에 코나카스타 USA라는 이름을 붙였다. 콘티넨탈 에어라인즈는 비행기에 우리 회사 로고를 무사히 입혔고 노조와의 협상도 마무리했다.

항공유 구매에 필요한 자금을 확보하고자 은행 대출을 받으면서 그 비행기를 담보물로 은행에 제시했다. 거래가 성사되며 비행기는 재판매에 대비해서 오클라호마시티로 옮겼고 연료 이송이 시작됐다.

여기서 텍사스 에어Texas Air의 프랭크 로렌조Frank Lorenzo가 등장한다. 그는 콘티넨탈 에어라인즈를 대상으로 적대적인 인수 합병을 시도했다. 말하자면 작은 텍사스 에어가 큰 콘티넨탈 에어라인즈를 흡수하려고 했다. 여기에는 인수 합병 시도를 못마땅하게 여기는 콘티넨탈 에어라인즈 경영진도 포함되어 있었다. 프랭크 로렌조는 비행시간이 겨우 305시간밖에 안 되는 작으나 호화로운 회사 전용기가 다른 회사에 팔렸다는 것을 알고 화가 났다. 그는 즉시 유치권(물건에 관해서 생긴 채권에 대해서 법률상 당연히 발생하는 법정담보물권-역주)을 설정하여 우리가 코나카스타 USA를 제3자에게 팔지 못하도록 법원에 소송을 제기했다. 나는 비행기를 팔지 못한다면 프랭크 로렌조와 법정 소송을 진행하면서 그것을 나와 회사에 유용하게 사용해야겠다고 생각했다.

오래지 않아 나는 원하지 않았던 이 난관이 엄청난 기회로 보이기 시작했다! 우리는 능력 있는 조종사 2명을 채용하여 코나카스타 USA를 사용하기 시작했다. 코나카스타 USA 덕분에 유전 개발에 관한 업무를 빠르게 처리할 수 있었고 1980년대 초반에 싸게 매물로 나온 석유탐사에 사용되는 물건을 신속하게 사들여서 활용할 수 있었다. 많은 회사가 높은 부채, 이자 지급, 원자재 가격 하락을 견디지 못하고 도산했다. 1980년대 시추 회사를 매각하고 확보한 현금을 이용해서 우리는 업계에 인수 합병 붐이 일기 전에 석유와 천연가스 산업과 관련된 자산이나 회사를 인수했다.

코나카스타 USA는 '시간이 돈'이라는 우위를 우리에게 주었다. 일례로 나는 아침 8시에 이니드를 출발해 덴버에서 재정난에 허덕이는 석유 회사로부터 꽤 좋은 자산을 매입했고 이어서 서부 해안으로 날아가 다른 회사 경영진과의 회의에 참석했다. 이후 다시 덴버로 돌아와 같은 날 오전에 매입한 자산에 대한 유정과 토지 자료를 챙겨서 이니드로 돌아갔다. 같은 날 저녁 8시에 코나카스타 USA를 격납고에 넣으며 퇴근했다. 이 모든 일이 하루 동안 일어난 일이다! 나는 내가 하루 동안 많은 일을 해결했다는 사실에 경탄을 금치 못했다.

심지어 아이들도 감명받았다. 디에나는 1월의 몹시 추운 날 이니드를 출발해서 4시간 뒤에 따뜻한 버진아일랜드에 도착했다는 이야기를 지금도 한다. 코나카스타 USA 덕분에 내게는 업무 처리뿐만 아니라 가족과 시간을 보낼 수 있는 자유와 능력이 생겼고 그것은 아주 유용했다.

프랭크 로렌조가 콘티넨탈 에어라인즈를 흡수하려던 시도는 결국 실패했다. 그의 무자비한 행보가 민간항공위원회Civil Aeronautics Board의 관심을 받았고 위원회는 그의 운영권을 박탈했으며 앞으로 다른 항공사와 관련해서 그 어떤 행위도 하지 못하도록 했다. 소송이 끝났을 때 나는 계획대로 코나카스타 USA를 팔 수 있었다.

코나카스타 USA를 타고 미국 전역을 날아다니면서 나는 효율적으로 업무를 처리하고 미국과 캐나다의 석유 분지에 접근할 수 있었다. 코나카스타 USA는 우리 회사에 날개를 달아 주었다.

조종간을 잡다

　기장으로 비행한 시간이 쌓이자 나는 추가 조종 자격증을 취득했다. 첫 번째로 나는 궂은 날씨에 대비해서 계기비행 자격증을 취득했다. 대부분 작업이 날씨가 험하기로 소문난 위도 39도선 북쪽에서 이루어졌기 때문에 내게 중요한 자격증이었다. 두 번째로 나는 쌍발 비행기 조종 자격증을 땄다. 한밤에 노스다코타에서 집으로 돌아오는 경우가 많았고 밤 비행을 하면서 이 자격증이 내게 필요하다고 생각했다. 아주 외진 네브래스카 모래 언덕 위를 날면서 갑자기 내가 조종하는 단발 비행기 엔진에서 나는, 엔진룸을 망치로 두드리는 것 같은 노킹 소리를 자주 상상했다. 마지막으로 여압실과 제트여객기 조종 자격증을 취득했다. 덕분에 우리는 악천후 속에서도 안정적인 터빈 엔진으로 비행할 수 있었다.

　시간이 흐르며 나는 조종사로서 6,000시간을 비행했다. 대부분 단발 비행기를 조종했고 몬태나주나 노스다코타주로 가는 편도 비행에 5시간이 소요됐다. 이 시간 동안 우리 회사는 이니드에 소재하는 작은 석유 회사에서 미국의 주요 분지에서 석유와 천연가스를 생산하는, 상위 10위권에 들어가는 석유와 천연가스 회사가 됐다.

　유정에 신속하게 곧장 접근할 수 있다는 것은 유전 개발에 큰 도움이 됐다. 새로운 유정이 개발됐고 당시 이름으로 펌프 앤 프레이 자극법에 잘 반응하여 하루에 800배럴의 석유를 생산한다는 소문이 바켄 분지 일대에 퍼졌다. 이 정도 생산량이면 그 유정은 상업적으로 매력적이다. 우리는 그 소문을 듣던 날, 비즈마크에서 열린 노스다코타 산업 위원회의 청문회에 참석하고 있었다. 청문회가 끝나자마자 몬태나주 시드니로 날아갔고 공항에서 차를 빌려 그 유정이 있는 곳으로 향했다. 우리는 그 유정의 유량과 유압을 확인했다. 과연, 소문은 정확했고 우리는 그 근처에서 찾을 수 있는 모든 빈 부지의 광권을 확보하기 시작했다.

당시에 우리는 우리가 매입했던 오클라호마주의 메이저 카운티와 블레인 카운티에 있는 약 70개의 유정에 '미완결된' 얇은 백운암층이 있다는 것을 몰랐다. 미완결 유정은 시추공에 강관을 박는 케이싱 작업까지 완료된 유정으로, 이것은 해당 유정에 매장된 석유에 접근하기가 더 쉽다는 의미다. 이후 그것은 이놀라 지층Inola Formation 으로 알려졌다. 탐사 자원량이 존재하는 지층의 존재를 발견하자마자 우리는 천연가스 정책 특별법Natural Gas Policy Act에서 규정한 규칙에 따라서 천연가스를 '스트리퍼 가스(일반적으로 하루 동안 소량의 천연가스가 나오는 유정에서 생산된 천연가스-역주)'로 분류한 후, 해당 백운암층을 천공하고 파쇄액을 주입하여 생산을 시도했다. 투과도가 낮은 구역이었다. 그래서 처음에 천연가스가 나오는 구역과 나오지 않는 구역이 있었다. 나는 전기 기록에서 왜 똑같은 특성을 보이는지 그 이유를 알지 못해 당혹스러웠다. 이에 대한 답은 오클라호마주 이놀라에서 미주리주 브랜슨으로 가는 비행기에서 구할 수 있었다.

하늘에서 이놀라 지층이 어떻게 보이는지 궁금했다. 이놀라 지층은 바로 그 지리적인 위치에서 튀어나와 있었다. 3,500피트(약 1km)

상공에서 아래를 내려다봤더니 풍화암에서 블록 모양 패턴이 눈에 들어왔다. 블록의 크기는 지표면으로 드러난 하나의 연결 부위에서 다음 연결 부위까지 10~15피트(약 3~4.5m) 정도인 듯했다. 그리고 위에서 내려다본 그 모습이 꼭 와플 같았다. 일대에 유정이 무작위로 분포하고 있지만 이 연결된 균열과 교차해 천연가스가 매장되어 있는, 넓게 퍼진 지층과 연결할 수 있다는 것이 분명해졌다. 그리고 투과도가 낮은 백운암층의 중심부에 있는 유정은 천연가스를 생산할 수 있는 넓은 지층과 연결되지 않아 천연가스 생산이 저조할 것이었다. 이제 우리가 할 일은 이 고립된 위치가 주는 약점을 극복하는 것이다. 단계적으로 시추공 세척액을 주입했고 이어서 블록 모양의 균열에 도달하고자 다량의 지연성 산을 주입했다. 이 방법은 효과가 있었고 이 일대에서 유전을 더 잘 개발할 수 있었다. 하늘에서 지층을 내려다보았을 뿐인데 이렇게 큰 차이가 발생했다.

우리 회사는 비행기를 여러 대 보유했고 개인적으로도 단발 비행기 여러 대를 보유하고 있었다. 나는 더그 챔플린Doug Champlin의 회사가 이니드에서 제작한 185 HP 라이커밍 엔진으로 움직이는 곡예 비행기를 조종하는 것을 아주 좋아했다. 곡예 비행기는 문자 그대로 4,000피트(약 1.2km)가 넘는 높이까지 곧장 수직으로 상승 비행한다! 우리 회사의 시추 작업 감독관인 제리 슈츠Jerry Suits와 나는 비행기를 흔들고 회전시키는 곡예비행을 시도하며 서로의 기량을 겨루었다. 그는 어땠을지 모르겠지만 한두 시간 정도 곡예비행을 하고 나면 나는 땅에 입을 맞추고 싶을 때가 종종 있었다.

내가 65세가 됐을 때, 콘티넨탈 리소시스의 이사들은 비행을 그만둘 것을 촉구했다. 이사회의 의견을 귀하게 여겼기 때문에 그들의 제안을 받아들였다. 하지만 구입한 지 얼마 안 된 시러스 SR-21을 팔아야 하고 다시는 기장으로 조종간을 잡을 수 없을 것이란 사실을 받아들이는 데는 거의 1년이 걸렸다. 나는 항상 즐기던 일을 포기해야 한다는 것이 싫었다. 하지만 그들이 나의 안전과 우리 회사의 안녕을 우려하여 그런 제안을 했다는 것을 알고 있다. 요즘 나는 비즈마크나 휴스턴에서 돌아오는 길에 비행기 뒷자리에 편안하게 앉아서 여유롭게 스카치위스키를 마신다. 하지만 언제나 비행기를 조종하면서 느꼈던 개인적인 자유가 그립다.

Chapter 11

권력의
파이프라인

대통령과 그의 보좌진을 만나서 가치 있는 일을 할 수 없다면, 나는 백악관에 가느니 오클라호마주의 스테이크하우스에 가겠다. 그러면 적어도 맛있는 스테이크를 먹으면서 열심히 일하며 보낸 하루를 기념할 수 있을 테니 말이다.

조지 H. W. 부시, 빌 클린턴, 조지 W. 부시, 버락 오바마, 도널드 트럼프가 현직 대통령이었을 때, 나는 그들과 한담을 나누는 영예를 누렸다. 그리고 대선 후보자들에게 에너지 정책에 대해서 조언도 했다. 나는 에너지가 미국 경제의 핵심 동력이 되는 이유와 이 핵심 동력이 멈추지 않고 계속 돌아갈 수 있게 필요한 정책에 관해서 그들과 생각을 나눌 기회가 주어져 신이 났었다. 아마 소통해야 좋은 일이 일어난다고 언제나 믿는 낙관주의자이며 뼛속 깊이 시골 촌뜨기이기 때문이리라. 그리고 목소리를 내야 세상을 바꿀 수 있다고 미래 세대에게 영감을 주고 싶었기 때문이리라.

오바마 대통령과의 만남에서 나는 열정적으로 수평 시추법이 국내 에너지 생산을 어떻게 촉진했는지에 대해서 이야기했다. 우리에게는 에너지 독립을 달성하여 국가 안보를 강화하고 경기 침체에서 벗어날 잠재력이 있다. 나는 이 좋은 소식을 그와 공유할 수 있어서 대단히 흥분했다. 미국은 석유를 수입하는 데 수조 달러를 썼다. 그래서 나는 그에게 수평 시추법이 어떻게 외국에서 생산된 석유에 대한 미국의 의존을 끊을 수 있는지 아느냐고 물었다. 그는 석유 시추법에 대해서 어느 정도 이해하는 것 같았다. 우리가 단기적으로는 탄화수소 에너지에 의존할 수밖에 없다는 사실도 알고 있었다. 하지만 오바마 대통령은 "스티븐 추 에너지부 장관이 모든 미국인이 전기 자동차를 탈 수 있을 정도로 완벽한 배터리가 5년 안에 개발돼서 더 이상 화석연료를 사용하지 않게 될 것이라고 장담했다"고 마무리를 했다. 그와 만나서 대화를 나누었던 때가 2012년이었고 나는 여전히 그가 말했던 완벽한 배터리가 나오길 기다리고 있다.

2018년 오바마 대통령은 "여러분들은 인지하지 못하고 있었겠지만 내가 대통령이었던 시기에 국내 석유와 천연가스 생산은 매년 증가했다. … 갑자기 미국은 최대 석유 생산국이자 최대 천연가스 생산국이 됐다. 그게 나였다. … 그냥 나에게 고맙다고 하면 된다"라고 발언했다.

미국이 에너지 독립국이 될 수 있도록 노력한, 감사한 사람이 참 많다. 그렇지만 오바마 대통령은 거기에 포함되지 않는다. 그는 석유와 천연가스 산업의 발목을 잡기 위한, '서서히 우리의 피를 말려 죽이려고' 과중한 규제를 도입했다.

워싱턴 실세들과의 수많은 만남처럼 오바마 대통령과의 만남도 미국이 특히 에너지 부문에서 잠재력을 실현하는 데 방해가 되는 사고방식을 가졌다는 것을 뚜렷하게 보여준다. 그들은 석유와 천연가스 업계를 무시한다. 그들이 우리 업계를 정치적으로 싫어하고 앞으로 50년 동안 아니 그 이상 탄화수소 에너지가 필요하다는 현실을 받아들이기를 거부하기 때문이다. 여기서 고통받는 사람은 누굴까? 안타깝게도 바로 소비자다. 단조롭지만 꼭 필요한 중요 인프라도 무시된다. 석유와 천연가스를 이송하는 파이프라인이 미국에 필요하다는 사실을 그들은 무시하고 있다.

파이프라인 : 미국 경제의 순환계   ━

미국에는 석유와 천연가스를 이송하는 세계 최장 파이프라인 네트워크가 있다. 석유를 이송하는 파이프라인의 길이는 19만 마일(약 30만km)이고, 천연가스를 이송하는 파이프라인의 길이는 32만 마일(약 51만km)이다. 파이프라인은 땅속 깊이 묻혀 있어서 눈에 보이지 않을 뿐이다. 정제품을 이송하는 파이프라인도 수천 마일에 이른다. 참고로 고속도로망은 대략 4만 7,000마일(약 7만 6,000km)이다. 석유와 천연가스를 이송하는 인프라는 수십 년의 노동과 수천 억 달러의 민간투자의 산물이다. 미국은 사실상 파이프라인을 통해서 사람, 물자 등 모든 것을 수송할 때 필요한 연료를 공급한다. 제조 활동에 필요한 연료도 말할 것 없다. 파이프라인은 엔지니어들이 설계한 기적 같은 시스템으로 미국 경제의 동맥이다. 액체 에너지를 365일 24시간 내내 끊임없이 지속적으로 공급하여 일반 소비자들의 커지는 에너지 수요를 충족시킨다. 하지만 미국에는 깨끗하게 연소하는 천연가스의 엄청난 혜택을 누리지 못하는 지역이 많다. 그런 곳은 하는 수 없이 난방을 위해서 석유, 석탄, 목재를 태우기 때문에 해로운 배기가스 배출 증가에 기여하고 있다. 여기에 미국에서 가장 추우면서도 인구밀도가 높은 북동부 대부분이 포함된다. 소위 환경 운동가들은 이 지역에 천연가스를 공급하는 데 사용될 마운틴 밸리 파이프라인 건설을 거의 10년 동안 반대했었다. 이에 따라서 이 지역 사람들은 깨끗한 에너지를 안정적으로 공급받을 기회를 누리지 못하고 북동부는 이산화탄소를 필요 이상으로 배출하는 지역이었다. 이런 사태가 벌어지도록 내버려둔 이유가 무엇이냐고 묻는 이가 분명히 있을 것이다. 그 이유는 아주 간단하다. 석유와 천연가스 산업이 멈추길 바라는 힘 있는 양반들이 무엇인가 미심쩍은 계획을 수립했기 때문이다. 석유와 천연가스 회사가 시장에 자신들의 제품을 이송할 통로를 없애고 그들을 시장에서 몰아낼 계획이다. 그 과정에서 누가 피해를 입고 환경과 경제가 얼마나 피해를 입느냐는 관심 밖의 일인 듯하다. 그들의 계획은 효과가 없었지만 결코 포기하지 않는다.

파이프라인은 그저 유용한 인프라가 아니라 필수적인 인프라다. 파이프라인이 없으면 우리의 삶은 멈춘다. 파이프라인은 석유와 천연가스 같은 에너지를 끊기지 않게 이송하는 가장 안전하고, 비용 절감 효과가 있고, 환경친화적인 방법이다. 그러므로 파이프라인은 보호해야 마땅하다. 내가 너무 과장한다고 생각하나?

러시아 해커들이 2021년 5월 콜로니얼 파이프라인Colonial Pipeline을 공격했다. 이 공격이 러시아 정부가 주도한 것인지 아닌지는 각자 스스로 판단하길 바란다. 푸틴은 카메라를 응시한 채로 러시아 정부의 소행이 아니라고 단언했다. 하지만 랜섬웨어 공격은 분명히 러시아에서 시작됐다.

콜로니얼 파이프라인은 멕시코만 지역의 정유 회사와 대서양 해안의 에너지 부족에 시달리는 주들을 연결하는 5,500마일(약 8,900km)의 파이프라인이다. 동부 주들이 사용하는 연료의 45퍼센트, 다시 말해서 하루에 250만 배럴의 석유가 콜로니얼 파이프라인을 통해서 수송된다. 불과 몇 시간 만에 모든 것이 위험해졌다. 정치인들은 몹시 당황하더니 랜섬웨어 공격의 배후에 있는 해커들이 아니라 정유 회사에게 석유를 수송하고 유통하라고 협박했다. 언론이 들끓었다. 미디어에서는 세상에 종말이 온 듯한 사건이 발생했다고 무식하게 떠들었다. 오래지 않아 사람들은 휘발유를 구하려고 주유소로 몰려들었다. 내가 알기로 미래를 보호하는 데 필수적인 회복 탄력성과 신뢰, 에너지 인프라의 추가 건설을 거의 불가능하게 만든 연방 정부와 규제 기관에 관해 이야기하는 사람은 아무도 없었다.

에너지 수요가 계속 커지는 동안, 바이든 행정부는 키스톤 XL 파이프라인과 애틀랜틱 코스트 파이프라인Atlantic Coast Pipeline 등 미국의 파이프라인 건설을 중단시키기 바빴다. 또한 법원은 멕시코만 지역 정유 회사들이 하루에 57만 배럴의 석유를 수송하는 데 필요한 다코타 액세스 파이프라인Dakota Access Pipeline 건설을 중단시키려고 애쓴다. 바이든 행정부는 국내에서는 이런 행위를 하면서 노드 스트림 2 파이프라인에 대한 제재는 철회했고 이는 사실상 러시아에게 "이봐, 어서 해. 독일과 유럽 대륙을 러시아의 천연가스에 완전히 의존하게 만들어"라고 말하는 셈이다. 파이프라인은 미국 에너지 안보의 핵심이므로 모든 미국인이 저렴하게 에너지를 사용할 수 있도록 파이프라인을 보호해야 한다고 나는 굳게 믿는다.

오, 캐나다여! ▬

2000년대 초반만 해도 주요 석유 회사는 연안 유정과 가스정, 캐나다의 타르샌드(휘발성 성분이 없어진 원유 성분이 모래와 섞여 끈적끈적한 아스팔트 상태로 지표면에 존재하는 모래층-역주)와 같은 해외 유전에 의존할 것이라고 모두 확신했다. 캐나다처럼 환경적으로 '깨어 있는' 나라가 지구상에서 가장 더러운 탄화수소 에너지원을 생산한다는 것이 내겐 항상 놀라운 사실이다. 캐나다가 생산하는 석유(역청)는 더럽고 황과 같은 오염 물질로 가득하며 토지 관리 또한 매우 어렵다. 하지만 캐나다에는 석유가 함유된 모래층, 즉 타르샌드가 넓게 분포되어 있다. 타르샌드 개발이 국민건강보험료를 지급하는 데 도움이 됐는지, 캐나다 정부는 대륙을 관통하는 거대한 파이프라인을 하나 더 건설하기로 했다.

이것은 지극히 나라는 한 사람의 의견인데, 정유 회사들은 일관된 실수를 저지르는 것 같다. 그들은 이번에도 저급하나 싼 캐나다 역청과 지저분한 멕시코 원유를 정제해서 수요를 맞추고 이윤 폭을 높이는 실수를 저질렀다. 정확하게 그들은 무엇을 했을까? 그들은 수십억 달러의 비용을 들여서 멕시코에서 들여온 황이 많이 함유된 중질유와 캐나다에서 수입한 역청을 정제하기 위해서 설비를 모두 새롭게 설치했다. 한편 그들은 혁명을 일으킬 가능성을 지닌 수평 시추법에는 거의 관심이 없었다. 게다가 미국의 바켄 분지 유전과 퍼미안 분지 유전에서 석유를 시추하는 우리 같은 독립적인 소규모 석유 회사에도 전혀 관심이 없었다.

2008년 우리가 바켄 분지 유전에서 생산하는 석유의 양이 급격하게 증가했다. 우리는 황 성분이 없는 경질유를 생산했고 수송을 위해서 철도와 평균보다 작은 허접한 관로를 이용했다. 멕시코만 지역이나 적어도 쿠싱까지 우리가 생산한 경질유를 대량으로 수송할 수 있는 인프라가 필요했다. 우리는 키스톤 XL 파이프라인 건설이 계획 중이고 승인 단계까지 왔다는 것을 알고 있었다. 이는 마치 황금과도 같은 기회처럼 우리에게 다가왔다. 바켄 분지 유전까지 이어지는 지선을 만들거나 당초 계획된 경로의 남쪽에 있는 바켄 분지 유전을 가로지르도록 파이프라인의 경로를 살짝 바꿀 수도 있겠다고 생각했다.

지금은 콘티넨탈 리소시스를 퇴사한 론 존스 Ron Jones 와 나는 회사 전용기를 타고 캘거리로 날아갔다. 트랜스캐나다TransCanads 가 우리가 생산하는 경질유 30만 배럴을 매일 멕시코만 지역까지 수송하는 것이 금전적으로나 산업적으로 그들에게 좋은 기회라고 생각한다고 확신했다. 우리는 모든 것이 준비됐다. 계약서도 준비했고 인허가를 받는 데도 도움을 줄 수 있었다. 그런데 우리와 달리 그들은 전혀 준비가 되지 않았다. 그들은 진지한 표정으로 캐나다 석유 회사와 수송 계약이 마무리됐다고 말했다. 간단하게 말하면 그들은 우리 회사의 제안에 퇴짜를 놓았다. 나는 그저 그들이 우리가 미국인이라고 무시하고 우리를 도울 생각이 전혀 없다고 생각했다.

나는 회한이나 적개심 없이 많은 거래를 마무리했다. 하지만 이번 건은 정말로 짜증이 났다. 에너지 수요는 커지고 있었다. 미국과 캐나다는 경제적으로 긴밀한 관계를 맺고 있다. 두 나라는 힘을 합쳐서 북미를 세계 에너지산업에서 독보적인 존재로 만들 수 있다. 하지만 일은 정반대 방향으로 흘러갔다.

집으로 돌아오는 비행기에서 나는 이 건과 관련해 약간의 소음을 만들기로 했다. 당시 몬태나주와 노스다코타주 주지사에게 트랜스캐나다가 얼마나 비합리적으로 행동하고 있는지를 속된 말로, 고자질했다. 민주당인 브라이언 슈바이처Brian Schweitzer 몬태나주 주지사는 공화당인 존 호븐 노스다코타주 주지사와 마찬가지로 내 말을 듣자마자 의도를 파악했다. 트랜스캐나다의 파이프라인은 몬태나주와 노스다코타주를 가로질러 갔고 많은 토지 소유주와 유권자에게 영향을 미쳤다. 브라이언 슈바이처 몬태나주 주지사는 자신이 기르는 양치기 개를 데리고 플란넬 셔츠와 청바지 차림으로 우리를 만났다. 두 주지사는 물론, 몬태나주 주지사의 양치기 개까지도 같은 생각이었다. "미국의 석유를 수송하지 않는다면 우리 주를 통과해서 그들의 석유도 수송할 수 없다!"

반대 여론이 생기기 시작했고 몬태나주와 노스다코타주는 우회하기에는 너무나 컸다. 그래서인지 트랜스캐나다는 갑자기 마음을 바꾸었다. 그러자 걱정을 달고 사는 토지 소유자, 원주민, 환경 운동가가 이 계획을 슬금슬금 비판하기 시작했다. 일부는 금전적인 이유에서, 일부는 숭고한 신념 때문에 움직였다.

파이프라인 건설 계획에 대한 기본적인 이해가 없으면 이 협상 과정을 온전하게 이해할 수 없다. 키스톤 XL 파이프라인이 건설된다면 오클라호마주 쿠싱의 석유 저장 시설은 캐나다산 석유 때문에 금세 저장 용량이 차서 석유를 더 이상 저장할 수 없게 된다. 우리를 포함한 석유 회사들은 추가로 생산되는 석유를 관리하고 시장을 안정시키려면 키스톤 XL 파이프라인을 쿠싱에서 휴스턴까지 연장해서 홍수처럼 밀려드는 석유를 처리할 수 있어야 한다고 주장했다. 우리의 제안을 받아들이고 우리가 파이프라인을 사용할 수 있도록 허락한다면 모든 것이 용서되니까 시위를 중단하고 파이프라인 건설 계획을 지원할 생각이었다. 트랜스캐나다는 마침내 백기를 들었다.

2012년 오바마 대통령은 오클라호마주로 와서 키스톤 XL 파이프라인 덕분에 고소득 일자리가 많이 만들어질 것이란 점을 강조하며 축사했다. 친구 중 한 명은 대통령의 오클라호마주 방문에 맞춰서 작업 현장을 정리하는 데 거의 100만 달러를 썼다. 그는 안전모를 눌러 쓴 12명의 작업자와 함께 준비했고, 미국의 에너지 생산자의 노고와 에너지 생산 노하우를 보여주기 위해서 각종 설비를 전시했다. 대통령은 11분 48초 동안 연설을 했다. 대통령 방문 행사를 준비했던 친구는 지금도 100만 달러를 투자한 것에 비해서 투자수익률이 최악이었다고 말한다.

늘 그렇듯이 눈에 보이는 것과 의도한 것은 다르다. 사흘 뒤 〈월스트리트저널〉의 한 기사에서 자신에게는 키스톤 XL 파이프라인 건설을 '승인할' 권한이 없다는 대통령의 말이 인용됐다. 그는 비겁하게 자신이 임명한 규제 기관장들 뒤에 숨었다. 그리하여 키스톤 XL 파이프라인 건설은 오바마의 임기 내내 지지부진하게 진행됐고 반대파에 힘을 실어 주었다. 새롭게 대통령으로 당선된 도널드 트럼프 당선인이 이 프로젝트를 재개할 '권한'을 찾아냈다. 그리하여 공사가 재개됐지만 오래지 않아 조 바이든이 2021년 1월에 키스톤 XL 파이프라인 건설 프로젝트를 영원히 중단시킬 '권한'을 찾았다.

거의 20년간 이어진 어리석은 결정과 행동의 결과는 어땠을까? 글쎄…, 일단 좋은 일 하나는 일어났다. 쿠싱에서 휴스턴을 연결하는 파이프라인이 하나 생겼다. 이 파이프라인을 통해서 하루에 50만 배럴의 석유를 멕시코만 지역까지 수송할 수 있고 쿠싱의 석유 저장 시설에 비축된 석유를 다른 곳으로 모두 수송해 저장할 여유가 생겼다. 하지만 수십 억 달러가 낭비됐다. 우리가 체결한 몇 건의 계약을 포함해서 많은 계약이 무효가 된 것은 물론, 엄청난 시간과 재능도 낭비됐다. 키스톤 XL 파이프라인을 완공하는 데 쓰여야 할 파이프와 건설 자재가 길가에 어지럽게 흩어져 있다. 수천 개의 고소득 일자리가 증발했다. 바이든 행정부는 캐나다 정부를 크게 속였다. 우리는 국가와 경제 안보를 강화할 기회를 또다시 놓쳤다. 트랜스캐나다가 오클라호마주 이니드에서 온 두 사람의 말을 제대로 안 듣고 대우하지 않은 탓에 키스톤 XL 파이프라인 건설이 오랫동안 지연됐고 결국 기회는 사라졌다. 오, 캐나다여!

정치와 파이프라인 ▬

앞에서 마운틴 밸리 파이프라인을 언급했다. 건설이 수년 동안 지연되면서 종종 뉴스에 나왔었다. 동부 해안의 많은 주에 연료를 공급하는 새로운 파이프라인과 기존 파이프라인과 연결되기까지 고작 40마일(약 64km)을 남겨 두고 공사가 중단됐었기 때문이다. 그전에는 석탄을 태워서 전기를 만들었지만 이 파이프라인이 완공된다면 하루에 200만 데카섬의 천연가스로 전기를 만들 수 있다. (데카섬이 무엇인지 모르나? 정확하게 몰라도 괜찮다. 그저 엄청나게 많다는 것만 알면 된다.) 감사하게도 이토록 필요한 인프라 건설이 가까운 시일 내에 재개될지도 모른다. (2024년 6월 마운틴 밸리 파이프라인 가동이 시작되어 미국의 에너지 순환이 조금 더 원활해졌다.-역주)

2022년 1월 바이든 행정부는 마음에 들지 않는 파이프라인을 찾아냈다. 바이든 대통령은 뚜렷한 이유 없이 이스라엘산 천연가스를 유럽으로 수송하도록 설계된 파이프라인 건설 프로젝트에 대한 지원을 철회했다. 2000년대 초반에 이스라엘에서 시추 작업을 하던 한 미국 회사가 해저 가스전을 발견했다. 타마르Tamar와 레비아단Leviathan이다. 이 두 가스전에는 수십 년 동안 이스라엘의 국내 천연가스 수요를 충족하고 나머지는 수출하기에 충분한 천연가스가 매장돼 있다. 그러므로 수송 파이프라인을 건설하면 모든 관계자에게 이득이 될 것이 분명했다. 유럽은 푸틴의 천연가스를 대체할 대안을 가지게 되고 이스라엘은 유럽과의 교역 관계를 강화할 수 있을 것이었다.

하지만 바이든 행정부는 이 계획을 철회하는 것이 재생에너지를 권장하는 자신들의 정책과 조화를 이룬다고 생각했다. 친환경 에너지에 대한 바이든 행정부의 근시안적인 집착 때문에, 미국의 동맹국 에너지 안보도 '초록투성이'가 됐다. 바이든 행정부는 미국은 청정에너지 기술의 개발과 확산을 촉진하는 데 매진하고 청정에너지로의 전환을 준비하고 있다고 덧붙였다. 바이든 행정부의 이런 결정으로 우리의 동맹국들이 자국의 에너지 정책을 어떻게 수립하고 실천하고 있는지 살펴보자.

미국의 에너지 정책 변화는 다시 한 번 러시아의 영향력을 강화하는 결과를 초래했다. 바이든 행정부는 러시아가 제안한 노드 스트림 2 파이프라인 건설 프로젝트를 전폭적으로 지지했다. 그리고 '재생에너지'라는 단어는 단 한 번도 언급하지 않고 이 프로젝트와 관련된 회사에 대한 제재를 모두 철회했다. 그러면 러시아 파이프라인은 좋은 것이고 미국과 이스라엘의 파이프라인은 나쁘다는 것인가?

미국은 더 많은 파이프라인이 필요하다. 미국은 사이버공격에 대비해서 에너지 인프라를 강화해야 한다. 미국의 에너지 안보를 최우선으로 하는 모든 일을 해야 한다.

프래킹과 태세 전환 ━

정계에는 정말 많은 변덕쟁이들이 있는 것 같다. 눈치챘는지 모르겠지만 많은 정치 실세가 수압 파쇄법은 나쁘다는 미신을 널리 퍼트린다. 그들은 수압 파쇄법을 프래킹이라고 부른다. 그런데 그들은 여론과 휘발유 가격에 따라서 호떡을 뒤집듯이 태세를 전환한다.

다음은 바이든 행정부가 호떡을 뒤집는 것보다 훨씬 더 자주 태도를 바꾼 최근 사례다.

- 2019. 9. 4. CNN 타운홀:

  카멀라 해리스 Kamala Harris: "나는 프래킹 금지에 대찬성한다."

- 2019. 9. 6. 뉴햄프셔주의 어느 운동가와의 대화:

  바이든: "그냥 한 번 봐라. … 내 눈을 봐라. … 장담하건대 우리는 화석연료의 시대를 끝낼 것이다."

- 2020. 3. 15. 민주당 대통령 후보자 토론:

  바이든: "더 이상은 없다. 더 이상 새로운 프래킹은 없다."

- 2020. 8. 31. 피츠버그 유세장:

  바이든: "나는 프래킹을 금지하지 않을 거다. 다시 한 번 더 말한다. 도널드 트럼프가 내게 아무리 거짓말을 해도 나는 프래킹을 금지하지 않을 것이다."

- 2020. 10. 7. 부통령 후보자 토론:

  해리스: "조 바이든은 프래킹을 금지하지 않을 것이다. 그는 이 점을 분명히 했다. 다시 한 번 더 말한다. 국민 여러분, 조 바이든은 프래킹을 금지하지 않을 거다. 이것은 사실이다. 이 것은 명백한 사실이다."

- 2020. 10. 7. 카멀라 해리스의 트위터:

  해리스: "조 바이든은 프래킹을 금지하지 않을 것이다. 사실 이다."

- 2020. 10. 8. 바이든 대선 활동 보도 자료:

  바이든: "조 바이든은 분명하다. 그는 프래킹을 금지하지 않 을 것이다."

상반되는 정책 입장 때문에 한 치 앞을 모르겠나? 그것은 그들이 과학적 사실에 기반을 두고 정책을 수립하지 않기 때문이다.

지금부터 수천 피트의 지표면 아래에서 어떤 일이 일어나는지 자연스럽게, 약간의 탐사자들 도움을 받아서 설명하고자 한다. 수백만 년 동안 암석의 유기물은 분자가 탄화수소로 숙성되며 그 입자가 훨씬 더 커지는 과정을 거친다. 그것이 천연가스든 석유든 간에 탄화수소로 숙성되면서 팽창한다. 200퍼센트나 팽창하는 경우도 가끔 있다. 석유와 천연가스가 팽창하면 어떤 일이 일어날까? 그것을 품고 있던 암석에 균열이 생긴다. 현미경으로 암석 구성 입자를 살펴보면 암석에 생긴 균열이 실제로 확인된다. 그렇다. 이것이 자연스러운 파쇄 현상이다.

우리가 유정을 완결할 때 특수 용액으로 파쇄 자극을 시도하면 시추공 주변의 암석에서 일어나는 자연스러운 파쇄 현상이 촉진된다. 이 과정에서 균열이 더 커지면서 결과적으로 암석에서 석유나 천연가스를 더 많이 뽑아낼 수 있다. 수압 파쇄가 이렇게 간단한 작업이다. 우리는 이를 '유정 균열 자극법'이라 부른다.

그렇다면 게임 체인저라 불릴 정도로 대단한 이 기술이 중요한 이유는 무엇일까? 석유와 천연가스 생산을 두고 미국과 경쟁하는 다른 나라의 관점에서 봤을 때 이 기술은 너무나도 효과적이었다.

러시아와 여타 석유와 천연가스 생산국은 이 기술을 살펴보고 천연가스 생산량이 증가하여 유럽과 미국 대륙 사이에 천연가스 생산 경쟁이 벌어지게 될 것임을 깨달았다. 북대서양조약기구North Atlantic Treaty Organization; NATO 와 미국 하원에 따르면, 그들은 유정 균열 자극법이 시추 과정에서 사용되지 못하도록 대규모 PR 공세를 펼쳤다. 그들은 이 기술에 부정적인 이미지를 덧씌우고자 '프래킹'이란 단어를 사용하기 시작했다. 그런데 유정 균열 자극법을 시장에서 몰아내기 위한 PR 공세에는 돈이 많이 들어갔다. 초기에만 무려 5억 달러가 투입된 것으로 추산된다. 하지만 이 정도 돈이면 여론을 움직이기에도 충분했다.

아네르스 포그 라스무센Anders Fogh Rasmussen 전 NATO 사무총장이자 전 덴마크 국무총리는 2014년 6월 채텀하우스와의 미팅에서 이를 확인해 주었다. "러시아가 정보를 수집하고 허위 정보를 퍼트리는 정교한 작전의 하나로 소위 민간 조직과 활발히 소통하며 유럽이 러시아산 천연가스에 계속 의존하도록 셰일가스 생산에 반대하고 있다고 몇몇 동맹국으로부터 들었다."

2014년 힐러리 클린턴 전 국무부 장관은 "우리는 심지어 허위 환경 단체들마저 상대했다. … 그들은 러시아로부터 자금 지원을 받았고 그들은 러시아를 곤란하게 할 파이프라인 개발과 프래킹 작업에 쌍심지를 들고 반대했다"라며 비공식 석상에서 말했다.

2018년 미국 하원 과학·우주·기술 위원회가 실시한 조사에 따르면, 러시아는 소셜미디어를 활용해서 미국의 에너지 시장을 흔들려고 시도했다. 러시아가 자행한 가장 기발했던 공작은 프래킹이란 별칭을 널리 퍼트리는 것이었다. 이 별칭은 여러 이유에서 사람들의 머릿속에 각인됐다. 수평 시추법으로 에너지 생산량을 높이는 데 반대하는 사람들이 수압 파쇄법에 육두문자를 연상시키는 별칭을 붙여서 여론을 틀어지게 만들려고 시도했고 그들의 시도는 효과가 있었다.

러시아는 유럽과 미국에 프래킹이 재앙에 맞먹는 결과를 초래할 것이라고 경고하면서 이면에서는 자신들의 에너지 생산 기술을 발전시키려고 애썼다. 이러한 맥락에서 러시아가 오늘날 수압 파쇄법을 사용하고 있다는 사실은 그리 놀랍지 않다.

앞서 이야기했듯이 에너지 정책은 권력, 특히 정치권력과 언제나 연결된다. 그러니 앞으로 이 사실을 염두에 두고 에너지 정책에 관한 뉴스를 보길 바란다.

> 미국의 에너지 정책은 어찌 될까? 유럽은 빠른 시일 내 러시아와 우크라이나 전쟁의 여파에서 회복될 수 있을까? '친환경 에너지를 사용하자'는 말은 도대체 무슨 뜻일까? 에너지 정책이 현실과 동떨어지고 소비자의 삶을 피폐하게 만드는 결점을 가지고 있음이 확인됐다. … 미국과 유럽의 에너지 정책은 최근 몇 년 동안 그야말로 엉망진창이다.
>
> — 2022년 5월, 켄 그리핀 Ken Griffin 시타델 CEO와의 인터뷰에서

Chapter 12

환경친화적
생활은 쉽다

기후변화의 위험성을 알리는 데 온 힘을 쏟는 기후 전문가들에게 제로는 일종의 새로운 신념이다. 그러나 제로 운동 또는 '넷제로$_{Net}$ Zero'가 실제로 성공할 리 만무하다. 그렇지만 소수의 환경 전문가는 넷제로를 이용해서 수백 억 달러를 벌어들이고 있다.

넷제로의 콘셉트가 훌륭하게 들리는 것은 사실이다. 그렇지 않나? 이산화탄소 배출량을 제로로 만들자! 신화나 다름없는 넷제로를 달성하는 방법을 두고 흰소리가 난무한다. 그 누가 이산화탄소를 전혀 배출하지 말자는 데 반대를 할 수 있겠나? 이성적인 존재라면 그 누구도 여기에 반기를 들지 않는다.

나 역시 이산화탄소 배출량을 줄이는 데는 찬성한다. 내 회사와 동료들은 친환경 연료로 대체해서 석유와 천연가스 탐사 활동을 하려고 온갖 노력을 다하고 있다. 친환경 공정을 개발하는 데 엄청난 투자도 하고 있다. 하지만 현대사회는 진정한 넷제로를 결코 달성할 수 없을 것이다. 사실 인류는 숨만 쉬어도 이산화탄소를 배출한

미국의 기본적인 에너지 소비량과 이산화탄소 배출량

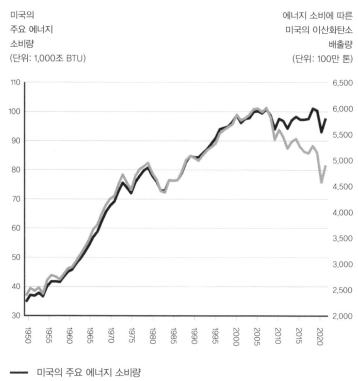

미국의
주요 에너지
소비량
(단위: 1,000조 BTU)

에너지 소비에 따른
미국의 이산화탄소
배출량
(단위: 100만 톤)

──── 미국의 주요 에너지 소비량

──── 에너지 소비에 따른 미국의 이산화탄소 배출량

출처: "미국의 기본적인 에너지 소비량과 이산화탄소 배출량", 미국 에너지 정보청, 2022년 12월 21일

믿기 어렵겠지만 실제로 2010년 초부터 경제가 성장하는 와중에도 이산화탄소 배출량이 꾸준히 감소하기 시작했다. 전기 생산의 주된 연료로 석탄이 아닌 천연가스를 사용한 덕이 크다. 천연가스는 이산화탄소 배출량을 줄이는 가장 빠르고 경제적인 방법이다.

다. 미국은 국내에서 생산되는 천연가스 덕분에 넷제로를 향해서 움직이고 있다. 하지만 중국과 인도는 이와 정반대로 빠르게 움직이고 있다.

지구 한랭화?

1971년, 일요일에 발행되는 〈퍼레이드 Parade〉에 '새로운 빙하기?'라는 제목의 글이 실렸고 글쓴이는 다음과 같은 '썰렁한' 이야기를 썼다.

제2차 세계대전 이후로 겨울이 점점 추워지고 길어진다고 세계 기상학자들이 지적했다. 미국해양대기국 National Oceanic and Atmospheric Administration; NOAA의 머레이 J. 미첼 Murray J. Mitchell 박사는 "일반적으로 말해서 지구는 19세기 말과 제2차 세계대전 사이에 화씨 1도씩 따뜻해졌다. 하지만 제2차 세계대전 이후로 지구는 다시 화씨 0.5도씩 추워지고 있다"고 말했다.

지구 한랭화는 유럽에서 더 분명하게 느껴진다. 유럽의 겨울은 1940년 이후로 더 매섭게 추워지고 있고 반면 유럽의 봄은 늦게 찾아온다. 독일 기상학자인 마틴 로드워드 Martin Rodewald 박사는 유럽 대륙이 새로운 빙하기를 맞이하는 목전에 와 있을지도 모른다고 생각했다. 그는 "만약 현재의 한랭화가 앞으로 20년 동안 지속된다면 유럽 대륙은 새로운 세기가 시작될 무렵, 새로운 빙하기가 찾아와서 빙하로 뒤덮이게 될 것이다"라고 말했다.

그린란드 북부에서 미국과 덴마크 기후 연구관들은 800년간 기후 패턴을 읽기 위해서 1,400미터 두께의 얼음에 구멍을 뚫었다. 그리고 한랭화와 온난화가 평균 78년에서 180년을 주기로 진행됐다는 것을 확인했다. 이를 근거로 말하면 마틴 로드워드 박사는 2015년 전에 지구에 찾아올 온난화를 예측하지 못한 셈이다. 그는 자신의 예측 정확도는 85퍼센트이고 일일 기후 예측은 신뢰할 만하다고 주장했다.

많은 환경 운동가들이 과학을 무시한다고 다른 사람들을 비난하고 과학으로 모든 것이 확인된다고 사람들을 가르치려 한다. 그런데 나보다 과학적 증거를 더 중요하게 생각하는 사람은 아마도 찾기 힘들 것이다. 다만 에너지가 부족하다고 근거 없는 주장을 하며 경제성장을 방해하고, 정부가 잘못된 에너지 정책에 수조 달러를 쏟아붓게 만들고, 소비자 물가를 상승시키는 입증 안 된 이론과 관련해서는 회의론자라 할 수 있다.

　나에게는 1977년에 출판된 『기후 음모론: 신빙하기의 도래The Weather Conspiracy: The Coming of the New Ice Age』라는 책이 있다. 책 표지에는 'CIA 보고서가 포함되어 있다'고 적혀 있다. CIA 보고서에는 농작물이 말라 죽고 사람들이 굶주리고 지구 대부분 지역에서 겨울이 지속되는 암울한 미래에 대해 상세히 적혀 있다. 오늘날 헛된 공포를 조장하는 사람들처럼 이 책은 머리끝이 쭈뼛 서는 이야기로 가득하다. 이야기에 근거는 전혀 없으나 일반적인 일시 현상으로 그들의 주장을 설득력 있게 뒷받침한다. 예를 들면, 소련에서 눈은 훨씬 남쪽 지방에서도 내리고 있다. … 지난겨울에 뉴욕주 버펄로는 15피트(약 4.5m)의 눈에 파묻혔다. … 서리가 계속 내려서 플로리다주의 농작물이 냉해를 입고 미국의 동부 연안 전체가 역대 최악의 겨울에 시달린다는 내용이다.

　이 책이 더 재미있는 것은 저자가 '석탄 깡패'가 아니라 석유와 천연가스를 악당으로 만든다는 점이다. 그들은 미국의 첩보 기관이 가진 전문성 덕분에 석유와 천연가스가 고갈되고 있다고 확신했다. 그

243

들은 그 당시 회수 가능 석유 매장량이 40억 배럴이라고 인용했다. 참고로 이것은 바켄 분지에서 개발할 수 있는 최대 석유량이라고 할 수 있다.

이 책은 암울한 예언으로 가득하다. 하지만 조심하자는 경고 대신 빙하기가 다시 찾아올 것이라며 전 세계적으로 기후와 관련한 공포심만 조장한다.

엘리트층이 출판한 책, 보고서, 연설문에서처럼 어느 시대를 살고 있느냐에 상관없이 해결책은 우리가 덜 쓰고 생활 방식을 바꾸는 것이다. 그들은 더 많은 집과 더 큰 전용기를 사면서 우리는 더 작은 차를 몰고 고기를 덜 먹고 더 작은 집에 살아야 한다고 말한다. 역사는 반복된다고 했던가? 또다시 우리는 에너지 위기를 맞이했다. 그리고 또다시 공익을 위해서 소비를 줄여야 한다는 말을 듣고 또다시 에너지가 풍부함에도 불구하고 에너지가 부족하다는 거짓말을 듣는다.

아마도 내가 이 책을 계속 보관하고 있는 이유가 궁금할 것이다. 이 책에 담긴 내용이, 사실상 거의 모든 내용이 틀렸다고 증명됐기 때문이다. 유일하게 옳은 내용은 기후가 변수이고 대체로 예측하기 어렵고 이변이 일어날 수 있다는 점이다. 그리고 미래에 관해서 두려움에 휩싸여 살아가는 사람은 항상 존재한다. 하지만 나는 그런 부류에 속하지 않는다. 나는 두려움에 떨면서 미래를 바라보는 일을 거부한다. 인류에게는 혁신하고 창조하고 적응하는 무한한 능력이 있다. 인류는 빠르게 진보할 것이고 생활 수준은 그 어느 때보다 향상될 것이다. 70년 넘게 살면서 나는 엄청난 긍정적인 변화를 목격했다.

입으로만 떠들기는 어렵지 않다! —

기후 조건과 지구온난화를 둘러싸고 들려오는 온갖 잡음에 상관 없이 친환경 운동의 주된 동력은 시장점유율과 정부 보조금이다. 그 들이 좋아하는 유일한 암소는 현금을 버는 암소, 즉 캐시 카우cash cow 다.

때때로 진실을 말하는 용기 있는 사람들이 등장한다. 그중 한 명 이 바로 토요타의 아키오 토요타Akio Toyoda 다. 그는 정부가 주도해 서 급하게 전기차로 전환하는 것은 바람직하지 않고 환경적으로 현 명한 결정이 아니며 경제에 엄청난 부담을 주지 않고는 불가능하다 고 말했다. 토요타의 경영자는 전기차를 둘러싼 과대 선전을 비난하 며 전기차 옹호자들이 전기를 생산하는 데도 이산화탄소가 배출된 다는 것과 전기차로의 전환에 소요되는 엄청난 비용을 생각하지 않 는다고 말했다.

그는 일본 정부가 성급하게 휘발유차를 금지한다면 자동차 산업 의 현재 비즈니스 모델은 붕괴되고 수백만 개의 일자리가 사라질 것 이라고 덧붙였다. 이에 더해 정부 규제 기관은 자동차를 '고위 정상 회담의 꽃'으로 만들 것이라고 말했다. 이는 시적인 표현으로 자동 차가 일반 소비자는 구매할 꿈도 못 꿀 정도로 값비싼 사치품이 될 것이란 뜻이다.

나는 아키오 토요타에게 그것이 정확하게 전 세계 정부가 하는 생 각이라고 말하고 싶다. 개인 교통수단을 비싸게 만들어서 대중이 대중교통만 사용할 수밖에 없도록 만드는 것이다. 내가 거짓말을 하는 것 같나?

2022년 5월 노르웨이 정부는 국민에게 전기차도 사용하지 말고 버스를 이용하도록 권고했다. 욘 이바르 니가드 Jon-Ivar Nygard 노르웨이 교통부 장관은 "전기차는 더 친환경적이지만 도심에서의 이동 수단으로 대중교통 체계와 경쟁 관계에 있다. 우리는 대중교통, 자전거, 도보 이동을 더 매력적인 이동 수단으로 만들어야 한다"고 말했다. 우연의 일치인지도 모르지만 내게는 대체로 국민의 삶을 더 통제하려는 나라가 대중교통에 집착하는 것처럼 보인다.

수년 전 나는 더기빙플레지 The Giving Pledge에 가입했다. 이것은 빌 게이츠와 워런 버핏이 부자들이 자선 활동에 많은 자산을 기부하도록 권장하기 위해서 시작한 기부 클럽이다. 나는 그 취지를 높이 평가했다. 빌 게이츠는 내 초청으로 콘코디아 대학교 Concordia College의 학생 강연에 참석했다. 그의 연설은 나도 학생들도 결코 잊지 못할 것이다. 아무리 친한 친구라도 어떤 주제에 대해서 의견이나 생각이 다를 수 있다. 빌 게이츠와 나도 확실히 몇몇 주제에 대해서는 의견이 다르고 그중에는 기후변화에 대한 대응 방식도 있다.

그는 저서 『빌 게이츠, 기후재앙을 피하는 법(우리가 가진 솔루션과 우리에게 필요한 돌파구)』에서 자신은 지속 가능한 항공유, 다시 말해서 재생에너지와 친환경 원료로 생산한 연료만을 구입한다고 밝혔다. 이것이 자기 가족이 비행기를 타고 다니면서 배출하는 이산화탄소를 상쇄하기 위한 노력이라고 말했다. (하지만 자네는 여전히 이산화탄소를 배출하고 있다네. 그렇지 않으면 자네의 전용기 엔진은 돌아가지 않을 거야.) 빌 게이츠와 달리 나머지는 기후변화에 대응하기 위해서 울며 겨자 먹기로 주유소에서 갤런당 6~7달러를 내고 주유하거나 혹자가 제안한 대로 자동차 주행거리를 기준으로 부과되는 세금을 감당해야 할지도 모르겠다.

빌 게이츠는 친환경적인 생활 방식을 고수하고자 개인적으로 10억 달러를 탄소 제로 기술에 투자하는 사람은 자신밖에 없을 것이라고도 말했다. 물론 빌 게이츠를 콕 집어서 하는 말은 아니지만 그의 관점은 정·재계 엘리트층이 에너지와 기후변화의 해결책을 어떻게 바라보는지를 여실히 보여준다. (기후변화와 관련해서 균형 잡히고 논리 정연한 의견을 언제나 환영한다. 그런 의미에서 나는 오바마 행정부에서 에너지부 과학 차관을 지낸 스티븐 E. 쿠닌 박사의 『지구를 구한다는 거짓말(환경을 생각하는 당신이 들어보지 못한 기후과학 이야기)』를 추천한다.)

반면에 더 큰 돈을 벌기 위해 냉소적으로 시장을 왜곡하는 블랙록BlackRock의 래리 핑크Larry Fink도 있다. 내가 보기에는 그렇다. 그와 블랙록 임원진은 2021년 '넷제로: 자산 운용사 관점에서의 접근Net Zero: a fiduciary approach'이라는 제목으로 악명 높은 연례 서한을 공개했다. 이 연례 서한에 기후변화에 대해 언급한 구절이 있는데 인용할 가치가 있어 다음과 같이 소개한다.

이 변화는 투자자들에게 엄청난 영향을 미칠 것이다. 작년
에 우리는 투자자들이 기후변화 리스크가 투자 리스크고

대대적인 자산의 재분배를 가속할 것임을 인식하기 시작했다고 연례 서한에 썼다. 하지만 우리는 기후변화가 역대급 투자 기회를 만들어 내리라 믿는다. 세계는 넷제로를 향해 움직이고 있다. 이 상황에서 블랙록은 변화에 앞서 나갈 수 있도록 고객들을 도움으로써 자산 운영사로서의 역할을 다할 수 있을 것이다.

이 연례 서한은 교황의 선언처럼 들린다. 나, 래리 핑크는 현재의 기후 신조를 제대로 분석하였으니 무리에 계속 속하길 원한다면 나를 따르는 그대들은 기후변화가 진짜라고 믿는 사람들에게서 허락을 얻고 그 과정에서 번영하리라. 나는 래리 핑크의 연례 서한이 '시키는 대로 해라. 그렇지 않으면 응당한 결과를 감수해야 할 것이다'라는 협박처럼 들린다.

블랙록은 ESG에 전념하며 '환경Environmental, 사회Social, 지배 구조Governance'에 대한 높은 기준을 따르는 뮤추얼 펀드 100개 이상을 출시했다. 우연히 이 책을 쓰는 동안 노동부는 기업의 직장퇴직연금제도(401(k) plans)에 ESG 펀드를 옵션으로 제공하도록 강제했다. 바이든 대통령의 브라이언 디스 국가경제위원회 위원장은 앞선 블랙록의 지속 가능한 투자의 글로벌 책임자였다. 블랙록 출신 인사 2명이 현 행정부에서 고위직에 임명됐다. 이런 상황을 놓고 보면 바이든 행정부와 블랙록은 확실히 연관이 있는 듯하다.

소위 환경 전문가들이 기업의 사회적 영향을 통제하는 지속 가능하고 이상적인 미래에 투자하면서 리스크를 완화하는 것보다 더 고결한 일이 있을 수 있을까? 그리고 이것은 현 정부가 보조금과 권한으로 물 쓰듯 쓰는 수십 억 달러에서 수조 달러를 챙기는 데도 도움이 된다. 막대한 돈을 벌 기회가 생겼고 래리 핑크는 기꺼이 그 기회를 활용할 것이다.

물론 이에 반발하는 세력도 있다. 워런 버핏과 버크셔 해서웨이가 그 세력을 이끌고 있다고 할 수 있다. 워런 버핏은 래리 핑크가 떠벌리는 이야기를 전혀 믿지 않는다. 그는 2021년 5월 주주들과의 연례 회의에서 석유와 천연가스 산업을 목청껏 큰소리로 방어했다. 그는 지분 2.5퍼센트를 보유하고 있는 셰브론에 대해 다음과 같이 말했다. "나는 셰브론이 여러 방법으로 사회에 도움이 되고 있으며 계속해서 사회에 도움이 될 것이라고 믿는다. 또 우리 사회가 앞으로 오래도록 많은 탄화수소를 필요하게 되리라 생각한다. 탄화수소가 풍부해서 기쁠 따름이다."

실제로 2022년 8월 워런 버핏은 규제 당국으로부터 옥시덴탈 페트롤리움Occidental Petroleum 의 지분을 50퍼센트까지 취득할 수 있는 승인을 얻었다. 그는 매우 낙관적인 투자자다. 그렇지만 투자 업계에서 워런 버핏보다 돈을 벌 기회를 더 잘 찾아내는 사람이 과연 있을까? 나는 워런 버핏과 같은 생각이다. 기술과 시장은 언제나 여론을 교묘하게 조작하려는 사람들이 생각해 내는 계책보다 더 빠르고 합리적으로 변화에 적응한다.

물론 래리 핑크는 CEO들에게 서한을 통해서 다음과 같이 답했다.

"석유와 천연가스 산업과 관련된 투자자산을 모두 처분하거나 단순히 공공 부문이 보유한, 이산화탄소 다량 배출 분야의 자산 소유권을 비상장사에게 매각한다고 해서 세계가 넷제로에 도달하지는 않을 것이다." 래리 핑크는 이런 말을 함으로써 주주들이 조금이라도 불안해하면 기후변화에 대한 접근 방식을 완전히 전환하려고 여지를 남겨 두었다. 그가 기후변화에 대해서 태도를 완전히 바꾼 것은 아니지만 에너지의 세계적 정세에 관해서는 확실히 현실적이다.

줄어들고 있는 미국의 대기오염 —

지난 20년 동안 이산화탄소 배출량을 급격하게 감소시키는 데 기여한 것은 무엇일까? 인류 역사상 이산화탄소 배출량이 최저치로 감소했다. 그것은 전기를 만들 때 사용하는 연료로 천연가스가 석탄을 대체했기 때문이다. 그렇다면 왜 천연가스가 석탄을 대체했을까? 지난 몇 십 년 만에 미국의 대기가 훨씬 더 깨끗해진 이유는 무엇일까?

앞에서 살펴보았듯이 정부가 개입해서 전기를 생산할 때 연료로 석탄 대신 천연가스를 사용하라고 명령을 내렸기 때문은 아니다. 다국적기업이 발 벗고 나서 천연가스 생산 기술을 혁신하고 우리 땅에 투자했기 때문도 아니다. 그것은 미국의 에너지 르네상스와 수평 시추법 덕분이다. 그러니 다들 불가능하다고 말했지만 주저하지 않고 바로 이 땅에서 엄청난 양의 깨끗하게 연소하는 천연가스와 황 성분이 없는 경질유를 생산한, 미국의 용감무쌍한 석유 회사에 고마워해야 한다.

문제 해결에 집중하면 혁신이 이루어지고 세상을 바꿀 기회를 만들 수 있다. 알다시피 1970년대 중반 내연기관에 촉매 변환 장치가 접목됐다. 이 실용 기술은 희토류원소와 열을 이용해서 아주 간단한 화학작용을 일으켜 배기가스를 이산화탄소와 물로 전환시킨다. 1970년대 로스앤젤레스나 뉴욕의 공기를 마신 적이 있는 사람이라면, 촉매 변환 장치 덕분에 숨쉬기가 그나마 편해졌음을 안다.

물론 넷제로 가스터빈 공장에 투자하는 것은 현명한 생각이다. 탄소를 포집하여 지하에 저장하는 탄소포집저장기술Carbon Capture and Underground Sequestration; CCUS은 기후변화에 대응할 비용 절감 효과가 있고 효과적인 해결책에 기여한다. CCUS는 전 세계가 탈탄소로 나아가는 데 큰 역할을 할 수 있다. 거의 아무것도 없는 상태지만 CCUS 산업에서 성공할 가망이 있는 수십 억 달러 프로젝트가 여러 개 진행되고 있다. 그런데 이 기술의 가치를 깎아내리는 세력이 존재한다는 것이 황당할 따름이다. 환경보호가 주된 목표인 시에라 클럽Sierra Club과 같은 단체가 CCUS의 기술적 발전에 걸림돌이 되었다. 이런 상황이 나는 도저히 이해가 안 된다.

기술은 도전 과제를 빠르게 극복할 해결책을 제시할 수 있다. 예를 들어 1970년대 대기오염과 스모그를 줄이라는 압력이 사회 전반에 존재했다. 그래서 촉매 변환 장치와 같은 아이디어가 오랫동안 언급됐다. 몇몇 유능한 엔지니어들이 자동차 아래의 작은 공간에 딱 맞게 작고 효율적이지만 저렴한 기술을 개발하여 대기 중의 오염 물질을 제거하는 방법을 찾아낸 덕분에 상용화될 수 있었다. 이렇게 만들어진 기술이 효과를 보여 스모그 문제가 해결됐다.

작고 놀라울 정도로 안전한 원자력발전소가 도시에 필요한 전기를 생산한다고 상상해 보라. 우리는 이러한 소형 원자로를 개발할 기술을 이미 가지고 있다. 소형 원자로는 수십 년 동안 항공모함과 잠수함에 탑재되어 필요한 전기를 생산했다. 게다가 대략 1만 2,000피트(약 3.6km) 아래에는 활용할 수 있는 지열 에너지가 풍부하다. 항상 지하 에너지를 개발하고 있으니 나는 지열 에너지가 얼마나 풍부한지를 안다. 문제는 어떻게 경제 효율성 있게 지열 에너지를 개발하느냐다. 참고로 아이슬란드가 사용하는 에너지의 66퍼센트 이상이 지열 에너지에서 나온다.

탄소 : 메이드 인 차이나　　　　　　　—

2019년 중국의 경제는 세계에서 가장 빠르게 성장했고 그 과정에서 중국은 14.1기가톤의 이산화탄소를 배출했다. 이는 1990년 배출량의 세 배가 넘고 지난 10년 동안 25퍼센트 증가한 양이다. 중국의 이산화탄소 배출량은 지금 세계 이산화탄소 배출량의 27퍼센트를 차지하고, 이산화탄소는 주로 석탄에서 나온다. 참고로 미국의 이산화탄소 배출량은 세계 이산화탄소 배출량의 11퍼센트를 차지하여 세계 2위, 그 뒤를 6.6퍼센트를 차지하는 인도와 6.4퍼센트를 차지하는 유럽연합 27개국이 차례대로 있다.

미국의 이산화탄소 배출량에 대한 진실을 알고 아마도 무척 놀랐을 것이다. 2010년과 2019년 사이에 중국의 이산화탄소 배출량이 26퍼센트 증가하는 동안, 미국의 이산화탄소 배출량은 11퍼센트 감소했다. 미국은 파리기후협약Paris Climate Accord의 일환으로 계속 이산화탄소 배출량을 줄이고 있으나 다른 서명국들은 매년 이산화탄소를 더 많이 배출하고 있다. 수십 년 동안 우리가 반복적으로 들었던 이야기와 너무나도 다른 진실이기에 그저 놀랄 따름이다.

친구인 메이너드 홀트Maynard Holt가 2011년에 중국에 갔었던 이야기를 들려주었다. 그는 중국의 에너지 회사 간부를 만났고 "미국은 그동안 어떤 일을 해냈는지 알고 있나?"라는 질문을 받았다. 중국의 시각에서 미국이 셰일가스를 개발해 에너지 비용을 대폭 하락시킨 것은 대단한 성과였다. 중국은 그것이 에너지 시장에서 미국과 다른 나라의 경쟁 구도를 크게 바꾸었다고 봤다. 그 이야기는 내 뇌리에 깊이 박혔다. 애석하게도 많은 미국인이 미국이 에너지 부문에서 미국뿐만 아니라 전 세계를 위해서 어떤 일을 해냈는지 알지 못한다.

그린 뉴딜과 최후의 심판일에 관한 예언

오늘 일어나고 있는 모든 일은 수십 년 전에 시작됐다고 할 수 있다. 아이러니하게도 대다수가 화석연료로 막대한 부를 얻은 사람들이 시작한 일이다. 예를 들어서 록펠러 가문은 환경 운동가들이 주로 인구 조절을 목적으로 시작한 일부 프로젝트에 자금을 지원했다.

파울 에를리히Paul Ehrlich를 기억하는 사람이 있을까? 그는 '억제 불능의 재앙 예언자'라 불렸다. 그는 저서 『인구 폭탄The Population Bomb』에서 "2000년이 되면 영국은 7,000만 명의 배고픈 사람들이 사는 굶주린 섬들이 모인 하찮은 나라가 될 것이다. … 내가 도박사라면 영국이 2000년에 존재하지 않을 것이라는 데 돈을 걸겠다"라고 말했다.

웃기게도 암울한 미래를 예언하는 이들은 항상 우리가 내일 당장 무엇인가를 하지 않으면 20년 뒤에는 비참한 일이 일어날 것이라고 말한다. 그들은 절대 기술과 시장이 주도하는 혁신이나 적응에 관해서는 이야기하지 않는다. 그들은 언제나 현상이 유지되리라 가정한다. 아니면 그들은 풍차처럼 아주 오래된 기술에 집착한다.

파울 에를리히와 같은 사람들은 계속해서 등장해 우리에게 얼마나 시간이 남았고 재앙을 피하려면 긴박하게 해야 하는 일은 무엇이라고 떠들어 댄다. 그린 뉴딜(녹색 산업을 지원해서 일자리와 시장을 창출한다는 정책-역주)이 시작된 지 4년이 됐고, 알렉산드리아 오카시오코르테스 민주당 하원 의원이 예측한 세계의 종말 시점까지는 겨우 8년이 남았다.

1972년에 출판된 『성장의 한계Limits to Growth』는 환경 운동가들의 환경보호 서사에 지대한 영향을 주었다. 이 책은 피아트Fiat의 아우렐리오 페체이Aurelio Peccei와 같은 기업인들의 지지를 받으며 출판됐다. 아마도 기업인들은 자신들의 저조한 사업 실적에 대한 그럴듯한 핑계를 찾고 있는지도 모른다. 그들은 비관적이고 변화를 거부한다. 그 결과 일본은 이 빈틈을 파고 들어 20여 년간 경제성장을 이루었고 이번에는 중국이 일본을 따라서 이를 이용하고 있다. 성장에 비관적이거나 성장에 한계가 존재한다는 부정적인 사고방식은 일본과 중국에는 존재하지 않는 것 같다.

『성장의 한계』는 전 세계적으로 천연자원이 빠르게 고갈되고 있으니 경제성장을 제한하여 세계적 평형상태를 이루고 인구와 자본을 세심하게 통제해서 균형을 이루자고 주장했다. 다시 말해 누군가는 '균형을 유지하고 관리할' 책임을 떠맡아야 하니 부국은 경제적 부를 그대로 유지하되 나머지가 계속해서 못살자는 것이다. 으레 그렇듯이 서구 민주주의 국가의 언론, 학계, 정계는 이를 자신들의 신조로 받아들였다. 어디선가 들어 본 듯한 기시감이 느껴지지 않나?

이런 사고방식은 비뚤어진 결과를 낳았는데 그중 하나가 앞서 언급했던 1978년의 연료사용법이다. 당시 상원 의원이었던 조 바이든은 이 법안에 찬성표를 던졌다. 이 법이 제정되면서 미국에서 앞으로 10년 동안 전기를 생산하기 위해서 석탄을 마음껏 사용할 수 있게 됐다. 지금도 많은 나라가 석탄을 태워서 전기를 생산하고 있다. 나는 『성장의 한계』의 전제가 아주 어리석다는 것을 알지만 1973년에 그것을 읽고 보고서를 쓰는 과제를 받았다. 당시 이 책은 일종의 복음서처럼 여겨졌다. 희망컨대, 이 책과 그에 담긴 철학이 거짓된 신조와 허위 과학으로 기억되길 바란다. 이 책은 1970년대와 1980년대를 휩쓸었지만 그 내용이 시시껄렁한 이야기에 불과하다는 사실이 확인

됐다. 사실 이 책의 예언은 코미디에 나올 법한 실없는 농담이나 다름없다. 에너지 수요는 거의 세 배가 됐고 석유 생산량은 치솟았고 인류 역사상 전 세계적으로 생활 수준이 급격히 향상되었다. 미국의 기대 수명마저도 1960년 이후 거의 12퍼센트 증가했다.

폭스 뉴스의 최신 머리기사는 최후의 심판일을 예언하는 최신판이라 할 수 있다. 이 보수 언론은 최근에 '조사에 따르면 2100년이 되면 전 세계적으로 '거의 모든' 경제 규모가 기후변화로 인하여 쪼그라들 것이다'라는 머리기사를 보도했다. 정부와 재단의 재정 지원에 굶주린 학계와 싱크탱크가 연달아서 연구 결과를 발표했다. 인류의 미래가 장밋빛이라고 예측하는 사람은 전무하다. 거의 모두가 자신들의 어젠다를 관철하고자 공포 분위기를 조성하는 전술을 이용해서 인류가 존재의 한계에 직면했다고 주장한다. 최소한 2017년까지 발표된 연구 논문 중에서 미국이 에너지 독립을 달성했다거나 국내 석유 생산 덕분에 미국의 무역 수지 흑자가 1조 달러에 이른다는 내용이 담긴 연구 논문을 찾기는 쉽지 않다.

미국이 파리기후협약에 다시 가입하기 위해서 제시한 많은 핑계 중에는 '남극의 빙하가 녹으면서 해수면이 상승하여 뉴욕이 바다에 잠기게 될지도 모른다'는 머리기사도 있었다. 아이러니하게도 요즘 많은 사람이 뉴욕을 포기하고 텍사스와 플로리다로 이주하고 있다. 확실한 것은 그 이유가 남극의 빙하가 녹아서 해수면이 상승하고 있기 때문은 아니다. 파리기후협약의 목적은 우리보다 더 잘 안다는 전문가들이 경제성장을 억제하는 것이다. 그들은 공포 분위기를 조장하는 데 일가견이 있는 사람들로 구성된 기후 '공상적 박애주의자' 모임을 만들었다. 그런데 파리기후협약에 따라서 중국은 2030년까지 무엇이든지 자유롭게 할 수 있다는 것은 아무도 말해주지 않았다. 중국이 할 수 있는 무엇이든지에는 전 세계에 새로운 석탄발전소 수백 개를 세우는 것도 포함된다. 훨씬 더 걱정스러운 일은 국제기관이 중국을 개발도상국으로 간주한다는 점이다. 이것은 미국이 중국을 재정적으로 지원하는 데 드는 비용을 부담해야 된다는 의미다.

2021년 중국은 아시아와 아프리카의 에너지가 부족한 나라에 재정 지원을 해서 시커먼 연기를 뿜는 발전소를 많이 짓도록 했고, 결과적으로 전 세계에 지어진 석탄발전소의 절반 이상을 건설했다. 2022년 6월에 공개된 보고서에 따르면 중국 정책 입안자들은 최근에 2022년 전체 유럽연합의 연간 생산량에 거의 맞먹는 3억 톤의 석탄을 추가로 채굴할 수 있도록 석탄 채굴량을 늘리는 계획을 승인했다. 중국이 희토류광물을 채굴하기 위해서 추진하는 마구잡이식 노천채굴이 우리가 사랑해 마지않는 첨단 기기와 태양전지판에 엄청난 영향을 미친다는 것은 굳이 말하지 않겠다. 이것은 완전히 다른 이야기다.

도대체 왜 환경이 너무나 걱정된다고 주장하는 사람들은 이런 상황에도 중국과 인도 대사관 앞으로 가서 시위를 벌이고 양 국가가 생산한 제품과 서비스에 대해서 보이콧 선언을 하지 않는 것일까? 이 질문에 대해서 솔직하게 답하는 사람은 한 명도 없었다. 이 사람들은 진보주의자가 아니다. 그들은 국가 통제주의자다. 그들이 이해하지 못하는 것, 그들이 결코 이해하지 못할 것은 더 좋은 경제와 더 좋은 환경 중에 꼭 하나만을 선택할 필요가 없다는 사실이다. 우리는 환경을 보호하는 실용적인 체계와 경제성장에 도움이 되는 에너지 정책을 충분히 결합할 수 있다.

수평 시추법의 환경적 영향 —

지난 20년 동안 일어난 사건 중에서 경제적, 환경적 의미가 가장 큰 사건은 수평 시추법의 등장과 미국에서 불가능하다고 여겨졌던 에너지자원의 개발이다. 덕분에 미국은 다수가 에너지가 부족하다고 인식하던 나라에서 믿기 어려울 정도로 에너지가 넘치는 나라가 됐다. 그리하여 경제는 생동감이 넘치고 환경은 더 깨끗해졌다.

2006년과 2020년 사이에 미국의 이산화탄소 배출량은 22퍼센트 감소했다. 이것은 석탄 대신에 깨끗하게 연소하는 천연가스로 전기를 생산한 덕분이 크다. 그리고 미국의 석유와 천연가스 생산량이 증가했다. 천연가스는 전기를 생산하는 데 가장 효율적이고 저렴하며 안정적으로 공급되는 연료다. 게다가 천연가스를 사용하는 것이 현재 대기오염을 줄이는 가장 빠른 방법이다. 그 어떤 자원도 천연가스를 따라갈 수 없다.

미국에서 셰일가스 생산이 활기를 띠면서 경제 전반에 관련된 시장에서 수백만 개의 일자리가 창출됐다. 셰일가스가 생산되는 주는 세수가 증가했고 증가한 세수로 학교, 교사 등 모두의 삶을 개선할 수많은 프로젝트에 투자했다. 하지만 이 모든 진보가 위태로워졌다.

댈러스 연방준비은행Federal Reserve Bank of Dallas에 따르면 불과 5년 만에, 즉 2010년부터 2015년 사이에 미국 GDP가 증가했고 그 증가분에 셰일층에서 천연가스를 생산하는 셰일가스 업계가 차지한 비중이 거의 10퍼센트에 이르렀다. 그리고 미국경제연구국National Bureau of Economic Research에 따르면 2018년 석유와 천연가스 채굴이 미국 경제 생산액에 거의 2,200억 달러를 기여했다.

미국상공회의소U.S. Chamber of Commerce가 실시한 한 조사에 따르면, 셰일층에서 석유와 천연가스를 생산하지 않는다면 430만 개의 일자리가 사라지고 미국 GDP에서 5,000억 달러가 증발한다. 게다가 2008년부터 2018년까지 국내 에너지 생산량이 증가하면서 미국은 1조 1,000억 달러의 에너지 비용을 절감할 수 있었다. 전 국민이 쇼핑과 같이 다른 부분에 지출하고도 남을 엄청난 액수다.

셰일 혁명은 미국의 공기를 더 깨끗하게 만들었다. 미국을 더 부유하고 안전하게 만들었다. 이것은 세법을 교묘하게 수정하고 자신들과 관계된 이들에게만 보조금을 마구 지원하는 정책 입안자들이 아닌, 나와 같은 기업가들과 과학자들이 이룬 일이다.

전기는 하늘에서 뚝 떨어지지 않는다 —

최근 조사에 따르면 하나의 테슬라 급속 충전소가 필요한 전력의 13퍼센트는 천연가스에서, 27퍼센트는 석탄에서 얻는다고 한다. 2017년 일론 머스크는 결국 테슬라 급속 충전소를 전력망에서 완전히 분리해 낼 것이라고 말했다. 테슬라 급속 충전소가 필요한 전력을 모두 태양광으로 만들어 내는 데 필요한 땅의 크기를 대략 계산하면 급속 충전소당 수천 개의 태양전지판이 필요하다는 계산이 나온다. 그런데 테슬라는 공식적으로 자신들이 온실가스를 얼마나 배출하는지를 공개하지 않는다. 그래서 테슬라가 하는 말이 사실인지 아닌지 사실 여부를 확인할 수 없다. 일론 머스크는 트위터에 급하게 메시지를 올리는 게 습관이 돼서 그런지 그의 생각은 충동적이고 일관성이 없는 것 같다.

한편 2022년 친환경 독일에서 무슨 일이 일어났는지에 관심을 두는 사람은 거의 없었다. 많은 독일인이 전기 요금을 내기 위해서 재량 지출(기초 생활비 외의 지출-역주)을 줄여야 했다. 최근에 캘리포니아에서 전기 요금이 너무 올라서 주유소에서 휘발유를 주유하는 것보다 전기차를 완전히 충전하는 것이 더 비쌀 수도 있다. 하지만 휘발유 가격이 거의 두 배로 뛰면서 전기 요금이 올랐어도 휘발유차를 모는 것보다 전기차를 타는 것이 여전히 더 저렴하다. 2022년 여름, 개빈 뉴섬 캘리포니아주 주지사는 캘리포니아 주민들에게 피크 시간대에 전기차를 충전하지 말 것을 요청했다.

전기는 어디서 오나?

　전기가 벽에 부착된 콘센트에서 나온다고 생각하나? 그렇다면 깜짝 놀랄 말을 해야겠다. 미국의 대부분 전기는 천연가스, 석탄, 원자력으로 만든다. 오늘날 전기의 5퍼센트 미만만 태양광으로 만든다. 풍력으로 생산되는 전기는 10퍼센트 미만이다. 대략 전기의 20퍼센트가 석탄을 태우는 화력발전소에서 만들어진다. 감사하게도 지난 10년 동안은 천연가스가 전기를 만드는 데 사용되는 주요 연료로 석탄을 대체하고 있다.

　하지만 미국의 전기 상황을 좀 더 자세히 들여다보자. 사람들은 전기차가 태양광으로 만든 전기로 움직인다고 생각한다. 하지만 실제로 전기차가 사용하는 전기의 대부분은 탄화수소에서 나온다. 미국에서 전기차가 주행할 때 필요한 전기는 평균적으로 천연가스와 석탄에서 만들어진다. 일상적으로 사용하는 전기도 마찬가지다. 인터넷을 하거나 전등을 켜거나 에어컨을 켤 때 필요한 전기의 대다수가 천연가스와 석탄에서 나온다. 풍력, 태양광, 기타 재생에너지원으로 만들어지는 전기는 아주 소량에 불과하다. 미국이 원자력발전소를 없애려고 아무리 애를 써도 원자력이 풍력 터빈과 태양전지판보다 훨씬 더 많은 전기를 생산한다.

　더욱이 밤이 찾아오고 바람이 잔잔해지면 재생에너지로 전기를 전혀 만들 수 없다. 과학자이자 에너지 역사학자인 바츨라프 스밀Vaclav Smil은 이 상황을 아주 잘 설명했다.

전기차는 없다. 우리가 전기차라고 생각하는 것은 전기를 어디서 얻는지를 곰곰이 생각해 보면 '배터리 차'라고 부르는 게 정확하다. 내가 매니토바주에서 전기차를 산다면 그 차는 '수력 전기차'일 것이다. 수력 전기는 진정으로 이산화탄소를 전혀 배출하지 않는 에너지다. 중국 북부에서는 전기차의 90퍼센트가 '석탄 차', 프랑스에서는 70퍼센트가 '원자력 차', 러시아에서는 거의 모든 전기차가 '천연가스 차', 덴마크에서는 50퍼센트가 '풍력 차'다.

쉬운 길로 가야 할까, 어려운 길로 가야 할까? ▬

환경친화적으로 살아가기는 쉽다. 뜨거운 열정과 좋은 의도만 있으면 된다. 사실과 긍정적인 결과는 선택 사항이다.

아민 알나세르 Amin H. Nasser 사우디 아람코 Saudi Aramco 사장 겸 CEO는 2022년 9월 슐럼버제 디지털 포럼 Schlumberger Digital Forum에서 강연할 때, 다음과 같은 이야기를 했다.

작금의 위기가 보여주듯이 그 계획은 현실이라는 파도에 휩쓸려 사라질 모래성일 뿐이다. 전 세계 수십 억 명이 에너지 접근성과 생활비와 관련해서 심각하고 장기적인 결과에 직면했다. 이것이 현재 에너지 불안의 진짜 원인이다.

석유와 천연가스 개발에 투자를 줄이고 대안은 마련하지 않고 예비 계획은 없다. 하지만 지금까지의 대응만 보면 현재 상황이 진짜 어떤지 확실히 알지 못한다. … 우리 모두 기후 보호에 지대한 관심이 있다. 미국의 전통적인 에너지자원에 투자해야 한다는 것이 대체에너지 자원과 기술을 무시해야 한다는 의미는 아니다. 하지만 세계는 지금의 위기에 훨씬 더 잘 대응해야 마땅하다. … 애석하게도 에너지 위기의 고통이 커지고 전 세계 사람들은 도움이 절실하다. 내가 보기에 정책 입안자와 에너지 이해관계자가 사람들을 도울 수 있는 최고의 방법은 훨씬 더 신뢰할 수 있는 에너지 전환 계획을 마련해서 세계를 하나로 묶는 것이다.

우리는 우리의 몫을 하고 있다. 온실가스 배출량을 없앨 뿐만 아니라 다른 산업이 배출하는 온실가스도 분리하는 첨단 기술을 사용하고 있다. 모든 형태의 에너지 생산 기술의 지속적인 발전이 정치적 승자와 패자를 구분하기 위해 마련된 어설픈 계획보다 이 세상을 훨씬 더 깨끗하게 만들 것이다.

나는 재생에너지에 반대하지 않는다. 그저 존재하지 않는 다른 시스템을 위해서 기존의 시스템을 해체하는 데 반대할 뿐이다. 대신에 효과 있는 해결책으로 주목할 만한 변화를 만들자. 동료들과 나는 말보다 행동을 선호한다. 눈에 띄는 차이를 만드는 것은 쉽지 않고 싸지 않다. 하지만 가치 있는 일이다!

그림 세계 주요 에너지원

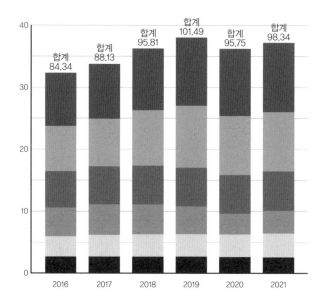

출처 : "주요 에너지원", 미국 에너지 정보청, 2022년 12월 22일

이 그림은 세계 에너지가 무엇으로 만들어지는지를 자세히 보여준다.
천연가스가 계속해서 전기를 생산하는 데 가장 많이 사용되고 있다.

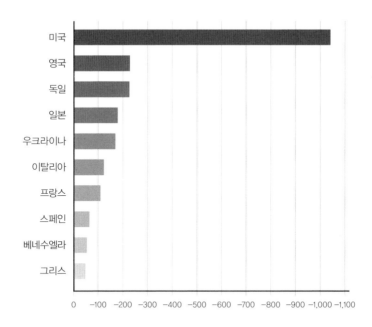

그림 2000~2021년 이산화탄소 배출 감축량 국가별 순위 (단위: 100만 톤)

출처: "세계 에너지 통계 보고", BP, 2022년 6월

언론이나 워싱턴의 정계는 그림과 같은 통계 내용을 우리에게 공개하지 않을 것이다.
통계 내용에서 알 수 있듯이 미국은
이산화탄소 배출량 감축에서 다른 산업화된 선진국을 크게 앞선다.

Chapter 13

미국의
제45대 대통령
도널드 트럼프

1977년부터 나는 석유와 천연가스가 미국 사회와 경제에 제공하는 이점에 대해서 선출직 공직자들을 교육하는 데 시간을 투자했다. 업계에 막 발을 들였을 때, 나는 미국의 석유와 천연가스 산업을 위해서 일하겠노라 결심했고 그것이 애국적인 행동이라고 생각했다. 나는 석유와 천연가스 산업이 발전하지 않으면 미국이 세계적 위상을 계속 유지할 수 없다고 믿었다. 믿음은 지금도 변함없다.

미국 전역의 대다수는 독립적인 석유와 천연가스 회사가 국내에서 수평 시추법으로 어떤 일을 해냈는지를 알지 못한다. 우리는 이 기술로 미국 땅에 매장되어 있는 막대한 에너지자원을 개발했다. 앞서 말했듯 이를 미국의 에너지 르네상스라 부른다. 미국의 에너지 르네상스가 도래했다는 이야기가 널리 퍼지기 시작한 2010년경 나는 언론의 러브콜을 받기 시작했다. 그들은 내게 자신들의 뉴스 쇼에 출연해달라고 요청했다. 나는 〈월스트리트저널〉, 〈포브스〉, 〈내셔널 리뷰 National Review〉, 〈파이낸셜 타임스〉, 〈워싱턴 포스트〉 등과 인터뷰하고 CNBC, NBC, 블룸버그, MSNMC의 모닝 조Morning Joe , 폭스의 모닝 위드 마리아Mornings with Maria , 바니 앤 코Varney and Co. , 터커 칼슨 Tucker Carlson 쇼, 폭스 앤 프렌즈Fox & Friends 등 다수의 프로그램에 출연했다. 게다가 전국의 국가기관에서 요청을 받아 미국의 에너지와 그 영향에 관한 강연도 했다.

2011년, 나는 2012년 공화당 대선 후보 경선을 앞두고 밋 롬니Mitt Romney 의 국가 에너지 전략을 수립하는 에너지 전문가로 그의 선거 캠프에 합류했다. 롬니의 에너지 계획은 미국에 매장된 풍부한 석유와 천연가스에 대한 긍정적인 정책 계획을 수립하는 것이 목표였고 궁극적으로 미국이 에너지 독립을 이루고 외국산 에너지로부터 자유로워지는 것이었다. 나는 여러 정치 행사와 시민 행사로부터 '더플랜 The Plan'에 대하여 설명해달라는 연설을 요청받았다. 당시 우리는 밋 롬니의 에너지 계획을 더플랜이라 불렀다.

밋 롬니는 공화당 대선 후보 경선에서 패배했지만 우리가 그렸던 에너지 정책의 끝을 의미하지는 않았다. 공화당 대선 후보 경선 결과를 보기 위해 마련된 자리에서 나는 처음으로 도널드 트럼프를 만났다. 그는 처음 만난 순간부터 미국의 에너지산업에 관해서 관심을 표했다. 그는 내게 자주 뉴욕으로 오는지를 물었다. 나는 상장 기업 CEO로서 월가를 주기적으로 방문한다고 대답했다. 그는 다음에 뉴욕에 올 때 시간이 되면 자신의 사무실에 들러달라고 부탁했다. 나는 그의 제안을 흔쾌히 수락했다. 몇 주 뒤 에너지 콘퍼런스에 참가하기 위해서 나는 뉴욕을 찾았고 도널드 트럼프에게 전화했다. 그가 바쁘지 않으면 사무실로 가겠다고 이야기했다. 그는 즉시 나를 사무실로 초대했다. 트럼프 타워, 특히 그의 사무실은 독특했다. 그는 나보다 미식축구 헬멧과 스포츠 용품을 더 많이 가지고 있었다. 심지어 자기 모습을 본뜬 쿠키 항아리도 가지고 있었는데 뚜껑에 그의 트레이드마크 헤어스타일 캐리커처가 그려져 있었다.

우리가 마주 앉았을 때, 그는 망설이지 않고 바로 본론으로 들어갔다. 그는 내게 미국의 에너지 르네상스와 어떻게 그것이 시작됐는지를 설명해달라고 했다. 나는 어떻게 수평 시추법을 개발했고 미국의 셰일층으로 이루어진 분지에 매장된 수십 억 배럴의 석유와 수조 세제곱피트의 천연가스를 어떻게 생산했는지 설명했다. 그리고 우리가 새롭게 접근한 에너지자원이 미국을 어떻게 에너지 독립으로 이끌었는지도 설명했다. 내 설명을 들은 뒤에 그가 보인 반응을 결코 잊지 못할 것이다. "와! 미국 경제가 새로운 차원의 번영을 누릴 수 있겠습니다." 나는 오바마 행정부가 도입한 부담스러운 규제만 일부 해소된다면 충분히 가능한 일이라고 그의 말에 동의했다.

도널드 트럼프는 내게 놀라운 질문을 던졌다. "내가 대통령에 선출될 수 있다고 생각하나?" "잘 모르겠다. 나는 단 한 번도 그것에 대해서 생각해 본 적이 없다. 뉴욕주 주지사가 될 생각은 해봤나?"라고 대답했다. 그는 "나는 주지사가 되고 싶지 않다. 나는 대통령이 되고 싶다"고 대답했다. 나는 "당신이 대통령으로 선출될지 안 될지 모른다. 하지만 미국의 에너지산업을 지원하겠다는 생각을 버리지 않는다면 당신의 대선 출마를 돕겠다"라고 답했다.

대선 후보, 도널드 트럼프

도널드 트럼프가 대선 출마를 결심하자 나는 처음부터 그를 돕기 위해서 발 벗고 나섰다. 도널드 트럼프를 지지하는 최초의 사람 중 한 명이 되기는 쉽지 않았다. 심지어 콘티넨탈 리소시스에서도 일부 임원들은 내가 가혹한 비난을 받게 되리라고 믿었다. 나는 우리 업계를 위해서, 나아가 미국을 위해서 옳다고 여겨지는 일을 하는 데 역경에 부딪히는 것이 이번이 처음은 아니라고 그들에게 말했다. 일찍부터 도널드 트럼프가 제시한 원칙, 정책과 제안을 지지했고 전국적으로 트럼프 대세론이 형성되기 시작했다. 그 일은 다음과 같이 일어났다.

미국에서 건설적인 변화를 이루겠다는 도널드 트럼프의 의지가 공화당원과 민주당원 모두에게서 호응을 얻었다. 그가 오클라호마주를 처음 방문했을 때, 나는 그가 오클라호마주의 유명 사업가와 유력 인사를 만날 수 있도록 윌리 포스트 공항에 자리를 마련했다. 챔피언십 우승 팀인 오클라호마 수너스Oklahoma Sooners와 슈퍼볼 우승 팀인 댈러스 카우보이스Dallas Cowboys의 배리 스위처Barry Switzer 감독도 있었는데 그는 도널드 트럼프를 지지하기 위해서 지지 정당을 바꾼 최초의 인물 중 한 명이다. 그가 오클라호마주에 있는 동안 배리 스위처는 도널드 트럼프에게 내가 하는 시추 작업은 다른 사람들이 석유를 생산하는 데 실패했던 곳에 빨대를 잔뜩 꽂아서 남들은 생산하지 못한 석유를 생산하는 것과 비슷하다고 말했다. 도널드 트럼프는 이 비유를 아주 마음에 들어 했다. 나는 다소 억울한 감이 있었지만 이 이야기를 사골 국 우려먹듯이 계속하는 그를 말릴 수 없었다.

물론 나는 언제나 기회를 찾는다. 이어지는 몇 주 동안 도널드 트럼프가 대통령으로 선출됐을 때 미국을 어떻게 이끌지에 관해 종합적인 계획이나 정책을 설계하는 단체를 이끌었다. 농업, 보건, 국방, 에너지, 제조업, 건설업, 기술, 통신, 교통, 은행권, 공공서비스, 교육, 금융 등 주요 분야에서 미국이 직면한 모든 이슈를 정리하고 대응 방안에 대해서 논의했다. 각각의 분야는 그 분야의 주요 기업 관계자와 유력 인사 10여 명이 이끌었다. 나는 그들에게 그의 친기업적 사고방식이 어떻게 미국에 큰 변화를 불러올지를 설명했다. 다행히도 나는 대통령으로서 도널드 트럼프의 자질에 대해 여전히 회의적인 사람들도 설득할 수 있었고 그들은 국익을 위한 노력에 동참하기로 마음을 바꾸었다. 우리가 조직한 모임에 많은 사람이 참여했고 2016년 뉴욕의 트럼프 타워에서 열린 중요한 행사에 함께하기로 했다.

도널드 트럼프 후보자는 커다란 회의실에 앉아 있는 유력 정·재계 인사들을 보고 살짝 놀란 눈치였다. 그들은 회의실로 들어오는 트럼프에게 자리에 앉아서 자신들의 말을 들어 보라고 했다. 놀랍게도 트럼프는 3시간 동안 그들의 말에 귀를 기울였다. 그는 경제의 각 분야를 무겁게 짓누르는 규제에 무엇이 있고 미국이 다시 번영하려면 무엇을 해야 하는지에 관한 정보를 얻었다. 트럼프는 그들과의 대화에 열중했고 질문도 던졌다. 그러면서 선거 유세와 대통령으로 당선된 뒤에 국정을 운영할 때 필요한 데이터를 수집했다.

이날 그 자리에 모였던 유력 인사들이 했던 말은 지금도 여전히 유의미하고 중요하다. 예를 들면 록히드마틴Lockheed-Martin 과 보잉Boeing 관계자들이 그 자리에서 미국이 35년 된 전투기를 아직도 사용하고 있다고 말했고 이 낡은 전투기 때문에 미국 군인들이 위험하다고 지적했다. 심지어 이 낡은 전투기를 수리하려고 박물관에 전시된 항공기에서 부품을 가져올 때도 있었다.

불행하게도 나는 이 이야기를 듣고 그렇게 놀라지 않았다. 2년 전인 2014년 아프간전쟁에서 아군의 포격으로 미국 군인이 죽은 사고가 일어났고 우리 가족은 이 사고로 친한 친구를 잃었다. 에어포스 B-1 폭격기가 500파운드(약 227kg) 폭탄 2개를 우리 가족의 친구인 특전 부대의 스콧 스튜던문드Scott Studenmund 하사가 있는 곳에 투하했고, 그와 5명의 미국 군인이 목숨을 잃었다. 많은 사람들이 낡은 폭격기가 군인들의 섬광등을 감지하지 못하고 폭탄을 투하하여 사상자가 발생했다고 생각한다. 공군은 이에 이의를 제기하고 있지만 아직도 이 낡은 폭격기는 전투에 투입되고 있다.

도널드 트럼프 후보자와의 회담은 계속됐고 에너지산업 대변인은 그 자리에서 미국의 석유와 천연가스 회사가 생산품을 시장에 내놓지 못하도록 파이프라인 건설을 지연시키는 전술에 관해서 전부 이야기했다. 예를 들어 노스다코타주에서 고용한 경호 요원을 통해 다코타 액세스 파이프라인 건설을 반대하는 시위자들이 시간당 19달러 이상을 받는 것을 알게 됐다. 심지어 그들은 시위하다가 체포되면 보너스도 받았다. 그들이 노스다코타주에 끼치는 피해는 단체로 파이프라인 건설을 반대하는 데 그치지 않았다. 노스다코타주 주지사의 측근은 치안을 유지하고 시위자들이 현장에 버린 쓰레기와 오물을 치우는 데 3,800만 달러가 들었다고 우리에게 귀띔했다.

트럼프 리더십 자문 위원회Trump Leadership Council; TLC는 매우 효과적이었다. 도널드 트럼프는 대선 후보자뿐만 아니라 미국 대통령으로서 미국이 직면한 문제에 대한 해결책을 배웠고 빠르게 대응했다. 농업을 대변했던 진 니콜라스Gene Nicholas는 노스다코타주에서 가장 넓은 땅을 소유한 농장주였고, 도널드 트럼프 후보자에게 건전한 농업 정책을 마련한다면 미국 농부들이 모두 그에게 표를 던질 것이라고 말했다. 정확하게 그의 말대로 모든 농촌 지역에 도널드 트럼프 후보자를 지지하는 팻말이 세워졌다. 트럼프를 지지하는 집회가 열렸고 겨우 1만 명인 지역사회에서 열린 집회에 무려 20만 명이 참여했다. 전국에서 모여든 유권자들이 '미국을 다시 위대하게 만들자'고 외치는 그의 선거 유세를 들었다. 수백만 명이 그의 지지자가 됐고, 그는 전국구 언론사의 도움 없이, 놀랍게도 힐러리 클린턴을 상대로 한 대선에서 승리했다. 오늘날까지도 나는 트럼프가 대선에서 강한 지지 기반, 막강한 자금력, 전국 언론을 자신의 편으로 둔 힐러리 클린턴을 꺾을 수 있는 유일한 사람이었다고 확신한다. 그는 싸움을 멈추지 않았다.

대선 개표 결과를 함께 기다리며 —

2016년 11월, 나는 도널드 트럼프가 대선에서 힐러리 클린턴을 이길 것이라고 확신하면서 대선 개표 결과를 함께 지켜보기 위해 선거 날 밤 뉴욕으로 날아갔다. 뉴욕에서 그런 밤을 보낸 적이 없다. 대부분의 출구 조사에서 도널드 트럼프의 승리를 확인한 뒤 새벽 3시 30분에야 나는 눈을 붙일 호텔 방을 찾기 시작했고 운 좋게 새벽 4시에 방 하나를 잡았다. 늦은 아니, 이른 시간이었지만 알람을 새벽 6시에 맞추었고 아침에 잠에서 깬 나는 TV를 보고 충격에 휩싸였다. 믿을 수 없는 일이 벌어진 것이었다. 도널드 트럼프가 정말 당선되었다! 나는 온종일 지지자들과 TLC 회원들과 승리를 축하하고 전국 언론사와 인터뷰하는 데 시간을 썼다. 아주 신나는 날이었다.

그로부터 며칠간 나는 트럼프 타워의 사무실에서 도널드 트럼프 당선자와 시간을 보내며 그의 대통령직을 어떻게 시작할지에 대해서 대화를 나누었다. 나중에 알게 된 사실이지만 오바마 행정부 관계자가 대선 기간에 우리의 대화를 엿들었다는 사실을 알고 경악했다. 하지만 우리는 미국을 위해서 해야 할 일과 계획한 일이 많았다. 미국의 엄청난 에너지 수요가 억눌려 있고 부담스러운 규제만 철회된다면 그 수요를 충족시킬 에너지가 시장에 공급될 수 있다. 미국 경제는 놀랍고 역사상 유례가 없을 정도로 성장할 것이다. 내가 소유한 유전이 앞으로 미국이 무엇을 해낼 수 있을지를 보여주는 아주 좋은 때다. 우리는 단시간에 미국을 결핍의 시대에서 풍요의 시대로 이끌 수 있을 것이다. 우리는 이에 대해서 전혀 의심하지 않았다. 나는 진심으로 미국의 성장을 제한하는 에너지 정책을 혁명하는 여정에 참여하고 싶었다.

나중에 도널드 트럼프 당선자의 대통령직 인수 위원회가 나를 에너지 장관 후보로 검토하고 있다는 사실을 알았다. 장관직을 수락하면 나의 기업 소유권이 어떻게 되는지 주위에 자문을 구했다. 하지만 내가 장관직을 고사하게 된 결정적인 이유는 신탁 조항 때문이다. 장관직을 수락하면 콘티넨탈 리소시스 지분을 포함해 석유와 천연가스 사업의 모든 지분을 신탁에 맡겨야 했다. 그리고 나는 그 신탁에 대해서 영향력을 전혀 행사할 수 없었다. 오랫동안 고심하고 가족들과 상의한 뒤, 최종적으로 에너지 장관직을 거절하기로 했다. 그것은 어려운 결정이었지만 옳은 결정이기도 하다. 나는 콘티넨탈 리소시스에서 주주들의 이익을 잘 대변할 의무가 있다.

에너지 장관직을 거절했지만 그의 정책을 이행하는 데 꼭 맞을 적임자에 대해 자문했다. 도널드 트럼프 당선자가 임기 초기부터 가차 없는 부당한 반대 여론에 부딪혔을 때, 그들은 그에게 큰 힘이 되었다.

훌륭한 정책과 성장하는 경제   ━

2020년 도널드 트럼프 대통령이 재선에 실패하면서 여느 사람들과 마찬가지로 나와 그의 개인적인 인연도 끝났다. 나는 그의 경제 정책이 아주 마음에 들었고 지금도 그렇다. 그가 미국 대법원에 미친 영향은 앞으로 몇 세대 동안 지속될 것이다. 미국은 번창했다. 트럼프의 임기 동안 미국은 에너지 독립을 이루었고 세계에서 독보적인 석유와 천연가스 생산국이 됐다. 덕분에 수백만 명의 미국인이 보수를 많이 받으며 일을 할 수 있게 됐다. 국가 안보가 탄탄해지면서 수많은 미국 군인의 목숨을 구했고 우리는 이런 변화의 혜택을 지금도 여전히 누리고 있다. 미국 소비자들은 연간 1조 5,000억 달러에 이르는 경제적 이득을 누리고 휘발유 가격은 충격적일 정도로 싸다. 중동에서 석유를 수입하는 대신에 우리는 미국 땅에서 석유를 생산했고 이는 미국인에게 혜택으로 돌아갔다. 트럼프 행정부는 소비자물가를 낮추면서 기업이 안정적으로 손해 보지 않고 사업할 수 있도록 적정한 가격에서 균형을 유지했다.

미국 소비자들은 충분하고 저렴한 휘발유와 경유를 즐겼다. 2020년 봄, 평균 휘발유 가격은 갤런당 1.70달러 이하를 기록했고, 평균 경유 가격은 갤런당 2.50달러였다. 인플레이션은 2퍼센트였다. 우리는 미국인으로 존경받았고 적들은 우리가 미국인이라 두려워했다. 트럼프 대통령은 북한의 공격적인 독재자가 날뛰지 못하게 억눌렀고, 러시아의 블라디미르 푸틴과 중국의 시진핑을 다스렸다. 노후화된 석탄발전소를 폐쇄하고 깨끗하게 연소되는 천연가스로 전기를 생산하면서 미국의 대기질은 산업국 중에서 최고로 깨끗해졌다. 풍부한 천연가스가 저렴하게 시장에 공급되면서 우리는 전 세계에 청정 연료를 수출하고 제조업 일자리를 미국으로 다시 가져올 수 있었다. 이 모든 것은 좋은 정책 기반이 있었기에 가능했던 일이다. 좋은 정책 중 일부는 TLC 논의에서 나왔다.

나는 도널드 트럼프를 존중하고 그의 임기 내내 친구로 남아 있었지만 점점 그가 탐욕적인 많은 사람들에게 압도되면서 집중력을 잃어 가는 모습을 지켜보아야 했다.

2020년 대선 이후로 미국이 여러 분야에서 후퇴하는 모습을 지켜보는 것은 슬픈 일이다. 대부분이 이런 결과가 나올 필요가 없는 사례고 이 퇴보로 말미암아 평범한 미국인이 피해를 입었다. 나는 미래에 여전히 희망을 품고 있고 합리적이고 유능한 리더가 다시 나타날 때까지 미국이 되돌릴 수 없는 손상을 입지 않기를 기도한다.

사람들은 내게 이 위대한 나라를 다시 한 번 더 결속시키고 번영으로 이끌 이는 누구라고 생각하느냐고 계속 묻는다. 애국자로서 나는 이런 질문에 항상 이렇게 답한다. 다음 대통령은 분열을 조장해선 안 된다. 나라를 갈기갈기 찢는 헛소리는 그만하고, 서로 정치적으로 대립각을 세우지 말고, 모두가 한 방향으로 밧줄을 다시 당길 수 있도록 이끄는 리더십을 발휘해야 한다. 사람들은 그런 사람을 대통령으로 뽑아야 하고 다음 대통령은 미국이 세계 리더로서 신뢰를 회복할 수 있도록 외교정책을 잘 이해해야 한다.

나는 도널드 트럼프 전 대통령이 다시 대선에 출마한다면 그를 지지할 것이냐는 질문을 많이 받았다. 그의 대다수 정책이 건전하고 미국이 번영하도록 돕긴 했지만 그는 자신을 지지하는 사람들의 곁을 지키지 않았다.

나는 다음 대선에서 이 나라를 결속시켜 미국을 에너지 풍요의 시대로 다시 이끌 자질을 갖춘 훌륭한 후보자가 나올 것이라고 굳게 믿는다. 오늘날 바이든 행정부는 전략비축유를 방출하고 연방 소유의 토지 개발을 제한하고 징벌적 규제를 도입하면서 미국을 자진해서 에너지 부족으로 이끌었다. 지금 우리에게 필요한 것은 미국인들이 원하는 에너지를 저렴하고 안정적으로 공급하여 에너지 안보와 에너지 독립을 다시 이룩하는 것이다.

에너지 정책을 위한 제언　　　　　　　—

나는 이 나라를 이끌 생각을 하는 사람이라면 그가 누구든지 수많은 행정부에 제시했던 정책을 그대로 제안할 것이다. 모든 미국인을 위해서 경제적 번영과 국가 안보를 이룰 정책을 수립할 때 반드시 고려해야 하는 기본 사항이다.

- 외국 정부에 의존하지 말라. 지금 유럽을 보면 비축된 석유와 천연가스가 없을 때 나라에 무슨 일이 일어나는지 알 수 있다.
- 모든 종류의 에너지를 자유 시장에 공급하라. 정부는 시장을 왜곡하는 보조금 지급을 통해 시장에서 승자와 패자를 결정하는 행위를 그만두어야 한다.
- 시장이 제대로 기능하지 못하게 만드는 징벌적 규제를 철폐

하여 상식적인 규제 체제를 마련하라.

- 에너지가 전국적으로 안전하고 효율적으로 이송될 수 있도록 연방에너지규제위원회Federal Energy Regulatory Commission가 관리하는 정돈되고 안정적인 파이프라인 네트워크를 만들어라.
- 연방 소유 땅에서 석유와 천연가스를 시추하고 유정을 완결할 수 있도록 허가 시스템을 간소화하라. 이렇게 한다면 에너지 생산량의 증가로 20조 달러의 경제적 효과가 발생할 것이다.

기억하라. 미국은 세계 최대의 석유와 천연가스 매장량을 가지고 있고 세계 최대의 석유와 천연가스 생산국이다. 이것이 의미하는 바는 무엇일까? 내 계산에 따르면, 미국이 연방 소유 땅에서 에너지를 개발하여 상당한 에너지자원을 활용한다면 20조 달러에 이르는 엄청난 경제적 혜택이 발생한다. 이것은 270만 개의 새로운 일자리를 만들어 5조 달러의 근로 소득을 발생시킬 것이다. 연방 세수는 거의 4조 달러 증가하고 국세와 지방세 수입은 거의 2조 달러에 이를 것이다.

누가 이 나라를 이끌어야 하느냐고 묻는다면, 나는 대통령이 갖추어야 할 진실성과 리더십이 있는 사람이라고 답하겠다. 지금은 비록 정치적으로 혼란하지만 나는 여전히 미국의 장래가 밝다고 생각한다.

Chapter 14

대규모
정전의 재발을
방지하는 방법

태양광과 풍력과 비교한 석유와 천연가스의

에너지 밀도는 다음과 같다.

태양광: 세제곱미터당 0.0000015줄

10mph 풍력: 세제곱미터당 7줄

천연가스: 세제곱미터당 40,000,000줄

석유: 세제곱미터당 45,000,000,000줄

　너무 성급하게 '친환경' 자원을 활용해서 전기를 생산하려고 할 때 우리가 감수해야 하는 위험은 엄청나다. 텍사스의 경우만 보아도 그 결과를 쉽게 알 수 있다.

　2021년 2월, 텍사스와 남서부 일부 지역은 한대기단이 전력망과 충돌하면서 끔찍한 정전 사태를 맞았다. 수백만 명이 전기를 사용할 수 없었다. 가정과 기업은 난방 시스템과 전등을 사용할 수 없었다.

수도 공급과 같은 주요 공공서비스가 붕괴됐다. 혹자는 최소한 245명이 정전 사태로 사망했다고 추산했다. 텍사스 전기 신뢰성 위원회 Electric Reliability Council of Texas; ERCOT에 따르면 텍사스의 전력망은 전력망이 부분적으로 끊겨도 '곧장' 완전한 정전을 일으켰다.

영하의 추위가 닥친 첫날 ERCOT는 순환 정전 조치를 했고 정전 시간은 45분을 넘지 않을 것이라고 말했다. 하지만 안타깝게도 정전 시간은 몇 시간 동안 지속됐고 일부 지역에서는 며칠 동안 지속됐다. 이렇게 순환 정전을 해도 매서운 추위 때문에 에너지 수요가 역대급으로 치솟았다.

풍력발전기의 터빈이 얼어붙고 구름이 태양을 가려서 재생에너지로 전기를 생산할 수 없었고 이를 백업해 줄 수 있는 유전과 가스전마저 한파로 폐쇄되어 상황은 더욱 악화됐다. 결과적으로 참사가 꼬리에 꼬리를 물고 일어났다.

수 주일 동안 전기 공급이 중단된 주에서 살아야 했던 사람들에게 무슨 일이 일어났을지 상상해 보라. 보건 서비스처럼 삶에 필수적인 서비스 분야를 떠올려 보라. 병원은 환자를 다른 주로 이송해야 했을 것이다! 하지만 버스와 비행기가 전기로 가동되는 주유소에서 휘발유를 주유하지 못한다면 그들을 무슨 수로 다른 주에 이동시키겠나? 사망자가 수백 명에 그치지 않고 수천 명이 무의미하게 목숨을 잃고 수백만 명이 고통받았을 수도 있다.

아이러니하게도 텍사스는 미국에서 에너지를 가장 많이 생산하는 주다. 하지만 악천후가 닥친 텍사스는 재난을 당한 캘리포니아주보다 훨씬 더 형편없이 대응했다. 왜일까?

수년 동안 정치인과 규제 당국은 발전 회사에 인센티브를 제공하면서 재생에너지에 투자하도록 했다. 텍사스는 바람이 많이 부는 종주 지형이다. 그래서 텍사스 전역에 수천 개의 풍력발전소가 세워졌다. 풍력발전 정도는 아니지만 정부의 인센티브로 텍사스주에 태양광발전 단지도 건설됐다. 하지만 정부는 백업 에너지 인프라에 대해서는 인센티브를 제공하지 않았다. 화력발전소가 폐쇄됐고 전력망의 탄력성이 제거됐다. 더 깨끗한 에너지원으로 전기를 생산하는 것이 바람직하다면 화력발전소는 연료를 석탄이 아닌 천연가스로 대체하여 전기를 생산하여 전력망의 탄력성을 보장할 수 있어야 했다. 다시 강조하지만 나는 석탄을 때서 전기를 생산하는 데는 완전히 반대한다. 하지만 석탄을 때는 화력발전소를 천연가스를 사용하는 화력발전소로 전환할 수 있다.

텍사스주 전력망은 점점 간헐적이고 불안정적으로 전기를 생산하는 재생에너지에 의존하게 됐다. 재앙이 닥칠 수밖에 없는 여건이 조성된 것이었다. 10년이 채 안 되어 텍사스주는 풍력발전의 비중을 거의 3배로 높였고 태양광발전의 비중을 260배 이상으로 확대했다. 하지만 모든 가정에 안정적으로 전기를 공급하기에는 부족했다. 전력망의 안정성이 간헐적으로 에너지를 생산하는 재생에너지의 확산을 위해서 희생됐다.

기상이변이 발생했을 때, 태양광은 전기 생산에 거의 도움이 되지 않는다. 그리고 밤에는 태양광으로 전기를 전혀 생산할 수 없다. 여기서 놀라기에는 이르다. 풍력 터빈이 방한 처리가 되지 않았고 풍력이 부족했기 때문에 풍력발전의 전기 생산량은 93퍼센트 하락했다. 한편 에너지 정보청에 따르면 천연가스 발전량은 450퍼센트 증가했다. 폭풍우가 치기 전에 풍력발전의 전기 생산량은 전체 전기 생산량의 40퍼센트를 차지했지만 폭풍우가 치는 동안 그 비중은 평균 8퍼센트로 하락했다. 그렇다. 천연가스가 텍사스주를 구했다. 텍사스주는 천연가스 덕분에 악몽과 같은 훨씬 더 끔찍한 참사를 피할 수 있었다. 그리고 오클라호마주는 천연가스가 안정적으로 공급된 덕분에 정전 피해로 인한 사망자가 발생하지 않았다.

콘티넨탈 리소시스는 노스다코타주에서 석유와 천연가스를 탐사하기 때문에 우리는 냉동고 안처럼 꽁꽁 얼어붙은 날씨에 어떻게 대응해야 하는지 알고 있다. 콘티넨탈 리소시스 탐사 팀은 에너지 공급이 끊기지 않도록 24시간 동안 근무를 했다. 그럼에도 불구하고 우리도 거의 정전 사태를 경험할 뻔했다. 폭풍우가 몰아치는 날 어느 순간, 전력 회사가 발전소에 가스를 공급하는 우리의 가스전이 있는 시설에 전기를 공급하지 않겠다고 으름장을 놓았다. 감사하게도 우리는 오클라호마주 주지사와 관계가 좋았고 주지사는 그들이 전기 공급을 중단하지 못하도록 손을 썼다. 하지만 텍사스주는 운이 좋지 않았다. 전력 회사는 퍼미안 유전에 전력 공급을 중단했고 위기는 더욱 악화됐다.

재생에너지도 쓸모가 있다. 하지만 전력망에 전기를 공급할 주된 에너지원으로 재생에너지에만 기댈 수는 없다. 텍사스주에서 일어난 사태는 정책 입안자들, 전력 회사 임원들, 정치인들에게 경각심을 일깨웠다. 우리 모두 알다시피 태양은 항상 빛나지 않고 바람은 언제나 불지 않는다.

모든 미국인에게 물어보고 싶은 것이 있다. "왜 우리는 고작 재생에너지로 전기를 충분히 공급할 수 있는 척하기 위해서 우리의 생명을 위태롭게 하고 우리의 경제를 해치고 우리의 에너지 안보를 위협하고 있을까?"

폭풍 전야의 어리석은 결정   ─

콘티넨탈 리소시스와 나는 재생에너지 의존도가 높아지면 이런 참사가 초래될 수 있다고 오랫동안 여러 채널을 통해서 경고했다. 우리는 오클라호마주 기업 위원회에 전력망이 간헐적으로 전기를 생산하는 재생에너지에 지나치게 많이 의존하고 있다고 경고했다. 일부는 우리의 경고에 귀를 기울였고 일부는 경고를 무시했다. 경고를 듣지 않은 이들이 재생에너지를 확대해서 친환경적이라고 칭찬받은 것만큼 시민들을 섬기는 데 열정적이었다면 이런 문제는 일어나지 않았을 것이다.

해결해야 할 또 다른 문제는 전력망에 전기를 공급할 천연가스를 저장할 저장 설비가 부족하다는 것이다. 이것은 현물시장에서 전력이 매매되는 방식과도 관련이 있다. 천연가스를 오렌지 주스로 바꾸어 생각해 보면 이해가 쉽다. 오렌지 주스 유통업자는 장기 공급 계약을 맺고 오렌지를 대량으로 구매해서 저장한 뒤 틈틈이 오렌지 주스로 만들어 유통하는 대신에, 소위 현물시장에서 때마다 필요한 양만큼만 오렌지를 구매한다. 어떤 경우는 매일 필요한 양을 현물시장에서 구매하기도 한다. 오렌지가 필요한 만큼만 매일 거래되는 이 상설 시장에 이상한 수요 관리 정책이 적용되면서 오렌지 수요가 비이상적으로 증가한다.

플로리다에 한파가 닥쳐서 오렌지 나무가 냉해를 입자 구매자들은 오렌지 주스를 만들 오렌지를 충분히 확보하지 못해 울며 겨자 먹기로 시장에 남아 있는 몇 안 되는 오렌지를 이전보다 훨씬 비싸게 구매한다. 오렌지가 부족해서 비싸게 사들여야 하자 오렌지 주스 유통업자들은 부담을 소비자에게 전가한다. 이와 같은 일이 전력 회사에서도 일어날 수 있다.

내가 보기에 공공서비스 회사는 고객의 이익을 중요하게 생각하느냐를 기준으로 평가하자면 좋은 구매자일 수 없다. 그들은 더 잘할수 있다. 지금 많은 공공서비스 회사가 풍력과 태양광에 대대적으로 투자했고 그들의 시야가 스스로 배포한 보도 자료에 가려 어두워졌을지도 모른다. 하지만 그들에게는 전력 구매력과 전력을 적당한 가격에 안정적으로 공급할 의무가 있다.

대부분의 텍사스 사람들은 모르겠지만 이대로 가다가는 수년 동안 비싼 전기 요금과 세금도 내고 불필요한 에너지 위기의 비용까지 치르게 될 것이다.

텍사스나 오클라호마가 아니라 캘리포니아주에서 이런 일이 일어날 것이라고 예상한 사람은 있었을지도 모른다. 텍사스와 나머지 세계는 여기서 교훈을 얻었을까? 글쎄, 2022년 7월 12일 월간지 〈텍사스 먼슬리Texas Monthly〉에 '태양광이 올여름 텍사스를 구할 것이다'라는 머리기사가 '에어컨을 마음껏 사용하고 있나? 태양의 위대한 힘과 전력망에 전력을 공급하는 재생에너지에 감사하라'는 부제와 함께 실렸다.

이 이야기가 월간지에 실린 바로 다음 날, ABC뉴스는 '텍사스 전력망은 제한된 태양광 에너지 공급에 직면하다'라는 제목으로 기사를 보도했다. 이 기사에는 '텍사스 전기사업자가 구름이 태양을 가려서 태양광 발전량이 충분하지 않으니 소비자에게 에너지 소비를 줄여달라고 부탁했다'라고 적혀 있다. 테슬라의 차량 내부 스크린에는 '전기사업자가 가능하면 오후 3시부터 오후 8시 사이 전력 수요가 최대인 시간 동안 전기차 충전을 피해 주 차원의 전력 수요 관리 노력에 동참해 주세요'라는 메시지가 뜬다. 많은 미국 가정이 지금 이와 비슷한 메시지를 '스마트' 온도 조절 장치를 통해서 받는다. 앞으로 어떤 일이 닥칠지 예상되지 않나?

캘리포니아주, 지금도 골든 스테이트인가?　━

좋은 소식이 있다. 캘리포니아주가 하나의 나라였다면 세계 5대 경제 대국이었을 것이다. 캘리포니아주는 기후가 온화하고 멋진 해안선이 길게 펼쳐진 축복받은 곳이다. 거의 4,000만 명이 캘리포니아주에 산다. 그런데 이것은 '공식적인' 숫자에 불과하다.

캘리포니아주의 에너지 역사는 캘리포니아주를 내게 매력적인 곳으로 만든다. 옛날 캘리포니아주는 미국 최대 석유 생산 지역이라는 자리를 두고 오클라호마주와 경쟁했다. 심지어 역사학자들은 캘리포니아주에서 생산된 석유가 연합군이 제1차 세계대전에서 승리하는 데 결정적인 역할을 했다고 평가했다. 하지만 이런 영광스러운 날은 오래전에 사라졌다.

이런 기록도 있다. 1930년대 대공황과 함께 모래 폭풍, 극심한 가뭄이 미국을 덮쳤다. 오클라호마주의 순 인구 유출은 44만 명 정도였고 대부분이 66번 국도를 따라 더 비옥한 땅과 일할 곳이 있는 지역으로 이주했다. 오우키Okie는 칭찬이 아니고 대공황 시기에 살기 위해서 필사적으로 캘리포니아주로 대거 이동했던 가난한 방랑자를 얕잡아 부르는 용어다. 물론 그들 대다수가 오클라호마주 출신은 아니다. 오클라호마주가 사랑한 월 로저스Will Rogers는 오클라호마주 인구 대이동이 오클라호마주와 그들이 이주한 지역 모두에 이롭다는 뜻으로 '두 지역의 IQ가 같이 개선됐다!'는 재치 있는 말을 남겼다.

오늘날 캘리포니아주는 미국 최대 농경 지역으로 미국에서 생산되는 채소의 약 33퍼센트와 과일과 견과류의 75퍼센트가 이곳에서 나온다. 2021년 캘리포니아주의 농장과 목장은 500억 달러가 넘는 매출을 발생시켰다.

하지만 '골든 스테이트'로 불리는 캘리포니아주와 관련해서 흥미로운 이야기가 하나 더 있다. 이 이야기는 어찌 보면 우리 모두와 관련이 있다. 혹자에게 캘리포니아주는 완전히 실패한 실험이다. 다시 말해서 캘리포니아주는 온갖 나쁜 정책이 시도되는 진보적인 '라라랜드'다. 시민들을 상대로 대규모 실험을 진행한 것에 만족하지 못하고 주 정부 관계자들은 우리 모두가 실험에 동참해야 한다고 주장한다. 하지만 캘리포니아주 정부의 정책에 불만을 품은 사람들이 이삿짐 트럭에 짐을 싣고 텍사스주와 오클라호마주로 이동하고 있다. 지난 몇 년 동안 캘리포니아주 인구는 줄어들었고 그 결과 캘리포니아주는 의석을 상실했다.

화제를 전환해서 캘리포니아주의 에너지에 대해서 살펴보자. 휘발유와 전기는 캘리포니아주가 다른 주에 비해서 더 비싸게 거래된다. 캘리포니아주의 휘발유세는 미국에서 제일 비싸다. 이것은 역진세이고 경제력이 취약한 사람들이 피해를 본다.

진보 사상의 온상인 베이 지역의 전기 요금은 오클라호마주와 텍사스주처럼 '비행기를 타고 지나갈 때나 보이는 중부지방'보다 70퍼센트나 비싸다. 이번에도 소득 수준이 낮은 사람들이 가장 큰 피해를 본다. 캘리포니아주를 이끄는 사람 중에서 그 누구도 에너지 비용을 낮출 방법에 대해서 고민하지 않는다. 그들은 그저 대의를 추구하고 수백만 개의 친환경 일자리가 창출되도록 모두가 더 많은 부담을 가지라는 이야기만 한다.

2022년 캘리포니아주는 에너지 가격을 다시 한 번 인상했고 일부 주유소에서 휘발유 가격이 갤런당 8달러가 넘었다. 심지어 갤런당 9달러 하는 주유소도 있었다. 캘리포니아주 정부 관계자들은 우려를 표했지만 운송 수단의 전기화가 가속화되리라고 생각하며 속으로는 아무도 모르게 미소를 지었을 것이다. 그런 일은 일어나지 않는다. 오직 경제적 고통만 더 악화될 뿐이다.

2022년 8월 캘리포니아주는 휘발유 자동차의 판매를 금지하는 법안을 제정하고 얼마 뒤, 전기차 소유자들에게 '자발적인 에너지 절약' 안내문을 통해서 충전을 자제하라고 요청했다. 농담이 아니고 진심이라서 참으로 어처구니가 없다.

2006년 공화당원인 아놀드 슈왈제네거Arnold Schwarzenegger 캘리포니아주 주지사는 캘리포니아 대기 자원 위원회California Air Resources Board; CARB에 이산화탄소 배출량을 규제하는 권한을 부여하는 법안에 서명하며 임기를 시작했다. 법안의 목표는 이산화탄소 배출량을 2020년까지 1990년 수준으로 줄이는 것이다. 이후 캘리포니아주 행정부와 입법부는 지치지도 않고 이와 유사한 법안을 자주 발의하고 있다.

가장 지독한 법안이 2020년에 도입됐다. 캘리포니아주에서 신축되는 모든 주거용 건물은 에너지 효율 관리나 재생에너지 사용 등을 통해서 에너지 소비를 최소화하는 NZE 즉, '넷제로 에너지' 건물이어야 했다. 2030년부터는 상업용 건물도 넷제로 에너지 건물로 신축해야 하고 기존 상업용 건물의 절반도 이때까지 넷제로 에너지 건물로 전환해야 한다.

개빈 뉴섬 캘리포니아주 주지사도 CARB에 15년 안에 휘발유 자동차와 소형 트럭 판매를 단계적으로 정지하라는 지시를 내렸다. 왜 이게 중요할까? 캘리포니아주는 신규 자동차와 트럭 등록에서 매년 1위를 차지하고 대략 200만 대가 새롭게 캘리포니아주에 등록된다. 캘리포니아주 도로를 3,000만 대의 자동차가 달린다. 계속 사업을 하거나 월가에서 주식 가치를 잘 평가받고 싶은 자동차 회사는 이 상황에서 어떤 선택을 할까? 모두 연비가 더 좋은 휘발유 엔진을 개발하기 위한 투자를 중단하고 전기차에 모든 것을 걸 것이다. 대다수의 미국인은 1~2만 달러나 더 주고 자동차를 살 생각이 없으므로 그들은 국민 세금으로 마련된 보조금 인센티브도 받는다.

기후 위기와 관련해 필요 이상의 불안을 조장하는 사람들은 영웅이나 구세주인 것처럼 지구를 구하려는 노력에 기꺼이 동참한다. 그들은 그 노력이 모두를 위한 것이 아니고 비효율적이거나 비현실적이어도 상관하지 않는다. 프랜시스 멘톤Francis Menton은 논리적이고 합리적이면서 일관성 있게 사고하는 사람이다. 그는 수학적으로 다음과 같이 주장했다. "캘리포니아주의 이산화탄소 배출량은 세계 연간 이산화탄소 배출량의 약 1퍼센트다. 그리고 캘리포니아주 전기 분야의 이산화탄소 배출량은 캘리포니아주 이산화탄소 배출량의 약 15퍼센트를 차지한다. 그러니까 우리는 세계 배출량의 대략 0.15퍼센트를 차지하는 양을 두고 이러쿵저러쿵 이야기하고 있다. 자, 이 정도의 양을 없애 버리면 세계의 기후가 아주 빠르게 개선될 거 같지 않은가!" 프랜시스, 말 한 번 정말 잘했다!

에너지, 물, 교통과 관련해서 필요한 공공투자를 하는 대신, 불필요한 기후 불안을 조장하는 이들이 내세우는 전략은 자동차를 비싸게 팔고 건물 신축을 억제하고 에너지 비용을 높여 전력을 일정하게 강제 배급하는 데 초점이 맞춰진 듯하다.

200년 전에는 우리가 지금 캘리포니아주라고 부르던 곳에서 샤워하고 세차하고 스마트폰을 충전하는 사람은 4,000만 명이 아니었다. 캘리포니아주는 물을 구하기가 어려워 인구가 적었다. 당시에는 메가시티를 지탱할 물이나 연료를 생산하고 저장할 기술이 없었다. 인간의 창의성이 캘리포니아주를 사람이 주거할 수 있는 곳으로 만들고 세계의 메카로 탈바꿈시켰다. 시장 판도를 바꿀 기술과 혁신에서 캘리포니아주의 역할에 관해 생각해 보면 캘리포니아주 사람들은 주어진 축복에 감사하고 물 수요에 대응하기 위해서 긴 해안을 따라 바닷물을 담수로 바꾸는 탈염 공장을 건설하는 데 집중해야 할 것이다. 비슷한 기후와 긴 해안선을 지닌 이스라엘 사람들은 자신들의 기술로 사막을 개간해 생산성이 높은 농업 지대로 바꾸는 실용적이고 경제적인 시설을 설계하고 설치했다.

화염 속에서   —

캘리포니아주의 최대 전력 회사인 퍼시픽 가스 앤드 일렉트릭Pacific Gas and Electric; PG&E을 살펴보면 캘리포니아주 에너지 정책에 관해서 반드시 알아야 하는 모든 것을 알 수 있다. 지난 20여 년 동안 파산 위기에 내몰렸다 되살아나기를 반복했던 PG&E는 모두의 동네북이라 할 수 있다. PG&E는 캘리포니아주에서 송전과 발전에 문제가 생기면 항상 비난받았다. 최근에 캘리포니아주 정부가 도입한 행정명령으로 PG&E는 자본조달과 회사 경영이 어려워졌고 CEO가 자주 교체됐다. PG&E의 대략 12만 5,000마일(약 20만km)의 송전선이 숲을 가로지르며 캘리포니아주를 교차한다.

수십 년 동안 삼림 감독관과 벌목 회사는 PG&E의 송전선이 골칫거리라고 생각했다. 시에라 클럽처럼 캘리포니아주에 본거지를 둔 환경 단체는 로비나 소송, 또는 두 가지 방법을 모두 이용해서 벌목이나 통제화입(의도적으로 산불을 내서 산의 가연성을 줄이는 것-역주)을 방해했다. 불과 30년이 안 되는 기간에 연간 목재 벌목량은 대략 60억 보드피트(목재 계량단위-역주)에서 15억 보드피트 이하로 감소했다.

그 결과 캘리포니아주는 거대한 부싯깃 통으로 변했다. 나무와 관목이 지나치게 빼곡하게 자랐다. 불에 잘 타는 연료가 땅 위에 축적됐다. PG&E에게 강제된 이 비과학적인 정책이 결국엔 점화장치 역할을 하게 되어 큰 산불들이 발생했다. 캘리포니아주에서는 화재가 잘 발생한다.

캘리포니아주에서 매년 벌어지는 일은 피할 수 있는 일이다. 아이러니하게도 절대다수의 화재가 연방 정부가 관리하는 땅에서 시작되거나 거세졌다. 『지구를 위한다는 착각(종말론적 환경주의는 어떻게 지구를 망치는가)』의 저자 마이클 셸런버거 Michael Schellenberger는 2021년 발생한 산불은 주 정부와 연방 정부 관계자가 PG&E의 송전선 주변에 통제화입과 벌목을 적절하게 했었다면 '100퍼센트' 예방할 수 있었다고 말했다.

이런 문제의 사례라도 보여주듯이 개빈 뉴섬 캘리포니아주 주지사는 산불과 산림자원 관리 예산을 40퍼센트 삭감했다. 2019년 3억 5,500만 달러에서 2020년 2억 300만 달러로 줄었다. 소위 환경 운동가라는 사람들은 캘리포니아주 전역에서 산불이 연이어 발생하고 수백만 에이커의 땅이 불길에 휩싸이고 화염 속으로 사라지는 것을 내버려두었다. 그들은 대참사를 초래할 만큼 나쁜 에너지 정책 판단을 내리는 사람들에게 표를 던지고, 100억 달러 가치의 자산이 화염에 휩싸이는 것을 지켜보고, 미국의 모든 어린이에게 기후변화 때문에 일어나는 일이라고 말한다. 여기서 핵심은 그들은 자신들의 결정에 책임을 지지 않는다는 것이다. 그들의 주된 관심사는 자신들의 이슈를 적극적으로 '관리'하는 것이 아니라 나머지 주에 이렇게 하라고 '훈계'하는 것이다.

캘리포니아주는 생산하는 에너지보다 소비하는 에너지가 더 많다. 캘리포니아주는 상대적으로 합리적인 에너지 정책을 지닌 인접 주로부터 필요한 전력의 25퍼센트 이상을 수입한다. 설상가상으로 2020년 캘리포니아주는 필요한 석유의 24퍼센트를 에콰도르로부터, 22퍼센트를 사우디아라비아로부터, 20퍼센트를 이라크로부터 수입했다.

배터리를 예비 전력으로 활용한다고?　—

　유럽도 배터리 광고에 등장하는 토끼처럼 재생에너지를 미친 듯이 홍보하며 뛰어다닌다. 유럽은 재생에너지 확대를 멈추지 않는다. 하지만 유럽도 충격적인 경험을 하고 있다. 최근 저널리스트 비외른 롬보르 Bjorn Lomborg는 이 상황을 두고 다음과 같이 보도했다.

　수십 년 동안 EU는 재생 에너지가 자국 내에서 생산됨에 따라 에너지를 수입할 필요가 없어졌다며 재생에너지가 에너지 안보를 제공한다고 주장했다. 하지만 태양광과 풍력 같은 주요 재생에너지는 안정적으로 공급되지 않아서 믿을 수 없다. 해가 빛나거나 바람이 불어야 전기를 발생시키기 때문이다. 그래서 태양광과 풍력으로 365일 24시간 동안 끊기지 않고 전기를 생산하고 공급하려면, 천연가스로 생산하는 예비 전력도 필요하다. EU의 친환경 에너지 정책 때문에 유럽 국가는 태양광과 풍력으로 발전할 수 없는 경우를 대비한 예비 전력 확보를 위해서 매일 러시아에 5,000만 달러가 넘는 돈을 주고 주로 화석연료, 특히 천연가스를 수입해야 한다.
　태양광과 풍력을 지지하는 사람들은 배터리가 태양이 빛나지 않고 바람이 불지 않을 때 전기를 공급하는 혁신적인 해결책이라고 주장한다. 사실 유럽에 있는 모든 배터리에 전기를 저장한다고 해도 고작 1분 21초 동안만 유럽의 평균 에너지 수요를 맞출 수 있는 정도의 양밖에 되지 않는다. 이 시간이 지나고 나면 다시 화석연료로 생산한 전기에 의존해야 한다.

– 비외른 롬보르, 2022년 3월 17일, 〈비즈니스 데이Business Day〉,
'러시아의 석유와 천연가스에 대한 합리적인 대안이 필요하다' 기사 일부

현재 러시아는 수도꼭지를 틀어쥐고 EU에 석유와 천연가스를 공급하지 않는다. 독일과 이웃 유럽 국가는 선택지가 얼마 남지 않았다. 2022년 8월, 독일 사람들은 구글 검색창에서 땔감을 미친 듯이 검색했다. 일부 정치인들은 발을 동동 구르며 부랴부랴 상황을 타개할 방안을 강구하고 내놓을지도 모른다. 한편 배터리 생산에는 많은 희토류광물이 사용된다. 하지만 우크라이나에 전쟁이 발발하면서 이마저도 위태롭다. 왜냐하면 우크라이나에 희토류광물이 풍부하기 때문이다. 푸틴이 우크라이나에 왜 그토록 집중하는지를 알 수 있다.

실용적인 환경보호주의자

나는 실용주의자다. 하지만 나는 사람과 기업이 난방과 냉방에 쓸 전기와 연료를 저렴하고 안정적으로 공급받을 때 최고의 혁신이 나올 수 있다고 믿는다. 또한 자연에 감사하고 보호하기 위해서 행동하는 사람을 환경보호주의자라고 한다면 나는 환경보호주의자이기도

하다. 나는 내가 실용적인 환경보호주의자인 것 같다. 나는 다른 회사의 시장점유율을 탐낸 적이 없다. 그러나 기본적으로 정부의 보조금을 받는 재생에너지 업계는 기존 에너지 업계의 시장점유율을 빼앗으면서 성장한다. 심지어 그들은 미국의 가정에서 요리할 때 사용하는 가스레인지 사용을 금지하는 법안마저 통과시켰다. 앞으로 어떤 일이 벌어질지 궁금해서 참을 수가 없다!

콘티넨탈 리소시스를 포함한 석유와 천연가스 생산업체는 태양광과 풍력발전보다 훨씬 많은 에너지를 생산한다. 이뿐만이 아니다. 콘티넨탈 리소시스는 환경에 최소한의 피해를 주며 탄화수소 에너지를 개발하려고 노력한다. 그리고 깨끗하고 저렴하고 책임감 있게 석유와 천연가스 탐사에 임한다.

일부 환경보호주의자들과 달리 나는 미국 사람들의 편리한 생활 방식이 유지되어야 한다고 생각한다. 우리는 환경을 보호하면서 산업화를 이어 갈 수 있다. 단순히 우리의 일을 줄이는 것이 아니라 계속해서 환경보호와 산업화를 함께할 기술을 성장시킨다면 전부 가능하다.

Chapter 15

시장의 판도를
뒤바꾼 기술 :
세계 석유
시장을
바로잡으려는
이유와 방법

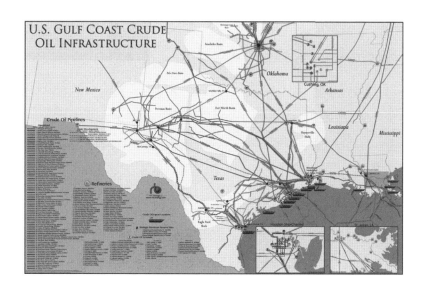

　2020년 4월 20일, 원유 가격이 마이너스가 됐다. 이날 원유 가격은 배럴당 마이너스 37.63달러로 바닥 아래를 찍었다. 놀랍게도 서부텍사스유West Texas Intermediate; WTI 거래소에서 석유를 마이너스 가격에 사들일 수 있었다. 이렇게 하면 사실상 돈을 버는 셈이다. 이날 하

루 동안 우리는 마이너스 가격에 석유를 팔았다. 비전문가에게도 이 것은 말이 안 되는 일이겠지만 석유 업계 종사자 대다수에게는 더더욱 말이 안 되는 일이었다. 동시에 유럽 석유인 브렌트유의 기준가는 배럴당 거의 20달러였다. 왜 미국 석유와 다른 지역에서 생산된 석유 사이에 57달러라는 가격 차이가 생긴 것일까?

똑똑한 사람들도 이 상황이 이해가 안 돼서 머리를 긁적였다. 어떻게 석유처럼 귀중한 자원의 가치가 갑자기 마이너스가 될 수 있나? 주유소에서 돈을 받고 픽업트럭에 휘발유를 채우게 되는 것일까? 그것은 그저 2020년이 한 주씩 지날 때마다 연이어서 경제 시스템에 가해진 유례없는 충격의 하나에 불과했다.

여기에는 여러 가지 요인이 작용했다. 무엇보다 코로나19 팬데믹이 전 세계적으로 확산하면서 수요가 전례 없는 수준으로 폭락했다. 전 세계 정부는 나라 안팎을 봉쇄했다. 세계 교통이 멈추며 연료 수요가 급감했다. 석유와 천연가스 소비는 불과 며칠 만에 무려 30퍼센트 하락했다. 역대 최대 하락폭이었다.

석유와 천연가스의 생산과 저장에 대해서도 문제가 있다는 이야기가 나왔다. 수요가 없는데 그 많은 석유와 천연가스를 어디에 저장하느냐는 것이다. 사실 저장은 석유와 천연가스 산업에서 가장 중요한 부분이고 저장 탱크와 지하 저장소 같은 많은 해결책이 있다.

나는 머리끝까지 화가 났다. 나는 시장이 조작됐다는 사실을 진작부터 통감했고 상어가 저 멀리서도 피 냄새를 맡듯이 으레 나쁜 짓을 하는 인사들이 이 위태로운 상황에서도 돈 냄새를 맡았다고 확신했다. 믿음이 전혀 없어도 누구보다 약삭빠르게 '자본주의'자가 될 수 있다. 이것은 인간의 본성이다.

수백만 개의 일자리가 위태롭고 미국의 에너지 독립도 위험했다. 나는 미국이 에너지 순 수출국이 된 2019년 이후 더 이상 에너지 때문에 신뢰할 수 없는 불량 국가 파트너들에게 휘둘릴 필요가 전혀 없음을 입에 침이 마르도록 이야기했다. 수천 억 달러가 미국에 존재한다. 타국의 간섭을 오랫동안 정당화했던 틀린 주장이 쏙 들어갔다. 트럼프 대통령과 특히 마이크 폼페이오 국무부 장관은 에너지 독립의 중요성을 이해했다. 외국에서 에너지를 수입한 것은 미국의 약점이었지만 에너지 독립을 이룸으로써 약점이 사라졌고 지정학적 접근법이 변했다.

하지만 4월 20일, 우리가 이룬 모든 성과가 위태로워 보였다. 사실 전체 에너지 업계가 곧 절단이 날 것처럼 보였다. 처음에는 코로나19 팬데믹이 전 세계로 퍼지면서 에너지 수요가 급감했기 때문이었다. 그다음은 OPEC과 러시아가 수도꼭지를 열고 석유와 천연가스를 시장에 마구 풀면서 원유 가격이 마이너스가 됐다. 이 시기는 비정상적인 시기라는 이야기가 전 세계적으로 돌았고 일반 통념이 됐다. 석유 수요가 곤두박질쳤다. 세계는 석유로 넘쳤고 일부는 드문드문 WTI가 일시적으로 마이너스가 됐던 가격을 기준가로 5월 선물 계약을 진행했다. 수십 년 동안 미국은 서부 텍사스유 가격을 기준으로 석유 가격을 책정해 왔다.

시카고상품거래소Chicago Mercantile Exchange; CME에 따르면 4월 20일,

오클라호마주 쿠싱의 터미널에 석유가 이미 가득 찼기에 추가로 생산된 석유를 저장할 수가 없었다. 그들의 이야기는 요즘 들려오는 많은 이야기처럼 왜곡됐다. 물론 진실 요소도 약간은 있다. 저장 공간은 걱정거리가 될 수 있다. 이 일은 시장에 충격을 주었고 일부 영악한 사람들은 시장의 비정상적인 상황을 이용해서 돈을 벌었다.

원자재와 선물 개론

나는 원유가 특별한 자원이라고 생각한다. 그런데 원유는 원자재다. 전 세계에는 다양한 종류의 원자재가 많다. 원자재는 크게 농산물, 광물, 에너지로 분류한다.

원자재 거래에는 대부분 선물 계약의 형태로 매수와 매도가 수반된다. 트레이더는 특정 가격에 원자재를 매수하기로 하고 미래의 정해진 날에 원자재를 인도받고 그 값을 치른다. 이것은 위험한 도박일 수 있지만 잘하면 큰 이익을 얻을 수도 있다.

만약 당신이 오렌지 농장주라고 가정해 보자. 오렌지를 수확할 때까지는 몇 달이 걸린다. 당신은 오렌지를 수확해서 좋은 값에 팔 수 있다는 확신을 원한다. 그래서 4개월 뒤에 정해진 가격에 오렌지를 파는 선물 계약을 체결할지도 모른다. 가격이 폭락한다면 미리 정한 가격에 오렌지를 팔 수 있을 테니 당신에게 이득이지만 시장이 활기를 띠면 살짝 손해일 것이다.

시세가 오르면 현재 가격보다 조금 낮은 가격에 선물 계약을 맺은 투자자는 미소 짓는다. 그들은 이익을 보고 선물 계약의 효력을 발생시킬 수 있기 때문이다. 지정학적 불안, 기상이변, 경제 변화도 선물 거래에서 변수로 작용할 수 있다. 트레이더는 기본적으로 미래에 베팅한다. 그런데 원자재를 생산하는 사람들 역시 미래에 베팅한다.

시장 vs 현실 ▬

현실에서는, 정확하게 말해서 전산상의 숫자가 이리저리 날아다니는 세상이 아닌 물리적인 세상에서는 매매계약이 만료되는 날에 석유를 인도받거나 판다. 걱정을 사서 하는 사람들이 "석유 소유자들은 석유를 둘 곳이 없다!"라며 불안하게 호들갑을 떨었다. 그래서 시장 트레이더는 "거참 운도 없군. 내게 돈을 주면 석유를 가져갈게"라고 말했다.

진실을 파악해 보자. 트레이더들은 원자재가 무엇이든지 그것을 인도받는 데는 관심이 없다. 트레이더들은 '디지털 오일'을 매매한다. 여기에 틀리거나 불법적인 것은 없다. 때때로 트레이더들은 이러한 시장의 '비정상적 현상'과 혼란을 이용해서 훨씬 더 많은 돈을 번다.

상상한 것처럼 일부 약삭빠른 트레이더들, 특히 WTI가 거래된 시카고상품거래소와 연결된 소수가 4월 20일에 돈을 벌었다. 트레이더들은 돈을 벌었지만 미국의 석유 회사는 돈을 잃었다. 24시간이 지난 뒤 원유 가격은 마이너스에서 벗어났다. 하지만 이미 발생한 혼란은 서로 연결된 세계 에너지 시장을 뒤흔들었다. 그것은 연간 가치가 4조 달러에 달하는 시장으로 자동차에 넣는 휘발유부터 집에서 사용하는 전기, 식품 비용, 매일 사용하는 상품까지 우리가 의존해서 살아가는 모든 것에 영향을 미친다.

당시 선물거래위원회Commodity Futures Trading Commission; CFTC 회장이었던 히스 타버트Heath Tarbert는 그것이 간단한 '기본적인 공급과 수요'의 문제인 것 같다고 말했다. 그때 발생한 시장 혼란과 관련해서 기본적인 것은 없다. 거짓말이 쌓이기 시작했고 나는 화가 났다. 시스템에는 기본적인 결함이 있고 나는 그것을 바로잡기로 결심했다.

4월 사태로 미국 석유 가격 책정법의 케케묵은 본질이 드러났다. 기준가인 WTI 가격은 오클라호마주 쿠싱의 터미널과 파이프라인과 연동되어 있다. 그것은 수 세기 전 석유 호황기를 보여주는 육지에 매몰된 유적이다. 그것을 보고는 미국 에너지 인프라가 얼마나 발전했는지 알 수 없다.

지난 30년 동안 막대한 투자가 멕시코만 지역, 주로 텍사스주와 루이지애나주에 이루어졌다. 미국의 에너지에서 나온 풍요가 멕시코만 지역으로 흘러 들어갔다. 쿠싱은 여전히 중요하지만 멕시코만 지역을 따라서 일어난 변화는 시장의 판도를 완전히 뒤집었다. 퍼미안 분지에서 생산된 막대한 양의 석유와 천연가스가 곧장 멕시코만 지역의 정유 회사와 터미널로 흘러 들어갔다.

휴스턴과 코퍼스크리스티는 수출 중심지가 되었다. 코로나19 팬데

믹이 전 세계를 휩쓸기 전, 미국은 세계시장에 하루에 거의 400만 배
럴의 석유를 수출하고 있었다. 나는 멕시코만 지역의 터미널과 저장
탱크에 거의 무한정으로 석유를 저장할 수 있다는 것을 안다. 북대서
양의 브렌트처럼 그곳은 진정 세계적인 해상 인프라에 기반한 시장
이다. 그렇다면 왜 미국 석유는 제한된 쿠싱의 저장 용량을 기준으로
가격이 책정됐을까? 왜 트레이더들을 현실이 아니라 머릿속 상상에
만 근거하여 시장을 조작하게 내버려두었을까?

투명한 석유?

  석유 시장은 훨씬 더 투명하게 운영되어야 한다. 소수의 트레이더
가 위기의 순간, 시장을 조작했고 내가 보기에 시카고상품거래소와
규제 당국은 공정하고 공평한 시장을 유지한다는 의무를 다하지 못
했다.

  "시장은 본래 움직여야 하는 대로 움직였다." 시카고상품거래소 관
계자들이 한 말 중에서 가장 어처구니가 없었던 말이다. 그들은 시장
조작은 없었고 시장은 설계된 대로 움직인다고 했다. 나는 그들의 이
중적인 태도에 경악했다. 그들의 어리석음을 반박하고자 금융 뉴스
프로그램에 출연하기로 했다. 원유가 마이너스 가격에 거래될 때 시장
은 본래 움직이리라 예상했던 대로 움직인 것이 아니었기 때문이다.

  선물거래위원회는 혼란한 상황을 모두 살펴보기로 약속했다. 그

들은 딱히 이상은 없어 보이지만 조사는 하겠다고 약속했다. 그러나 CFTC는 '범죄 여부를 찾을 수 없다Can't Find the Crime'를 의미하기에 우리 중 일부는 그들이 원자재 시장에서 불법 행위가 자행됐는지를 효율적으로 밝힐 능력이 없다고 생각했다. 솔직히 CFTC가 아무나 잡아 속된 말로 '족칠' 가능성이 컸다.

중요한 점 하나는 짚고 넘어가자. 나는 트레이더들에게 악감정은 없다. 그들은 매수자와 매도자를 일렬로 세워서 서로 연결시키는, 시장에서 중요한 역할을 한다. 하지만 때때로 그들은 탐욕스러워져서 의도적으로 시장을 조작하여 내가 보기에는 부정하게 돈을 챙길 뿐이다.

블룸버그에 따르면 영국의 일부 트레이더들은 편안한 집에서 그날 몇 시간 만에 6억 6,000만 달러가 넘는 돈을 챙겼다. 원자재 가격이 폭락하자 그들은 원유 가격이 마이너스를 유지한다는 것에 베팅하는 선물 계약을 샀다. 누군가는 에디 머피Eddie Murphy와 댄 애크로이드Dan Aykroyd가 자신들의 인생을 농락한 듀크 형제를 냉동 오렌지주스 거래에서 보기 좋게 속이는 트레이더로 출연하는 영화 〈대역전 Trading Places〉을 떠올렸을 것이다. 차이점이 있다면 4월에 있었던 일은 스크루볼 코미디(1930년대 미국 대공황 시기에 유행했던 코믹극의 한 종류-역주)가 아니라 실제 상황이었다. 트레이더들은 전 세계의 모든 에너지 회사를 대상으로 장난을 쳤다. 그리고 모든 소비자를 우롱했다. 무엇인가는 변해야 한다.

새로운 미국 원유 브랜드와 시장의 탄생 ▬

나는 산책을 오랫동안 하는 것을 즐긴다. 산책을 하면서 생각을 정리한다. 원유 가격 문제가 불거진 이후 나는 긴 산책을 하면서 생각을 정리했다. 그리고 주간 원유 탐사 및 생산 점검 회의에서 이 문제를 논의해야겠다고 다짐했다. 나는 미국에서 생산되는 원유의 가격을 책정할 때 존재하는 결함을 바로잡을 생각밖에 없었다. 아주 뻔한 소리로 회의를 시작했다.

"이건 말이 안 된다. 우리는 멕시코만 지역에 제 기능을 완벽하게 하는 해상 인프라가 있다. 쿠싱은 과거의 유물이다. 그런데 저장 용량이 20퍼센트 정도 여유가 있다고 해서 새로운 인프라를 개발하지 않는다. 지금 당장 이것을 바꾸어야 한다!"

회의에 참석한 대부분의 마케팅 담당자들은 고개를 끄덕였지만 일부는 선뜻 동의하지 않았다. 그들은 '해롤드는 자신이 세계 원유 가격 책정 기준을 뒤엎을 수 있다고 지금 생각하는 건가?'라고 의아해했다.

그렇다. 나는 세계 원유 가격을 책정하는 기준을 뒤엎을 생각이었다. 그렇다면 무엇이 걸림돌이 될까? 얼마나 빨리 이 일을 마무리할 수 있을까? 시카고상품거래소가 어떻게 생각하는지를 신경 써야 하나? 워싱턴의 누구와 이야기를 해야 하지? 나는 고민하기 시작했다.

"우리는 미국의 에너지 현실에 기반해서 미국 원유의 가격을 책정할 기준이 될 새로운 원유 브랜드를 만들 것이다"라고 소리쳤고, 화이트보드에 멕시코만 지역에 있는 파이프라인과 노드를 생각나는 대로 그리기 시작했다. 화이트보드 위에 멕시코만 지역의 석유와 천연가스 인프라가 거의 완성되어 가자 나는 신이 났다.

"유럽이나 브렌트유 시장이 아니라 미국이 세계 최대 석유 시장이다. 미국은 세계 최대 에너지 생산국이다. 브렌트유는 이제 저무는 자산이다." 내 말에 동의하는 사람이 하나둘씩 늘었다.

"이름부터 붙여야 한다. 우리만의 브랜드를 만들자. WTI처럼 사람들의 뇌리에 깊이 박힐 만한 것으로!" 회의실에 모인 사람들이 하나둘씩 의견을 내놓기 시작했다. "'아메리칸'이란 단어를 사용하면 좋겠다." "'걸프'처럼 원유가 생산된 지리를 정확하게 표시할 필요가 있다." 회의실에 있는 화이트보드에 여러 가지 단어가 적히기 시작했다. "원유의 등급을 나타낼 수 있는 단어를 넣는 것도 좋겠다"라고 회의에 참석한 누군가 말했다.

대략 90분 뒤 새로운 브랜드가 만들어졌고 우리는 그것은 '아메리칸 걸프 코스트 셀렉트 American Gulf Coast Select' 또는 줄여서 AGS라고 부르기로 했다. 다음 날 우리는 로고를 디자인하고 향후 계획도 세웠다.

이것은 내가 문제를 해결해 나가는 방식을 보여준다. 회의실에 각자 분야에서 소위 '한가락 한다는' 사람들을 모아서 그들에게 파괴적인 아이디어를 마구 던지고 모두에게 자기 생각을 이야기하게 하고 더 좋은 의견을 제시하도록 유도한다. 일반적인 회사였다면 이런 일을 진행하는 데는 몇 달이나 걸리고 엄청난 노동력이 들어간다. 대부분 위원회가 구성되고 하위 위원회를 만들고 모든 일을 비싼 컨설턴트에게 맡겨서 계획을 세우고 마무리를 위해서 브랜딩 전문가를 고용한다. 대신에 우리는 다섯 시간 만에 이 새로운 브랜드로 무엇을 어떻게 할지에 관한 계획을 만들었다. 그럼에도 불구하고 우리가 넘어야 할 산은 아직도 많았다.

마라톤Marathon, 필립스 페트롤리움, 코노코필립스, 쉘Shell 등 미국의 대형 석유 회사의 참여를 이끌어 낼 수 있을까? 마젤란Magellan과 엔터프라이즈Enterprise 등 터미널 회사가 동참할까? 시장과 트레이더는 어떻게 반응할까? 관심이라도 가질까?

하지만 AGS는 정말 물건이다. 우리가 보기에 AGS는 경쟁력이 있었다. 미국에서 생산된 원유의 공정한 시장가치를 세계 석유 시장에서 더 정확하게 반영할 것이다. 그래서 불확실한 석유 시장의 안정성과 투명성을 높일 것이다. 모든 시장은 가격 책정에 인위적인 힘, 특히 가격을 조작하려는 힘없이, 시장 안에서 거래되는 상품의 진정한 가치를 대변해야 한다.

플래츠Platts와 아거스Argus는 세계 최대 에너지 가격 조사 기관으로 꼽히는 곳이다. 이 두 기관은 우리가 하려는 일이 일리 있다고 생각했고 AGS 시장을 인정했다. 그러자 석유와 천연가스 산업에서 지대한 영향력을 행사하는 다른 회사들도 새로운 원유 브랜드로서 AGS의 정당성을 인정했다.

동종 업계 종사자들과 AGS에 관해 논의하면서 우리는 거물급 회사를 이 계획에 좀 더 많이 참여시켜야겠다고 생각했다. 그래서 이 민감한 논의가 원활하고 신속하게 진행될 수 있도록 베스트 프랙티스Best Practices라는 조직을 만들었고, 원유 가격을 책정할 때 조금의 비윤리적인 행위도 일어나지 않도록 모든 회의에 반독점 분야 전문 변호사를 배석시켰다.

사실 경쟁 업체와 새로운 원유 시장 형성에 관해 논의하다 보면 논의가 삼천포로 빠지기 일쑤다. 논의의 중요 당사자들이 이 시기에 서로 법정 공방을 벌이는 경우도 있다. 하지만 모두가 변화의 필요성을 명확히 느끼고 있었다. 원유 공급의 효율을 높이고 공급망의 울혈을 없앨 때다. AGS는 원유 시장에 안정성, 유동성, 투명성, 효율성을 제공했다.

협업이 진행될수록 우리는 거래가 이루어지는 시장의 위치를 정확하게 나타낼 수 있는 명칭이 브랜드에 필요하다는 데 동의했다. 우리의 선택은 텍사스주 휴스턴이었다. 그리하여 AGS는 HOU라는 새로운 이름을 가지게 됐다. 그렇다면 HOU는 지금 어디에서 거래될까? 바로 ICE다. 거래량이 증가하고 트레이더들이 ICE에서 선물 거래를 하게 되면 5년 안에 ICE는 미국 원유의 절반 이상이 거래되는 최상의 세계시장이 될 것이다.

사무실 벽에는 이번 장의 도입부에 있던 HOU 인프라 지도가 걸려 있다. HOU 시장을 만드는 데 고작 1년 남짓 걸렸다. 이렇게 짧은 시간 안에 새로운 시장을 만든 우리가 자랑스럽다. 모두가 이를 현실로 만들기 위해서 피와 땀, 눈물을 흘렸다. 이 이야기가 당신에게 영감을 주길 바란다. 현실이 시궁창이라 생각한다면 당신은 현실을 개선할 무엇인가를 해야만 한다. 개선되는 데는 시간과 노력이 필요하겠지만 충분한 가치가 있는 일이다.

그림 ICE 미들랜드 WTI 미국 멕시코만 선물 거래

총거래량(LOTS)

수송량 및 미결제 약정(계약 수)

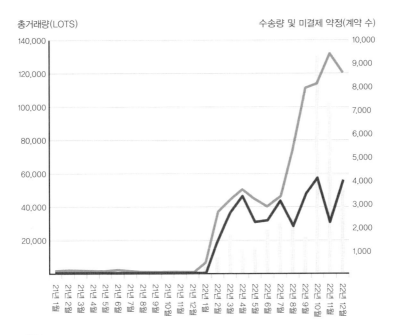

HOU 월간 총 거래량(계약 수)

HOU 수송량

평균 월간 미결제 약정(계약 수)

출처 : 인터콘티넨탈 익스체인지(ICE)

이 그림은 멕시코만 지역이 미국의 경제와 에너지 미래에
앞으로 얼마나 중요한 지역이 될지를 시각적으로 보여준다.

모두가 승자가 되는 세상 ▬

　에너지산업에서 좋은 것은, 그것이 무엇이든지 소비자에게도 득이 된다는 점이다. 확실히 HOU는 평범한 미국 가정에도 안정성과 투명성을 제공하며 모두가 승자가 되는 시장이다. 무엇보다도 HOU는 세계에 필수적인 글로벌 에너지 초강대국으로서 미국의 역할을 인정한다.

　HOU는 인기를 얻고 있다. 최근에 우연한 기회에 나는 HOU를 통해서 거래되는 석유량을 확인했고, 거래량이 매달 증가하고 있음을 파악했다. HOU가 전 세계에서 생산된 석유가 거래될 세계 에너지 시장이 되는 것은 시간문제다. 오늘날 HOU는 쿠싱의 WTI보다 선행되어 거래되고 있다. 수송 인프라가 다르기 때문이다. 이렇게 인기를 얻으면서 HOU는 머지않아 미국산 석유가 거래되는 주요 시장이 될 것이다.

Chapter 16

수평 시추법과
ESG

ESG 관점에서 수평 시추법의 등장은 기적적인 일이다. 수평 시추법으로 탄소 발자국을 적게 남기면서 깨끗한 석유와 천연가스를 많이 생산한다. 다음 페이지의 그림은 미국의 인구가 증가하고 있음에도 불구하고 에너지 소비가 하락하고 있음을 보여준다. 그 이유는 무엇일까? 석유와 천연가스를 생산하는 쪽의 효율과 혁신 덕분이다.

현재 기업과 국가 경제의 구조 조정이 대대적으로 이루어지고 있다. 심지어 새로운 '산업'도 탄생했다. 모든 상장회사의 이사진은 이 새로운 변화에 대응하기 위해서 머리를 싸맸다. 왜냐하면 변화를 받아들여야 회사의 미덕을 과시할 수 있기 때문이다. 이처럼 모든 CEO는 투자자를 끌어들이고 규제와 법적 개입을 막아 내기 위해서 ESG 전략을 잘 수립해야 한다.

하지만 대부분의 미국인은 이런 이야기를 들은 적이 없다. 지금까지 이야기한 것은 바로 ESG에 대한 것이다. ESG는 환경, 사회, 지배 구조의 약자다. 이 주관적인 요소들은 돈과는 직접적인 관련이 없지만 점점 더 많은 투자자가 ESG를 평가하고 거기에 따라 투자 판단을 내린다. 즉, ESG는 자본을 조달하려는 회사들이 재정 성과 대신에 환경과 사회적 책임에 그들이 많은 노력을 기울이고 지배 구조가 얼마나 탄탄한지를 뽐내는 일종의 미인 대회다.

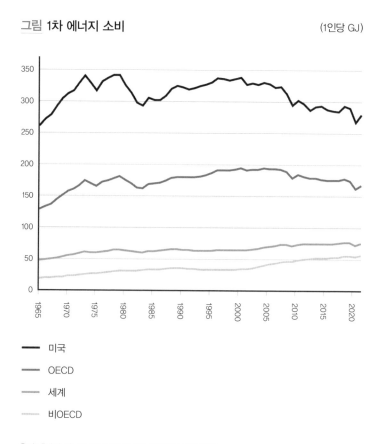

그림 1차 에너지 소비 (1인당 GJ)

— 미국
— OECD
— 세계
‥‥‥ 비OECD

출처 : "세계 에너지 통계 리뷰", BP, 2022년 12월 21일

그림 1인당 석유 사용량 (gal/d)

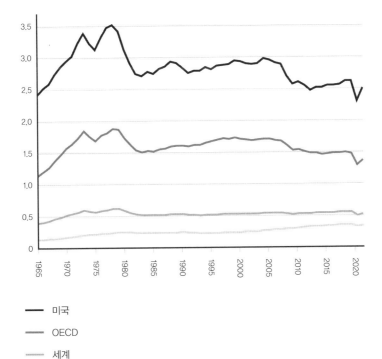

출처 : "세계 에너지 통계 리뷰", BP, 2022년 12월 21일

미국인들은 많은 석유와 천연가스를 소비한다.
경제성장에도 불구하고 1인당 에너지 사용량은 에너지 효율의 향상과
LED 전구와 같은 기술 발전 덕분에 줄어들고 있다.

불편한 에너지 빈곤

내가 가장 짜증 나는 일이 무엇인지 혹시 알고 싶은가? 잠재력이 제대로 활용되지 못하는 현실이다. ESG와 선행이랍시고 하는 여타 비과학적인 행위를 볼 때마다 활용되지 못하는 잠재력이 나를 더욱 울컥하게 한다.

나는 거의 모든 대륙을 가 보았고 인간과 에너지의 엄청난 잠재력을 확인했다. 인간의 잠재력 확장과 저렴하게 안정적으로 공급되는 에너지의 가용성 사이에는 과학적인 연관이 있다. 많은 과학자가 아프리카의 사막은 대부분 한때 푸른 녹지였다고 믿는다. 하지만 수천 년 동안 인간이 나무를 베고 태우면서 그곳의 생태계가 파괴되어 사막이 되었다고 생각한다.

사하라사막 이남에 사는 아프리카인의 절반은 전기가 들어오지 않는 집에서 나무, 숯, 등유, 석탄, 심지어 동물 배설물을 태워서 요리한다. 혹자는 우드칩, 동물 배설물, 에탄올을 재생에너지라고 생각하지만 이것은 탄화수소보다 환경과 인간에게 훨씬 더 위험하다. 그리하여 질병이 창궐하고 그들에게는 살아가는 것 자체가 도전이다. 매우 가슴 아픈 일이다. 왜냐하면 이런 곳에 사는 수십 억 명의 사람들은 안정적이고 저렴한 에너지와 물, 위생만 제공되면 훨씬 나은 삶을 살 수 있기 때문이다.

소위 전문가라는 사람들이 얼마나 위선적이고 무지한지를 알려면 다음 두 인용문을 보면 된다.

우리는 지금보다 다섯 배 빨리 나무를 심거나 숲을 회복시
켜야 한다. 이것은 우리가 지금보다 여섯 배 빨리 재생에너
지 사용을 늘려야 한다는 의미다. 그리고 지금보다 22배 빨
리 전기차로의 전환을 추진해야 한다는 뜻이다.

– 존 케리 미 대통령 기후 특사, 스위스 다보스 '세계경제 포럼' 연설

대략 24억 명이 등유, 바이오매스(나무, 동물 배설물과 농작물 폐
기물)와 석탄을 연료로 하는 대기오염을 유발하는 화덕이나
단순한 스토브로 요리한다. 매년 300만 명 이상이 고체 연
료와 등유와 함께 대기오염을 유발하는 스토브로 요리해서
가정 내 대기가 오염되어 발생한 질병으로 조기에 사망하고
있다.

– 2021년 세계보건기구 보고서

이들은 지금 이런 연료를 사용하는 것 말고는 다른 선택지가 없는
사람들에게 전기차를 사용하라고 이야기하는 것인가? 나를 가장 화
나게 만드는 것은 전기를 공급하기 어려운 상황 때문에 초래된 가난
은 사하라사막 이남에 사는 수백만 명의 잘못이 아니란 사실이다. 그
것은 가난을 없애야 한다고 말하지만 합리적인 에너지 정책으로 해
결될 수 있는 인간의 고통을 못 본 척하는 그 지역과 서구 세계 리더
의 잘못이다. 그들은 환경을 살린다는 핑계로 석유와 천연가스 사용
을 반대하고 사람들이 요리하고 집을 따뜻하게 데우려고 벌목하는,

오히려 더 심각한 대기오염을 초래하는 연료 사용을 모르는 척한다.

이런 상황을 보고 있노라면 단어 하나가 머릿속에 떠오른다. 미국에서 이 책을 읽고 있는 사람이라면 익숙하지 않은 말이리라. 바로 '에너지 빈곤'이다.

세계경제 포럼은 에너지 빈곤은 지속 가능하고 현대적인 에너지 서비스와 제품에 대한 접근성이 결여된 상황으로 정의한다. 국제에너지기구 International Energy Agency; IEA는 지구상의 거의 8억 명이 전기를 공급받지 못하고 25억 명 이상이, 무려 수십 억 명이나 깨끗한 주방에서 요리를 못한다고 주장한다. 수십 억 명의 인구가 위생적인 환경에서 가족들을 위해 요리를 하지 못한다니 도대체 세상은 어떻게 되려고 이러는 걸까?

사하라사막 이남의 아프리카 국가를 예로 살펴보자. 바로 콩고 민주공화국이다. 대략 1억 명 중에서 겨우 9퍼센트만이 전기를 사용한다. 10명 중 9명은 기본적으로 필요한 에너지를 확보하기 위해서 땔감을 사용한다. 땔감은 나무에서 나온다. 하지만 새로운 땔감을 얻기 위해 나무 한 그루가 자라는 데는 오랜 시간이 걸린다.

이보다 더 좋은 방법이 있다. 미국은 액화천연가스 Liquified Natural Gas; LNG가 풍부하다. 이 지구상의 어느 나라에나 수출할 수 있다. 게다가 LNG는 수십 억 명의 삶을 획기적으로 바꿀 게임 체인저가 될 수 있다. 내 말이 회의적으로 들리는가? 미국은 매일 140억 세제곱피트의 LNG를 수출하고 수출량은 2025년이 되면 200억 세제곱피트가 될 것이다. 현재 대부분이 러시아가 초래한 에너지 위기를 완화하기 위해서 유럽으로 향하고 있다. 많은 천연가스 수출국이 미국은 2035년까지 LNG 수출량을 3배나 늘릴 수 있는 잠재력이 있다고 믿는다. 우리, 미국은 전 세계 여러 나라에 더 깨끗한 연료를 수출할 수 있다.

안타깝게도 이 세상에는 아직도 전기가 없어 밤에 불을 켤 수 없고 기업을 움직이는 도구가 없고 현대적 보건 서비스나 교육 서비스가 부족한 곳이 있다. 미국은 이곳으로 더 깨끗한 에너지를 보낼 수 있다.

에너지 빈곤의 진실   —

내가 어렸을 때 우리 집에는 전기가 들어오지 않거나 실내 화장실이 없었지만 이것은 다른 문제다. 다섯 살 때 농촌 전기 협회Rural Electrical Association 직원들이 고압 송전탑을 설치하는 모습을 보았던 것이 지금도 생생하게 기억난다. 마법과도 같은 광경이었다. 고압 송전탑이 세워지면서 오클라호마주 농촌 지역으로 천천히 전선이 연결되기 시작했다.

집에 전기가 들어오기 전까지 우리는 등유 램프를 사용했고 매주 읍내에 나가서 사 온 진짜 얼음덩어리로 신선 식품과 우유를 냉장 보관했다. 전기는 우리의 삶을 완전히 바꾸었다. 집으로 전선이 들어온 뒤, 우리는 요리할 때 프로판가스를 사용했다. 나는 개발도상국을 갈 때마다 어렸을 때의 힘겨운 삶을 곧장 떠올린다. 이것이 내가 에너지 빈곤 때문에 속상한 이유인지도 모른다. 에너지 빈곤은 완전히 불필요하고 주변의 생태계도 파괴한다.

오클라호마주 농촌에서 자라면서 나는 지금 우리가 당연히 누리고 있는 전기의 혜택을 상상할 수조차 없었다. 오늘날 사람들 대부분은 1960년대까지 미국 농촌 지역에 에너지 빈곤이 얼마나 심각했는지 전혀 모른다. 고속도로 시스템처럼 전기화는 미국을 더욱 살기 좋은 나라로 만들고 경제성장과 삶의 질을 대폭 높였다.

빈곤은 영혼을 파괴하고 국가를 으스러뜨릴 수 있다. 자라면서 나는 빈곤의 부수적 피해를 목격했다. 두서너 가지만 예로 들자면 결혼 생활이 파탄 나고 알코올중독자가 생기고 우울증으로 고통받는 사람이 생긴다. 반면 나는 빈곤을 극복하는 사람들도 보았다. 나의 가족이 그랬다. 우리 가족은 여러 선택을 해야 했고 어떤 경우에는 매우 용감한 선택을 하기도 했다. 경제적으로 궁핍한 시기에는 먹고살기 위한 희생도 마다하지 않았다.

모두가 빈곤에 대해 화를 내야 한다. 아니면 최소한 즉각적으로 그 문제를 해결하고자 행동해야 한다. 혹자는 자본주의와 자유기업을 탓하며 사회주의를 바란다. 하지만 지난 세기의 인류 역사에 조금만 관심을 두고 살펴본다면 사회주의가 극복할 수 없는 문제를 만들었으며 빈곤이라는 문제를 극복할 해결책이 아니라는 것쯤은 알 수 있다.

사회주의자들은 공평이란 단어를 사랑한다. "누군가 다른 사람보다 더 많이 가지는 것은 불공평하다"고 그들은 말한다. 사회주의는 이 문제를 모두 공평하게 만들어서 해결했다. 정확하게 말하면 모두를 공평하게 가난하게 만들어서 그들이 불공평하다고 느끼는 문제를 해결하려고 한다. 물론 모든 공평을 책임지는 작당들은 여기서 제외된다.

우리 가족은 사랑은 넘쳤지만 돈은 부족했다. 내가 어렸을 때 삶은 공평하지 않았다. 하지만 지난 몇 세기 동안에 당신과 나와 같은 사람들이 빈곤을 딛고 일어나 열심히 일하고 인내심으로 버티면서 이 세상에 큰 차이를 만들었다.

미국의 풍부한 에너지자원을 이용하면 가능한 한 빨리 지금 빈곤으로 고통받는 사람들을 도와줄 기회를 만들 수 있다고 생각한다. 나는 그들이 빈곤에서 벗어날 수 있게 빨리, 책임감 있게 돕는 방법이 석유와 천연가스를 안정적으로 공급하는 것이라고 믿는다.

탄화수소는 한 세기 만에 우리 삶의 기준을 폭발적으로 바꾸었다. 그런데 우리는 미국에 매장된 탄화수소 자원의 아주 일부분만 개발했을 뿐이다. 아직 개발되지 않은 자원이 많다. 전기와 다른 에너지가 안정적으로 공급되지 않는 나라에 사는 사람들의 삶이 사실에 기반한 에너지 정책으로 이번 세대에 어떻게 바뀔 수 있을지를 한 번 상상해 보기 바란다.

번영의 대가 ▬

서구 세계에서 경제성장이나 삶의 질을 향상시키는 데 소요되는 에너지양이 지난 150년 동안 매년 1퍼센트씩 줄어들고 있다는 사실을 알고 있나? 그 결과 대기는 더 깨끗해지고 물은 오염되지 않고 환경은 현대 인류 역사의 그 어느 때보다 더 건강하다. 비록 1978년에 연료사용법으로 대기오염을 야기하는 석탄 사용 권장 정책이 도입되었지만 말이다.

우리는 탄화수소를 활용하면서 이런 성과를 거두었다. 탄화수소라는 저렴하고 안정적으로 공급되는 풍부한 에너지자원 덕분에 발명가, 혁신가, 위대한 사상가가 문제를 해결하고 세상을 바꾸었다.

그런데 우리는 얼마나 먼 길을 얼마나 빨리 왔는지를 전혀 기억하지 못하는 것 같다. 미국의 전기화는 모든 사람에게 빈곤에서 벗어날 기회를 주었다. 인류 역사상 처음으로 항공 이동, 개인 이동, 통신, 냉장 보관, 우주여행, 컴퓨터 등 수많은 현대의 기적이 눈 깜박하는 사이에 일어났다. 지난 100여 년 동안 사망률도 기록된 역사를 통틀어서 가장 큰 폭으로 하락했다.

이렇게 엄청난 변화를 가져온 것은 무엇 때문일까? 바로 석유와 천연가스가 있어서다. 석유와 천연가스는 에너지자원일 뿐만 아니라 현대 삶에 없어서는 안 될 필수 요소다. 의약품, 플라스틱, 위생용품, 인프라를 만드는 데 석유와 천연가스가 들어간다.

인류는 놀라운 발전을 이루었다. 하지만 이 모든 성과가 우리의 미래가 암울하리라 생각하는 사람들 때문에 계속해서 빛이 바래고 있다. 에너지 수요는 증가할 것이고 저렴하고 안정적으로 공급되는 에너지에 대한 니즈는 결코 줄어들지 않을 것이라는 간단한 진실을 인정한다면, 석유와 깨끗하게 연소하는 천연가스가 에너지 수요와 니즈를 충족시킬 주된 에너지자원이 되어야 한다는 데 동의할 것이다.

내가 계산하기에 현재 에너지를 소비하는 속도라면 150년 뒤에는 발밑의 에너지자원을 15퍼센트 정도 사용할 것이다. 그렇다. 석유와 천연가스는 유한한 자원이지만 새로운 기술의 등장도 촉진하여 자원의 유한함을 극복할 수 있게 만든다. 우리가 내릴 결정은 피해를 최소화하면서 '이득'을 최대화하는 것이어야 한다.

최대의 이득은 이 세상에서 에너지 빈곤을 없애는 것이다. 미국에서 생산된 천연가스를 활용하는 것이 인류에게 가장 덜 해로운 방식이다. 알다시피 석탄에서 천연가스로 전환한 것이 미국의 환경을 대폭 개선했다.

목재, 숯, 석탄을 대량으로 태우는 것보다 더 환경친화와 먼 행위는 없다. 저개발국에서 요리할 때 환경을 파괴하는 연료를 사용하는 사람들이 천연가스를 사용할 수 있게 된다면 고마워할까? 내가 지평선 너머로 전선을 봤을 때처럼 그들도 신이 날까? 당신과 나는 이 물음에 대한 답이 무엇인지 명확하게 알고 있다.

기업 활동의 뒤틀린 평가 잣대 ━

ESG 시대의 석유 및 천연가스 회사라는 평가에 대해 한 번 상상해 보자. 혹자는 석유와 천연가스 산업에서는 ESG라는 용어를 사용해서는 안 된다고 믿는다. 혹자는 ESG를 석유 및 천연가스 회사가 절대 충족할 수 없는 높은 평가 잣대로 사용한다. 반면 석유와 천연 가스 업계가 환경과 사회에 많이 기여했고 칭찬받아 마땅하다고 믿는 사람은 거의 없다.

세상에는 온갖 종류의 성적표가 있고 정부 규제처럼 새롭게 제정된 법률이 끊임없이 쏟아진다. 우리 업계는 대혼란의 한가운데에 있다. 그런데 우리는 지난 45년 동안 ESG의 세 가지 요소를 아주 효과적으로 관리했다. 나는 ESG가 우리 회사에 어떤 영향을 미칠까 봐 걱정하지 않는다. 우리는 ESG의 세 가지 요소를 완벽하게 맞추려고 부지런히 일했다. 회사가 설립된 이후 우리 업계가 환경을 보호하고 생태계에 미치는 영향을 줄이고자 끊임없이 기술을 혁신하고 개발하는 것을 두 눈으로 지켜보았다.

현재 기업의 '환경, 사회, 지배 구조'를 주관적인 잣대로 평가하도록 하는 법률이 제정되지는 않았다. 우리가 뽑은 상·하원 의원들은 ESG에 관한 법률을 단 한 건도 발의하지도 통과시키지도 않았다. 하지만 ESG를 제대로 실천하지 않으면 '사회적 지탄을 받을 수 있다'고 위협하는 규제 기관의 지시나 지침, 동종 업계의 압박은 계속 존재한다.

투자 여부를 결정하는 비과학적 방식　　　　—

우리의 금융 시스템은 왠지 기후 리스크를 투자 리스크로 받아들이는 지경에 이른 것 같다. 사실상 많은 기관 투자자가, 다시 말해서 대형 대출 기관과 투자회사는 기후 리스크가 투자 리스크라고 믿는 것 같다. 금융회사의 웹사이트를 아무것이나 들어가 보면 탄소 배출량을 제로에 가깝게 낮추는 것을 목표로 투자 포트폴리오를 구성하고 저탄소 경제로의 전환을 앞당기는 데 기여하는 방법에 관한 정보를 얻을 수 있다. 투자 리스크, 투자수익률, 탄소 발자국이라는 세 가지 요인의 균형을 맞추어 최적의 투자 포트폴리오를 구성하게 도와주는 알고리즘마저 존재한다.

ESG의 진짜 리스크는 생각 없이 기계적으로 하는 반응이다. 대출 기관과 투자자가 석유의 '느낌'이나 천연가스의 '냄새'가 나지 않는 사업에 투자하겠다고 결정하면 석유와 천연가스 업계는 미국의 안보를 보장하는 데 필요한 에너지를 제공할 수 없다. 석유나 천연가스 매장량을 기반으로 대출 금액을 결정하는 방식은 석유 및 천연가스 회사가 금융기관에 유전이나 가스전을 담보로 대출을 받을 때 흔히 사용되는 방식이다. 그런데 최근 이런 방식으로 진행되는 대출 규모가 줄어드는 추세다. 점점 더 많은 기성 전문가들이 국내 석유와 천연가스 생산을 옥죄는 것이 도덕적으로 옳은 일이라고 믿기 시작했다. 그들이 대형 은행 등 자본 시장에서 대출이나 투자 결정을 내리는 의사 결정권자들에게 가하는 압력은 어마어마하다. 이런 추세가 독립적으로 석유나 천연가스를 생산하는 에너지 회사, 소비자, 국가 안보에 피해를 준다. 매우 최근에 들어서야 일부가 이런 가혹한 제도에 대하여 반격하기 시작했다.

ESG에 사용되는 원칙과 기준은 본질적으로 석유와 천연가스 산업에 부정적인 영향을 미치거나 불리하게끔 설정됐다. ESG 평가에서는 화석연료에 기반한 에너지산업보다 이와 관련 없는 산업이 더 후한 점수를 받는다. 투자자가 석유 및 천연가스와 관련된 분야에 자본을 투입하지 않으면 바이든 행정부가 요구한 대로 친환경 연료로 대체하고 더 많이 생산하는 것이 오히려 어렵다. 일부 에너지를 생산하는 주가 반격에 나섰다. 이 책을 쓰던 무렵 최소한 15개 주가 화석연료를 취급하는 회사에 대출을 거부하거나 적대적으로 대응하는 은행과의 금융거래와 업무를 제한하는 정책을 제안할 것이라는 보고서가 나왔다.

인류가 '수요에 맞추어' 안정적으로 공급받을 수 있는 에너지자원은 오직 2개다. 첫 번째는 탄화수소, 두 번째는 원자력이다. 대체로 원자력은 빠르게 축소되고 있다. 원자력에 대한 투자는 씨가 말랐다. 원자력은 최근에 등장한 '책임 있는 투자'라는 위선의 또 다른 피해자다. 원자력보다 더 안전하고 더 빨리 탄소 배출량을 없앨 에너지자원이 없다는 사실에도 불구하고 원자력 에너지에 대못을 박는, 환경운동가라고 불리는 작당들에게 고맙다고 인사라도 해야 하나 싶다.

나는 현재 지구가 직면한 최대 리스크는 새로운 기술이 개발되는 속도보다 대비책도 없이 더 빨리 에너지 전환이 진행되고 있는 점이라고 생각한다. 에너지 수요는 전 세계 모든 곳에서 증가하고 있다. 우리는 지구를 태양광 전지판과 풍력 터빈으로 뒤덮을 수 있지만 그것이 전 세계 에너지 수요를 충족시킬 수는 없다. 천연가스와 같은 안정적으로 공급되는 믿을 수 있는 연료 사용이 포함된 합리적인 저탄소 에너지 계획이 석탄으로 전기를 생산하는 화력발전소를 없앨 수 있다.

금융기관은 당신이 가족 경제의 미래를 풍력 터빈, 태양광 전지판, 친환경 보조금에 걸고 싶다고 하면 다양한 금융 상품이 존재한다고 행복한 미소를 지으며 말할 것이다. 하지만 이는 대부분 친환경을 표방하며 설계된 계획처럼 온갖 의도하지 않은 결과로 이어질 수 있다.

아마도 유럽이 메가톤에 이르는 우드칩을 미국 남부의 숲에서 수입한다는 사실을 아는 사람은 거의 없을 것이다. 목재는 ESG 설정표에서 재생에너지 자원으로 간주되기 때문에 유럽은 화석연료보다 우드칩을 선호한다. 하지만 목재는 탄소를 발생시켜서 탄소 발자국이 빅풋의 발자국만 하다. 게다가 목재의 에너지 밀도는 낮다. 그렇지만 기업가는 ESG 운동의 어처구니없는 허점을 이용해서 돈을 버는 것을 멈추지 않는다.

우리는 환경을 존중하고 사회적 책임을 다하고 좋은 지배 구조를 실천하며 사업을 해 왔다. 그렇지 않았다면 지난 수십 년 동안 사업을 지속할 수 없었을 것이다.

모든 상장회사는 이미 수많은 규제 기관과 투자회사의 면밀한 조사를 받았다. 미국은 유럽에서 ESG라는 개념을 수입했고 프랑스 와인이나 독일 차와 달리 ESG라는 수입품에는 존경할 만한 구석이 전혀 없다. 미국식으로 왜곡된 버전의 ESG는 '시장'의 관점이 수반된다. 다시 말해서 미국은 기업의 ESG 노력을 평가하고 점수를 부여해서 그 기업이 속한 시장을 더 도덕적으로 만든다. 미국에서는 소위 전문가가 제시하는 끝없이 변하는 기준과 의견에 맞추지 못하는 기업을 제외하고 대신 마음에 드는 기업에만 자본을 투자해서 재정적 성과에 상관없이 승자와 패자를 결정한다.

삶의 질을 높이는 제품과 서비스를 만드는 자유 시장은 미국과 모든 선진국의 경제성장을 이끈 동력이었다. 지금과 달리 단순한 시기에는 그랬다. 하지만 지금은 기업이 단순히 삶을 윤택하게 만들 제품과 서비스를 생산하는 것뿐만 아니라 누군가가 주관적으로 제시한 도덕적 원칙, 즉 ESG도 충실히 실천해야 한다.

ESG 노력

나는 우리 회사가 ESG를 충족하기 위해서 어떤 노력을 했고 어떤 성과를 이루었는지에 대해 말하는 것에 아무 거리낌이 없다. 우리 회사는 석유와 천연가스 업계에서 통용되는 ESG 기준에 따라서 모든 일을 잘하고 있고 이러한 노력과 성과를 콘티넨탈 리소시스의 홍보 자료와 보도 자료를 통해서 널리 알린다. 콘티넨탈 리소시스의 전 CEO 빌 베리Bill Berry는 다음과 같이 말했다. "우리는 국내에서 생산되는 석유와 천연가스가 국가와 전 세계의 웰빙과 안보에 기본이 된다고 믿는다. 그리고 미국의 에너지 독립이 우리 회사가 반드시 달성해야 하는 필수 목표고 목표를 달성하기 위해서 최선을 다하고 있다고 믿는다."

실용적인 세상에서 이 말은 미국의 생활 방식을 귀중하게 생각하는 사람들에게 분명한 메시지를 전달할 것이다. 전후 사정을 모두 살펴 우리가 하는 일과 그 일을 하는 이유를 지지하는 사람들이 많다. 문제는 우리와 다르게 생각하는 사람들이다. 석유와 천연가스 회사에서 발표한 ESG 보고서 중에 그들의 생각을 바꿀 보고서는 없다. 그들의 관점에서 우리는 탈탄소와 넷제로를 달성하는 데 방해가 될 뿐이다. 그들은 우리에게 악이라는 꼬리표를 달았고 우리를 멸종시키는 것이 그들의 목표다. 아이러니하게 석유와 천연가스가 있었기에 가능했던 생활수준이 석유와 천연가스 업계를 몰살시키려는 그들의 노력을 이끌고 있다.

ESG에 관해서 이야기할 때 우리 회사는 "우리 모두 이 작은 행성에서 산다. 우리 모두 같은 공기로 숨을 쉰다. 우리 모두 아이들의 미래를 소중하게 생각한다. 그리고 우리 모두 언젠가는 죽는다"라는 존 F. 케네디 대통령의 말을 인용한다. 이것은 그가 거의 60년 전에 한 말이지만 오늘날에도 여전히 진실로 통한다. 1960년대 초 미국의 인구는 1억 8,000만 명이었다. 지금 미국의 인구는 3억 3,000만 명을 웃돈다. 그때 세계 인구는 대략 30억 명이었고 지금은 80억 명을 넘어선다. 세계 에너지 수요는 같은 시기에 300퍼센트 이상 증가했다.

미국은 에너지와 식량이 부족하다고 생각되던 시대에서 에너지와 식량이 풍족한 시대로 넘어왔다. 탄화수소가 현대 세계를 에너지와 식량이 풍요로운 곳으로 만드는 데 중요한 역할을 했다. 탄화수소보다 세계의 웰빙과 부에 더 극적인 영향을 미친 에너지자원은 없다. 우리가 먹는 식량, 우리가 집을 따뜻하고 시원하게 만드는 방식,

우리가 입는 옷, 건강을 유지할 수 있는 약물, 전력망, 교통망과 물류망 등 인간이 현대의 삶을 살아가기 위해서 필수적인 거의 모든 것이 탄화수소에 의존하고 있다. 이것은 앞으로 몇 십 년 동안 변함없을 것이다. 탄화수소보다 더 복된 것이 있는가? 오늘뿐만 아니라 지난 100여 년 동안 탄화수소보다 사회에 더욱 이로운 영향을 미쳤다고 주장할 수 있는 것에는 무엇이 있나?

ESG의 'S'

우리가 ESG의 E, 즉 환경을 보호하려고 최선을 다하지 않았다면 오늘날 콘티넨탈 리소시스는 존재하지 않을 것이다. 지금까지 책을 읽으면서 알게 되었겠지만 우리는 매년 효율적으로 석유탐사를 하고자 수천만 달러를 투자한다. 우리는 수평 시추법으로 탄소 발자국과 생태계에 미치는 영향을 줄이려고 노력한다. 우리가 개발하고 특허 등록을 한 기술은 석유와 천연가스 산업 전반에서 사용되고 미국에 지대한 혜택을 제공했다. 게다가 우리는 서밋 카본 솔루션즈Summit Carbon Solutions 와 함께 에탄올 생산 공장과 비료 생산 공장에서 배출되는 이산화탄소를 격리하고 모으기 위해서 미국 중부의 5개 주에 걸쳐 이산화탄소 포집 시스템 구축 프로젝트를 개시했다.

이제 ESG의 S에 관해서 이야기해 보자. 석유와 천연가스 산업이 사회에 미친 영향은 무엇일까? 제발 ESG에 집착하는 사람들은 한

걸음 물러나서 석유와 천연가스가 없었다면 삶이 어땠을지 상상해 보길 바란다. 200년 전 선조들이 살던 생활 방식으로 되돌아가기를 바라는 사람이 있을까? 대다수가 그렇지 않을 것이다.

좋든 싫든 세계 식량 공급에 관해서 인공 비료는 그야말로 농업의 판도를 뒤집은 게임 체인저다. 인공 비료의 등장으로 저렴한 식량의 생산량이 폭발적으로 증가했다. 많은 질소비료는 천연가스로 만들어진다. 그런데 바이든 대통령의 친구들은 현재의 위기를 독특한 시각에서 바라본다. 사만다 파워Samantha Power 미국국제개발처U.S. Agency for International Development; USAID 처장은 다음과 같이 말했다.

> 러시아가 최대 비료 수출국이기 때문에 비료 부족은 진짜다. 비록 비료 수출을 제재하지는 않지만 러시아의 비료 수출이 줄어들었다. 결과적으로 우리는 동물 배설물로 만든 거름과 퇴비와 같은 천연비료를 사용하는 것에 관해서 여러 국가와 협의하고 있다. 이것은 장기적으로 농민에게 이로울 천연비료로의 전환을 앞당길 것이다. 그러니 이번 위기를 헛되이 흘려보내지 말자.

사만다 파워 처장님께 송구스럽지만 작금의 식량 위기에 대처할 가장 비용 효과적이고 효율적인 방법은 국내 에너지 생산 활동을 지원하는 것이다.

그럼 ESG의 G, 그러니까 지배 구조는 어떨까? 나는 지배 구조에 관해서 생각하면 이 나라가 어떻게 통치되었는지를 떠올린다. 바이든 행정부의 경제와 에너지 정책 관리가 우리에게 어떤 영향을 미쳤는지 평가해 보는 것은 어떨까? 민간 부분을 ESG 기준으로 평가하려는 사람들이 호의를 베풀어서 우리 정부도 그 기준으로 평가해 줄지 모른다.

내가 ESG에 적용할 과학적 데이터가 부족하다는 편견을 가진 사람이 있을 수 있다. 그렇다면 여기 적합한 사례를 들어 보겠다. 2022년 5월 S&P 500 ESG 지수에서 테슬라가 제외됐다. S&P 500 ESG 지수는 S&P 500에 속한 기업의 지속 가능성 부문에서의 활동을 평가하는 광범위한 시가총액 가중지수다. 그렇다! 오직 전기차와 전기 트럭만 생산하는 회사가 S&P 500 ESG 지수에서 퇴출당한 것이다. 왜일까? 테슬라 공장에서 보고된 두 차례의 인종차별 논란이 원인이라는 주장도 있다.

ESG에 좀 더 합리적으로 접근하고 내가 생각하는 사회의 최고 소명인 '에너지 빈곤을 끝내서 세계 빈곤을 급격하게 낮추는 데는 얼마나 기여하였는가'로 평가하면 어떨까? 이 과정에서 우리는 탈탄소 노력을 실천하고 객관적으로 평가할 수 있는 성과를 이룰 것이다.

낙후된 사고방식 —

2004년 베이징에 처음 갔을 때, 나는 호텔에서 나와 먹구름에 가려 얼룩처럼 보이는 태양을 올려다보았다. 숨쉬기가 어려울 정도로 스모그가 가득하다는 것을 깨달았다. 집으로 돌아와서도 숨 쉬는 것이 편해지는 데 두어 주 걸렸다. 대기오염이 자동차를 모는 10억 명의 중국인 때문이라고 생각하는 사람이 있을지도 모른다. 사실 2004년 중국에는 대도시를 제외하고 자동차가 그렇게 많지 않았고 잘 닦인 도로도 많지 않았다.

중국은 2006년 세계에서 이산화탄소를 가장 많이 배출하는 나라가 됐다. 현재 중국의 이산화탄소 배출량은 세계 이산화탄소 배출량의 30퍼센트 이상을 차지한다. 무엇이 숨이 턱턱 막히는 대기오염을 일으켰을까? 바로 석탄을 연료로 전기를 만드는 화력발전소다.

오늘날 중국의 상황은 더욱 악화됐다. 중국은 그 어느 나라보다 석탄을 더 많이 땐다. 그리고 새로운 석탄발전소를 전 세계적으로 건설하고 있다. 세계 제2의 경제 대국인 중국은 유독성 오염 물질을 계속 배출해서 국민의 생명을 위태롭게 만들고 있다. 그리고 이 모든 오염 물질은 바람을 타고 태평양을 건너서 이웃 국가에도 영향을 미치고 있다. 이제 ESG를 중심으로 벌어지는 일을 간략하게 정리하면 다음과 같이 요약할 수 있다.

- 에너지에 관한 잘못된 생각이 잘못된 믿음을 낳는다.
- 잘못된 믿음이 잘못된 정책 결정으로 이어진다.
- 잘못된 정책 결정이 에너지 빈곤을 야기한다.
- 에너지 빈곤이 경제적 빈곤을 초래하고 지속시킨다.

- 경제적 빈곤은 환경에 엄청난 악영향을 주고 인간의 고통을 심화시키고 잠재력을 제한한다.

요점은 우리는 사실에 기반해서 생각해야 한다는 것이다. 그렇다면 무엇이 사실일까? 린든 존슨 대통령이 1964년 빈곤과의 전쟁을 선포한 이후, 미국은 25조 달러가 넘는 돈을 썼다. 그가 빈곤에 선전포고하고 50년이 지난 지금 우리는 수입 규모에 따라서 보조금을 지급하는 복지 프로그램과 빈곤 퇴치 프로그램에 초기보다 인플레이션에 맞추어 조정한 경제적 가치로 열여섯 배나 더 많은 돈을 쓴다. 빈곤 퇴치를 위한 지출을 대폭 늘렸음에도 불구하고 가난한 미국인의 비율은 여전히 약 11~15퍼센트 사이로 1960년대 중반과 후반 이후로 거의 변함이 없다.

2년 전 짧았지만 완전한 에너지 독립을 이루었던 시기에 임금 수준이 상승했고 실업률은 수십 년 만에 최저 수준으로 하락했다. 나는 전문가라 불리는 사람들이 이러한 사실을 근거로 결론을 도출한 것이 있는지 궁금할 따름이다. 정책 입안자들이 우리에게 싸울 기회만 준다면 우리는 미국에 에너지 독립을 되찾아 줄 수 있다.

더 많은 석유를 얻고자 독재 정권에 구걸하고 그들의 주머니를 불리고 다른 나라를 침략할 자금을 댈 이유는 없다. 경제와 국가 안보의 중추인 석유와 천연가스 산업을 악마로 만들 때는 한참 지났다. 석유와 천연가스는 악당이 아니다. 이 에너지자원은 우리를 번영된 미래로 데려갈 티켓이다. 에너지 정책은 모든 나라 사람들의 생활수준에 직접적인 영향을 미친다. 어떤 어려움이 닥쳐도 우리의 에너지 잠재력에 대해서 핏대 세우며 이야기하는 이유가 바로 여기에 있다.

에너지산업을 지지하는 정부 관계자 —

석유 시추 일을 시작하고 초기에 돈이 조금씩 벌릴 무렵, 나는 사랑하는 오클라호마주의 부패 실태를 마주하고 정신이 뻔쩍 들었다. 좀 더 직설적으로 말하면 석유와 천연가스 산업을 관리 감독하던 주 정부 관계자가 뇌물을 받았을 뿐만 아니라 당연히 뇌물을 받을 것이라고 기대하고 있었다. 그들은 현금이 가득 든 돈봉투를 못 받으면 집까지 친히 방문해서 돈봉투를 받아 갔다.

그들은 석유와 천연가스 회사의 사업주를 비참하게 만들 힘을 가지고 있었다. 그래서 대다수가 그들에게 뇌물을 주는 쪽을 택했다. 사업주로부터 뇌물을 받던 주 정부 관계자가 돈봉투를 받기 위해 링우드에 있는 나의 집을 친히 방문했다. 나는 그의 방문에 충격을 받았고 그의 비윤리적인 행동에 화가 머리끝까지 났다. 그래서 "절대 못 준다. 나는 사업을 계속하기 위해서 그 누구에게도 뇌물을 주지 않을 것이다"라고 소리쳤다. 나는 이 행동으로 받게 될 불이익을 감내하기로 결심했다. 그렇게 해야 떳떳하게 거울 속에 비친 내 모습을 볼 수 있을 것 같았다. 부패와 나쁜 정책은 사람들이 잘못된 것을 잘못됐다고 당당하게 말하지 않을 때 생긴다.

그리고 찰스 네스비트Charles Nesbitt가 등장했다. 진국이었던 그의 명성은 지금도 자자하다. 오클라호마 기업 위원회Oklahoma Corporation Commission에서 그는 부패에 맞서는 사람들의 도움을 얻어 오클라호마주에서 부패를 깨끗이 몰아냈다. 심지어 연방 정부 관계자가 오클라호마주까지 와서 부패를 척결하는 데 일조했다. 황량한 서부 지역에서 석유로 돈을 많이 벌면 나쁜 무리가 달라붙을 수 있다. 하지만 소수의 선량한 사람들이 용기를 내서 그 나쁜 무리를 오클라호마주에서 내쫓았다.

나는 석유와 천연가스 산업의 이익을 대변하기 위해서 앞장서서 목소리를 내는 사람이 되고 싶었던 적이 단 한 번도 없다. 하지만 젊었을 때 의도치 않게 업계를 대변하게 됐다. 1977년 겨울 에너지 위기가 한창이던 시기, 미국의 석유와 천연가스 회사가 의회의 다양한 위원회 앞에 불려 가 증언해야 했고 규제 부담이 완화되면 미국에 천연가스를 대량으로 공급할 수 있다는 자세한 설명을 각종 산업 행사 자리에서 해야 했다. 인위적인 가격 규제는 시장을 왜곡했고 천연가스 공급의 씨를 말렸다. 젊은 지질학자로서 나는 천연가스가 미국 어디든지 존재한다고 믿었고 인위적인 가격통제가 철회된다면 언제든지 미국에 매장된 천연가스를 개발해서 사용할 수 있다고 생각했다.

다들 알다시피 결국 카터 행정부는 잘못된 길을 가기로 선택했고 최소한의 예외를 두고 화력발전소의 연료로는 석탄만을 사용하게 하고 보일러 연료에서 천연가스를 배제하는 행정명령을 내렸다. 바로 그 순간 이후 나는 석유와 천연가스 산업을 위해서 목소리 높이는 것을 멈추지 않았다. 방향이 잘못된 정부 정책으로 업계가 막대한 피해를 입는 것을 목격하면서 내 능력이 허락하는 한 최선을 다해서 다른 사람들의 고통을 줄이기 위해 노력했다.

지난 45년 동안 미국 상원, 하원과 하우스 에너지 액션 팀House Energy Action Team, 국내외 행사에서 미국 에너지산업의 이익을 대변했다. 많은 기업인이 나서서 자신의 의견을 당당히 밝히기를 주저한다. 나는 석유와 천연가스 회사의 지분을 대거 보유하고 있는 사모펀드 관계자와 최근에 대화를 나누었다. "미국의 에너지산업을 지지하는 데 당신이 도움될 것이다"라고 말했다. 그는 "나는 나서지 않는다. 그저 나 죽었소 하고 가만히 있을 뿐이다"라고 대답했다.

그는 산업에 적극적으로 관여해서 발전하도록 기여하는 사람이 아니라 그저 혜택만 누리는 수동적인 수혜자다. 그와 같은 수동적인 수혜자가 너무나 많다. 우리는 산업 발전을 위해서 자신의 자원을 기여하는 기부자와 산업에 직접 개입해서 행동하는 행동가가 더 많이 필요하다. 안타깝게도 많은 사람들이 석유와 천연가스 산업에서 혜택을 누리고 있지만 필요할 때 용기 내서 산업을 지지하고 공격받을 때 도움을 청할 수 있는 사람은 거의 없다. 그렇다고 오해하지는 말라. 나는 미국의 석유와 천연가스 산업에 든든한 버팀목이 되는 친구들이 셀 수 없이 많다. 그저 그런 사람이 지금보다 더 많이 필요하다고 말하는 것이다.

우리 사회의 웰빙에 관심이 있는 사람에게는 석유와 천연가스 산업을 지지할 책임도 있다. 석유와 천연가스 산업을 응원하는 데 기꺼이 자신의 시간과 자원을 써야 한다. 왜냐하면 미국에서 석유와 천연가스를 생산하는 것을 반대하는 사람들은 분명히 자신들의 대의명분에 시간과 자원을 아낌없이 쏟아부을 것이기 때문이다. 조지 소로스George Soros가 좋은 사례다. 그는 석유와 천연가스 분야에 투자해서 돈을 버는 데는 관심이 있다. 하지만 자신이 속한 사교계에서 극단적인 환경 운동가들의 비위도 맞추려고 노력한다. 그의 이런 행태는 다소 위선적인 것 같다.

또 다른 사례는 몇 년 전 대선에 출마했던 자칭 활동가, 톰 스타이어Tom Steyer다. 탄화수소로 막대한 부를 축적했지만 그는 석유와 천연가스 산업을 지지하는 우리에게 눈엣가시다. 미국의 에너지 수출을 촉진하려고 동분서주하던 내게 그의 이름이 계속 들렸고 나는 '도대체 어떤 사람인지 그리고 왜 이런 일을 하는지 이유를 알아야겠으니 직접 그를 만나야겠다'라고 생각했다.

스타이어를 만나고 돌아온 내게 동료가 그와의 만남이 어땠는지를 물었다. 나는 "그의 활동은 오래가지 않을 것이다. 그는 자기 자신을 위해서 이 일에 발을 들였고 결코 대통령에 당선되지 않을 것이다"라고 말했다. 아니나 다를까 그는 사비로 무려 수백만 달러를 대선 운동에 털어 넣었지만 표를 거의 얻지 못했다. 이후 그는 다시는 내 레이더망에 등장하지 않았다.

나는 미국 사람들에게 도움이 된다면 기꺼이 시간을 내서 활동가라는 사람들을 만날 것이다. 하지만 우리는 지방 정부부터 주 정부와 중앙정부까지 모든 정부 조직에서 석유와 천연가스 산업을 지지해 줄 사람들이 필요하다. 우리가 나서지 않으면 부패가 다시 기승을 부릴 것이다. 부패로 인해서 에너지 가격이 오르면 그 부담은 모두 소비자가 떠안는다.

숭고한 대의명분 ━

나는 회의를 싫어한다. 특히 정계 인사와의 회의가 너무 싫다. 하지만 사람은 열정적으로 추구하는 대의명분이 있다면 거의 모든 역경을 견딜 수 있다. 늪의 케케묵은 악취까지도 참을 수 있다. 무엇인가를 공개적으로 지지하는 일은 비위가 약한 사람은 하기 힘들다. 그렇지만 우리는 나쁜 정책에 반기를 들고 바람직한 결과를 가져올 해결책을 제안해야 한다. 대중에게 공개되는 정책이나 법안에도 큰 충격을 받는데 공개되지 않는 정책이나 법안 중에 충격적인 것은 얼마나 많겠는가? 산업 단체는 각자가 속한 산업의 이익을 대변하는 데 중요한 역할을 하지만 옳은 일을 거리낌 없이 말하고 권력자에게 진실을 말하는 개개인의 목소리와 비교할 수는 없다.

정부 관계자들이 차를 타고 돌아다니면서 사업주에게 돈을 받던 시절과 비교하면 세상은 변했다. 예를 들어 왜 선출 공직자들은 우리 땅에서 석유를 직접 생산하는 대신에 수입하기를 원할까? 석유 수출 금지를 철회해야 한다고 사람들을 설득하며 이곳저곳을 돌아다닐 때 이와 똑같은 질문을 나 자신에게 해 보았다. 지금도 이 질문에 대한 답을 모르겠다. 바이든 행정부는 치솟는 휘발유 가격에 전전긍긍할 때 내게 도와달라고 전화했었나? 그들은 오히려 니콜라스 마두로 Nicolás Maduro 베네수엘라 대통령에게 전화를 걸었고, 사우디아라비아로 날아갔고, 이란에 팩스를 보냈으며, 러시아의 푸틴에게 석유 매매 주문을 넣었다. 그들은 이란의 아야톨라(시아파 무슬림 사회의 종교 지도자-역주)보다 미국에서 석유와 천연가스를 생산하는 해롤드 햄에게 도움을 청했어야 했다. 솔직히 말해서 바이든 행정부의 모든 행동은 매우 비애국적인 행동 같다.

정책이나 행정부를 비난하는 것과 잘못된 것을 고치고자 행동하는 것은 완전히 다르다. 바이든 행정부가 정권을 잡자마자 나는 존 케리를 만나려고 노력했다. 2021년 3월과 6월 사이에 나는 그를 만나서 에너지 정책에 관해서 이야기하고 현재 미국이 처한 에너지 위기를 피하기 위해서 에너지의 수요와 공급의 균형이 깨진 에너지 시장을 잘 헤쳐 나가도록 돕고자 수차례 시도했다. 2022년 1월 7일 자 〈파이낸셜 타임스〉와의 인터뷰에서도 '바이든 행정부의 기후 특사인 존 케리에게 만나달라고 요청했지만 그에게서는 아무 반응이 없었다'고 말했다.

나는 영원한 낙관주의자이고 아직도 꽤나 순진한 것인지도 모른다. 그저 모든 사실 자료를 들여다보면서 마주 앉아 현 상황에 대해서 이야기할 수 있다면 그들이 계획을 바꾸고 석유와 천연가스 산업의 목을 짓누르던 발을 치우리라고 믿었다.

인터뷰 기사가 나가고 며칠 뒤, 존 케리 사무실로부터 전화를 받왔다. 그 전화를 받고 곧장 블루 헐시와 나는 워싱턴 국무부에서 존 케리와 그의 보좌진을 만났다. 우리는 미국의 석유와 천연가스 회사가 탄소 포집을 위해 어떤 일을 하고 있는지, 바이든 행정부의 정책, 특히 연방 소유 땅에 대한 시추를 허용하지 않는 정책이 석유와 천연가스 산업을 얼마나 힘들게 하는지와 이것이 석유와 천연가스의 부족을 야기해서 에너지 가격 인상을 초래할 것이라고 자세히 설명했다. 그리고 환경을 위해서 탄소를 많이 배출하는 석탄발전소 말고 천연가스로 전기를 생산하도록 전환하는 정책을 도입해달라고 간청했다.

존 케리는 우리의 말을 주의 깊게 들었고 진심 어린 표정으로 대화에 동참했다. 하지만 어떤 부분에서 그는 우리의 말을 오해했다. 예를 들어 그는 석유와 천연가스 산업이 보조금을 지원받고 있다고 이야기했다. 그때 나는 다소 흥분했던 것 같다. 우리 업계가 보조금을 받고 있다는 그의 말을 듣고 나는 "지금 당장 사실을 말해주겠다. 나는 그 누구보다도 건공을 많이 탐사했다. 하지만 그 누구도 내게 단돈 5센트도 주지 않았다"고 말했다. 수십 억 달러의 보조금이 친환경 산업으로 빨려 들어가고 있는데 석유와 천연가스 산업에 보조금이 지원되고 있다는 거짓말이 나를 분노하게 만들었다. 어쨌든 존 케리와의 대화는 유쾌했다. 낙관적으로 보자면 그와의 대화는 생산적이었다. 그도 나와 같은 생각을 하길 바란다. 하지만 지금까지도 의미 있는 변화는 전혀 없다.

나는 그에게 필요할 때면 언제든 나와 우리 직원들의 전문성과 시간을 제공하겠다 제안했고, 우리는 서로 연락처를 주고받았다. 그는 내게 바이든 행정부의 다른 누군가와 대화를 나눈 적이 있냐고 물었다. "없다. 그 누구와도 대화를 나누지 못했다"고 말했다. 존 케리와 만난 2022년 1월 19일 이후 그를 포함해서 그 누구도 나를 다시 찾지 않았다. 하지만 우리는 계속 그들에게 만나서 대화하자고 요청하고 있다.

과연 내가 앞으로 미국의 석유와 천연가스 산업과 미국의 소비자들을 지지하고 그들의 이익을 위해서 목소리를 높이는 것을 그만둘까? 나는 절대로 이 일을 그만두지 않을 것이다. 그러니 어느 분야에 있든 당신도 나의 노력에 동참하길 바란다.

Chapter 17

EQ vs IQ :
무엇으로
에너지 미래를
이끌 것인가?

회사 사람들은 누구나 아는, 내가 회의를 시작할 때 언제나 하는 말이 있다. "우리가 해결하고자 하는 것이 무엇인가?" 여기서부터 시작하면 옳은 답으로 가는 길이 저절로 모습을 드러낸다. 그 길은 쉬운 길이 아닐 수도 있다. 하지만 바로잡거나 이해해야 하는 것이 무엇인지를 일단 정의하면 궁극적인 해답에 이르기 위해서 반드시 답해야 하는 옳은 질문들이 정리되고 그 질문에 대한 답을 찾아 나갈 수 있다.

예를 들어 우리가 해결하려는 문제가 이산화탄소 배출량을 감축해서 기후변화를 완화하는 것이라면, 석유와 천연가스 산업이 온실가스 배출량을 줄이고자 시도했던 주목할 만한 혁명적인 시도를 기념하고 지지하는 것은 어떨까? 비록 많은 사람들이 내가 기후변화를 부정한다고 생각하지만 나는 기후변화를 부정하지 않는다. 나는 해결책을 지향하는 실용적인 과학자다. 언제나 전체 그림을 보고 의견을 형성하여 확실한 사실에 근거하는 결정을 내리는 사람이다.

마이클 마틴 머피Michael Martin Murphey가 부른 노래 중에 〈카우보이 로직Cowboy Logic〉이란 제목의 노래가 있다. 우연히 이 노래를 듣고 노래에 담긴 생각을 몹시 좋아하게 됐다. 그 이유를 길게 설명할 생각은 없다. 다만 나에게 노래를 불러 보라고 요청하진 말라. 노래가 전달하는 메시지를 다른 말로 바꾸어 표현하자면, 간단한 해결책이 최고의 해결책이다.

우리는 카우보이의 논리로 에너지의 미래와 거기까지 이르는 방법에 관해서 논의해야 한다. 대부분이 지금부터 100년 뒤 에너지의 미래를 그리고 있다. 우리는 모두 지속 가능하고 저렴하며 안정적으로 공급되는 에너지를 원한다. 그리고 모든 인류가 이러한 에너지를 이용하는 미래를 원한다. 여기까지 어떻게 갈 것인가를 논의할 때다.

문제가 무엇이든지 간단한 해결책으로 그 문제를 해결할 수 있다고 나는 믿는다. 특히 에너지 문제에 관해서는 간단한 해결책이면 족하다. 하지만 먼저 에너지에 관한 사실부터 살펴보고 문제를 해결하기 위해서 반드시 답해야 할 질문에 대해서 고민해 보자.

EQ냐? IQ냐?   —

현재 진행되고 있는 에너지 논의를 지켜보면서 나는 감성지수 Emotional Quotient; EQ와 지능지수Intelligence Quotient; IQ 사이에 흐르는 긴장감을 느꼈다.

이 책을 살펴보면 IQ는 판도를 뒤집는 결과를 낳을 수 있다. 예를 들면 수평 시추법 개발이다. 수평 시추법은 불과 20년 만에 석유 생산량을 하루 500만 배럴에서 1,300만 배럴로 높이며 에너지 르네상스를 이끌었다. 이는 천연가스로 환산 시 향후 100년 동안 사용할 수 있을 것으로 추정되는 양이다.

반면 EQ는 어떤가? 내가 보기에 에너지 논의는 지나치게 EQ 쪽으로 치우쳐져 진행된다. 예를 들어 그레타 툰베리Greta Thunberg를 살펴보자. 그녀는 스웨덴의 10대 소녀로 세계 정상들에게 "어떻게 감히 그럴 수 있냐?!"라고 소리치면서 일약 세계적인 기후 운동가가 됐다. 그레타 툰베리나 자신의 생각을 솔직하게 말하는 사람에게 불만은 없다. 그레타 툰베리가 문제가 아니다. 문제는 그 회의장에 앉아 있던 모든 어른들이 아무 행동도 하지 않고 후회스럽다는 표정으로 그녀의 연설에 고개를 끄덕였다는 점이다. 그들은 그녀를 이용해서 자신들의 천박함, 비겁함, 의도적인 무지함을 감추었다.

솔직하게 말해 그들은 우려를 해소하고 진정한 해결책을 제시하기 위해서 그 어떤 노력도 하지 않았다. 그들은 감정적으로 환경 운동가들의 화를 달래기만 했고, 환경 운동가들은 그저 소리를 더 지르면 문제가 해결될 것이라고 믿게 됐다. 문제는 문제 해결 능력이 부족한 그들의 리더십이다. 그들은 무능한 겁쟁이고 진지하게 토론에 임해서 간단한 실행 계획을 도출하는 것을 두려워한다.

그들의 행위는 대체로 상황을 일시적으로 모면하려는 정치적 방편에 불과하다. 그들은 감정을 이용해서 토론의 본질을 가리거나 토론 자체를 차단한다. 어쨌든 EQ와 IQ 모두 사람들을 투표소로 가게 만든다. 인류와 지구를 멸종으로부터 구할 시간이 10년 정도, 아니면 3년, 또는 23년 6개월 정도 남았다고 확신한다면 가능한 모든 대책을 강구해야 한다. 살려달라고 부르짖는 수백만 명의 감정적인 대응에 익숙한 젊은 유권자들은 강력한 정치 세력을 형성한다. 아이러니하게도 그런 그들이 인류 역사상 에너지를 가장 많이 소비하는 세대다. 그들의 전체 생활 방식은 에너지를 집어삼키는 전력망에 접근할 수 있다는 가정하에 유지된다.

솔직해져야 한다. 이것은 수조 달러가 걸린 일이다. 인류의 에너지 미래를 두고 큰 도박이 벌어졌다. 사람들의 감정을 자극하고 이용해서 버는 돈이 있다. 나는 최근 테슬라는 자동차 회사가 아니라 정부 보조금으로 굴러가는 회사라는 소리를 들었다. 공공서비스 회사는 세금 혜택을 받고 싶어 한다. 이해할 수는 있다. 연방 정부가 돈을 마구 뿌리는 데 눈먼 돈을 받는 법을 배우는 것은 당연한 일이다. 이것이 많은 기업이 연명하기 위해서 연방 정부에 의존하는 이유 중 하나다. 어쨌든 기업은 주주들에게 금전적으로 이익이 되도록 행동할 책임이 있으니 정부 보조금이나 세금 혜택을 받으려는 그들의 행위는 정당하다. 하지만 기업이 정부 보조금이나 세금 혜택만 받으려고 행동하면 나쁜 사고와 투자로 이어지는 악순환을 낳고, 이것은 풍력과 태양광발전에 대한 보조금 지원과 같은 나쁘지만 없애기 어려운 정책을 만든다.

수십 억 달러가 시에라 클럽과 같은 기후 단체에게 흘러 들어가고 있다. 기후 단체들은 이 돈으로 기후변화에 관해서 유권자들을 동요시키고 행동을 촉구하면서 기후 문제에 관심이 없는 사람들의 생각도 바꾸어 기후변화에 대응하게 만든다. 그러나 비영리 기후 단체들이 사람들에게 겁을 주고 잘못된 행동을 하게 만드는 대신에 산림자원과 수자원을 관리하는 데 많은 시간과 자금을 투자했다면, 우리는 환경에 관해서 어느 정도 진정한 진전을 이루었을 것이다.

감정이 통제되지 않고 날뛰면 우스꽝스럽고 비생산적인 일이 일어난다. 예를 들어 1978년 제정된 연료사용법은 발전소에서 의무적으로 석탄을 사용하게 만들고 깨끗한 천연가스를 보일러 연료에서 제외했다. 철저하게 감정에 근거해서 연방 소유 땅에 광권을 허가하지 않는다면 미국에 석유와 천연가스 공급량은 줄어들고 에너지와 연관된 모든 것의, 사실상 모든 것의 가격이 오르고 인플레이션이 발생한다. 석탄을 대체할 에너지자원의 개발이 제한되고 경제와 함께 일자리가 위태로워진다.

14장에서 살펴보았던 텍사스주의 대정전 사태는 감정적으로 마련된 정책으로 인해서 초래됐다. 말하자면 태양광발전을 지나치게 확대했고 안정적인 예비 전력의 필요성을 간과했던 것이다. 연방 소유의 땅에 광권 허가를 제한하고 시추를 승인하지 않는 법안은 어땠나? 에너지 가격에 상승 압력을 가했다. 그 결과 누가 가장 고통받았나? 제트기를 타고 전 세계를 누비는 기후 특사나 정치 엘리트들이 아니라 하루 벌어서 하루 먹고사는 사람들이 제일 큰 고통을 받았다. 지적으로 토의했다면 감정적으로 대응할 때는 이런 결과가 초래될 것임을 미리 알았을 것이다. 풍력 터빈을 열심히 돌리지만 아무것도 해결되지 않았다. 왜냐하면 지적인 전략과 사실에 근거한 현실적인 계획 없이 재생에너지 확대에만 집착했기 때문이다.

이것이 나를 화나게 한다. 정책, 선언, 연설은 전략이 아니다. 우리에게 올바른 에너지 전략이 있는 척은 이제 그만하자. '더 이상의 화석연료는 거부한다'는 것은 전략이 아니다. 에너지 전환과 석유와 천연가스의 사용은 상호 배타적이지 않다.

에너지 정책과 고려 사항 —

현재의 에너지 정책은 국익을 해치는 제도를 되살렸다. 미국이 국내 석유와 천연가스 생산을 억제한 덕분에 러시아, 베네수엘라, 이란은 OPEC+가 생산하는 에너지에 대한 세계의 의존도를 높였다. 러시아가 벌어들이는 국가 수입의 거의 절반이 석유와 천연가스 판매에서 나온다. 혹자는 이란이 벌어들이는 국가 수입의 거의 1/3이 탄화수소에서 나온다고 추정한다. 진정 세계적 악당들을 응원하고 그들의 주머니를 채워서 그들이 자신의 적을 없애는 노력을 하는 와중에 우리의 삶도 함께 팍팍해지기를 바라는 것인가?

그레타 툰베리는 1970년대를 모른다. 그녀는 그때 태어나지도 않았다. 하지만 나는 1970년대를 살았다. 당시의 미국 정책이 너무나 비효율적이어서 화가 났다. 그런데 미국은 다시 똑같은 실수를 하려고 한다. 석탄발전을 마구 늘려서 전 세계 대기를 오염시키는 중국 정부는 참으면서 미국의 이산화탄소 배출량을 제한하는 파리기후협약에 서명하는 것은 사람들이 해결해야 한다고 비명 지르는 문제를 해결하는 데 아무런 도움이 되지 않는다. 우리는 이 토의에서 감정을 제거하고 사실만을 다루어야 한다. 모두가 함께 깨끗한 공기, 깨끗한 물, 지속 가능한 미래를 누리길 원한다. 하지만 우리가 중국과 인도의 석탄 사용을 제한하는 등 세계적 차원에서 취할 진정한 해결책을 마련하지 않고 그저 사람들이 마구 쏟아 내는 감정만 고려해서는 아무것도 해결할 수 없다. 내가 이미 말했듯이 미국의 이산화탄소 배출량은 계속 하락하는 추세다. 이것은 연설이나 협약 때문에 이룬 성과가 아니다. 미국의 독창성과 우리가 사는 지구를 잘 보살피고 싶다는 마음 덕분에 얻은 성과다.

나는 정부 관계자가 아니다. 그러니 기후 문제에 관해서 중국 정부와 협상할 수는 없다. 이미 살펴보았듯이 전 세계에 석탄발전소가 6,000개가 넘는다. 중국이 그중 절반이 넘는 석탄발전소를 지어서 가동하고 있다. 또한 중국은 전 세계의 에너지 빈국이 석탄발전소를 더 짓도록 돕고 자체적으로도 연간 300개의 새로운 석탄발전소를 짓고 있다는 소식을 접했다. 중국 은행이 전 세계에 중국이 새롭게 건설하는 석탄발전소의 70퍼센트 이상에 자금을 대고 있다.

아무도 고려하지 않는 부분이 있다. 바로 탄화수소가 세상을 더 살기 좋은 곳으로 바꾸었다는 사실 말이다. 인류에게는 모든 것의 판도를 뒤집는 혁명과도 같은 변화가 일어났고 이런 변화는 지금도 계속되고 있다. 지난 160여 년 동안 인류가 이룬 엄청난 진보는 오직 에너지를 가득 품은 탄화수소를 개발하고 활용했기에 가능했다.

우리가 아무리 간절히 바라고 저항하더라도 지금 당장은 탄화수소를 대체할 대규모 에너지자원이 존재하지 않는다. 에너지 수요는 세계 곳곳에서 증가하고 있다. 물론 이산화탄소 배출량을 줄이는 자본 효율적 조치를 취할 수는 있지만 어떤 에너지 정책을 도입할 것인가는 신중하게 접근해야 한다. 어떤 에너지 정책을 도입하느냐에 따라서 에너지를 적당량씩 배급받는 신세가 될 수도 있고 아니면 전 세계적으로 삶이 풍요로워질 수도 있다.

친환경 에너지만 고집한 결과

데이비드 하사니David Harsanyi는 2022년 6월 〈페데랄리스트 Federalist〉지에 기사를 쓰면서 독일이 좋은 의도에서 에너지 정책을 수립했다고 언급했다. 그 정책의 결과는 어떤지 지금부터 살펴보자.

최근 몇 년 동안 독일은 원자력 에너지가 이산화탄소를 거의 배출하지 않는데도 불구하고 자국의 원자력발전소를 대부분 폐쇄하며 탈탄소에 집중했다. 독일은 러시아로부터 석유와 천연가스를 수입했고 러시아에서 수입한 에너지에 의존하게 됐다. 독일의 전기 요금은 전 세계에서 두 번째로 비싸다. 참고로 전 세계에서 전기 요금이 가장 비싼 곳은 덴마크다. 독일의 정치 지도자들은 에너지 안정성을 확보하는 데 실패했고 다시 더 많은 석탄을 사용해서 전기를 만드는 석탄발전으로 눈을 돌렸다.

독일은 감정적으로 마련한 정책으로 인해 약해졌고 환경을 더 많이 오염시키고 있다. 혹자는 "최소한 독일은 탈탄소를 시도했다"고 말할지도 모른다. 하지만 실패한 에너지 계획에 감정적으로 반응하는 게 무슨 소용이 있나? 우리가 원하는 것이 좋은 기분인가? 아니면 좋은 결과일까? 만약 문제 해결을 원한다면 감정이 아닌 지능으로 수립한 전략이 필요하다.

합리적인 에너지 전환

독일의 실패한 에너지 계획의 결과를 요약하면 독일은 친환경 에너지를 전폭적으로 확대하는 중이지만 실제로는 2050년에 난방과 전기 발전을 위해서 엄청난 양의 탄화수소가 필요할 것으로 예상된다. 그런데 왜 일부 사람들은 아직도 10년 뒤에 화석연료를 완전히 몰아내자고 주장하는 것일까? 이것은 에너지 문제에 감정적으로 대응하는 것이 아닐까?

바람직한 결과를 만들고 정부의 변덕에도 흔들리지 않아서 다른 나라가 감탄하고 모방하게 될, 100년 동안 따를 에너지 전략이 이 나라에 필요하다. 자유기업이 혁신에 투자할 부를 창출할 때마다 인류의 생활수준은 향상됐다.

미국이 그 어느 나라보다도 자국민의 생활 여건을 개선하는 데 탁월한 성과를 낼 수 있었던 이유는 무엇일까? 바로 자유기업과 풍부한 에너지, 특히 풍부한 석유와 천연가스가 존재하기 때문이다. 물론 중국도 기술적으로 크게 발전했다고 말할 수 있다. 하지만 기술 발전만큼이나 평범한 중국인의 생활수준과 삶의 질이 개선됐나?

지금부터 수십 년은 더 지나야 재생에너지가 석유와 천연가스로 생산하는 에너지의 상당한 비중을 대체할 수 있을 것이다. 나는 에너지 토의에 참여하는 모두가 이 현실을 완전히 이해하고 이해한 사실을 바탕으로 해결책이나 의견을 제시하길 바란다. 미국은 번영과 혁신을 이끌 에너지 정책을 마련할 수 있다. 그렇지 않으면 우리는 친환경 에너지의 순교자가 되고 진보의 속도는 느려진다. 낭비성 보조금을 지원해서 승자와 패자를 고르지 않던 과거의 에너지 정책을 생각해 보자. 재생에너지 기술은 실로 혁신이다. 하지만 이 장에서 설명하듯이 상당한 혁신이 석유와 천연가스 산업으로 인해 일어나고 있다. 내가 하고 싶은 말은 새로운 기술이 에너지 문제를 해결할 해답이라고 믿는다면 현재의 주요 에너지자원을 개발해서 혁신을 촉진하는 것이 어떤가 하는 것이다.

물론 석유는 유한하다. 비록 20년 전 사람들이 생각했던 것보다 훨씬 많은 석유가 미국에 매장되어 있지만 석유 매장량이 유한한 것은 사실이다. 하지만 가능성을 한정하지 않는다면 우리의 잠재력도 무궁무진하다.

내일 당장 풍력과 태양광발전으로 생성한 에너지로 석유와 천연가스를 대체할 수 있다면 나는 풍력과 태양광발전과 관련된 산업에서 일하고 있을 것이다. 하지만 이것은 불가능하다. 내일 당장 재생에너지로 탄화수소 에너지를 대체할 수는 없다. 그리고 한 세기가 지나도 불가능하다. 그렇다면 우리는 무엇을 해야 할까?

우리의 삶이 직접 농사를 지어서 내가 먹을 식량을 확보하고 조랑말로 속달우편을 보내고 진짜 말을 이용해서 마력을 만들고 진짜 얼음으로 음식을 냉장 보관하는 등 과거와 변함없이 그대로일 것이라고 가정한다면 어떨까?

우리는 오늘의 문제와 내일의 문제에 어떻게 대응해야 할까? 우리는 지금보다 더 좋은 길이 있다고 믿는다. 미국은 가능성으로 가득하고 우리는 오늘의 문제와 내일의 문제에 대응하기 위해서 미국의 강점을 활용해야 한다.

인류 역사가 시작된 이후로 에너지 전환은 계속되었다. 우리는 또 다른 에너지 전환의 한가운데 있다. 이번에는 탄화수소가 필수고 그 무엇으로 대체할 수는 없지만 기술적 혁신은 필요하다. 그러니 모든 결정을 감정적으로 내리지 말자. 오늘과 내일의 에너지 문제를 해결하기 위해서 합리적으로 결정을 내리자.

에너지에 대한 비과학적 믿음 타파 ▬

2007년 나는 신문에 광고를 싣기로 결심했다. 처음으로 늪 같은 정치판에 발을 들이며 에너지 정책에 영향을 주는 근거 없는 사실을 없애고자 노력했다. 미국은 잘못된 정책으로 경제 붕괴를 목전에 두고 있었다.

사람들이 조금씩 콘티넨탈 리소시스의 존재를 알아 가고 있었다. 우리는 미국 남부에서 유정을 많이 개발했다. 그런데 전통적으로 국내 에너지 생산을 지지하던 당시의 공화당 행정부는 우리와 어느 정도 거리를 두었다. 당시 조지 W. 부시의 정치 고문들이 우리와 가까이 지내는 것은 정치적으로 득이 안 되니 거리를 두라고 그에게 조언했을 것이라고 추측한다. 그의 집안이 텍사스주 미들랜드에서 석유와 천연가스를 생산해서 큰돈을 벌어들였기 때문이다. 하지만 해답은 조금만 생각하면 누구나 알 수 있다. 공급이 줄면 가격은 오른다. 공급과 수요와 같은 기본적인 경제 원칙은 정치가 개입하면 언제나 무시된다.

나는 그때의 상황이 너무나 답답했다. 〈뉴욕타임스〉 한 면 전체에 글을 싣는 비용이 얼마나 드는지 확인했다. 신문 한 페이지에 기사를 싣는 데 수십만 달러가 든다는 사실에 나는 더 화가 났다. 그래서 우리는 오클라호마주 이니드에서 발행 부수가 가장 많은 신문에 글을 싣기로 했다. 내가 어리석어서 지역신문에 기사를 낸 것이 아니다. 나는 화가 났기 때문에 이런 결정을 내렸다. 석유와 천연가스 업계에 종사하는 사람들이 이니드에서 발행되는 지역신문을 많이 구독했다. 그들은 자극제가 필요했고 나는 답답한 심정을 속 시원하게 풀고 싶었다.

머리기사는 단순하고 직설적이었다. "미국의 에너지산업에 대한 미신이 미국의 경제 회복을 위협하고 있다." 당시에 떠돌던 미신은 너무나 그럴듯했고 보다시피 지금도 그것이 떠돌고 있다. 그것이 우리의 에너지 정책에 어떤 영향을 미쳤는지를 알면 기가 막혀서 웃음만 나올 것이다.

미신 1: 미국은 에너지 위기에 직면했다. 미국에서 원유와 천연가스가 고갈되고 있다.

기꺼이 내 말에 귀를 기울이는 사람이라면 누구에게든지 미국은 에너지 독립을 이룰 수 있다고 말했다. 미국의 석유와 천연가스 비축량은 어마어마하고 매년 증가했다. 이것은 소위 '에너지 전문가'라는 사람들이 하는 말과 정반대다. 우리는 그들의 주장이 틀렸음을 증명했다.

미신 2: 미국은 세계 원유의 25퍼센트를 소비하지만 비축량은 세계 비축량의 3퍼센트에 불과하다.

말 그대로 정치적 목적에 의해서 묻힌 몇 가지 사실만 간단하게 살펴보자. 다음 페이지의 오해의 소지가 있는 표는 미국에서 석유가 고갈되고 있다는 서사를 영구화한다. 모두 순전히 거짓이다. 증권거래위원회는 정치적으로 앞으로 5년 안에 개발 계획이 없는 석유와 천연가스의 확인 매장량을 공식 통계치에 포함시키는 것을 금지하는 규정을 마련했다. 그 결과 미국의 석유와 천연가스 매장량은 전 세계 다른 국가의 석유와 천연가스 매장량과 비교해서 인위적으로 대단히 과소평가됐다. 에너지 정보청이 공개한 표에 따라 오늘날의 소비 추세를 살펴보면 (연간 대략 4,380억 배럴의 석유를 소비하면) 10년 안에 미국의 확인 매장량은 고갈될 것이다. 이 서사는 합리적이지도, 현실적이지도 않다.

표 2020년 1월 1일 기준 기술적으로 회수 가능한 미국의 원유 자원량

지역	확인 매장량 (단위 : 10억 배럴)	미확인 매장량 (단위 : 10억 배럴)	총회수 가능 자원량 (단위 : 10억 배럴)
미국 48주 내륙	38.8	229.1	267.9
동부	0.9	5.1	6.0
걸프만	5.9	36.5	42.4
중부 내륙	2.9	7.3	10.2
남서부	17.8	126.9	144.7
로키산맥	3.1	28.8	31.9
북부 대평원	6.2	21.4	27.6
서부 해안	2.0	3.0	5.0
미국 48주 연안	5.6	54.9	60.5
멕시코만(현재 가용 광권)	5.3	37.2	42.5
멕시코만 중부 및 동부 (2023년까지 가용하지 않은 광권)	0.0	3.7	3.7
태평양	0.3	10.0	10.3
대서양	0.0	4.0	4.0
알래스카(내륙 및 연안)	2.7	42.0	44.7
미국 전체 매장량	47.1	326.0	373.1

출처: "48주 내륙 및 연안", 미국 에너지 정보청/"알래스카", 미국 지질 조사국/"연방(외부 대륙붕) 연안", 해양 에너지 운영국/"확인 매장량", 미국 에너지 정보청(표의 수치에는 활용할 수 있는 최신 평가표의 작성일과 2020년 1월 1일 사이에 추가된 매장량은 제외됐다)

비고 : 원유 매장량은 천연가스 생산에서 얻어지는 초경질유(Lease Condensates)를 포함하지만 액상 천연가스(Natural Gas Plant Liquids; NGPL) 또는 케로겐(함유 셰일 속의 유기물로 고온 가열 시 석유와 다른 부산물로 분리됨—역주)은 포함하지 않는다. 시추가 공식적으로 금지된 지역에 매장된 자원은 이 표에 포함되지 않았다. 대략 73억 배럴의 원유가 북대서양과 북태평양 및 중앙 태평양에 매장되어 있을 것으로 추정된다. 그리고 중앙 및 남부 외부 대륙붕에서 50마일 떨어진 지역에 매장된 자원도 실제 매장량에서 제외됐다. 이 지역에서 광구를 확보할 수 없기 때문이다.

미국에는 다량의 석유와 천연가스가 매장되어 있다. 하지만 규제 기관이 별난 방식으로 확인 매장량을 보고해서 미국에서 석유와 천연가스의 매장량이 고갈되고 있는 것처럼 보인다. 그러나 이는 사실이 아니다. 세 번째 열 총회수 가능 자원량을 확인하길 바란다.

미신 3: 미국은 불안정하고 적대적인 나라로부터 원유의 70퍼센트를 수입한다.

미국은 당시에 사우디아라비아와 많은 사업을 추진했으므로 이 주장이 완전히 거짓이라고 할 수는 없다. 하지만 수치가 좀 과하다. 미국은 여전히 불안정하고 적대적인 나라로부터 너무나 많은 석유를 수입하고 있다. 이런 상황에서 독재 정권에 대한 에너지 의존도를 없애기 위해서는 국내에서 석유와 천연가스 탐사를 멈추고 태양광과 풍력을 이용해서 전기를 만들어 써야 한다는 거짓된 결론을 바로잡아야만 한다. 왜냐하면 너무나 많은 사람이 미국의 석유와 천연가스 매장량은 보잘것없다고 잘못 생각하고 있기 때문이다. 사람들의 감정이 잘못된 방향으로 움직이고 잘못된 정책이 도입되고 보조금이 남용됐다. 하지만 동료 지질학자들이 아는 바는 이와 전혀 다르다.

21세기를 넘어 미국의 장기적인 에너지 수요를 충족시키려면 어떻게 해야 할까? 카자흐스탄, 투르크메니스탄, 우즈베키스탄에 돈을 주고 에너지를 사 오는 대신, 바로 이곳 미국에서 생산되는 에너지를 사는 것은 어떨까? 구체적으로 말해서 '카우보인스탄Cowboyistan'이라는 애칭으로 불리는 주에서 생산된 에너지를 사서 쓰는 것이다. 덧붙이면 수평 시추법이라는 혁신으로 '치밀 암석'에서 완전히 새로운 생산성 있는 유정이 탐사된 지역에서 석유를 사다 쓰면 어떨까?

2022년 6월 바이든 행정부는 에마뉘엘 마크롱 프랑스 대통령이 예의상 한 말을 듣고 어렴풋하게나마 현실을 깨달았을지도 모른다. 프랑스 대통령은 G7 정상회담에서 미국 대통령에게 "MBZ(무함마드 빈 자이드 알 나흐얀 아랍에미리트 대통령)와 통화했다. 그는 내게 두 가지를 말했다. 자기 나라의 석유 생산량은 이미 최대치다. 이것은 그가 직접 한 말이다. 그리고 사우디아라비아가 석유 공급량을 일일 15만 배럴씩 늘릴 수 있다고 말했다. 아마 이보다 조금 더 늘릴 수 있겠지만 그 이상은 어렵다고 말했다"라고 이야기했다.

나는 미국, 프랑스, 아랍에미리트의 대통령과 다른 나라의 리더에게 미국의 석유와 천연가스 생산능력이 어마어마하다는 것을 알릴 기회가 생겨서 기쁘다. 사우디아라비아는 세계 리더들에게 약속한 대로 석유와 천연가스 생산을 늘릴 수 있는지를 결코 증명하지 못했다. 현재 추가로 많은 양의 석유와 천연가스를 생산할 수 있는 나라는 이곳, 미국뿐이다.

미신 4: 미국의 에너지산업은 정말로 '빅오일' 그 자체다.

이 주장은 정말로 나를 답답하게 만들었다. 그렇다. 우리는 빅오일과 같은 산업에서 일한다. 하지만 우리는 그들과 공통점이 거의 없다. 우리는 국내에서 에너지를 개발하기 위해 피땀을 흘리고 금은보화를 쏟아부었다. 한편 빅오일은 바다 건너 다른 나라에 투자했다. 그들은 외국 정부와 관계를 맺었다. 일부는 도덕적으로 불미스럽고 다른 일부는 완전히 끔찍하다. 그런데 우리는 그들과 같은 부류로 취급받았고 지금도 여전하다. 빅오일이란 것이 있다면 그것은 정유 회사와 이 업계의 마케팅 회사다. 대다수가 다국적기업이다. 콘티넨탈 리소시스와 같은 독립적인 석유 생산 회사는 미국 유정의 90퍼센트를 시추하는 탐사 회사이자 개발 회사다.

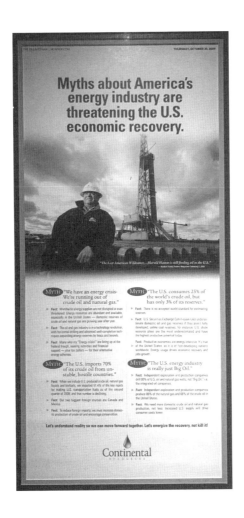

워싱턴에 가면 지금도 다국적기업과 콘티넨탈 리소시스와 같은 기업의 차이를 설명해야 한다. 대부분의 미국인은 독립적인 석유와 천연가스 회사가 미국 땅에 매장된 풍부한 에너지자원을 개발하고자 엄청난 금전적 리스크를 감수한다는 것을 모른다. 수직 통합된 회사는 석유와 천연가스를 정유하고 유통해서 돈을 번다. 그들은 '돈이 되는' 시장에 참여한다. 하지만 우리 같은 독립적인 에너지 회사는 석유와 천연가스를 개발하고 생산하는 시장에 참여한다.

우리가 과학에 근거하여 내륙에서 유정과 가스정을 개발할 동안, 빅오일은 연안으로 눈을 돌렸다. 독립적인 에너지 생산 회사와 수백만 명의 근면 성실한 직원들은 이 나라를 위해서 변화를 만들고 미래를 위한 노력을 멈추지 않는다.

내가 에너지에 대한 미신을 없애고 석유와 천연가스 산업에 힘을 북돋기 위한 기사를 지금 쓴다면 다음 미신도 낱낱이 해체하여 틀렸음을 입증할 것이다.

현대의 미신 1: 연방 시추 허가권은 풍부하다.

바이든 행정부는 사용되지 않은 연방 시추 허가권이 9,000건에 이른다고 주장한다. 그리고 "지금도 충분하니 더 이상 시추 허가권을 승인할 필요가 없다"라고 말한다. 하지만 그중에서 절반은 바이든 행정부의 토지관리국Bureau of Land Management 승인을 기다리고 있고 수천 개는 이런저런 소송에 묶여 있어 해당 지역에서 석유 시추는 사실상 불가능하다.

그림 2006~2019년 미국 온실가스 배출량(이산화탄소 100만 톤에 상응하는 양)

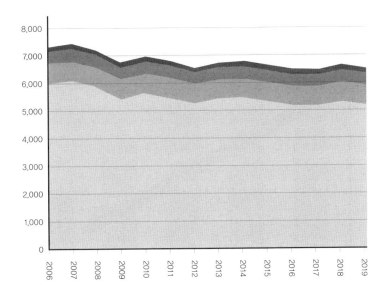

■ 플루오르화탄소(HFCs), 과불화탄소(PFCs), 육불화 유황(SF_6), 삼불화질소(NF_3)
■ 아산화질소
■ 메탄
■ 이산화탄소

출처: "미국의 기후변화 지표", 미국 환경보호청

기술과 산업 활동으로 메탄 배출량을 대폭 줄인 또 다른 사례다.

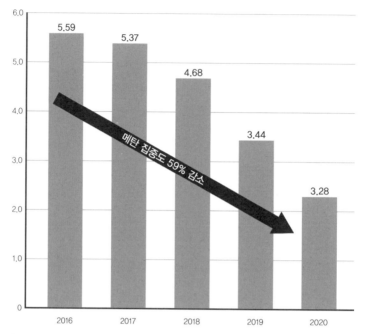

그림 **메탄 집중도 감소**

출처: 콘티넨탈 리소시스 ESG 보고서, 2021년

> 콘티넨탈 리소시스의 2021년 ESG 보고서에서 가져온 차트를 보면
> 메탄 집중도가 지속해서 줄어들고 있다는 것이 확인된다.

이와 관련해서 바이든 행정부가 즐겨 하는 주장은 휘발유 가격의 상승과 관련 있다. 석유 회사와 블라디미르 푸틴 때문에 휘발유 가격이 치솟는다! 이 주장은 완전히 틀렸다. 예를 들어, 정부가 오렌지를 재배할 수 있는 토지 면적을 제한한다고 상상해 보자. 이렇게 되면 오렌지 생산량이 줄어드니 오렌지 주스 가격은 오를 것이다. 바이든 행정부는 미국에서 석유와 천연가스가 가장 많이 매장된 지역의

25퍼센트에 이르는 땅에서 석유 시추를 금지했다.

이런 사실을 하나하나 이야기해야 한다는 생각만으로도 답답하기 그지없다. 하지만 나는 사람들이 이렇게 상세한 이야기를 들으면 미국에서 에너지를 생산해야 미국이 더 살기 좋아진다는 것을 이해하리라 믿는다. 즉, 국내에서 에너지를 생산하면 에너지를 수입하는 데 돈을 쓸 필요가 없고 일자리는 국내에서 사라지지 않고 세수는 해외로 빠져나가지 않고 국가 안보는 탄탄해진다.

현대의 미신 2: 석유와 천연가스 산업은 환경에 관심이 없다.

2021년 콘티넨탈 리소시스는 〈오일 앤드 가스 인베스터Oil and Gas Investor〉지에서 환경적 책임과 사회적 책임을 다하고 훌륭한 지배 구조를 실천하는 일등 기업으로 선정됐다. ESG 원칙을 가장 잘 실천하는 석유 회사로 인정받은 것이다! 우리는 단일 패드 사이트(시추 작업을 위해서 필요한 인프라와 장비가 설치된 지정 구역-역주)에서 12개의 유정을 시추하는 방법을 찾았다. 이 덕분에 시추하는 동안 탄소 발자국을 대폭 줄일 수 있었다. 요즘 우리는 단일 패드 사이트에서 최대 36개의 유정을 시추하고 있다. 우리의 온실가스 배출량은 28퍼센트 줄어들었고, 메탄 배출량은 2019년 수준에서 34퍼센트 줄어들었다. 왜 우리가 이런 노력을 하겠나? 정부가 강제했기 때문이 아니다. 우리는 그저 이렇게 하는 것이 옳은 일이라서 할 뿐이다.

우리 회사는 ESG라는 용어가 등장하기도 전에 환경적 책임과 사회적 책임을 다하고 올바른 지배 구조를 실천하는 데 집중했다. 이것은 감정적인 결정이 아니었다. 아마 평범한 사람들은 석유와 천연가스 산업이 이산화탄소 배출량을 줄이기 위해서 어떤 노력을 하고 있는지 들어 보지 못했을지도 모른다. 왜 못 들었을까? 에너지 생산자에 관한 최대 미신 중 하나는 우리가 환경에 관심이 없다는 것이다. 집회에서 하는 연설이 아니라 돈으로 환경에 관심이 얼마나 많은지를 평가한다면 우리 업계가 환경에 얼마나 관심이 많은지 금방 이해될 텐데 말이다.

에탄올 공장에서 배출되는 이산화탄소를 포집하고 1마일(약 1.6km) 깊이의 땅속 저장 시설에 저장하는 기술을 개발하는 회사에 관해 처음 들었을 때, 나는 큰 흥미를 느꼈다. 상대가 에너지에 대하여 어떤 생각을 지녔든 기꺼이 대화를 나눌 생각이 있었다. 우리는 즉시 그 회사 사람들과 직접 만나기로 했다. 그들과의 만남은 아주 인상적이었다. 그들은 농업, 에너지, 환경에 관심이 있는 아이오와주에서 온 좋은 사람들이었다. 우리는 그들과 만난 뒤 그들이 시도하는 혁신에 동참하기로 했다.

설령 수십 억 달러가 들더라도 이산화탄소 배출량을 줄이기 위해서 새로운 도구를 개발하고 활용하는 것은 충분히 유용하다. 우리는 머지않아 수천만 톤의 이산화탄소를 포집하고 지하에 안전하게 저장할 것이다. 이것이 중국과 그 나라의 동맹국이 뿜어내는 이산화탄소 배출량을 상쇄할까? 아마 그렇지는 못하겠지만 이것은 당연히 해야 하는 일이다. 감사하게도 점점 더 많은 회사가 우리와 함께하기 시작했다.

현재 연간 최대 1,600만 톤의 이산화탄소 배출량이 노스다코타주의 땅속에 포집될 것이다. 그리고 전 세계의 미래를 대비하는 에너지 생산자들이 연간 4,000만 톤이 넘는 이산화탄소 배출량을 포집하고 있다.

현대의 미신 3: 석유 산업은 공룡으로 가득하다.

석유와 천연가스 업계는 중생대 동식물의 유해를 채굴하고 있는지도 모른다. 하지만 독립적인 석유 회사는 언제나 미래를 생각한다. 우리 회사는 석유탐사 과정에 새로운 기술을 갈수록 많이 활용하고 있다. 연료 소비를 줄이고 안정적으로 작업을 진행하기 위해서 태양광 전지판, 드론, 지속 메탄 감지 센서, 항공 측량, 인공지능 등 새로운 기술을 적극적으로 이용한다.

우리는 억지로 재생에너지 자원을 만들 수 없고, 아무리 많은 보조금을 쏟아부어도 하룻밤 사이에 기술을 발전시킬 수 없다. 앞서 언급했듯이 태양광 전지판은 석유탐사에서 여러모로 유용하게 사용된다. 하지만 그것은 하나의 퍼즐 조각일 뿐, 전체 그림은 아니다.

오바마 행정부가 솔린드라Solyndra라는 태양광 회사에 투자한 5억 달러의 일부는 세수였다. 알고 있었는가? 그것은 정말 좋은 투자였을까? 아니다. 솔린드라는 오바마 행정부로부터 투자를 받고 2년 뒤인 2011년에 파산했다. 솔린드라는 정부가 자금을 대고 엄청난 보조금을 받은 태양광발전 프로젝트를 진행했다. 이렇게 '친환경 회사'라고 칭하는 많은 회사가 세수로 마련된 보조금을 받았고 그 액수는 무려 수억 달러에 이른다. 우리는 환경과 경제 친화적인 에너지 정책을 수립할 수 있다. 이러한 에너지 정책이 도입되면 자유 시장에서 경제적 가치를 지닌 것으로 평가되는 새로운 기술을 성장시킬 수 있다.

경제와 공공서비스 요금을 걱정해야 할 때, 사람들은 새롭고 효율적인 기술에 기꺼이 투자할까 아니면 주저할까? 상식은 언제나 미신을 떨쳐버린다. 미신을 없애는 사실을 바탕으로 작성된 내 기사는 전국으로 퍼졌고 소수의 사람이라도 기사를 읽고 생각이 바뀌었기를 바란다.

내가 이 기사를 신문에 싣고 몇 년 뒤에는 더 많은 미신이 생겼다. 에너지산업에 관한 미신은 없애도 없애도 계속 생기고 우리의 생활 방식을 위협하고 전기와 연료를 안정적으로 공급받지 못하는 개발도상국 사람들에게 해가 된다. 문자 그대로 수조 달러가 에너지 수요를 억제하거나 이산화탄소 배출량 감축에 어떤 의미 있는 결과를 가져오는지 객관적인 수치를 보여주지 못하는 프로젝트에 투입되었다.

나는 사람들에게 진실을 알릴 책임이 있다. 계속 에너지산업에 관한 미신을 깨뜨리기 위해서 광고하고 신문에 논평을 싣고 의회에 나가서 이야기하고 비선출 공직자와 선출 공직자 모두와 대화해야 한다. 아침 일찍 일어나서 CNBC 프로그램이나 〈모닝 위드 마리아〉와 같은 TV 프로그램에 출연해서 진실을 말해야 한다. 나는 그릇된 미신을 없애는 데 집중할 것이고 이 노력을 평생 멈출 생각이 없다.

Chapter 18

와일드캐터 정신에서 비롯된 가능성 추구의 문화

나는 타고난 와일드캐터다. 와일드캐터는 본래 19세기 후반, 석유를 찾아서 방방곡곡을 돌아다니며 석유가 매장되어 있는지 아닌지 확실하지 않은 데도 불구하고 리스크를 안고 탐사 유정을 시추했던 사람들을 지칭하는 용어다. 와일드캐터 정신은 우리와 같이 석유와 천연가스를 탐사하는 사람들이 지닌 독특한 사고방식이고 그것은 큰 발견으로 이어졌다.

와일드캐터 정신을 가지려면 진실을 갈구하는 호기심과 가능성을 탐구하기 위해서 기꺼이 리스크를 감수하는 의지를 지녀야 한다. 탐사는 언제나 새로운 무언가를 발견하는 과정의 핵심이고 이전과는 완전히 다른 시각에서 세상을 바라보려는 의지를 요구한다.

와일드캐터로 사는 것은 언제나 자연스러운 일이었다. 나는 항상 신중하게 리스크를 감수한다. 새로운 유망 유정을 찾을 때면 나는 그 과정에서 발생할 수 있는 모든 리스크를 파악하려고 노력한다. 시추를 시작하기 전에 지질학적, 기술적, 경제적 리스크를 적절하게 평가하고 판단할 지혜와 지식을 갖추는 것은 매우 중요하다. 이것 자체가 능력이다. 이 능력은 리스크를 정면으로 마주하여 최선을 다해서 추산할 때 얻어진다.

리스크가 파악되면 그때부터 중요한 것은 두려워하지 않는 것이다. 실패를 두려워해서는 안 된다. 물이 절반 정도 있는 물컵을 보고 '물이 절반이나 있네'라고 말하는 영원한 낙관주의자가 되어야 한다. 이 모든 것은 다른 사람들의 이익을 위해서 무엇인가를 할 때 절정에 이른다. 와일드캐터 정신은 역경에 맞서 세상을 변화시키기 위해 대담하게 앞으로 나아가는 정신이자 의무다.

다음 세대에게 전하는 생각 ▬

2021년 5월 내가 졸업했던 고등학교에서 졸업식 연설을 할 기회가 있었다. 나는 전 세계를 돌아다니며 연설을 많이 한다. 대통령이나 국가원수와의 만남을 준비하는 데 쓰는 시간만큼 많은 시간을 이 연설을 준비하는 데 썼다.

내가 딸아이에게 모교에서 졸업식 연설을 하게 됐다고 말했더니 힐러리는 과연 어린 학생들과 교감할 수 있겠냐고 물었다. 내가 스마트폰과 즉각적인 만족감에 익숙한 세대에게 인생에 대해서 무슨 말을 하겠나? 힐러리는 "아버지는 그런 것이 생기기도 전에 태어난 사람이다. 그때와 지금은 완전히 다른 세상이다. 사람들은 주머니에 쏙 들어가는 스마트폰으로 이 세상의 모든 정보에 접근할 수 있다"라고 내게 말했다.

딸아이 말은 사실이다. 나는 스마트폰이 나오기 전에 태어났고 지금의 젊은이들은 작은 스마트폰으로 세상의 모든 정보에 손쉽게 접근할 수 있다. 하지만 다음 세대에게 물려주어야 하는 보편적인 가치라는 것은 언제나 존재한다고 나는 믿는다.

내가 졸업한 렉싱턴 고등학교는 오클라호마시티에서 남쪽으로 45분 떨어진 곳에 있는 작은 시골 학교다. 내가 학교에 다닐 때 렉싱턴은 퍼셀 산맥에서 흘러나오는 캐나다 강이 가로지르는 작은 시골이었다. 예나 지금이나 거의 바뀐 것은 없다. 졸업식에 모인 사람들은 그렇게 많지 않았다. 그해 졸업생은 62명이었고 대부분이 친인척이거나 한 집 건너 다 아는 사이다. (딸아이가 학교 숙제로 가계도를 만든 적이 있었는데 사촌이 무려 96명이었다!)

고등학교를 졸업한 지 수십 년이 흘렀지만 지금 졸업을 앞둔 아이들도 과거의 나처럼 고민과 걱정을 하고 있을 것이다. 그중에는 내가 어렸을 때 경험한 극심한 가난도 있을 것이다. 렉싱턴은 악착같이 열심히 일하는 사람들이 모여 사는 동네다. 그렇지만 부유한 동네는 아니다. 그곳에 모인 사람들이 들어가기에 강당은 너무 작았다. 그래서 곧 비가 쏟아질 듯이 하늘이 흐렸지만 졸업식은 야외 축구 경기장에서 진행됐다.

내가 그날 졸업생들에게 들려준 이야기는 두 가지로 요약할 수 있다. 첫째, 인생에서 열정적으로 쫓을 꿈을 찾아라. 열정은 언제나 특권보다 훨씬 더 중요하다. 시간을 내서 자신의 상상력을 자극하고 온종일 머릿속에서 떠나지 않는 것이 무엇인지 고민하고 찾아라. 일단 그것을 찾으면 그때부터는 그것에 모든 것을 쏟아부어라. 둘째, 배움에 끝은 없다! 학교에서 공부하는 것뿐만 아니라 사회에 나가 인생을 살면서도 끝없이 배워야 한다. 항상 호기심을 가지고 열정적인 자세를 유지하여 무엇이든지 깊이 관여해라. 삶은 자신을 평생 학생이라는 생각으로 계속 무엇인가를 배울 때 더 보람되다.

고통이 남긴 값진 교훈   —

나는 졸업생들에게 고등학교 은사였던 제임스 E. 헌터James E. Hunter에 관한 이야기를 들려주었다. 그는 제2차 세계대전 이후 렉싱턴 고등학교에서 32년 동안 교편을 잡았다. 전쟁 포로로 일본의 포로수용소에 오랫동안 갇혀 있었던 올림픽 선수에 관한 〈언브로큰Unbroken〉이란 제목의 영화를 보거나 책을 읽었다면 기이하게도 제임스 E. 헌터의 이야기가 그와 비슷하다고 느껴질 것이다. 전쟁터에서 살아 돌아온 수많은 젊은이처럼 그도 예전의 평화로웠던 삶으로 결코 돌아가지 못했다.

제임스 E. 헌터는 여덟 차례의 공습에서 건강하게 돌아왔다. 하지만 아홉 번째 공습이 그의 삶을 영원히 바꾸었다. 쾰른으로 가는 길에 그가 조종하던 B-17의 첫 번째와 두 번째 엔진 사이에 대공포가

쏜 포탄을 맞았다. 그의 전투기인 '오 내추럴'은 산산조각 났다. 기적적으로 그는 적국의 3만 피트(약 9km) 상공에서 동체 사수 자세로 차가운 후류 속에 빨려 들어갔다. 그 고도의 온도는 영하 40도였기 때문에 피가 나기도 전에 상처가 얼어붙었다. 폭발의 충격으로 밖으로 튕겨 나왔을 때, 그는 어느 정도 의식이 있었다. 하늘에서 아래로 추락하는 와중에 낙하산의 안전핀을 뽑았다. 그는 그날 살아남은 2명 중 한 명이다. 그와 함께 작전에 나섰던 동료 중 7명이 전사했다.

제임스 E. 헌터는 성난 독일 시민에게 붙잡혀서 나치군에게 넘겨졌다. 그로부터 6개월 동안 그는 포로수용소 이곳저곳을 전전하며 굶주린 채 고문당하고 비바람을 맞는 등 힘겨운 나날을 보내야 했다. 그는 항상 다음 날 어디로 옮겨져 죽을지도 모른다는 두려움에 떨었다. 하지만 젖 먹던 힘까지 짜내서 견뎠고 사랑하는 고향, 오클라호마주로 돌아갈 수 있을 것이라는 믿음을 버리지 않았다. 1945년 4월 29일 그의 간절한 기도가 응답을 받았다. 패튼 대전차 군단이 독일로 진격했다.

몇 년 뒤 제임스 E. 헌터는 『냉장고 속 아이스크림Ice Cream in My Freezer』이라는 제목으로 책을 출간했고, 그날 공습 작전에서 살아 돌아오지 못한 동료를 기렸다. 그리고 사람들에게 어떤 생각으로 그 끔찍한 나날을 버텼는지를 들려주었다. 내 사무실에는 그가 쓴 책이 항상 있다. 그는 포로수용소에서 풀려나 고향으로 돌아오는 길에 했던 다짐을 책 제목으로 선택했다. 자유의 몸이 되면 삶이 주는 소소한 기쁨을 항상 기억하고 남을 돕겠다는 열정을 포기하지 않기 위해 냉장고에 아이스크림을 항상 넣어 두겠다고 다짐했다.

제임스 E. 헌터는 렉싱턴 고등학교에서 많은 학생을 가르쳤지만 그의 인생사를 아는 이는 거의 없다. 그의 열정은 가르치는 것이었고 그는 정말 훌륭한 교사였다. 교과서의 가르침과 인생의 교훈과 성공 원칙을 적절히 섞어 수업을 했다. 안타깝게도 요즘 세상에는 그와 같은 사람이 부족하다. 그가 세상을 떠나기 전, 운 좋게도 그에게 가르침과 영감을 주어서 감사하다는 말을 할 수 있는 기회를 얻을 수 있었다.

나는 졸업생들에게 "당신의 열정을 찾을 때는 자신에게 시간을 줘야 한다. 스스로 만든 제한된 공간에 갇혀서는 안 된다. 잠시 스마트폰을 내려놓고 주변을 둘러보고 새로운 것을 흡수하라"고 말했다. 그리고 고등학생 때 내가 껍데기를 깨고 나온 순간에 대해 들려주었다. 앞에서 인용했던, 석유와 천연가스 산업에 관한 논문을 썼던 바로 그때다. 그날 찾은 열정은 이후 계속 커졌다. 나는 열정을 찾은 뒤, 새로운 것을 배우면서 에너지를 얻었다. 고등학교를 졸업한 뒤에는 먹고 살기 위해서 일을 해야 했지만 교실 밖에서 일하면서도 많은 것을 배울 수 있었다.

틀을 깬 사고방식   —

렉싱턴 고등학교 졸업생들이 내 연설을 듣고 다음 내용을 이해했기를 바란다.

- 열정으로 스스로 만든 제한된 영역에서 벗어나라.
- 일반 통념에 도전해라.
- 무엇인가를 하는 더 좋은 방법을 찾는 데 도움이 될 사람들을 주변에 두어라.

　수년 동안 나는 가스 브룩스_{Garth Brooks} 노래를 외우고 다녔다. 춤 스텝이 살짝 삐꾸해서 인생의 중요한 순간이나 일생일대의 기회를 놓치고 싶지 않았다. 모두가 그렇게 살기를 바란다. 일생일대의 기회를 놓치지 않아야 한다. 석유와 천연가스는 내게는 왈츠고 지르박이고 트위스트다. 나는 여전히 춤을 추고 있으며, 미국에 엄청난 부를 안긴 수평 시추법을 개발하고 시도할 수 있게 도와주었던 겁 없는 댄서들에게 머리 숙여 감사한다.

　우리는 함께 미국이 40년 만에 다시 세계 최대 에너지 생산국이 되게 도왔다. 외국에서 수입하는 에너지에 대한 의존도를 낮추었고 에너지 수출 금지법을 철폐했다. 우리가 찾은 모든 천연가스 덕분에, 미국은 온실가스 배출을 줄이는 깨끗한 연료의 수출국이 됐다. 이와 동시에 산업화된 세계에서 이산화탄소 배출을 가장 많이 줄였다. 우리는 함께 성장하며 탄탄한 미래를 이끌 원동력이 될 청정한 석유와 천연가스를 풍족하게 미국에 공급할 것이다.

　영광스럽게도 에너지 정책에 관해서 4명의 미국 대통령에게 자문할 특권을 누렸다. 개중에는 내 말을 더 잘 경청한 이가 있는 반면 그냥 흘려들은 이도 있다. 목화 농장에서 목화를 따던 가난한 소년이 백악관에서 대통령과 마주 보며 이야기하는 일은 다른 나라에서는 일어날 수 없다. 주류 언론이나 교실에서 듣는 소리를 믿지 말라. 이 나라는 여전히 세상의 그 어떤 나라보다 개인이 자신의 열정을 추구할 기회를 더 많이 준다. 이곳에서는 여전히 많은 사람이 자유기업과 개인의 자유를 믿는다. 그러니 미국에 태어난 것을 기쁘게 생각해라.

수년 전, 동창회에 참석하려고 렉싱턴에 다녀왔다. 저녁 식사 자리에서 반 친구였던 녀석이 테이블에 몸을 기대더니 "해롤드, 넌 운이 좋다. 이곳에서 도망쳤고 벗어났으니"라고 말했다. 하지만 나는 단 한 번도 살면서 어딘가에서 도망치거나 벗어나려고 했던 적이 없다. 내 삶은 오직 열정을 찾고 그것을 쫓는 데 목적이 있다. 그러한 삶의 태도가 나를 어디로든 이끈다.

그 녀석의 말에 어떻게 대답할지 생각하던 중, 다른 테이블에 앉아 있는 노신사가 눈에 들어왔다. 나의 은사인 제임스 E. 헌터다. 95세지만 그는 여전히 학생들에게 애정을 쏟고 총명하고 여전히 지혜와 얻기 어려운 삶의 교훈을 사람들에게 나누어 주고 있었다. '저기 정말 운 좋은 남자가 있다'라고 생각했다. 나는 다음의 말로 졸업식 연설을 마무리했다.

"여기 모인 모두가 열정을 찾기 바란다. 이기적으로 말하자면 나는 똑똑한 여러분이 우리 업계를 이끌 다음 세대가 됐으면 좋겠다. 충족감과 즐거움을 느끼게 해주는 것을 찾아라. 자신의 열정을 지구 끝까지 쫓아서 이 세상을 더 살기 좋은 곳으로 바꾸어라."

나의 인생관

나는 언제나 생각과 개념을 아무렇게나 갈겨써 놓는다. 사색, 기억, '대단한' 생각을 적어 놓은 노란 메모지가 일일이 헤아릴 수 없을 정도로 수북이 쌓여 있다. 가끔 메모지 더미를 헤집어서 지금도 유의미하거나 발전시킬 만한 메모가 있는지 살핀다.

많은 사람과 공유할 만한 의미가 있다고 생각하는 메모를 정리했다. 나는 이것을 '나의 이유'라고 부른다. 내가 지금까지 이르는 데 길잡이가 되어 준 뻔한 말들이다. 하지만 이것들이 사람들이 삶, 일, 열정을 탐구하는 여정에서 앞으로 나아갈 방향을 명확히 하는 데 도움이 되기를 바란다.

돈이 전부가 아니다. 내가 무엇인가를 하는 이유 혹은 동기는 돈보다 훨씬 가치 있는 것이다. 50여 년 전 나는 정규직으로 돈을 많이 받는 대형 석유 회사(챔플린 페트롤리움)에 다녔지만 과감하게 사표를 던지고 나와서 혼자서 트럭 한 대로 유전 서비스를 제공하는 회사를 시작했다. 일종의 엄청난 빚을 진 것 같았지만 열정을 쫓겠다는 거대한 욕망이 강했다. 거스를 수 없는 운명이 있다고 속삭이는 내 마음의 소리를 따라서 움직였다. 내가 해야 할 일은 나 자신을 믿고 전속력으로 나아가는 것뿐이었다. 물론 돈을 버는 것은 성공하고 생존하는 방법이다. 하지만 돈을 버는 것이 내가 살아가는 이유인 적은 단한 번도 없었다. 성공하는 더 좋은 방법도 있다. 삶의 목적을 잊지 않고, 가까운 벗을 곁에 많이 두고, 행복한 가정을 꾸리는 것이 성공하는 최고의 방법이다.

명성은 성공의 토대다. 석유 탱크에 석유가 한 방울씩 저장되듯이 좋은 명성도 천천히 서서히 쌓인다. 고등학생일 때 잠시 일했던 화물 트럭 휴게소 사장이었던 찰스 포터는 내가 사업 자금을 확보하는 데 도움을 주었다. 사실 고등학생일 때 화물 트럭 휴게소에서 일하는 것이 싫었다. 하지만 나는 땡땡이를 부리지 않고 착실하게 그곳에서 열심히 일했던 내가 자랑스럽다. 과거의 인연이 미래에 어떤 인연을 만들지 아니면 끊어버릴지는 알 수 없기 때문이다.

부채를 경계해라. 다른 사람의 돈을 이용해서 목적을 달성하는 것이 현명한 순간도 분명히 있다. 나는 할부금이 체납된 화물 트럭을 인수하면서 첫 번째 기회를 잡았다. 하지만 나는 그 화물 트럭을 인수하는 순간부터 가능한 한 빨리 빚부터 갚을 계획이었다. 나는 90일 만에 첫 번째 화물 트럭에 딸린 빚을 탕감했다. 이것은 내가 처음 배운 귀중한 인생 교훈이었다.

시더 힐스 자산, 기업 부채, IPO의 성공으로 얻은 수익금을 모두 합쳐서 나는 바켄 분지에 많은 지분을 확보할 수 있었다. 이것은 콘티넨탈 리소시스의 귀중한 재산이다. 하지만 50여 년을 업계에 종사하면서 너무나 많은 부채로 무력감과 절망을 느끼는 회사를 보았다. 특히 가격 변동이 심한 원자재 시장에서 과도한 부채와 이자 비용 부담에 짓눌려 많은 회사가 쓰러졌다.

모범을 보여라. 자신이 하지 않을 일을 다른 누군가가 할 것이라고 기대해서는 안 된다. 나는 항상 어디가 됐든지 첫 번째로 들어가서 제일 마지막에 나오는 사람이다. 언제나 두 팔을 걷어붙이고 뒤도 돌아보지 않고 뛰어든다. 좋든 싫든 우리 모두의 행동은 주변 사람들에게 영향을 준다. 생각해 보니 내가 너무 오랫동안 놀기만 한 것 같다. 그래서 충분히 사람들에게 좋은 본보기가 될 수 있었는데, 애석하게도 그렇지 못했다. 이 점이 후회스럽다. 앞으로 다른 사람들에게 더 좋은 본보기가 되기 위해서 지금보다 훨씬 더 노력하겠다.

당신의 관심사와 산업의 이익은 당신 스스로 주장해라. 당신의 신념을 지지해라. 다른 사람이 당신의 짐을 들어 주거나 당신의 의견을 대변하리라 기대하지 말라. 산업 협회는 그 나름의 역할이 있다. 선출 공직자들은 사무실에 편안하게 앉아서 유권자의 이익을 대변한다고 말하지만 자신의 관심사와 이익을 주장하고 지지하는 것은 당신의 몫이자 책임이다. 타인은 당신의 일을 절대 대신하지 않는다.

진실하게 행동한다. 절대 진실성을 희생시켜서는 안 된다. 다른 사람이 진실하게 행동하지 않을 때도 결코 침묵해서는 안 된다. 누군가 상처를 입더라도 진실을 말해라. 잘못을 저질렀으면 투명하게 밝히고 정직하게 인정해라. 진실성은 기업 문화의 핵심이어야 하고 모든 임직원과 동료가 진실성을 가슴에 새기고 있어야 한다. 진실성 없는 외부인과는 거리를 두어라.

모든 일은 간단명료해야 한다. 우선 개인의 삶에서부터 시작해서 회사 구조와 사업 방식도 간단명료하게 정리하고 유지해야 한다. 거래를 체결할 때, 누구나 이해할 수 있는 일상어로 냅킨에 계약 내용을 메모할 수 없다면 그 계약은 체결하지 말라.

매일 최우선으로 처리해야 할 일을 정한다. 잔불과 황사와 같은 지엽적인 일은 항상 일어나기 마련이고 이런 일은 주된 목표를 가릴 수 있다. 그렇다고 주의가 산만해져서는 안 된다. 사소한 문제는 즉각 처리하거나 대신 처리할 사람을 보내고 눈앞의 중요한 일부터 처리해라. 최우선으로 처리해야 하는 일에 오롯이 집중해라. 그렇게 하면 자신이 대단히 생산적인 사람이고 일에 큰 만족감을 느끼고 있다는 것을 깨닫고 놀랄 것이다.

행복하게 일하고 생활한다. 행복은 주변으로 전염된다. 썩은 사과는 곁에 두지 않는다. 아니면 저녁에 쓰레기봉투에 넣어서 밖에 내다 버려라.

항상 즐겁게 산다. 모험을 즐겨라. 누구나 인생은 한 번만 산다.

매일 운동하고 건강을 유지한다. 건강에 좋은 음식을 먹고 음주는 절제한다. 때때로 축하할 일이 있을 때를 제외하고 담배는 절대 피우지 않는다.

굴하지 않고 계속한다. "로마는 하루아침에 이루어지지 않았다." 많은 사람들이 알다시피 로마는 여전히 건설 중이다. 가끔 의미 있는 변화가 완성되는 데는 수년이 걸릴 수 있다. 안 된다는 말을 입에 달고 사는 사람들에게 굴복하지 말라. 해볼 만한 가치가 있는 일이라면 그 일을 성사시킬 길을 찾을 때까지 계속 시도해라. 석유가 없는 건공 17개를 시추하고 나서야 우리는 시더 힐스, 에임스 홀, 바켄 분지에서 대형 유전을 개발할 수 있었다. 수평 시추법은, 조금 웃기게 말하자면 파이프로 훅 하고 날아갈 몽상이었다. 수평 시추법이 성공하는 데는 수년이 걸렸고 수백만 달러에 이르는 엄청난 자금이 들어갔다. 석유 수출 금지법을 철폐하는 데는 족히 2년이 걸렸다. 미국이 에너지 독립을 이루는 것은 불가능하다고 여겼지만 불과 10년 만에 미국은 에너지 독립을 이루었다.

좋은 친구와 동료를 사귄다. 타인의 말을 잘 들어주는 전문가가 되어야 한다. 남의 말에 귀를 잘 기울이면 지식과 지혜를 얻고 성장할 수 있는 능력을 키우게 될 것이다. 가스 브룩스가 부른 〈밑바닥 친구들 friends in low places〉에서도 귀한 교훈을 얻을 수 있다는 사실을 항상 기억해라. 자신의 뿌리를 결코 잊어서는 안 된다.

열심히 일하는 것을 즐긴다. 무엇인가에 전심전력을 다하는 사람을 따라올 자는 없다. 승부를 보기 위해서는 반드시 시간을 투자해야 하지만 그 일에 자신을 무작정 갈아 넣을 필요는 없다. 일하면서 재미와 성취감을 느끼지 못하면 일은 그저 고되고 따분한 노동이 되고 엔진은 서서히 멈춘다.

행동가를 찾아 함께 한다. 모두가 동기부여가 되어 있는 것은 아니다. 그리고 '일을 절대 마무리하지 못하는' 사람도 종종 있다. 다음 단계로 성장하고 싶은 사람들을 주변에 두어라. 그들을 곁에 두고 밝게 빛나는 별로 키워라. 정처 없이 떠도는 소행성 같은 사람들과의 관계는 끊어라. 되도록 빠르고 단호하게 소행성을 차 버리고 나가서 더 많은 별을 찾아라.

추가로 내가 살면서 원칙으로 삼은 가치에는 다음과 같은 몇 가지가 더 있다.

- 모든 일에 공정하게 처신한다.
- 그 누구에게도 피해를 주지 않는다.
- 항상 옳은 일을 한다.
- 계약서를 작성했든 안 했든 약속은 지킨다.
- 모든 곳에 가능성을 열어 둔다.
- 석유 업계에서는 평판이 전부니 좋은 평판을 유지하고 보호한다.

첫 번째 직업과 첫 번째 사업을 생각할 때면 나는 내 인생의 판도를 뒤집을 게임 체인저가 많았다고 생각한다. 조금의 시간을 허락한다면 당신의 인생과 경력에 도움이 되기를 바라면서 몇 가지를 간략하게 소개한다.

어느 오래된 영화에 인생의 절반은 '사람들에게 자신을 보여주는 것'이라는 대사가 나온다. 놀랍게도 많은 사람이 남들 앞에 나서는 것을 어렵고 불편하게 생각한다. 그런데 이것은 주변 사람들을 존중하고 있다는 것을 보여주는 쉬운 행위다. 주변에 거리낌 없이 모습을 드러내는 사람이 얼마나 있나? 생각보다 적다면 어울려 시간을 보내거나 함께 일할 새로운 사람을 찾는 것이 좋을 것 같다.

나는 여기서 출발한다. 나는 사람들에게 나를 보여주고 본보기가 된다. 나는 내가 하는 일을 사랑하고 내가 함께 일하는 사람들을 사랑한다. 그래서 그들에게 나를 보여주는 것은 쉽다. 점점 성공하고 사업이 성장하면서 내 모습을 보여줘야 하는 사람들이 주변에 점점 많아진다. 그렇게 하지 않고서는 성공할 수 없다. 나는 이 업계에서 일하기 시작하면서부터 오전 7시면 사무실에 앉아 있다. 밤새워 일했든 기분이 너무 안 좋든 날씨가 형편없든, 그 무엇도 중요하지 않다. 다른 사람은 오지 않더라도 나는 거기가 어디든 직접 갔다. 그러자 고객들은 내가 맡은 일은 마무리를 짓는다고 신뢰하게 됐다. 그 결과 나는 그들과 사업을 할 기회를 더 많이 얻었다. 아마도 나는 이것을 어머니에게서 배운 것 같다. 어머니는 열셋이나 되는 자식을 위해서라면 거기가 어디든지 항상 곁에 있었다.

인습에 얽매이지 않는 사고방식은 언제나 내가 앞으로 나갈 수 있는 동력이 됐다. 하지만 때때로 인습에 얽매이지 않는 것이 남들보다 덜하거나 그저 질문을 더 많이 하는 것일 때도 있다. 예를 들어서 남들이 천연가스를 찾아 나설 때 석유를 찾는 것은 일종의 색다른 전략일 수 있다. 일반 통념은 대체로 성공의 걸림돌이 된다. 나는 군중 사고를 따르면 두드러기가 난다. 안타깝게도 우리 업계는 군중 사고에 감염되어 있다. 이것이 1980년대 말 모두가 천연가스를 찾아 나설 때 우리는 미국의 로키산맥과 아무도 관심을 두지 않았던 윌리스턴 분지에서 석유탐사에 집중했던 이유다.

성공한 사람들은 하나같이 인내심이 부족한 것 같다. 회사 사람들은 농담으로 "저기 시계가 있다. 저 시계는 햄의 시간에 따라 움직인다"라고 말한다. 그렇다. 나는 빨리 움직이는 것을 좋아한다. 내일이 되면 오늘의 가능성은 사라지기 때문이다.

질문하고 도움을 구한다. 너그럽게 내 질문에 답하고 도움을 주었던 멘토와 동료가 없었다면 지금의 나는 없었을지도 모른다. 누군가 도와달라고 하면 기꺼이 도와준다. 누군가가 정보나 조언을 구하면 나는 스물한 살의 어린 나를 떠올린다.

함께 일하는 모든 사람에게 좋은 사람이 될 수는 있지만 그렇다고 자신의 기준이나 꿈을 양보해서는 안 된다. 공과금은 내야 하니 그들과 좋은 관계를 유지하며 일은 한다. 하지만 먹고살 돈을 벌겠다고 자신의 잠재력까지 팔아서는 안 된다.

뮤즈의 목소리를 듣는다. 나의 뮤즈는 주로 강아지를 산책시킬 때 말을 건다. 뮤즈에게서 얻은 영감과 아이디어를 똑똑한 사람들과 논의하고 검토한다. 나는 모두에게 자기 자신과 대화를 나눌 것을 권장한다. 방에 혼자 있으면 자신에게 할 말이 떠오를 것이다. 그러면 그 말을 해라. 그런데 혼자 생각하다 보면 자기가 생각한 행동 방침이나 결정이 옳다고 믿게 된다. 그래서 주변에 다른 의견을 제시할 사람이 있는 것은 중요하다. 그들과의 대화를 통해 뒤늦은 비판을 많이 피할 수 있다.

나는 일을 망치지 않으려고 노력한다. 하지만 일을 망치게 되더라도 그것을 바로잡을 수 있다. "비용이 너무 많이 들어간다", "정말 우리 잘못이 아니다", "그냥 무시하면 모든 일이 저절로 사라질 것이다"라고 하면서 지금 하려는 일을 하지 말자고 설득하는 사람들의 말에 귀를 기울이지 말라. 무엇인가 일이 틀어졌을 때는 그것을 바로잡아야 투자수익률이 훨씬 높아진다는 것을 일을 하면서 깨달았다.

자신이 무엇을 원하는지와 그것을 얻기 위해서 얼마를 기꺼이 투자할지를 명확하게 안다면 일은 자연스럽게 진행된다. 게임을 하려고 들지 말라. 호들갑을 떨지도 말라. 포커 게임에서 푼돈을 벌었다고 자신이 협상의 대가라도 됐다거나 보통 사람보다 더 똑똑하다는 생각도 하지 말라.

자신이 얼마나 똑똑한지를 증명하려고 어슬렁거리는 사람들은 많다. 내가 만난 사람 중에 정말로 똑똑한 사람은 손가락으로 꼽을 정도였다. 그들은 보통 겸손하여서 만나기 어렵다. 그리고 나는 정말 똑똑한 사람을 만나면 고용했다. 나는 업계에서 최고로 똑똑한 사람들을 곁에 둘 수 있어서 운이 좋은 사람이다. 그들은 자신이 얼마나 똑똑한지를 매일 증명해 보인다. 겉만 번지르르한 말이나 오만한 행동 없이 자신의 능력을 제대로 증명한다. 나는 큰 꿈을 꾼다. 항상 그랬고 앞으로도 그럴 것이다.

콘티넨탈 리소시스의 핵심 가치   ━

몇 년 전 직원들에게 내가 여기저기 휘갈겨 쓴 메모를 한 장으로 정리해서 핵심 가치로 정하자고 제안했다. 리더가 알든 모르든 모든 회사는 핵심 가치가 있고 행동으로 그것을 보여준다. 핵심 가치를 명확하게 정의하고 그에 따라 행동하고 그와 일치하는 조직 문화를 만들어야 한다.

콘티넨탈 리소시스는 가능성을 추구하는 조직 문화를 가지고 있다. 콘티넨탈 리소시스 임직원은 자유롭게 세상을 바꿀 수 있다. 최고의 회사가 되기 위해서 콘티넨탈 리소시스 임직원 모두는 이 세상을 더 살기 좋은 곳으로 만들어야 한다.

모든 임직원이 활동가와 리더가 될 역량을 갖추었고 미국의 석유와 천연가스 산업 전 영역을 개선할 힘도 가지고 있다. 이것이 콘티넨탈 리소시스가 불가능을 가능으로 바꾸고자 노력하는 이유다. 콘티넨탈 리소시스는 실패나 실수에 대해 그 누구의 탓도 하지 않는다. 위대한 성과를 달성하고자 노력하는 과정에서 실패를 경험하는 것은 당연한 일이다.

회사에는 우리가 석유탐사와 관련한 전 영역에서 이룬 혁신, 탐사, 시추 드릴비트 기록, 시추 깊이 기록, 수평 시추 기록 등 업적을 인정받아서 받은 상과 포상이 가득하다. 석유 시추와 탐사에 대한 전문성과 함께 에임스 홀 같은 유일무이한 유전을 탐사하고 최첨단 지질학적 기술을 개발한 덕분에, 콘티넨탈 리소시스는 저비용으로 석유를 시추하고 탐사하는 동급 최고의 회사로 인정받게 됐다.

오늘날 콘티넨탈 리소시스는 자랑스럽게도 오클라호마주와 노스다코타주 최고의 석유와 천연가스 생산업체가 됐고, 와이오밍주 파우더리버 유역에 두 번째로 큰 광구를 보유한 회사이자 미국에서 열

번째로 석유와 천연가스를 많이 생산하는 회사다. 콘티넨탈 리소시스는 미국에서 석유 시추와 탐사를 가장 활발하게 하는 5개 회사 중 하나다. 이 모든 것은 변치 않는 깊은 낙관적 사고방식 덕분에 이룬 성과다. 이것은 콘티넨탈 리소시스의 가능성을 추구하는 조직 문화 덕분이기도 하다. 콘티넨탈 리소시스는 계속해서 혁신을 이루고 지질학적 전문성을 키운다. 또한 우리는 유례없는 규모의 탄소 포집 프로젝트에도 참여하고 있다. 이 프로젝트는 세계 최대 규모로 엄청난 양의 이산화탄소를 포집하고 저장하게 될 것이다.

내가 가장 자랑스럽게 여기는 콘티넨탈 리소시스의 문화 중 하나는 가능성을 추구하는 회사란 점이다. 화물 트럭 한 대로 혼자서 사업을 시작했을 때도, 콘티넨탈 리소시스는 가능성을 믿고 쫓는 회사였다. 이것이 무슨 의미일까? 모든 사람과 회사는 언젠가는 난관에 봉착한다. 요즘은 망하지 않고 사업을 유지하는 것도 어려운 시기다. 하지만 모두가 새로운 도전에 대해 머리 맞대고 논의할 때는 그 누구도 불가능을 생각하지 않는다.

이것은 어떤 형태의 신념이나 선택이기도 하다. 항상 길은 있다. 그 길이 험하거나 돈이 많이 들거나 생각했던 것과 아주 다를 수 있다. 하지만 언제나 해결책도 있다. 가능성을 추구하는 문화가 일을 성사시키는 것을 보면 언제나 놀랍다.

한 회사가 가능성을 믿고 추구하는 사고방식을 받아들여서 위대한 일을 이룰 수 있다면, 이것을 국가 단위로 생각할 수도 있지 않을까? 한 나라가 핵심 가치를 명확하게 정의하고 그에 따라서 움직이고자 노력한다면 그 나라는 어떻게 될까? 실제로 그렇게 한 나라가 있다. 맞다! 바로 미국을 말하는 것이다.

미국은 난관을 안고 탄생했다. 대다수의 난관은 해결됐지만 여전히 존재하는 것도 있다. 예를 들면, 미국이 자처한 난관이다. 구체적으로 말하면 인권과 관련된 분야에서 스스로 초래한 난관이 있다. 덧붙여 말하자면 건국 문서에 적힌 미국의 핵심 가치는 엄청난 대가를 치르고 난관을 극복하고 해결해 나갈 결의를 우리 국민에게 제공한다.

미국의 핵심 가치 중 하나는 미국 독립 선언서의 두 번째 문단에 나온다. "우리는 이 진리들이 너무나 자명한 것이라고 여긴다. 그것은 바로 모든 인간이 평등하게 태어났다는 것이다. 그리고 그것은 인간이 창조주로부터 그 누구에게도 양도할 수 없는 권리를 부여받았다는 것이다. 그 권리 중에는 자유와 행복을 추구할 권리가 포함돼 있다." 이 신념은 끔찍하게 잘못된 것을 바로잡는 노력으로 이어졌다. 또 다른 사례는 미국 헌법 수정 제1조로 이어진 표현의 자유가 귀중하다고 믿는 신념이다. 가능성 추구의 문화는 강력하고 거침없다.

미국의 핵심 가치가 지난 260여 년 동안 이토록 대단하게 진보할 수 있도록 도왔다면 대다수가 동의할 에너지 정책을 수립하는 것도 간단한 문제여야 한다. 그렇지 않은가? 미국인이 함께 미국의 핵심 가치를 근거로 에너지와 관련해서 지켜야 할 간단한 가치를 결정한다고 상상해 보자. 무엇부터 시작해야 할지 너무나도 자명해 보이니 다음을 살펴보자.

- 석탄 사용을 멈추어야 한다. 석탄은 문자 그대로 이 세상을 시커멓게 만든다.
- 미국은 자국에서 에너지를 직접 생산할 때 더 살기 좋아진다. 그러니 우리의 생존에 필요한 자원을 개발하는 이들을 벌주는 것을 멈추자.
- 에너지 수입에 쓸 돈을 미국 안에서 사용한다면 미국 경제가 성장할 것이다. 번영하고 안정적인 경제는 혁신을 촉진한다. 자유기업이 놀라운 혁신으로 미국 국민을 계속해서 놀라게 할 수 있도록 내버려두자.
- 재생에너지는 아직 유아기다. 재생에너지가 기어다니고 걷는 법을 배우는 동안, 미국은 석유와 천연가스가 필요하다. 모두 이 사실을 좋아할 필요는 없지만 이것이 오늘날 우리가 처한 현실임은 분명하다. 이것은 감정이 아닌, 지적 정직함에 근거해서 수립되는 에너지 정책의 사례다.
- 미국은 우방국이 석탄 사용을 멈추고 적대국으로부터 에너지를 수입하지 않아도 되도록 미국에서 생산한 석유, 천연가스, 부산품을 팔아야 한다. 미국이 에너지를 수출할 때 얻는 부수익으로 미국 경제가 탄탄해지고 국내 에너지 가격을 낮출 수 있다. 이것은 국가 안보를 보호하는 현명한 정책이다.
- 미국 땅 아래 묻힌 에너지자원으로 100여 년 이상의 오랜 세월 동안 에너지 안정을 확보할 수 있다고 믿는다. 이와 동시에 미국은 환경을 보호하는 데 계속 일조할 것이다.

이 모든 것이 불가능하다고 생각하는가? 그렇다면 다음 몇 가지 사실을 살펴보자. 현재 미국의 에너지 현황이다.

- 미국은 세계 최대 회수 가능 매장량을 보유하고 있고 그 어느 나라보다 더 많은 석유와 천연가스를 생산할 수 있다.
- 앞으로 수십 년 동안 미국 시장에 공급할 수 있는 막대한 에너지자원이 미국에 있다.
- 미국의 혁신과 독창성이 온실가스 배출량과 대기오염을 급격하게 줄였다. 이 와중에 경제성장도 가능하다는 것은 이미 입증했다.
- 미국은 세계 리더로 독창성을 수출하여 다른 나라도 온실가스 배출량을 줄이는 데 기여할 것이다. 허락만 한다면 우리는 전 세계적으로 탄소 포집 기술을 이용할 것이다.

미국 에너지 번영의 미래

경제성

미국 경제의 미래는 국내 에너지의 경제성에 달렸다.
- 미국은 에너지 주도형 경제 체제를 지니고 있다. GDP 성장에는 저렴하고 풍부한 에너지가 필요하다.

- 미국의 국제적 경쟁력은 국내 에너지 경제성에 달렸다.
- 국가 부채는 에너지 생산을 확대하고 잉여 에너지를 수출하여 없앨 수 있다.

개인의 경제적 안정성은 저렴하고 안정적으로 공급되는 에너지에 달렸다.

- 휘발유와 전기 요금은 국내 에너지 생산이 확대되면 하락한다.
- 국내 에너지 생산이 확대돼 휘발유와 전기 요금이 하락하면, 미국인은 힘들게 일해서 번 돈을 다른 우선 사항에 쓰고 미래를 위해서 저축할 수 있다.

비싼 에너지는 가난한 사람에게 큰 해를 입힌다.

- 기상이변은 수많은 목숨을 앗아 간다. 탄력적이고 안정적인 에너지 공급 시스템은 기상이변이 일어나더라도 생명을 보호할 것이다.
- 그린 뉴딜과 같은 반反 화석연료 정책과 탄소세는 역진세의 성격을 지닌다. 그것들은 가장 가난한 사람들에게 큰 영향을 미친다. 저소득 가정은 다른 미국 가정과 비교해서 소득 대비 에너지에 더 많은 비용을 쓴다.

안보

미국은 에너지 초강대국이다.

• 수평 시추법 덕분에 북미에 석유와 천연가스가 많이 매장된 지역이 개발됐다. 이것은 '치밀 암석'으로 이루어진 지역으로 북미에는 이런 암석 지형이 많다. 대략 100년이 넘는 기간 동안 사용할 수 있는, 온실가스를 덜 배출하는 천연가스와 석유를 확보했다.

• 미국의 풍부한 에너지자원은 미국과 동맹국의 지정학적 안정에 매우 중요하다.

미국의 에너지는 세계의 지정학적 균형을 근본적으로 바꾸었다.

• 미국은 더 이상 저렴하고 안정적인 에너지 공급을 확보하고자 에너지를 수입할 필요가 없다. 우리는 미국의 석유와 천연가스 생산을 소비 수준 이하로 제한하는 실수를 저질러서 또다시 에너지 독립을 희생해서는 절대 안 된다. 미국은 에너지자원을 가지고 있다.

• 미국에 매장된 풍부한 석유와 천연가스로 폭압적인 독재자와 미국의 적국을 무장해제시킬 수 있다.

• 미국 에너지 수출은 동맹국의 에너지 안보를 강화한다. 동

맹국이 미국 에너지를 사용하게 되면 러시아, 베네수엘라,
중동의 에너지를 수입할 필요가 없기 때문이다.

미국은 다른 나라의 에너지를 확보하기 위한 세계 경찰 노릇
을 그만두어야 한다.

- 역사적으로 지정학적 갈등은 다른 나라를 침범해서 그곳의
  에너지자원을 개발하고 이용하려는 나라 때문에 일어났다.
- 미국은 해외 에너지를 확보하기 위해서 과거에 금전적 자원
  과 인적자원을 막대하게 쏟아부었다.

환경 리더십

미국은 혁신과 환경적 성과에서 세계를 이끈다.

- 미국인은 지금 현대 역사상 그 어느 경제 대국보다 가장 깨
  끗하고 안전한 환경을 누리고 있다.
- 미국의 석유와 천연가스 업계는 세계 경쟁자들보다 더 엄격
  한 환경기준을 준수한다.

미국은 일자리를 수출하고 오염을 수입하는 행위를 중단해야
한다.

- 미국의 경쟁국들이 인류에게 해로운 오염 물질을 배출하고

있어서 세계 보건 수준이 훼손되고 있다.

.• 무역 불균형은 적절한 환경법의 적용을 받지 않는 경쟁국 때문에 발생했다.

미국의 에너지자원과 기술로 에너지 빈곤을 줄이고 보건을 증진할 수 있다.

• 세계의 너무나 많은 사람들이 에너지 빈곤을 겪으면서 살 아간다. 대략 8억 명이 전기가 공급되지 않는 환경에서 산 다. 그 결과 수명이 줄어들고 자유와 기회에 대한 접근성이 제한된다. 1800년대 초반의 미국인처럼 에너지 빈곤 상태에 있는 북미와 남미의 사람들은 수명이 줄어들고 자유와 기회 를 박탈당하고 있다.

• 저렴한 전기가 널리 공급되면 개발도상국은 깨끗한 물을 사용하고 음식을 냉장 보관하고 목숨을 연장할 의약품을 생산하고 실내 난방과 요리를 할 때 나무와 동물 배설물을 사용하지 않아도 된다.

• 미국의 황 성분이 거의 없는 경질유와 깨끗하게 연소되는 천연가스를 활용하면, 전 세계적으로 에너지 빈곤 상태에 있는 수십 억 명에게 저렴한 전기를 더 빨리 공급할 수 있 게 될 것이다.

앞으로 나아갈 길:
강한 나라가 되기 위한 실질적인 방법

지금부터 미국이 에너지 독립을 이루기 위해서 반드시 채택해야 하는 구체적인 아이디어를 공유한다.

1. 미국의 필수적인 에너지 인프라 개선

파이프라인 : 환경오염을 줄이고 에너지 수요를 충족시키려면 더 많은 파이프라인이 필요하다. 파이프라인은 탄화수소를 수송할 가장 안전하고 효율적인 방법이다. 파이프라인을 에너지가 오가는 고속도로라고 생각하자.

정유 시설 : 친환경적이라고 인정받으려고 기존의 정유 시설을 바이오매스와 재생 경유를 생산하는 시설로 전환하는 행위를 멈추어야 한다. 크랙 스프레드(정유 회사의 마진율)는 현재 역대 최고치를 기록하고 있다. 파이프라인은 탄화수소를 수송하는 가장 안전하고 효율적인 방법이다. 우리는 1970년대 이후로 미국 어디에도 정유 시설을 신설하지 않았다. 백악관 관계자는 에너지 공급을 확대해야 한다고 외치지만 미국의 정유 시설은 이미 전면 가동되고 있다. 하지만 그 누구도 국민의 최대 적이라는 이름표가 달린 시설에 투자하지 않을 것이다.

• 시추 허가 절차를 간소화한다.

• 규제 부담을 줄이기 위해서 관련 규제를 개혁한다.

2. 에너지산업에 대한 징벌적 규제의 철폐

미국 대법원의 2022년 6월 판결로 미국의 에너지 정책이 올바른 방향으로 나아갈 계기를 마련했다. 대법원은 오바마의 2015년 청정 전력 계획과 같이 '행정부는 에너지 규제를 지시할 권한이 없다'는 판결을 내렸다. 존 로버츠John Roberts 대법관은 "이 정도의 중요성과 영향력을 지닌 결정은 의회의 소관이거나 의회가 확실하게 위임한 권한에 따라서 움직이는 기관의 책임이다"라고 평결에 썼다. 다시 말해서 선출 대표들이 에너지 전환에 관해서 논의하고 적절한 법안을 마련해야 한다. 바라건대 앞으로 대통령과 비선출 공직자들이 민간 영역을 규제하는 행위는 삼가길 바란다. 책의 초반에서 지적했듯이 조 바이든 상원 의원을 포함해서 의회는 카터 대통령이 천연가스 대신에 석탄을 지지하도록 하여 미국의 환경과 에너지 정책에 부정적인 영향을 주는 역대 최악의 실수를 저질렀다.

3. 부유성 고형물과 수은을 줄이는 국제적 합의의 도출

석탄을 연료로 사용하는 아시아의 석탄발전소는 수백만 톤의 오염 물질을 뿜어낸다. 이 오염 물질은 태평양을 건너 미국에도 영향을 준다. 1970년대 촉매 변환 장치가 발명되기 전의 로스앤젤레스를 기억하는 사람은 당시의 도시 하늘이 지금의 상하이처럼 칙칙한 누런색이었다는 것을 기억할 것이다.

4. 파리기후협약

개인과 회사는 다른 나라의 행위에 그 어떤 영향력도 행사할 수 없다. 그러니 각국의 정부가 긍정적인 변화를 위해서 책임감 있게 행동해야 한다.

한 나라로서 미국은 세계에서 가장 많은 환경오염 물질을 배출하는 나라에 대해서 그 어떤 제재나 조치도 취하지 않는 의미 없는 협약에 서명하는 대신, 환경을 오염시키는 나라와의 교역을 제한하고 제재를 가해서 의미 있는 변화를 만들어야 한다. 기후 활동가들은 환경 훼손의 주요 원인에 이목을 집중시키려면 중국 대사관 앞에서 시위해야 한다.

- 국내 자산을 개발하고 활용한다.
- 모든 형태의 에너지를 이용하기 위해서 자유 시장을 활용한다.

우리가 할 수 없는 일에 관해서 핏대 세워 소리 지르는 것을 멈추고, 우리가 할 수 있는 일에 관해서 허심탄회하게 이야기할 때다. 지금이야말로 가능성 추구의 문화를 받아들일 때다.

대한민국에 감도는 변화의 기운

　수평 시추법과 최근에 발견한 새로운 석유와 천연가스 매장지 덕분에 미국은 한 세기 동안 사용 가능한 천연가스를 대거 확보했다. 그 양은 대한민국처럼 에너지자원이 부족하고 에너지 수요가 꾸준히 증가하는 나라에 수출해도 될 만큼 충분하다. 처음 대한민국을 방문했을 때, 나는 희뿌연 연무가 낀 하늘을 보고 놀랐다. 몇 십 년 전에 중국에서 보았던 하늘과 똑같았다. 오래지 않아 대부분 대기오염 물질이 중국의 석탄발전소와 대한민국의 석탄을 때는 발전 시설에서 나온다는 것을 알았다. 대한민국은 석탄 발전량 기준으로 세계 8위였다.

　최근에 건축된 아름다운 빌딩이 들어선 현대적인 나라가 석탄을 때서 이토록 많은 전기를 만든다니 실로 놀라웠다. 그보다 훨씬 더 놀라운 것은 대한민국은 증가하는 에너지 수요를 따라잡기 위해서 석탄 화력발전소를 더 많이 건설하고 있었다. 나는 이것이 잘못됐다고 생각했다. 대한민국이 천연가스처럼 온실가스를 덜 배출하는 연료로 전환하지 않는 이유를 알고 싶었다.

　나의 팀과 나는 2012년 몇 달 동안 대한민국의 전력 기관과 다양한 에너지 회사를 만났다. 짧게 요약하면 우리가 대한민국을 수차례 방문하고 대한민국 사절단을 여러 차례 맞이한 뒤에 양측에게 이로운 합작회사가 설립됐다. 대한민국 에너지 관계자들은 증가하는 수요를 따라잡기 위해 선택한 에너지 생산 방식에 문제가 있다는 것을 알았고, 환경을 보호하면서 에너지 수요를 따라잡을 다른 방도가 있다는 것을 깨달았다. 바로 액화천연가스를 수입하는 것이다.

우리는 2014년에 계약을 체결했고 그들은 아주 좋은 파트너였기에 2017년, 계약을 더욱 확대했다. 다음은 당시 대한민국 에너지 회사와 설립한 합작회사에 관한 보도 자료의 일부다.

> 콘티넨탈 리소시스는 오늘 SK E&S(이하 SK)가 100퍼센트 지분을 소유하고 있는 미국 자회사와 합작법인을 설립했다. 이 합작법인을 설립한 목적은 오클라호마주 블레인과 듀이에 있는 콘티넨탈 리소시스가 소유한 노스웨스트 카나 우드포드 가스전을 함께 개발하기 위함이다. SK E&S는 대한민국의 대형 그룹 중 하나인 SK 그룹의 자회사이자 포춘 글로벌 100대 기업인 SK 홀딩스의 계열사다. … 유정준 SK E&S 사장 겸 CEO는 "SK E&S는 미국의 비전통 에너지자원 개발 분야에서 리더로 평가받는 콘티넨탈 리소시스와 함께 하게 돼서 기쁘다. 콘티넨탈 리소시스와 SK E&S의 관계가 에너지 생산에서 장기적인 전략적 관계가 되기를 기대한다"라고 말했다.
>
> – 2014년 10월 27일

2022년 1월, 대한민국은 노후화된 석탄 화력발전소 두 곳의 가동을 중단하고 LNG 화력발전소로 대체한다고 밝혔다. 지금 대한민국은 매년 2조 세제곱피트의 LNG를 수입하고 있다. LNG 수입량의 많은 부분이 어느 나라에서 오는지를 한 번 맞추어 봐라. 맞다! 바로 미국이다. 셀 수 없이 많은 집회와 콘퍼런스보다 우리는 이 사례를 통해 무엇이든지 가능하다는 마음가짐으로 대기를 더 깨끗하게 만들 수 있다는 것을 증명했다. 오클라호마주의 일개 에너지 회사가 주요 산업국이 발전 방식을 바꾸고 대기를 깨끗하게 만드는 데 정말 도움을 줄 수 있을까? 물론이다. 우리의 파트너십은 그야말로 게임 체인저다. 우리는 이제 시작이다!

Chapter 19

자선 활동

나는 그 누구도 뒤처지지 않도록, 적어도 모두가 더 나은 삶을 살 기회를 가질 수 있도록 도울 책임을 모든 사람이 가지고 있다고 믿는다. 나의 경우에는 다행히 이 책임을 다하는 것이 어렵지 않았다. 찢어지게 가난했지만 무엇보다도 나를 아낌없이 사랑하는 대가족 사이에서 나고 자랐다. 모두 가족의 일이라면 먼저 두 팔을 걷어붙이고 도왔다. 우리는 콩 한 쪽도 가족과 이웃과 나누어 먹었다. 촌이었던 오클라호마주에서는 당연한 일이다. 서로가 함께 나누는 것이 그곳에서 사람들이 살아가는 방식이었다.

　여섯 살인가 일곱 살에 누군가에게서 물려받았던, 인생의 첫 번째 샌들을 결코 잊을 수 없다. 다른 사람이 신던 신발이란 점은 내게 중요하지 않았다. 나는 그 샌들 덕분에 뜨거운 모래 위를 맨발로 다니지 않을 수 있었다. 누군가는 당연하게 사서 신었을 샌들을 물려받아 나는 발에 스프링을 단 것처럼 여기저기 뛰어다녔다. 그래서 재산이 쌓이기 시작했을 때부터 나도 다른 누군가의 발에 샌들을 신겨

주고 싶었다.

나는 나보다 먼저 이 길을 걸었던 사람들에게 영감을 받아서 화물 트럭 회사를 차렸다. 프랭크와 제인 필립스는 석유와 천연가스 사업으로 번 돈을 모두 사회에 환원했다. 나보다 앞서 석유와 천연가스 산업에서 활약했던 위대한 가문이 많은 대학교, 박물관, 의료 센터를 설립하거나 후원했다. 두서너 가문을 열거하자면 필립스, 노블, 챔플린, 스켈리 가문이다. 모두 활력이 넘치고 대단히 관대했다. 이처럼 석유와 천연가스 사업으로 축적한 막대한 부를 사회에 환원한 가문은 아주 많다. 그들은 그 외에도 많은 위대한 유산을 남겼다. 그들의 이야기 하나하나가 내게 열정적으로 살고 남에게 베풀면서 살라는 교훈을 주었다.

나는 자신에게 의미 있는 분야와 관련해서 기부 활동이나 자선 활동을 항상 해야 한다고 굳게 믿는다. 보건, 교육, 에너지 문해력이 나에게 특별히 의미 있는 분야다. 나는 이것들이 개인이 앞으로 나아갈 방향을 가리킬 기둥이 된다고 생각한다.

더기빙플레지

2010년 나는 빌 게이츠, 워런 버핏, 그 외 뜻을 함께하는 40명과 더기빙플레지라는 자선단체를 창설했다. 우리에게 공화당이냐 민주당이냐는 중요하지 않았다. 남을 돕고 베푸는 자선 활동이 중요했다.

414

더기빙플레지가 추구하는 목표는 간단하다. 단체에 가입한 사람은 공식적으로 평생 일군 재산의 대부분을 사회가 안고 있는 가장 시급한 문제를 해결하는 데 쓰기로 맹세한다. 이 베풂의 철학은 자선 활동의 기준을 높여 아예 새로운 기준을 세웠다. 내가 개인적으로 관심이 있고 중요하게 생각하는 분야에도 딱 들어맞다.

나는 평생 열심히 일한 끝에 누리게 된 축복을 다른 이들과 나누고 싶었다. 그래서 더기빙플레지의 철학에 공감했다. 미국은 내게 대단한 기회를 주었다. 그 기회 덕분에 가난에서 벗어날 수 있었고 막대한 부를 창출해서 주변의 선한 사람들에게 도움을 줄 수 있었다. 내가 번 돈으로 크든 작든 여러모로 세상을 인류에게 더 살기 좋은 곳으로 바꿀 수 있었다.

더기빙플레지에 가입하면 왜 이 자선단체에 가입했는지, 어떤 이유로 남을 도와야겠다고 생각했는지를 설명하는 글을 써서 공개해야 한다. 다음은 내가 썼던 글의 일부다.

> 우리는 경이로운 나라에서 살고 있다. 자본주의적 사회와 자유기업 시스템 덕분에 나는 열심히 일하여 가난에서 벗어날 수 있었다. … 나는 야망과 뚝심 있는 사람들이 자신의 목표를 달성할 수 있도록 돕는 의미 있는 대의에 시간과 자원을 쓰도록 권장하는 이 유산이 계속 이어지기를 바란다.

나는 미국 실험(민주주의 원칙, 개인의 자유, 국민에 의한 그리고 국민을 위한 정부 시스템을 바탕으로 나라를 만들고 유지하려는 미국의 노력-역주)을 굳게 믿는다. 이 세상에서 그 어떤 시스템도 미국의 시스템을 따라올 수 없다. 그러니 이 나라에 태어난 것은 대단한 축복이다.

내 친구, 네이트 —

나에게는 네이트 워터스Nate Waters라는 이름의 점잖은 친구가 있었다. 19세 때 그는 심하게 두들겨 맞아 척수가 파열돼서 영구적으로 마비됐다. 나는 동료를 통해서 그에 관한 이야기를 들었고 우리는 그렇게 서로를 알게 됐다.

네이트 워터스는 주변 사람에게 영감을 주는 사람이었다. 아무것도 그를 방해하지 못했다. 휠체어도 그의 영구 마비도 끔찍한 운명도 그를 막을 수 없었다. 그는 그저 약간의 도움이 필요할 뿐이었다. 조금만 도와주면 나머지는 스스로 알아서 했다. 워터스는 마음이 넓었고 자신의 역할은 최선을 다해서 다른 사람을 돕는 것이라고 생각했다. 우리는 그를 위해서 집을 한 채 샀고 그가 생활하기 편하도록 집을 개조했다. 그는 고졸 학력 인증서를 땄고 자유롭게 돌아다니면서 결국에는 물리치료 학위까지 취득했다. 워터스는 털사에 없어서는 안 될 중요한 존재가 됐고 그는 시내 클리닉에서 환한 미소로 매일 환자를 맞이했다. 그는 주변에 의미 있는 변화를 불러왔고 그를 아는 모든 사람에게 깊은 감동을 주었다.

애석하게도 네이트 워터스는 몇 년 전 부상 때문에 세상을 떠났다. 영구 마비와 싸우면서 죽는 날까지, 그는 자신이 가진 모든 것을 다른 사람과 나누었다. 그의 친구들은 모금을 해서 털사의 신시내티 스트리트에 네이트 워터스 물리치료소를 세웠다. 나는 자주 네이트 워터스를 생각한다. 신은 언젠가는 만나게 될 이렇게 특별한 사람을 누군가의 인생에 끼워 놓는다. 이 특별한 사람은 그 사람의 인생을 바꾸어 놓는다. 네이트 워터스를 알게 되면서 나는 언제나 돈 벌 궁리만 하고 돈을 많이 버는 게 잘사는 인생이 아니라는 것을 알게 됐다. 때로는 자신이 가진 것을 주변에 나누어 주는 것이 잘사는 인생이다. 나는 이를 잊지 않으려고 노력한다.

내 인생의 게임 체인저 ▬

50세에 나는 제2형 당뇨병 진단을 받았다. 당뇨병 진단을 받은 사람은 지금까지의 생활 방식을 이어 가면 심장병, 신장병, 실명, 하지 절단 등 심각한 합병증에 걸릴 위험이 급격하게 증가한다.

당뇨병 진단을 받고 그것의 위험성을 이해하게 된 나는 당뇨병에 특별히 관심을 가지게 됐다. 나는 당뇨병을 앓는 수백만 명 중 한 명이다. 내가 당뇨병 진단을 받은 이후, 당뇨병 진단을 받은 미국인의 수가 두 배 증가했다. 이 숫자는 굉장히 충격적이다. 미국에 사는 3,700만 명이 제1형이든 제2형이든 당뇨병을 앓고 있고, 전문가들은 9,600만 명의 성인이 전당뇨병을 앓고 있다고 추정한다. 다시 말해서 당뇨병을 예방하는 데 필수적인 조처를 하지 않으면 그들의 생활 방식과 유전적 특성 때문에 그들의 전당뇨병이 당뇨병으로 진행될 수 있다.

당뇨병은 일종의 팬데믹이다. 나는 당뇨병을 다른 팬데믹만큼 시급하게 대응해야 할 세계적 유행병으로 다루어야 한다고 믿는다. 당뇨병은 너무나 많은 고통을 야기하고 전 세계적으로 많은 이의 삶을 황폐하게 만든다. 내가 진단받은 제2형 당뇨병에 걸렸다는 것은 몸이 인슐린을 잘 활용하지 못하고 혈당을 제대로 조절할 수 없다는 의미다.

당뇨병 진단을 받으면 생활 방식을 바꾸어야 한다. 예를 들어 더 건강하게 먹고 운동을 더 많이 해야 한다. 그래서 나는 지금 70대지만 매일 5마일(약 8km)씩 걷는다. 나는 체중을 유지하기 위해 감자튀김을 듬뿍 얹은 오클라호마 프라이드 어니언 버거처럼 즐겨 먹던 음식을 더 이상 먹지 않는다.

2007년 나는 문득 깨달음을 얻고 쇠뿔도 단김에 빼랬다고 머릿속에 떠오른 일을 해치우기로 결심했다. 나는 이 일을 당시 오클라호마 대학교의 교장이었던 데이비드 보렌David Boren과 함께 했다. 그는 오클라호마주 주지사를 지냈고, 미국 상원 의원에 세 번 선출됐다. 그는 오클라호마 대학교를 세계 일류 연구소로 만들고 싶었다. 나처럼 그도 '게임 체인저' 사고방식을 가지고 있다. 우리는 당뇨병이 충분한 관심을 받지 못하고 있다는 사실을 깨달았다. 적어도 마땅히 받아야 하는 관심도 못 받고 있었다. 그래서 우리는 명성 있는 당뇨병 의료 센터를 세울 때라고 생각했다.

나는 판을 완전히 뒤엎을 선물로 오클라호마 대학교에 연구, 환자 치료, 교육을 위한 당뇨병 의료 센터를 세우려고 했다. 처음에는 이 일을 사적으로 조용히 진행하고 싶었다. 하지만 데이비드 보렌은 내가 전면에 나서기를 바랐다. 그렇게 하면 다른 사람들이 나를 따라서 이 대의에 동참해야 한다는 압박감을 느낄 것이라고 그는 생각했다. 그의 생각은 옳았다. 당뇨병 의료 센터를 설립하는 데 처음에는 6,500만 달러가 모였다. 내가 전면에 나서면서부터는 당뇨병 의료 센터가 설립된 이후 연구 기금으로 1억 달러가 넘는 돈이 모였다.

우리는 '해롤드 햄 국제 당뇨병 생물 의학 연구상'도 만들었다. 매년 이 상의 수상자는 25만 달러의 연구 보조금을 받는다. 이것은 의학 연구 보조금 중에서 가장 큰 액수다. 우리는 최고의 인재에게 당뇨병 치료제를 개발하는 데 필요한 최신 기술과 지원을 제공한다. 그리고 당뇨병 치료제 개발에서도 성과를 내고 있다. 우리는 당뇨병 치료제를 개발하는 데 집중하고 있지만, 당뇨병 환자들이 자신의 질병을 잘 관리하는 데 필요한 기술을 개발할 수 있다면 그것이 무엇이든지 개발되도록 도와야 한다고도 생각했다.

나는 우선 무엇부터 해야 할지를 항상 생각한다. 나는 인슐린이 너무 비싸고, 특허법의 허점과 관련 규제를 악용하는 일부 제약 회사 때문에 매년 인슐린 가격이 올라간다는 사실을 알게 됐다. 나는 개인적으로 인슐린 주사가 필요하지는 않지만 살기 위해서 꼭 필요한 인슐린을 아껴서 맞아야 하는 사람들을 생각하니 가만히 있을 수가 없었다.

인슐린 주사를 맞아야 하는 사람들은 매월 1,000달러에 달하는 비용을 감당하고 있고, 그들이 감당해야 하는 비용은 갈수록 커지고 있었다. 한 세기 전 인슐린을 발견한 의학 박사들이 의사가 목숨을 살릴 발견을 이용해서 이익을 챙기는 것은 비윤리적인 행위라고 믿었다는 사실을 알게 되면, 이런 상황의 불합리성은 더 크게 다가온다. 인슐린을 발견한 사람들은 먹고살기 위해서 관련 특허를 토론토 대학교에 고작 1달러를 받고 팔았다. 그런데 점점 더 많은 사람이 비용을 감당하지 못해서 인슐린 주사를 배급받듯이 맞고 있다. 이것은 생명을 위태롭게 할 수 있다. 그래서 나는 이 상황의 불합리성을 해소할 더 좋은 방안을 찾을 때라고 생각했다.

우리는 워싱턴을 여러 번 방문했고 상·하원 의원들과 인슐린 가격에 대해 토의했다. 모두가 현 상황에 문제가 있다는 데 동의했지만 그 누구도 그럴듯한 해결책을 내놓지 못했다. 그러던 와중에 이 문제를 해결하려는 우리의 노력을 전폭적으로 지지할 사람을 만났다. 그는 나와 같은 당뇨병 환자인 마이크 켈리Mike Kelly다. 그는 펜실베이니아주 하원 의원이었고 인슐린이 비싸게 거래되는 상황을 해결하는 것이 자신이 완수해야 할 개인적인 임무라고 여겼다. 동시에 나는 대단히 성공한 사업가인 마크 쿠반Mark Cuban도 만났다. 그는 기술과 농구 이외에도 모든 미국인을 위해서 처방 약의 비용을 낮추는 것을 목표로 삼는 회사를 설립하는 것에 큰 관심이 있었다.

우리는 마크 쿠반이 처방 약 중 특히 인슐린 가격을 낮추는 데 관심이 있는지를 확인하고자 그에게 연락했다. 우리는 I-35를 타고 댈러스로 가서 마크 쿠반과 그의 동료들과 마주했다. 그의 동료들은 의료계 인재들로 판을 뒤엎는 사람들이었다. 우리는 그가 이미 인슐린 가격을 낮추기 위해서 프로젝트를 진행하고 있다는 사실을 알았다. 우리는 그의 프로젝트에 뛰어들었다. 그리고 그 누구도 가능하다고 생각하지 못했던 일, 다시 말해서 인슐린이 필요한 사람이 저렴하게 인슐린 주사를 맞을 수 있게 하려고 필요한 임상 실험을 후원했다.

마크 쿠반의 새로운, 최첨단 제조 시설이 곧 가동되어서 저렴한 처방 약을 생산할 것이다. 이 이야기는 현재진행형이다. 아마도 기존의 제약 회사가 이 노력에 동참하여 자사 브랜드의 인슐린을 만들어 마크 쿠반의 회사에 제공하게 될지 모른다. 어떤 프로젝트를 진행하다 보면 때때로 프로젝트의 방향이 바뀌기도 한다. 하지만 인슐린이 필요한 모두가 저렴하게 인슐린을 사용할 수 있게 된다면 프로젝트의 방향이 바뀌어도 전혀 문제가 되지 않는다. 이 글을 쓰는 시점을 기준으로 제약 회사가 마크 쿠반의 공장에 첫 번째 인슐린 샘플을 공급했다는 사실을 확인했다!

해야 할 일이 훨씬 더 많지만 세계 최대 인슐린 제조사 세 곳이 마침내 인슐린 가격을 낮추라는 압력에 굴복했다. 이것은 불가능이 가능해지기까지 좀 더 오랜 시간이 걸린 사례 중 하나다. 일라이 릴리 Eli Lilly는 2023년 3월 인슐린 가격을 70퍼센트 인하하고 환자들이 인슐린을 사는 데 매달 내는 비용의 상한선을 월 35달러로 제한하겠다고 선언했다. 그로부터 불과 며칠 뒤에 노보 노디스크^{Novo Nordisk}도 인슐린 가격을 75퍼센트 인하했고, 사노피^{Sanofi}도 앞선 두 회사와 똑같이 인슐린 가격을 78퍼센트 인하했다.

솔직히 말해서 이런 결과를 얻기까지 이렇게 오래 걸릴 이유는 없었다. 인슐린과 관련된 최초 특허가 개당 1달러에 팔렸는 데도 미국인이 자신의 목숨을 살릴 인슐린을 식량 배급 받듯이 일정량씩 나누어 사용하는 상황에 대해서 변명할 핑계도 없다. 비록 오랜 시간이 걸렸지만 이것은 마땅히 가야 할 옳은 방향이다. 분명히 미국 전역의 당뇨병 환자들이 이 소식을 듣고 안도했을 것이다.

나는 당뇨병이란 팬데믹에 맞서 싸운 우리의 노고가 자랑스럽고 당뇨병 치료제를 찾을 때까지 앞장서서 이 여정을 계속 이어 갈 것이다. 나는 당뇨병 치료제를 개발할 수 있다고 믿는다. 우리가 살아가는 동안 당뇨병 치료제가 나올 수 있도록 할 수 있는 모든 일을 할 것이다.

교육과 기회　　　　　　　　　　　　　　　　—

콘티넨탈 리소시스 본사가 여전히 이니드에 있을 때, 이전보다 좀 더 큰 규모의 자선 활동을 구상하게 됐다. 경영 부실로 인해서 필립스 대학교는 심각한 재정난을 겪고 있었다. 사실상 필립스 대학교는 채무 불능 상태였고 폐교 위기에 처했다. 그 지역 고등교육기관은 필립스 대학교가 유일했다. 만약 필립스 대학교가 폐교되면 이니드와 그 주변 지역에 거주하는 아이들, 특히 나와 같이 가난한 집안에서 자란 아이들은 수백 마일 떨어진 곳까지 나가거나 대학 교육을 포기해야 했다.

필립스 대학교는 역사가 깊은 학교다. 필립스 대학교의 미식축구 팀인 헤이메이커스는 20세기 초반 텍사스주와 오클라호마주 미식축구 팀을 상대로 승리를 거두던 강력한 미식축구 팀이었다. 심지어 제1차 세계대전 이후 원조 사우스웨스트 콘퍼런스(1914년부터 1996년까지 미국 대학 체육 협회가 주관한 텍사스주, 오클라호마주, 아칸소주 대학들이 참가하는 체육대회-역주) 회원이 됐다. 하지만 결국 필립스 대학교는 1998년 4월 파산을 선언했다.

필립스 대학교는 내게 아픈 손가락이었다. 나는 1970년대 필립스 대학교에 다니면서 충분히 받지 못한 공교육에 대한 갈망을 조금이나마 채울 수 있었다. 나는 아직도 웨스턴 컴퍼니Western Company의 돈 롱돈이란 친구를 기억한다. 신발을 벗어 보란 듯이 하얀 양말을 신은 발을 드러내 보이며 자기 차 후드 위에 걸터앉아 있는 그가 좋은 추억으로 떠오른다. 그는 차 후드에 비스듬히 기대앉아 필터가 없는 카멜을 피웠고, 최신 유정 자극법을 뽐내며 나를 즐겁게 했다. 당시 나는 그와 같은 사람들과 얼마나 많은 시간을 보냈는지 모른다.

책을 보면서 받는 학교교육과 거리에서 받는 실전 교육 중 어느 것이 더 값지다고 말할 수는 없다. 하지만 1977년 나는 필립스 대학교에 다니며 책에 푹 파묻혀 지냈다. 나는 필립스 대학교의 '1977년 동계 에너지 포럼'을 개최하도록 도왔다. 우리는 30개 주의 에너지 전문가들을 작고 오래된 이니드로 불렀다. 연방 전력 위원회Federal Power

Commission 회장을 역임했던 리 화이트Lee White가 포럼에서 텍사스 A&M 대학교Texas A&M University 교수이자 곧 텍사스주 상원 의원이 될 필 그램Phil Gramm 박사와 토의를 벌였다. 토의 주제는 천연가스 규제 완화였다. 필 그램 박사와 대다수 에너지 회사 중역들은 규제 완화를 지지하는 쪽이었다. 가격통제가 철회된다면 미국에 더 많은 천연가스를 공급할 수 있다고 그들은 생각했다. 하지만 애석하게도 포럼 기간에 제시된 수많은 증거자료에도 불구하고 카터 행정부는 1978년 천연가스 정책 특별법을 발휘했다. 이 법안은 주 간 그리고 주 내 천연가스 가격과 공급을 통제했고, 카터 행정부의 규제로 인해서 향후 몇 년 동안 천연가스 공급이 부족해졌다. 나는 이 포럼과 포럼에서 만난 사람들, 석유와 천연가스 사업가로서 내가 성장할 수 있게 도왔던 필립스 대학교의 역할을 결코 잊지 않았다.

20년이 훌쩍 흐른 뒤 나는 필립스 대학교를 구하기 위해서 빨리 손을 써야 한다는 것을 깨달았다. 필립스 대학교는 폐교 직전이었다. 그래서 나는 정·재계, 학계 사람들을 모았고 대책 위원회를 만들어서 모금을 시작했다. 쉽지 않은 일이었고 책 한 권은 충분히 나올 정도로 어려운 일이었다. 하지만 결국 우리는 의도한 일을 완수했다. 필립스 대학교는 1999년 6월 오클라호마 북부 대학교의 부속학교가 됐고 이니드와 그 주변에 사는 학생들은 멀리 가지 않고 그곳에서 고등교육을 받을 수 있게 됐다. 나는 이 경험을 통해서 같은 목표를 지닌 선한 사람들이 힘을 합치면 위대한 일을 해낼 수 있다는 것을 배웠다.

나는 불꽃처럼 빛나는 젊은이들의 아이디어를 사랑한다. 그래서 젊은이들에게 자신들의 관심사를 깊이 파고들어 세계를 더 좋게 변화시킬 수 있는 도구와 자원을 제공하고 싶다. 나는 오클라호마주의 모든 학교에 장학금을 기부한다. 이 일을 할 수 있어서 기쁘다. 노스다코타 대학교에는 해롤드 햄 지질학 및 지질 공학 단과대학이 있고, 비즈마크의 메리 대학교에는 햄 공학 단과대학이 있다. 이것의 목표는 미국의 석유와 천연가스 산업을 이끌 차세대 리더를 키우는 것이다. 에너지 독립을 유지하고 풍부하고 저렴하고 책임 있게 탄화수소 에너지를 계속 생산하려면 우리에게는 그들이 필요하다.

가장 최근의 자선 활동으로 노스다코타주 메도라에 건립되고 있는 시어도어 루스벨트 대통령 기념 도서관에 5,000만 달러를 기부했다. 많은 이들이 시어도어 루스벨트가 노스다코타주에 미친 영향을 기억한다. 하지만 노스다코타주가 그에게 미친 영향과 그를 완전히 새로운 사람으로 만들었다는 사실은 알지 못한다. 나는 노스다코타주가 시어도어 루스벨트에게 했던 것처럼 나에게도 영향을 주었고 새로운 사람으로 만들었다고 생각한다. 노스다코타주는 미국이 에너지 독립을 이룰 수 있다는 내 비전을 확장하고 실현하는 데 큰 도움을 주었다.

나는 오랫동안 남아서 많은 이에게 영향을 줄 위대한 아이디어에 투자해야 한다고 믿는다. 도서관 건립 사업은 미국을 이끈 위대한 대통령 중 한 명을 기리는 기회다. 기념 도서관은 몇 십 년이 아니라 앞으로 몇 세기 동안 미국인들에게 영감을 줄 것이다. 지지해야 하나 말아야 하나 고민할 필요도 없는 비전이다. 왜냐하면 기념 도서관을 건립해서 테디(시어도어 루스벨트 대통령의 별칭-역주)의 업적을 영원히 기리고 앞으로 몇 세대 동안 배들랜즈 국립공원으로 전 세계에서 관광객이 몰려들 것이기 때문이다.

후대에 물려줄 유산   —

후대에 관한 이야기가 나온 김에 좀 더 이야기하자면 자선 활동을 하면서 가장 보람을 느낀 부문 중 하나가 자식들이 내가 지지하는 대의를 받아들이고 자신들의 관심사를 개발하는 동력이 될 대의를 찾아서 지지하는 모습을 지켜보는 것이다. 내 자식들은 모두 지난 몇 년 동안 자선단체와 비영리 조직을 만들어서 다른 사람들을 돕는 일을 한다. 자선 활동에 대한 내 철학이 조금이나마 그들이 이런 활동을 하게 된 동기가 됐기를 바란다.

크든 작든 의미 있는 대의는 차고 넘친다. 억만장자만이 자선 활동을 할 수 있는 것은 아니다. 워런 버핏이 자신만의 자선 활동을 하는 것처럼 내 친구 네이트 워터스도 억만장자는 아니지만 자신만의 자선 활동을 했다. 세상이 더 살기 좋은 곳이 되려면 각자 나름의 방식대로, 자신의 자원으로 자선 활동을 하면 된다. 열정을 가지고 추구할 대의를 찾고 그에 맞추어 사회에 이바지하자. 금전적으로 이바지해도 좋고 개인적인 시간을 자발적으로 투자해도 좋다. 어쨌든 자선 활동으로 얻게 될 보상은 엄청나다.

Chapter / **20**

미래를
위해서

2020년이 저물어 갈 무렵, 개인적으로 프로젝트 하나를 더 시작했고 반드시 완수하겠다고 결심했다. 한동안 나는 최고의 인재들이 머리를 맞대고 인류의 삶을 한층 개선하는 데 석유와 천연가스 산업이 이바지할 방안을 찾을 수 있는 중심축이 필요하다고 생각했다. 물론 업계에 이미 많은 산업 단체와 로비 조직이 있다. 하지만 세상과 공유할 만한 가치가 있는 혁신과 지적 자본이 모이는 허브는 없다. 이것이 새롭게 시작한 프로젝트를 통해서 달성하고자 하는 목표 중 하나다.

또 하나의 목표는 다음 세대들이 에너지산업에서 의미 있는 차이를 만들 아이디어를 떠올리고 그것을 실현할 수 있도록 돕는 것이다. 오클라호마주에서는 젊은이들을 에너지 분야, 특히 석유와 천연가스 탐사와 생산에 관련된 분야로 끌어들이기가 갈수록 어려워지고 있다. 초·중·고등교육을 받으면서 아이들은 에너지자원이 관련된 모든 활동을 악마로 묘사하는, 이런 표현을 써서 미안하지만 프로파간다를 매일 주입받는다. 풍력과 태양광은 청정한 영역인 것처럼 들리지만 물리학과 화학의 현실을 참작하면 관련 기술은 제한적이다. 그저 갈망하고 희망하는 것만으로 현실은 바뀌지 않는다.

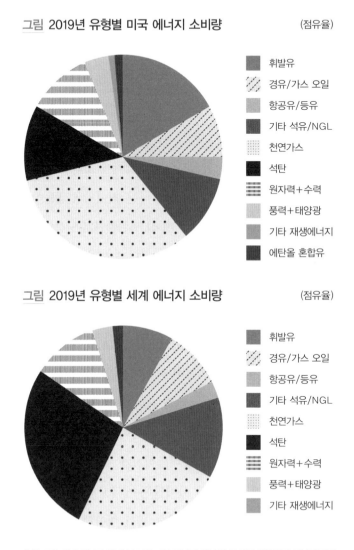

그림 2019년 유형별 미국 에너지 소비량   (점유율)

- 휘발유
- 경유/가스 오일
- 항공유/등유
- 기타 석유/NGL
- 천연가스
- 석탄
- 원자력＋수력
- 풍력＋태양광
- 기타 재생에너지
- 에탄올 혼합유

그림 2019년 유형별 세계 에너지 소비량   (점유율)

- 휘발유
- 경유/가스 오일
- 항공유/등유
- 기타 석유/NGL
- 천연가스
- 석탄
- 원자력＋수력
- 풍력＋태양광
- 기타 재생에너지

출처 : BP 세계 에너지 통계 보고와 미국 에너지 정보청 2021년 5월 단기 에너지 전망

탄화수소는 여전히, 앞으로 몇 십 년 동안 에너지산업을 지배할 것이다.
풍력과 태양광 분야는 성장하고 있지만 아무리 많은 자금이
재생에너지 분야에 투입된다고 하더라도 증가하는 에너지 수요를 따라잡거나
에너지 믹스의 10퍼센트도 이바지할 수 없다.

에너지부는 매년 수백 억 달러의 세금을 재생에너지 분야에 쏟아붓는다. 하지만 카터 행정부가 설립한 이후 지금까지 에너지부의 성과는 아주 미약하다. 우리는 더 나은 에너지 정책을 펼쳐야 한다.

석유와 천연가스는 우리의 미래에 필수 자원이다. 이미 증명했듯이 막대한 탄화수소 에너지가 투입되지 않으면 에너지 전환은 불가능하다. 석유와 천연가스는 말 그대로 이 세상을 더 살기 좋은 곳으로 바꿀 수 있다. 그런데 왜 탄화수소 에너지를 개발하고 활용하여 이 세상을 더 살기 좋은 곳으로 만드는 노력에 제동을 거는 것일까?

세계적 차원의 가능성 추구 사고방식　　　▬

콘티넨탈 리소시스의 미디어 소통과 대외 홍보를 책임지는 크리스틴 토마스Kristin Thomas는 언제나 활기가 넘치는 사람이다. 그녀는 2년 전 간부 회의에서 내게 처음으로 기관 설립을 제안했다. 늘 그렇듯이 그녀는 준비가 되어 있었고 그녀의 말은 설득력이 있었다. "이 업계는 아이디어가 모일 허브가 필요하고 전 세계도 마찬가지다. 우

리가 이 일을 해야 한다!"

나는 그녀의 생각에 동의했다. 당시 콘티넨탈 리소시스 CEO였던 빌 베리에게 그녀의 아이디어를 전달했고 그는 즉시 동참했다. 케빈 스팃Kevin Stitt 오클라호마주 주지사와 케이스 슈럼Kayse Shrum 오클라호마 주립 대학교 총장도 마찬가지다. 케이스 슈럼과 오클라호마 주립 대학교는 다른 이들과 마찬가지로 우리와 손을 잡는 것을 자랑스럽게 생각했다. 그 이유는 분명하다. 석유와 천연가스 업계는 수십 억 달러의 세금을 내고 경제활동을 촉진하기 때문에 오클라호마주와 궁극적으로 미국에서 없으면 안 되는 존재다. 석유와 천연가스 산업은 블루칼라와 화이트칼라를 막론하고 수천 개의 고소득 일자리를 창출한다. 별일 없으면 앞으로도 수천 개의 일자리가 이 산업에서 탄생할 것이다.

햄 미국 에너지 연구소는 각 개인의 번영을 위해서, 전 세계 모든 사람이 안정적으로 공급되는 저렴하고 지속 가능한 에너지를 누리는 세상이 올 것이라 믿는다. 우리는 2021년 12월 오클라호마주에 햄 미국 에너지 연구소를 설립했다. 연구소는 "우리의 비전은 협업, 연구와 개발을 통해서 전 세계적으로 활용할 수 있는 과학 기반의 실질적인 해결책을 개발하는 데 산업계와 학계를 참여시키고 내일의 에너지 리더를 육성하는 것이다. 우리는 전 세계의 환경에 유익하고 소비자들을 보호하기 위해서 에너지 개발과 생산에서 학문적 우수성을 고취할 것이다"라고 포부를 밝혔다.

아마 꽤 야심 찬 포부라고 생각할지도 모른다. 의도적으로 이렇게 야심에 찬 포부를 밝힌 것이다. 개발도상국은 미국이 가진 풍부하고 저렴하며 안정적으로 공급되는 에너지를 계속 필요로 하고 있다. 내가 존경하는 사람들 중 에너지 수요가 하락한다는 전망을 내놓은 사람은 없다.

우리 연구소가 존재하는 목적과 이유는 점점 커지는 에너지 수요를 충족시킬 방법을 찾는 데 도움이 되는 것이다. 탄화수소 에너지를 금지하는 현대판 금지론자들은 잘못 생각하고 있다. 현대사회에서는 그 누구도 탄화수소 에너지 없이 살 수 없다. 그러니 혁신가와 발명가에게 영감을 주고 차세대 에너지 리더들의 상상력을 자극하자. 정책 입안자들과 정치인들이 공동의 에너지 미래를 위해서 현명한 선택을 하도록 만들어야 한다. 왜냐하면 국가 안보와 경제 안보가 거기에 달려 있기 때문이다.

미국이 에너지와 관련하여 지금 내린 선택과 결정을 다시 한 번 더 생각해 보자. 우크라이나 전쟁에 수십 억 달러를 쏟아붓고 러시아산 석유와 천연가스에 제재를 가하고 있다. 언제까지 이런 식으로 할 것인가? 국가와 경제 안보와 생활 방식은 에너지에서 시작해서 에너지에서 끝난다. 세계 에너지의 80퍼센트 이상이 탄화수소에서 나온다. 지금은 모두가 현실을 직시할 때다.

마이크 폼페이오 전 국무부 장관은 각국 외무부 장관을 만나면 언제나 에너지 안보부터 이야기한다고 말했다. 나는 한시라도 빨리 탄화수소에 대한 규제를 완화해야 한다고 이야기하며 이 사안의 시급성을 주변에 알리고 있다. 다행스럽게도 나는 자식들, 손주들, 증손주들까지 보았다. 언젠가 증손주의 자식들까지 볼 수 있기를 바란다. 나의 아이들이 미국이 앞으로 나아가지 않고 100여 년을 후퇴하는 선택을 했는지 의아해하며 살아가길 원치 않는다. 우리는 에너지에 총력을 집중해야 한다. 이것은 우리 모두가 신속하게 앞으로 할 일과 하지 않을 일에 관해서 솔직하게 논의해야 한다는 의미다.

에너지 분야를 혁신하는 것을 목적으로 삼는 연구소의 본거지로 오클라호마시티보다 더 좋은 장소가 있을까? 오클라호마주는 미국을 100여 년 전에 에너지 초강국으로 만든 지역이고 초대 에너지 선지자들이 세상을 더 살기 좋은 곳으로 변신시켰던 지역이다. 나는 개척자들의 어깨를 겸허히 딛고 서서 미국이 다시 에너지 초강국이 될 수 있도록 역할을 하고자 한다.

많은 가족이 참석한 자리에서 연구소의 개소를 축하하기 위해 연단에 섰다. 나는 세계가 에너지 관리, 연구, 교육에 관해서 혁신적인 해결책을 얻고자 연구소 문을 두드리기를 바란다고 말했다. 햄 미국 에너지 연구소는 게임 체인저다. 이곳에서 최고의 인재들이 함께 책임 있게 모든 인류가 직면한 에너지 난제를 해결할 것이다. 전 세계 사람들이 이곳으로 와서 가장 숭고한 목표를 실현하고자 힘을 보탤 것이다. 정치 성향과 편견으로부터 자유롭게 마음껏 아이디어를 나눌 것이다. 전 세계가 에너지의 가능성을 탐구하고 실현하는 데 함께 할 것이다.

나의 딸 힐러리가 햄 미국 에너지 연구소의 임무와 비전에 특별히 관심을 가지는 것이 너무나도 기쁘다. 미래 리더들이 연구소를 통해서 나의 유산을 이어받아 발전시키는 것은 너무나도 중요한 일이다.

에너지 빈곤은 수십 억 명의 삶의 질을 훼손한다. 그러므로 우리는 에너지 빈곤을 없애야 한다. 미국인들이 몇 세대 동안 언제나 안정적으로 공급되는 에너지를 저렴하고 풍족하게 사용할 수 있도록 해야 한다. 세계는 에너지 전환을 경험하고 있다. 우리는 이 에너지 전환에 항상 관여할 것이다. 왜냐하면 앞으로도 에너지가 필요하면 더 많이 필요했지, 덜 필요하지 않기 때문이다. 우리가 살고 있는 환경을 훼손하지 않고 현명하게 에너지를 생산하고 소비해야 한다.

불과 한 세기 만에 인류는 엄청난 진보를 경험했다. 그래서인지 사람들은 자주 이것을 당연하게 여긴다. 대부분의 미국인은 제2차 세계대전 이후에야 전기가 공급되기 시작한 지역이 미국에도 있었다는 사실을 알지 못한다. 오클라호마주의 작은 도시였던 내 고향에도 제2차 세계대전이 끝나고 나서야 전기가 들어왔다. 1950년 미국의 몇몇 시골에서 일어났던 일들이 지금 바다 건너 다른 나라에서 일어나고 있다.

우리는 모두가 저렴하게 사용할 수 있는 에너지가 필요하고 가능한 지속 가능하고 환경친화적으로 에너지를 확보해야 한다. 기준에 조금이라도 부합하지 않는 방안은 용납되지 않는다. '저렴하게 사용할 수 있는 에너지'를 정부가 에너지를 통제하거나 어떤 형태의 사회주의를 받아들이자는 이야기로 의아하게 생각할 수 있다. 말도 안 되는 생각이니 집어치워라. 이 책을 쓰던 시기에 스탠퍼드 대학교는 캘리포니아주에 발생한 대규모 정전 사태로 하계 강좌를 취소했다. 이

것이 따를 만한 바람직한 모델인가? 자유기업은 우리에게 역대 최고의 생활 수준을 누릴 수 있게 했다. 자유기업은 이런 일을 미국뿐만 아니라 다른 나라에서도 할 수 있다.

미래는 차세대 에너지 리더들에게 달렸다. 우리는 지금부터 해야 할 일을 이해하고 실행하기 위해서 기술자, 공학자, 지질학자, 환경 운동가가 필요하다. 우리가 모두 함께 이 일을 해야 한다.

어쨌든 이해관계가 매우 크고 바로잡지 않으면 엄청난 리스크를 감수해야 한다. 1978년 카터 대통령이 간절히 외쳤던 말을 재구성해서 내가 하고 싶은 말이다. "지금 행동하지 않으면 인플레이션이 치솟고, 달러 가치가 야금야금 하락하고, 석유 공급에 차질이 발생할 때마다 미국은 위태로워질 것이며, 앞으로 경제성장에 제약이 있을 것이다." 하지만 카터 대통령과 달리 우리는 올바른 이유에 따라서 올바른 행동을 해야 한다. 감정보다는 지능을 이용하고 EQ 대신에 IQ를 발휘하고, 소설 대신에 진실을 추구해야 한다.

이 책을 쓰는 동안에도 에너지와의 전쟁은 계속됐다. 바이든 행정부는 끈질기게 석유와 천연가스 회사를 몰아내려고 시도한다. 그러면서도 그들이 석유와 천연가스를 더 많이 생산하기를 기대한다. 모든 연방 소유 부지에 대한 광권 박탈, 시추 및 개발 승인 철회 등의 정책을 포함해서 바이든 행정부의 에너지 정책은 이 나라에 피해를 주고 세계 에너지 위기를 악화시키고 있다. 이에 따라서 에너지 가격이 역대 최고 수준으로 치솟았고 40년 만에 최대 인플레이션이 야기됐다.

지난 150년 동안 사용한 석유와 천연가스를 더 이상 사용하지 않겠다는 결정은 조 바이든 상원 의원이 1978년에 지지했던 청정한 천연가스 대신 석탄을 사용하여 발전하도록 했던 에너지 정책만큼이나 잘못됐다. 이러한 정책 결정은 징벌적이고 석유와 천연가스 산업을 직접적으로 겨냥했다. 곧이어 에너지 위기를 초래했다. 무지하고 비과학적인 결정이 미국에 환경 파괴를 초래했고 많은 개발도상국이 에너지 수요를 충족시키기 위해서 석탄을 더 많이 사용하도록 만들었다.

미국은 세계 에너지 정책 덕을 본 것이 아니라 제한을 받으면서도 언제나 에너지 탐사와 생산에서 세계의 리더 역할을 했다. 민간 영역의 훌륭한 리더십이 세계에 좋은 영향을 주었지만 형편없는 정부 리더십이 수십 억 명을 곤경에 빠뜨렸다.

미국은 한계점에 거의 다다랐다. 정책 입안자들이 석유와 천연가스 산업에 적대적인 정책을 완화하고 철회하지 않으면 미국 경제는 지미 카터가 대통령이었던 시대처럼 쪼그라들 것이다. 인플레이션은 계속해서 치솟고 모든 미국인의 삶의 질은 하락할 것이다. 나는 미국 경제가 한계점에 도달해 붕괴하기 전에 정책 입안자들이 마음을 바꾸길 바란다. 바이든 행정부의 에너지 정책이 공개됐던 2020년 논평에 썼듯이, 휘발유 가격은 예상대로 6달러를 기록했다. 그와 그의 자문관들이 그저 에너지와 미국 시민과의 내전을 끝내기만 한다면 미국 경제의 항로가 수정돼 경기 침체의 심연에서 벗어날 것이다.

자유를 선택한 상장 철회 결정

지난 몇 년 동안 나는 콘티넨탈 리소시스가 대세를 거스르는 결정을 내릴 때가 됐다고 생각했다. 앞에서 언급했듯이 2007년 콘티넨탈 리소시스의 IPO를 추진했다. 이것은 자금을 조달해서 더 큰 기회를 잡기 위한 전략이었다. 우리는 IPO로 조달한 자금으로 몬태나주와 노스다코타주에 걸쳐진 거대한 바켄 분지를 개발했고 이곳은 오래지 않아 미국의 최대 유전이 됐다. 바켄 분지에 유전을 개발하던 초기부터 많은 비평가가 바켄 분지를 과소평가했다. 하지만 나는 거기서 많은 양의 석유를 개발하게 될 것이라고 믿었다. 바켄 분지 석유탐사에 성공하면서 콘티넨탈 리소시스는 개인이 소유한 미국 최대, 어쩌면 세계 최대 규모의 석유 및 천연가스 회사가 됐다. 그렇지만 우리의 입지를 새롭게 다지기 위해서 콘티넨탈 리소시스를 상장사에서 비상장사로 전환했다.

합리적이라고 판단되면 나는 협업을 마다하지 않는다. 언제나 서로에게 이득이 되는 파트너십을 추구한다. 그런데 2020년 코로나19 팬데믹에 따른 경기 하강으로 콘티넨탈 리소시스, 말하자면 상장사를 바라보는 시선이 변했다. 주식시장을 통해서 자금을 조달하기 어려워졌다. 비상장사가 운영의 재량을 더 많이 보장하고 주주들의 눈치를 보지 않아도 된다고 판단했다. 콘티넨탈 리소시스를 비상장사로 전환하면 우리의 경쟁력을 유지할 수 있고 석유 시추 프로젝트에 훨씬 더 민첩하게 대응해서 수익률을 높일 수 있다고 믿었다.

콘티넨탈 리소시스는 회사의 성장을 이끄는 지질학에 기반한 아이디어를 생산하는 충분한 전문성을 갖춘 지구과학자들로 구성된 조직이다. 비상장사로 전환하면 우리는 세계 최고 석유탐사 회사 중 하나로 우리의 최대 강점이자 최고 유산을 십분 활용할 수 있다. 더 이상 월가의 방해를 걱정할 필요가 없고 시장이 원하는 만큼 석유를 자유롭게 공급할 수 있다.

오해는 하지 말기를 바란다. 나는 콘티넨탈 리소시스가 상장사였던 시기도 철저하게 즐겼다. 콘티넨탈 리소시스는 2007년에 석유와 천연가스 업계 리더로서 주식시장에 입성했다. 그리고 여러 분지를 연이어 탐사하고 잇달아 성공적으로 유정을 시추하면서 석유 시추와 탐사에서 우리의 기량을 향상시켰다. 이 기간에 우리는 혁신과 개발을 거듭하면서 세상을 바꾼 수평 시추법을 탄생시키고 다른 회사와 공유했다. 이 모든 일은 콘티넨탈 리소시스가 동급 최고의 성과를 내면서 처음부터 끝까지 해낸 일이다.

하지만 상장사가 되니 콘티넨탈 리소시스는 군중 사고에 물들어 갔다. 사반세기 규모의 장기적인 가능성을 탐구하기보다는 다음 분기의 실적만 생각했다. 콘티넨탈 리소시스는 독립적으로 사고하고 행동해야 한다. 콘티넨탈 리소시스는 독립적인 사고와 행동으로 수평 시추법을 개발했고, 대담하게 석유탐사를 시도하고, 탄소 포집과 저장 기술을 받아들였다.

최근 〈블룸버그〉에 보도된 "셰일 가스의 열렬한 지지자인 해롤드 햄이 시추 자유를 얻고자 43억 달러를 투자한다"라는 제목의 머리기사가 콘티넨탈 리소시스를 비상장사로 전환한 이유를 잘 설명한다. 〈월스트리트저널〉은 나의 결정을 어떻게 보도했는지 한 번 살펴보자.

더 많은 석유 회사가 유연성을 확보하고자 비상장사로의 전환을 추진할 거라고 석유와 천연가스 회사 임원들이 말했다. 하지만 실제로 이를 실행에 옮긴 사람은 거의 없다. 분석가들은 주식시장에 상장된 석유 회사 중에서 비상장사로 전환할 회사는 없을 것으로 내다보았다. 하지만 주식시장에 상장된 대형 석유 회사 중에서 해롤드 햄은 특이하게 자신이 설립한 콘티넨탈 리소시스의 지분 대부분을 보유하고 있다. 덕분에 그는 IPO 후 15년이 지난 지금도 회사를 통제할 수 있다. 콘티넨탈 리소시스는 IPO로 조달한 자금으로 바켄 분지에서 시추 작업을 확대했다.

수개월의 절차를 밟아서 콘티넨탈 리소시스를 비상장사로 전환했다. 우리의 결정을 비난하는 이는 거의 없지만 상장사를 비상장사로 전환하는 과정에서 홍보 효과를 노린 일당이 우리의 결정을 비난했다. 그가 왜 그런 말을 하는지, 그가 콘티넨탈 리소시스가 투자했을 때보다 주식 가치가 거의 두 배 뛰었을 때 주식을 사겠다고 내가 제안했는 데도 헐값에 주식을 되사려고 했다고 비난하는지 솔직히 이해할 수 없다. 나는 그가 콘티넨탈 리소시스 주식을 2년간 보유하면서 꽤 쏠쏠하게 이익을 챙겼다고 생각하는데 말이다.

C. WILLIAM SMEAD

Harold,
First off, I want to thank you for the leadership and stewardship you provided to us and our investors. You are the best capital allocator in the energy business. We saw green pastures elsewhere in the oil business, but will miss being a partner with you. If you are ever in Phoenix or I'm ever in Oklahoma, I'd love to buy you dinner to thank you.
Warmest Regards,

그의 비난이 개인적으로 나를 슬프게 했지만 그는 진심으로 나의 결정을 비난했던 것은 아닌 것 같다. 왜냐하면 그와의 지분 거래가 완료된 이후 그는 내게 '그동안 고마웠다며 기회가 되면 저녁 식사를 대접하고 싶다'라는 내용의 메시지를 보냈다. 그의 태도가 얼마나 빨리 변했는지를 보면 그저 웃음만 나온다. 스미드씨, 당신의 저녁 식사 제안을 받아들일지도 모르겠소.

대대손손 번영할 기업을 만들다

경영권 승계 계획은 오래 지속될 회사를 만드는 데 또 다른 중요한 축이다. 20여 년 전에 가족과 둘러앉아 경영권 승계에 대해 속 깊은 대화를 나누었고 계획을 세우기 시작했다. 2020년 나는 콘티넨탈 리소시스 회장 역할로 '올라가고', 처음으로 내가 아닌 다른 누군가에게 CEO 역할을 넘길 것이라고 선언했다. 나는 의도적으로 '올라간다'라는 표현을 썼다. 사실상 내가 한 일이 새로운 역할로 올라가는 것이기도 했다. 회장 자리로 올라간 덕분에 나는 석유와 천연가스 산업과 나아가서 산업 전반에 걸친 중요한 이슈에 집중할 수 있다고 믿었다.

원유 가격을 책정하는 새로운 기준을 도입하거나 규제와 관련된 이슈를 처리했다. 물론 나는 여전히 콘티넨탈 리소시스의 경영에 깊이 관여한다. 하지만 내 가족이 가족 기업의 존재 이유에 걸맞게 회사를 운영하는 것을 지켜보면서 가장 큰 자부심을 느낀다. 현재 햄 가문의 3대가 콘티넨탈 리소시스의 각 부서에서 일하고 있다. 가족 회사는 회사 일에 대한 참여도, 회사에 대한 열정과 애정, 위기관리와 이해관계자와의 소통에서 큰 강점을 발휘한다. 가족 회사는 비상장사가 지니는 강점을 십분 활용할 수 있다.

콘티넨탈 리소시스는 우리 가족에게 그저 회사가 아니다. 우리 가족은 회사와 임직원들을 깊이 아낀다. 우리 가족은 콘티넨탈 리소시스가 성공하도록 다른 임직원들만큼 열심히 일한다. 그리고 모든 임직원이 귀중하고 그들의 노고에 감사하다. 나는 콘티넨탈 리소시스가 앞으로 수십 년 동안은 건재할 것이라고 확신한다. 나의 자녀들과 손주들이 모두 같은 비전을 공유하고 세계가 필요한 에너지를 생산함으로써 인류에게 계속해서 긍정적인 영향을 미칠 수 있다는 것을 이해하고 있기 때문이다.

미래를 이끌 동력을 제공하다

나는 모든 인습에 얽매이지 않는 사상가 자질을 타고났다. 바로 어떤 결과로 이어지든지 상관없이 진실을 갈구하는 호기심과 세상을 더 살기 좋은 곳으로 바꾸겠다는 욕구를 가졌다.

펌프잭보다 오르내림이 심했던 60년 여정이었다. 청년 시절 나는 낡은 물탱크 트럭을 타고 100만 마일(약 160만km)을 달려서 석유가 매장된 지형을 찾아냈다. 꽤 많은 석유를 찾아냈다. 하지만 나는 당시의 수백만 명의 다른 미국인들과 같았다. 내 사업을 시작하고 싶었고 내 운명을 스스로 통제하고 싶었고, 남보다 일을 잘하고 싶었다. 이런 열망이 있는 사람은 열망을 동력 삼아 자기 인생을 크게 바꿀 수 있다.

나는 '자고 일어났더니 성공한' 사람과는 아주 거리가 멀다. 나는 무엇이든지 더 좋게 바꾸기를 좋아하는, 닥치는 대로 배우고 익히는 가차 없는 학습자다. 나는 변화나 기회를 탐구하는 것을 단 한 번도 두려워한 적이 없다. 많은 사람이 이야기하지만 나는 성격이 급하다. 특히 무엇인가를 바로잡을 필요가 있다고 생각되면 바로 행동에 들어간다. 어떤 일에 도전할 때마다 나는 '일을 당장 해치우자'라고 말한다. 이것은 나의 구호나 다름없다. 그리고 대부분은 '햄 시간'에 따라서 일이 진행된다. 경험상 햄 시간은 대부분 조직이 편안하게 느끼는 시간보다 훨씬 더 빠르게 흘러간다. 급한 성격이 나를 '패스트 무버'로 만들었다고 생각한다. 다시 말해서 나를 훈련 조교가 아니라 긴박감 있는 선지자로 만들었다.

그 과정에서 내 삶에 신적인 존재가 개입했다는 것을 깨달았다. 혹자는 그것을 운이라고 부를지도 모른다. 나는 항상 목적의식에 따라서 행동했고 지금도 마찬가지다. 신은 그 나름의 타이밍을 가지고 있고 한낱 인간이 그 타이밍을 이해할 수는 없다. 신은 큰 그림을 보고 우리는 겨우 13인치(약 33cm)만 내다볼 뿐이다. 집에 "지금의 나는 신이 주신 선물이고 앞으로의 나는 신께 드리는 선물이다"라는 문구가 적힌 작은 명판이 있다. 신은 내게 삶이라는 멋진 선물을 주었다. 나의 목표는 삶만큼이나 멋진 선물을 신께 되돌려주는 것이다. 내게 많은 기회를 주고 보호를 해준 신께 감사하다.

나는 오크데일 오스위고 지역의 첫 번째 유망 유정까지 차를 타고 가던 순간을 기억한다. 그곳을 시추하기도 전에 땅속에서 석유가 쏟아져 나올 것이라는 생각에 소름이 돋았었다. 시간이 흐르면서 이 산업은 나를 단단하게 만들었다. 석유와 천연가스 산업에 몸담았던 숱한 역경으로 가득했던 지난 세월이 나를 더 강하게 만들었고, 다음 임무를 단단히 준비시켰다. 석유와 천연가스 산업은 내게 너무나도 좋은 선생이다. 여전히 이 업계에서 미래의 가능성과 기회를 생각하면 신이 난다.

운명일까? 확실히 어떤 부분은 운명이었다. 이제는 회사를 매각하거나 은퇴하는 것이 편할지도 모른다. 하지만 나는 미국과 세계를 위해서 시간이 지나도 변함없는 무언가를 만들고 남기고 싶다. 나는 내 유산이 젊은이들, 다시 말해서 위대한 성과를 이루겠다는 열망밖에 없는 사람들에게 본보기가 되기를 원한다. 이곳 미국에서는 여전히, 얼마든지 위대한 일이 일어날 수 있다.

와일드캐터 정신과 함께 관습에 얽매이지 않는 사고방식으로 지금까지 걸어온 나의 여정이 다른 누군가에게 열정과 꿈을 좇으라는 영감이 되기를 바란다. 가능성 추구의 문화는 거의 아무것도 없는 상태에서 시작해도 운명과 얽히면, 기회를 잡아 열심히 일하고 열정을 쏟고 끈질기게 나아가 게임 체인저를 탄생시킬 수 있다고 가르쳤다. 이것이 지금까지 내가 춘 춤이다. 렉싱턴 고등학교 졸업식 축사에서 나는 다음과 같이 말했다.

"여러분이 춤출 기회를 절대 놓치지 말라."

나의 아버지
해롤드 햄

석유 냄새를 맡으면 나는 곧장 어린 시절로 되돌아간다. 아버지는 종일 열심히 일하고 손가락에 시커먼 기름을 묻혀 퇴근했다. 아버지는 기름이 스며들어 고장 난 손목시계를 몇 번이나 새것으로 바꾸어야 했다. 아버지의 직업윤리는 그 누구보다 강했고 지금도 여전하다. 어린 나이에 자식을 낳고도 가난의 사슬을 끊어내기 위해서 그 누구보다 더 열심히 일했다.

아버지는 리스크를 감수하길 두려워한 적이 없다. 아버지는 리스크를 감수하며 생활 터전을 이니드로 옮겼다. 아버지는 리스크를 감수하고 화물 트럭을 사들였다. 되돌아보면 이런 리스크를 감수한 덕분에 아버지는 지금처럼 성공할 수 있었던 것 같다. 1982년, 아버지가 우리 가족의 첫 번째 집을 사들였던 순간을 결코 잊지 못할 것이다. 아버지는 가족을 먹여 살리기 위해서 열심히 일한 결과였기에 그 일을 굉장히 자랑스러워했다.

우리끼리 '아버지가 제일 아끼는 자식은 콘티넨탈 리소시스'라는 농담을 자주 한다. 아버지는 언제나 석유와 천연가스 탐사 활동을 사랑했다. 아버지는 이 업계를 속속들이 알고 있다. 지금은 그 누구도 아버지처럼 많은 경험을 하지 못할 것이다. 석유와 천연가스 산업에서 일하면 모두가 석유와 천연가스를 찾을 수 있는 것은 아니라는 것을 배우게 된다. 석유와 천연가스를 찾는 데 필요한 기술을 지닌 특별한 사람들만이 석유와 천연가스를 찾을 수 있다. 그 기술이 학교에서 책으로 배운 기술일 필요는 없다. 그들은 현장에서 얻은 경험과 지혜, 최고의 지구과학자를 만들어 내는 지질학과 지구역학에 관한 전문 지식을 지니고 있다. 아버지는 이런 특별한 사람 중 한 명이다.

아버지는 사람을 사랑하고 이 애정이 무엇인가를 하는 동력이 됐다. 아버지는 직원들을 대단히 아끼고 대가족의 일원이라 생각한다. 1996년 석유와 천연가스 산업이 침체되자 아버지는 몇몇 직원을 정리 해고할 수밖에 없었다. 이것은 아버지에게 너무나도 큰 고통이었고 이후 아버지는 아무리 회사가 어렵더라도 직원을 해고하지 않겠다고 다짐했다. 그리고 석유와 천연가스 산업이 부침을 겪는 동안 아버지는 자신의 맹세를 지켰다. 이것이 콘티넨탈 리소시스가 다른 회사와 다른 점이다.

내가 영향을 받으며 성장한 콘티넨탈 리소시스의 '가능성 추구의 문화'는 여전히 번창하고 있다. 지난 5년 동안 이사회 일원이자 콘티넨탈 리소시스의 신입 사원으로 아버지 곁에서 일할 기회를 누렸다. 일하는 아버지의 모습을 보는 것은 정말로 특별한 경험이다.

석유탐사 회의에 참석하면 어린 시절의 기억이 떠오른다. 석유와 천연가스를 찾겠다는 아버지의 열정은 주변 사람들에게 전염된다. 보람된 기회 중 하나는 이런 회의에 참여해서 새로운 발견을 하거나 업계의 판도를 뒤엎을 아이디어를 제시하거나 콘티넨탈 리소시스에서 권장하는 지질학적 콘셉트로 완전히 새로운 석유 시스템을 발견하는 젊은 엔지니어나 지질학자를 보면서 얼굴에 화색이 도는 아버지를 보는 것이다. 아버지가 회사와 업계에서 차세대 리더를 키우는 모습을 지켜보는 것은 보람되다. 이렇게 젊은 직원들과 허심탄회하게 의견을 나누는 협업 정신이 그동안 콘티넨탈 리소시스가 승승장구할 수 있었던 비결이라고 생각한다. 사실 코로나19 팬데믹이 전 세계를 덮쳤을 때, 직원들이 안전하게 회사에서 일할 수 있도록 했던 주된 동기는 이런 협업 정신을 훼손시키고 싶지 않아서다. 사실 콘티넨탈 리소시스는 어려운 시기에 큰 발전을 이루었다. 아버지의 피드백이 회사의 지하자원 탐사 기술자들에게 영감을 주고 그들의 기업가 정신을 촉발하는 모습을 보는 것은 참 즐겁다. 아버지는 틀에서 벗어난 혁신적인 사고를 하고 다른 사람들도 자신처럼 틀에서 벗어나 자유롭게 사고하도록 격려한다.

아버지는 자신이 이 세상에 태어난 목적이 개인의 안위나 사적인 이익을 도모하는 것보다 더 위대한 것이라고 이해했다. 아버지는 강한 신념을 지닌 가정환경에서 성장했고 이 강한 신념은 여전히 아버지의 길잡이다. 아버지는 궁극적으로 무엇인가를 만드는 생산자다. 무엇인가를 만드는 것이 아버지가 할 수 있는 최고의 자선 활동이다. 아버지는 콘티넨탈 리소시스의 임직원들을 부양해야 하는 책임을 가벼이 여기지 않는다. 아버지는 회사와 임직원들의 성장을 통해서 가장 위대한 사회적 영향력을 행사할 수 있다. 아버지는 목적이 분명한 분야와 관련하여 자선 활동을 한다. 모든 분야에서 조금씩 자선 활동을 해서는 자신의 열정과 관심 분야에 집중해서 자선 활동을 하는 것만큼의 효과를 얻을 수 없다.

아버지는 자선 활동을 통해서 오클라호마주와 미국 전역의 보건과 교육 부문에 지대한 영향을 미쳤다. 내가 가장 자랑스럽게 생각하는 부분은 해롤드 햄 당뇨병 의료 센터를 통해서 거둔 성과다. 당뇨병은 많은 사람이 관심을 두는 분야는 아니다. 하지만 당뇨병은 시급하게 대응해야 할 사회문제다. 아버지는 당뇨병을 앓고 있는 사람들을 위한 기회를 찾는 데 많은 에너지와 자원을 쏟아부었다. 지금도 당뇨병 치료제를 찾는 데 전념한다. 우리 가족의 자선 활동을 통해서 원하는 일이 이루어질 것으로 생각한다.

햄 가문은 유구한 가족사를 가지고 있다. 햄 가문 사람들이 모두 모이면 족히 165명은 된다. 가족 모임은 아버지가 가장 좋아하는 것이다. 아버지는 형제자매와 관련된 일이라면 두 팔 걷어붙이고 나설 만큼 우애가 깊다. 아버지는 살면서 형제자매 한 명 한 명과 그들의 가족들과도 깊은 유대 관계를 형성했다.

아버지는 언제나 앞서 나간다. 아버지는 항상 무엇이 가능한지를 고민하고 그 가능성을 굳게 믿는다. 언제나 나를 믿어 주는 아버지께 감사할 따름이다. 젊었을 때도 아버지는 성 고정관념이 개인의 열망과 잠재력을 정의하거나 제한하도록 내버려두지 않았다. 성 고정관념에 얽매이는 대신, 내가 최고가 되도록 격려하고 나의 잠재력을 완전히 발휘할 수 있도록 응원했다. 나뿐만 아니라 자신의 모든 자식에게 똑같이 행동했다.

석유와 천연가스 산업에서 경력을 쌓으면서 사회적 명성을 얻었지만 아버지는 언제나 우리에게 아버지고 앞으로도 그럴 것이다. 아버지는 여전히 오클라호마주 렉싱턴에서 나고 자란 해롤드 햄이고, 자기 가족에게 더 나은 삶, 나아가 더 풍요로운 삶을 안겨주길 꿈꾸는 남자다. 아버지는 언제나 의욕이 넘치고 결코 쉬운 길을 택하지 않는다. 아버지는 리스크를 무릅쓰는 모험가이자 선지자이고 행동가다.

셸리 램버츠(Shelly Lambertz, 해롤드 햄의 딸,

콘티넨탈 리소시스 전무 겸 조직 문화 및 행정 책임자)

감사의 글

1964년 이니드 고등학교를 졸업할 때, 내가 미국 역사에서 이토록 중요한 시대를 살아가게 될 것이라고는 상상도 못 했다. 수평 시추법의 발전은 말 그대로 이 세상을 더 살기 좋은 곳으로 바꾸었고 미국의 석유와 천연가스 산업과 관련된 모든 것을 혁명적으로 바꾸었다. 수평 시추법은 죽어 가는 아니, 거의 죽은 산업을 전 세계에서 가장 많은 석유와 천연가스를 생산하는 산업으로 바꿀 것이란 우리의 믿음을 저버리지 않았다.

수평 시추법은 석유와 천연가스 산업의 판을 완전히 뒤집은 게임 체인저다. 수평 시추법은 입만 열면 회의적인 말을 쏟는 비관론자들을 몰아냈고 가능성의 범위를 완전히 바꾸었다. 이것은 나 혼자만의 힘으로 이룬 일이 아니다. 수평 시추법을 개발하고 발전시키는 데 힘을 보탰던 제프 흄, 잭 스타크, 밥 샌드리지Bob Sandridge, 글렌 콕스Glen Cox, 잭 타킹턴Jack Tarkington, 케니 코트렐Kenny Cottrell, 톰 러트렐, 켄 에인스워스Ken Ainsworth, 많은 엔지니어들, 지질학자들, 회사가 세워진 지 얼마 안 된 초기에 함께했던 석유 광구 중개인에게 머리 숙여 감사한다.

나는 석유와 천연가스 산업의 몇몇 모험가들에게도 감사의 마음을 전한다. 그들은 수평 시추법으로 실험을 진행하던 초기에 대세를 거스르고 우리와 함께 관습에 얽매이지 않는 새로운 기술을 시도했다. 특히 현장에서 함께 뛴 동료들에게 감사하다. 그들의 창의성과 고집 덕분에 바켄 분지의 셰일층에서 석유와 가스를 개발했고 수평 시추법을 완벽하게 만드는 과정에서 마주친 수많은 어려움을 극복할 수 있었다. 수년 동안 함께 가능성 추구의 문화를 만든 콘티넨탈 리소시스의 모든 임직원에게 감사하다. 미국의 에너지를 위해서 기꺼이 목소리를 높이는 업계 관계자들에게도 감사하다. 고인이 된 알랜 바하르로우Alan Baharlou와 주월 리지를 포함해서 배움에 대한 열정을 불태우는 데 도움을 준 많은 선생과 교육자에게도 감사의 뜻을 표한다.

성공 이야기를 쓰는 데 많은 작가의 도움이 있었고 이 책을 쓰는 데도 많은 이의 도움이 있었다! 이 이야기를 할 수 있도록 중간에 포기하지 않고 집중해서 책을 쓸 수 있게 도와준 크리스틴 토마스, 링컨 퍼거슨Lincoln Ferguson, 마이크 말론Mike Malone, 마이크 루미스Mike Loomis, 제인 트롯주크Jane Trotzuk, 힐러리 햄, 루시 스패에이Lucy Spaay에게 고마운 마음을 전한다. 그들이 길잡이가 되어 주지 않았다면 이 책을 완성할 수 없었을 것이다. 나를 위해서 많은 페이지를 필사하고 인쇄한 린 하메스Lynne Hames에게 많은 빚을 졌다. 책의 뼈대를 잡는 데 필요한 방대한 타임라인을 정리하고 참고 자료를 준비해 준 콘티넨탈 리소시스의 홍보 팀에게 깊은 감사를 드린다. 참고 자료를 정리해서 디지털화한 해더 스콧Heather Scott과 시설 및 행정 팀도 고 맙다. 수년 동안 생성한 자료를 기록한 부지런한 연구 팀과 뎁 리차드스Deb Richards에게도 감사를 전한다.

인용문 출처

이 책에는 미국 에너지 정보청, 국제 에너지 기구, 세계은행, 미국 환경보호청, 미국 지질 조사국, BP 통계 보고서, 세계보건기구, 노동통계청, 미국 의회에서 제공한 데이터가 담겨 있다.

주가에 관하여

콘티넨탈 리소시스(NYSE: CLR)의 2014년 이전 주가에 관한 참고 자료에는 2014년에 2:1 비율로 진행한 주식분할 건이 반영되지 않았다. 하지만 이후 거래된 주가에는 2:1 비율 주식분할이 반영되어 있다.

August 18, 2014. https://investors.clr.com/2014-08-18-Continental-Resources-Announces-Two-For-One-Stock-Split.

시작하는 글

석유가 남아 있는 것으로 추정된다 : "Waste In Oil Regions Found To Be Serious." Titusville Herald, July 19, 1909. https://www.scribd.com/document/ 16415562/1909-July-19-Titusville-Herald-Titusville-PA-Article#from_embed.

앨 고어가 예측하다 : James, Frank. "Al Gore Slips on Artic Ice; Misstates Scientist's Forecast." NPR, December 15, 2009. https://www.

npr.org/sections/thetwo-way/2009/12/al_gore_trips_on_artic_ice_mis.html.

맨해튼은 물에 잠길 것이다 : Bell, Larry. "Rising Tides of Terror: Will Melting Glaciers Flood Al Gore's Coastal Home?" Forbes, June 26, 2012. https://www.forbes.com/sites/larrybell/2012/06/26/rising-tides-of-terror-will-melting-glaciers-flood-al-gores-coastal-home/?sh=424a43594ee8.

알렉산드리아 오카시오코르테스가 예측하다 : Bowden, John. "Ocasio-Cortez: 'World will end in 12 years' if climate change not addressed." The Hill, January 22, 2019. https://thehill.com/policy/energy-environment/426353-ocasio-cortez-the-world-will-end-in-12-years-if-we-dont-address/.

마이론 이벨의 기사 : Ebell, Myron and Steven J. Milloy. "Wrong Again: 50 Years of Failed Eco-pocalyptic Predictions." Competitive Enterprise Institute, September 18, 2019. https://cei.org/blog/wrong-again-50-years-of-failed-eco-pocalyptic-predictions/.

용기는 전염된다 : Thibodeaux, Wanda. "51 Quotes to Spark Unshakable Bravery and Courage." Inc., April 5, 2019. https://www.inc.com/wanda-thibodeaux/51-quotes-to-remember-when-you-need-more-courage.html.

Chapter 2 화물 트럭 운송업과 신뢰

1만 시간 : Gladwell, Malcolm. Outliers: The Story of Success. New York: Little, Brown and Co., 2008.

석유 가격이 폭락했다 : Morgan Stanley Research. "Oil Price Plunge Is So 1986…" April 2, 2015. https://www.morganstanley.com/ideas/oil-price-plunge-is-so-1986#:~:text=From%20November%20of%201985%20to,(See%20below.

Chapter 3 고래를 멸종 위기에서 구한 산업

2021년 미국의 총 석유 소비량 : U.S. Department of Energy. Energy Information Administration. "Frequently Asked Questions: How much oil is consumed in the United States?" Updated September 19, 2022. https://www.eia.gov/tools/faqs/faq.php?id=33&t=6#:~:text=In%20 2021%2C%20the%20United%20States,day%20over%20consumption%20 in%202020.

노바스코샤 출신의 외과 전문의이자 지리학자 : Dalhousie University. "Abraham Gesner." Accessed July 7, 2022. https://www.dal.ca/about-dal/dalhousie-originals/abraham-gesner.html.

1859년 여름 : American Society of Mechanical Engineers. "The Drake Oil Well." October 21, 1979, 7. https://www.asme.org/wwwasmeorg/media/resourcefiles/aboutasme/history/landmarks/40-drakeoilwell.pdf.

1897년 오클라호마주에서 : Wells, B. A. and K. L. Wells. "First Oklahoma Oil Well." American Oil & Gas Historical Society, updated April 8, 2022. https://aoghs.org/petroleum-pioneers/first-oklahoma-oil-well/.

톰 슬릭 : Wells, B. A. and K. L. Wells. "Oklahoma's King of the Wildcatters," American Oil & Gas Historical Society, updated November 30, 2022. https://aoghs.org/petroleum-pioneers/wildcatter-tom-slick/.

프랭크 필립스 : Wimberly, Dan B. "Phillips, Frank Freeman." Oklahoma Historical Society, accessed October 19, 2022. https://www.okhistory.org/publications/enc/entry.php?entry=PH006.

돈이란 참으로 이상하다 : Wallis, Michael. Oil Man: The Story of Frank Phillips and the Birth of Phillips Petroleum (Norman: University of Oklahoma Press, 2014), 377.

극심한 가난 : Roser, Max. "The short history of global living conditions and why it matters that we know it." Our World in Data, accessed October 20, 2022. https://ourworldindata.org/a-history-of-global-living-conditions-in-5-charts?linkId=62571595.

2018년 : Aguilar, R. Andres Castaneda, Aleksander Eilertsen, Tony Fujs, Christoph Lakner, Daniel Gerszon Mahler, Minh Cong Nguyen, Marta Schoch, Samuel Kofi Tetteh Baah, Martha Viveros, and Haoyu Wu. "April 2022 global poverty update from the World Bank." World Bank Blogs, April 8, 2022. https://blogs.worldbank.org/opendata/april-2022-global-poverty-update-world-bank.

Chapter 4 쇠퇴 일로의 석유

석유와 천연가스가 고갈되고 있다 : Carter, Jimmy. "Address to the Nation on Energy (April 18, 1977)." The American Presidency Project, UC Santa Barbara. https://www.presidency.ucsb.edu/documents/address-the-nation-energy.

이자율이 11퍼센트인 주택담보대출 : Freddie Mac. "30-Year-Fixed-Rate Mortgages since 1971," accessed October 18, 2022. https://www.freddiemac.com/pmms/pmms30.

1970년대 후반 미국의 현실 : Rankin, Deborah. "Auto Loans of 5 Years Emerging." New York Times, November 24, 1978, Section D, 1. https://www.nytimes.com/1978/11/24/archives/auto-loans-of-5-years-emerging-as-prices-climb-banks-stretch-out.html.

자동차의 연비 기준을 도입했다 : Harris, Richard. "Fuel Efficiency Standards Live On after 1973 Oil Embargo." NPR, October 17, 2023. https://www.npr.org/2013/10/17/236033141/fuel-efficiency-standards-live-on-after-1973-oil-embargo.

전략비축유는 전 세계에서 가장 많다 : U.S. Department of Energy. Office of Cybersecurity, Energy Security, and Emergency Response. "Strategic Petroleum Reserve." Accessed June 29, 2022. https://www.energy.gov/ceser/strategic-petroleum-reserve.

에너지에 관한 우리의 결정 : Carter, Jimmy. "Address to the Nation on Energy (April 18, 1977)." The American Presidency Project, UC Santa Barbara. https://www.presidency.ucsb.edu/documents/address-the-nation-energy.

연간 5,500억 달러 : Carter, Jimmy. "Address to the Nation on Energy (April 18, 1977)." The American Presidency Project, UC Santa Barbara. https://www.presidency.ucsb.edu/documents/address-the-nation-energy.

파리로 가서 : Lewis, Paul. "Schlesinger Warns West U.S. Energy Plan Is Vital." New York Times, October 6, 1977, 97. https://www.nytimes.com/1977/10/06/archives/schlesinger-warns-west-us-energy-plan-is-vital-program-to-ease.html.

풍부한 석탄을 사용해야 한다 : Carter, Jimmy. "Address to the Nation on Energy (April 18, 1977)." The American Presidency Project, UC Santa Barbara. https://www.presidency.ucsb.edu/documents/address-the-nation-energy.

석탄이 줄어들다 : U.S. Department of Energy. Energy Information Administration. Monthly Energy Review September 2022, 7. https://www.eia.gov/totalenergy/data/monthly/pdf/sec1_7.pdf.

세계는 하루에 6,000만 배럴의 석유를 사용하고 : Carter, Jimmy. "Address to the Nation on Energy (April 18, 1977)." The American Presidency Project, UC Santa Barbara. https://www.presidency.ucsb.edu/documents/address-the-nation-energy.

석탄은 대기오염의 최대 요인이다 : U.S House of Representatives. Committee on Science and Technology. Subcommittee on the Environment and the Atmosphere. Environmental Implications of the New Energy Plan. 95th Cong., 1st sess., July 21, 1977, 425. https://play.google.com/books/reader?id=jjwrAAAAMAAJ&pg=GBS.PA425&hl=en.

존 오리어리는 우려를 대수롭지 않게 여겼다 : Maize, K. P. "America's Coal Economy." CQ Researcher, April 21, 1978. http://library.cqpress. com/cqresearcher/cqresrre1978042100.

Chapter 5 50여 년의 석유탐사 여정

M. 킹 허버트 : Deffeyes, Kenneth S. "Overview." In Hubbert's Peak: The Impending World Oil Shortage (New Edition), STU-Student edition, 1-13. Princeton, NJ: Princeton University Press, 2001. http:// www.jstor.org/stable/j.ctt7t9r1.5.

에임스 홀은 대략 4억 5,000만 년 동안 땅속에 완전히 묻혀 : Wells, B. A. and K. L. Wells. "Ames Astrobleme Museum." American Oil & Gas Historical Society, updated August 11, 2022. https://aoghs.org/energy-education-resources/ames-astrobleme-oil-museum/.

우리가 발견한 사실을 논문으로 작성해서 발표하게 했다 : Hamm, Harold, and Rex E. Olsen. "Oklahoma Arbuckle lime exploration centered on buried astrobleme structure." Oil & Gas Journal, April 20, 1992, 113-16.

Chapter 6 수평 시추법 : 게임 체인저

이니드 석유 회사가 긴 수평정을 시추하다 : "Enid Company Drilling Long Horizontal Well." Tulsa World, April 21, 1991, G5.

1989년 여름 : Lippman, Thomas W. "The Quiet Death of Natural Gas Price Controls." Washington Post, June 25, 1989. https://www. washingtonpost.com/archive/business/1989/06/25/the-quiet-death-of-natural-gas-price-controls/21d0b275-cbb3-438d-8383-f2926678f146/.

시추기가 고철 처리장으로 들어갔다 : U.S. Department of Energy. Energy Information Administration, released February 9, 2023. https://www. eia.gov/dnav/ng/hist/e_ertrr0_xr0_nus_cm.htm.

사우디아라비아가 생산하고 있다 : Mearns, Euan. "Saudi production

laid bare." Oil Drum: Europe, March 19, 2007. http://theoildrum.com/node/2372.

바이든 대통령은 자세를 낮추고 응원하다: Flood, Brian. "Biden's 'shameful' fist-bump with Saudi Arabia's Mohammed bin Salman shocks Twitter, Washington Post CEO." Fox News, July 15, 2022. https://www.foxnews.com/media/bidens-fist-bump-saudi-arabias-mohammed-bin-salman-shocks-twitter.

일일 생산이 500만 배럴 : U.S. Department of Energy. Energy Information Administration. "U.S. Field Production of Crude Oil." September 30, 2022. https://www.eia.gov/dnav/pet/hist/LeafHandler.ashx?n=pet&s=mcrfpus2&f=m.

마이클 레이가 발표한 논문 : "An evaluation of known remaining oil resources in the United States: Project on advanced oil recovery and the states. Volume 1." United States, 1994. https://doi.org/10.2172/10193870.

기회를 얻기 위해 치러야 하는 대가는 오직 위험뿐 : Weinraub, Bernard. "As Taboo Fades, Actors See Little Career Jeopardy in Playing Gay Characters." New York Times, September 10, 1997, Section C, 11. https://www.nytimes.com/1997/09/10/movies/as-taboo-fades-actors-see-little-career-jeopardy-in-playing-gay-characters.html.

드레서 인더스트리와 합병하다 : CNN Money. "Halliburton, Dresser Merge." February 26, 1998. https://money.cnn.com/1998/02/26/deals/halliburton/.

수평 시추 작업 : Reiff, Nathan. "Top 3 Companies Owned by Halliburton." Investopedia, January 23, 2022. https://www.investopedia.com/articles/company-insights/090216/top-3-companies-owned-halliburton-hal.asp.

수평으로 시추하다 : Baker Hughes. "North America Rotary Rig Count

(Jan 2000-Current),” accessed August 18, 2022. https://rigcount.baker-hughes.com/static-files/90780957-4e13-42d5-81d8-47c7c2c8591f.

시더 힐스 유전에서 지금도 석유를 생산하고 있다 : Nehring, Richard. “Giant Oil Fields and World Oil Resources.” RAND. R-2284-CIA, June 1978, vi. https://www.rand.org/content/dam/rand/pubs/reports/2006/R2284.pdf/.

Chapter 7 바켄 분지의 암호를 푼 셰일

해롤드 햄 : Moore, Stephen. “How North Dakota Became Saudi Arabia.” Wall Street Journal, October 1, 2011. https://www.wsj.com/articles/SB10001424052970204226204576602524023932438.

헨리 바켄 : “Son of Bakken formation namesake remains reserved.” Associated Press, December 3, 2012. https://journalrecord.com/2012/12/03/son-of-bakken-formation-namesake-remains-reserved-energy/.

바이스 1-29H : Continental Resources. “Continental Resources Reports Completion Results on Its First Well in the Three Forks/Sanish Formation in North Dakota Bakken Area.” Press Release, May 20, 2008. https://investors.clr.com/2008-05-20-Continental-Resources-Reports-Completion-Results-on-Its-First-Well-in-the-Three-Forks-Sanish-Formation-in-North-Dakota-Bakken-Area.

미국 지질 조사국 : U.S. Department of the Interior. “Bakken Formation Oil Assessment in North Dakota, Montana will be updated by U.S. Geological Survey.” Press Release, updated September 5, 2019. https://www.doi.gov/news/pressreleases/Bakken-Formation-Oil-Assessment-in-North-Dakota-Montana-will-be-updated-by-US-Geological-Survey.

바켄 분지는 세계에서 손꼽히는 유전이 된다 : North Dakota Petroleum

Foundation. "2022 ND Oil and Natural Gas Production Infographic." March 23, 2022. https://ndpetroleumfoundation.org/2022-nd-oil-and-natural-gas-production-infographic/.

경유 가격 : U.S. Department of Energy. Energy Information Administration. "Weekly U.S. No 2 Diesel Ultra Low Sulfur (0-15 ppm) Retail Prices." February 13, 2023. https://www.eia.gov/dnav/pet/hist/LeafHandler.ashx?n=PET&s=EMD_EPD2DXL0_PTE_NUS_DPG&f=W.

Chapter 8 르네상스 : 에너지 독립을 이룬 미국

최대 에너지 생산국 : U.S. Department of Energy. Energy Information Administration. "The United States is now the largest global crude oil producer." September 12, 2018. https://www.eia.gov/todayinenergy/detail.php?id=37053.

1,010억 세제곱피트의 천연가스 : Dobbs, Kevin. "November Natural Gas Futures Fall Following Second Straight Triple-Digit Storage Injection." Natural Gas Intel, September 29, 2022. https://www.naturalgasintel.com/november-natural-gas-futures-fall-following-second-straight-triple-digit-storage-injection/.

110억 세제곱피트가 넘는 천연가스 : U.S. Department of Energy. Energy Information Administration. "U.S. LNG export capacity to grow as three additional projects begin construction." September 6, 2022. https://www.eia.gov/todayinenergy/detail.php?id=53719#.

연 소득이 6,000달러 : Trump White House. "Trump Administration Accomplishments." January 2021. https://trumpwhitehouse.archives.gov/trump-administration-accomplishments/#:~:text=Before%20the%20China%20Virus%20invaded,during%20the%20entire%20previous%20administration.

하루에 대략 600만 배럴 : U.S. Department of Energy. Energy

Information Administration. "U.S. Field Production of Crude Oil." November 30, 2022. https://www.eia.gov/dnav/pet/hist/LeafHandler. ashx?n=PET&s=CRFPUS2&f=M.

하루에 1,300만 배럴 : U.S. Department of Energy. Energy Information Administration. "U.S. Field Production of Crude Oil." November 30, 2022. https://www.eia.gov/dnav/pet/hist/LeafHandler. ashx?n=PET&s=MCRFPUS2&f=M.

1,000만 개 이상의 일자리 : Pritchard, Edd. "Study: Oil and gas industry supports more than 11 million jobs nationwide." Repository, July 20, 2021. https://www.cantonrep.com/story/news/2021/07/20/study-says-oil-and-gas-industry-supports-11-million-jobs-nationwide/8020371002/.

미국 GDP의 7퍼센트 : Baker, Andrew. "Natural Gas, Oil Found to Support Sizeable Chunk of U.S. GDP, Including Pennsylvania." Natural Gas Intel, July 28, 2021. https://www.naturalgasintel.com/natural-gas-oil-found-to-support-sizeable-chunk-of-u-s-gdp-including-pennsylvania/.

30퍼센트 이상 : American Petroleum Institute. "New Analysis: Oklahoma-Made Natural Gas and Oil Drives U.S. Economic Recovery, Strengthens All Industries." Press Release, July 20, 2021. https://www.api.org/news-policy-and-issues/news/2021/07/20/oklahoma-pwc.

Chapter 9 극단적 변동성의 삼중고

유가는 하락했고 : Ma, Richie Ruchuan, Tao Xiong, and Yukun Bao. "The Russia-Saudi Arabia oil price war during the COVID-19 pandemic." Energy Economics 102 (2021): 105517. https://doi.org/10.1016/j.eneco.2021.105517.

마이너스 37.63달러 : "U.S. oil prices turn negative as demand dries up." BBC News, April 21, 2020. https://www.bbc.com/news/business-52350082.

휘발유 가격 : U.S. Department of Energy. Energy Information Administration. "Gasoline and Diesel Fuel Update." October 17, 2022. https://www.eia.gov/petroleum/gasdiesel/.

갤런당 3.61달러 : AAA. "Higher Pump Prices Reflect War's Dark Uncertainties." February 28, 2022. https://gasprices.aaa.com/higher-pump-prices-reflect-wars-dark-uncertainties/.

갤런당 5달러 : Edmonds, Ellen. "National Average Hits New All-Time High at $5 Per Gallon." June 13, 2022. https://newsroom.aaa.com/2022/06/national-average-hits-new-all-time-high-at-5-per-gallon/#:~:text=WASHINGTON%2C%20D.C.%20(June%2013%2C,summer%20driving%20season%20ramps%20up.

상황은 이렇다 : Sabes, Adam. "President Biden seems to praise high gas prices as 'incredible transition' Americans must go through." Fox News, May 24, 2022. https://www.foxnews.com/politics/president-biden-incredible-transition-high-gas-prices.

석탄을 역대 최고치로 사용 : International Energy Agency. "The world's coal consumption is set to reach a new high in 2022 as the energy crisis shakes markets." December 16, 2022. https://www.iea.org/news/the-world-s-coal-consumption-is-set-to-reach-a-new-high-in-2022-as-the-energy-crisis-shakes-markets.

높은 휘발유 가격을 감내하다 : Keene, Houston. "Buttigieg latest Biden official to push green transition as gas prices soar." Fox Business, April 4, 2022. https://www.foxbusiness.com/politics/buttigieg-latest-biden-official-to-push-green-transition-as-gas-prices-soar.

제니퍼 그랜홈 에너지부 장관이 이야기하다 : Keene, Houston. "Buttigieg latest Biden official to push green transition as gas prices soar." Fox Business, April 4, 2022. https://www.foxbusiness.com/politics/buttigieg-latest-biden-official-to-push-green-transition-as-gas-prices-soar.

90퍼센트 : Mountain Valley Pipeline. "MVP Total Project Work 90% Completed by Year-End." News Release, October 22, 2019. https://www.mountainvalleypipeline.info/wp-content/uploads/2019/10/2019-Project-Recap-and-Cost-Schedule-Update-FINAL2.pdf.

수년 동안 방치됐다 : Weber, Maya. "Groups seek stay to prevent Mountain Valley pipeline construction." S&P Global Market Intelligence, January 5, 2022. https://www.spglobal.com/marketintelligence/en/news-insights/latest-news-headlines/groups-seek-stay-to-prevent-mountain-valley-pipeline-construction-68303230.

구멍에 빠지면, 그만 파라 : Gormley, Ken. The Death of American Virtue: Clinton vs. Starr. (New York: Crown, 2010), 246.

거의 배럴당 120달러 : U.S. Department of Energy. Energy Information Administration. "Cushing, OK TWI Spot Price FOB." December 21, 2022. https://www.eia.gov/dnav/pet/hist/LeafHandler.ashx?n=PET&s=RWTC&f=M.

천연가스 가격이 10달러에 이르다 : "U.S. Natural Gas Jumps to $10 for the First Time since 2008." OilPrice.com, August 23, 2022. https://finance.yahoo.com/finance/news/u-natural-gas-jumps-10-132000090.html.

화석연료를 없앨 것이다 : CNN. "Transcripts—Second Night of Democratic Debates." July 31, 2019. https://transcripts.cnn.com/show/se/date/2019-07-31/segment/02.

책임을 지게 하겠다 : Sky News Australia. "Biden suggests fossil fuel executives should be jailed." YouTube Video, 0:42. Filmed December 29, 2019. https://www.youtube.com/watch?v=49x01nQAJGk.

새로운 파이프라인 건설을 중단하다 : Griffith, Rep. Morgan. "Pres. Biden cannot shirk blame for higher energy prices." Roanoke Star, April 12, 2022. https://theroanokestar.com/2022/04/12/pres-biden-cannot-shirk-blame-for-high-energy-prices/.

화석연료를 없애다 : Griffith, Rep. Morgan. "Pres. Biden cannot shirk blame for higher energy prices." Roanoke Star, April 12, 2022. https://theroanokestar.com/2022/04/12/pres-biden-cannot-shirk-blame-for-high-energy-prices/.

연방 소유 토지에서는 시추가 더 이상 허용되지 않다 : CNN. "Transcripts—CNN Democratic Presidential Primary Debate." March 15, 2020. https://transcripts.cnn.com/show/se/date/2020-03-15/segment/03.

재생에너지로 대체된 : USA TODAY. "Debate transcript: Trump, Biden final presidential debate moderated by Kristen Welker." October 23, 2020. https://www.usatoday.com/story/news/politics/elections/2020/10/23/debate-transcript-trump-biden-final-presidential-debate-nashville/3740152001/.

연방 소유 토지에서 프래킹이나 석유 시추는 금지되다 : USA TODAY. "Debate transcript: Trump, Biden final presidential debate moderated by Kristen Welker." October 23, 2020. https://www.usatoday.com/story/news/politics/elections/2020/10/23/debate-transcript-trump-biden-final-presidential-debate-nashville/3740152001/.

바이든 대통령이 승인을 철회하다 : Lefebvre, Ben, and Lauren Gardner. "Biden kills Keystone XL permit, again." Politico, January 20, 2021. https://www.politico.com/news/2021/01/20/joe-biden-kills-keystone-xl-pipeline-permit-460555.

석유와 천연가스 광권에 대하여 모라토리엄을 선언하다 : Rott, Nathan, Scott Detrow, and Alana Wise. "Biden Hits 'Pause' on Oil and Gas Leasing on Public Lands and Waters." NPR, January 27, 2021. https://www.npr.org/sections/president-biden-takes-office/2021/01/27/960941799/biden-to-pause-oil-and-gas-leasing-on-public-lands-and-waters.

탄소의 사회비용을 부풀렸다 : Woellert, Lorraine, and Zack Colman. "Biden hikes cost of carbon, easing path of new climate rules." Politico,

February 26, 2021. https://www.politico.com/news/2021/02/26/biden-carbon-price-climate-change-471787.

연방 소유 토지에서 석유와 천연가스 생산 : Volcovici, Valerie. "House Democrats seek reform of federal lands drilling program." Reuters, March 2021. https://www.reuters.com/business/sustainable-business/house-democrats-seek-reform-federal-lands-drilling-program-2021-03-02/.

아주 비싼 : C-SPAN. "Oil Executives Testify on High Gas Prices." April 6, 2022. https://www.c-span.org/video/?519140-1/oil-executives-testify-high-gas-prices.

국가 에너지세 : C-SPAN. "Oil Executives Testify on High Gas Prices." April 6, 2022. https://www.c-span.org/video/?519140-1/oil-executives-testify-high-gas-prices.

에너지 생산자가 부담하는 세금을 인상하다 : Frazin, Rachel. "Biden budget aims to raise $35B from cutting fossil fuel tax benefits." The Hill, May 28, 2021. https://thehill.com/policy/energy-environment/556031-biden-budget-aims-to-raise-35b-from-cutting-fossil-tax-benefits/.

바이든 대통령은 외국 석유와 천연가스 회사에 요청했다 : Hunnicutt, Trevor, and Jeff Mason. "U.S. calls on OPEC and its allies to pump more oil." Reuters, August 11, 2021. https://www.reuters.com/world/middle-east/us-call-opec-its-allies-increase-oil-production-cnbc-2021-08-11/.

메탄 수수료 : "Democrats float new methane fee in spending bill." Reuters, October 28, 2021. https://www.reuters.com/world/us/democrats-float-new-methane-fee-spending-bill-2021-10-29/.

석유와 천연가스 회사에 대한 조사 : Woellert, Lorraine. "Biden asks FTC to investigate oil and gas companies." Politico, November 17, 2021. https://www.politico.com/news/2021/11/17/biden-ftc-investigate-oil-gas-companies-522804.

FERC 위원장은 변화를 밀어붙였다 : Willson, Miranda. "FERC issues 'historic' overhaul of pipeline approvals." E&E News, February 18, 2022. https://www.eenews.net/articles/ferc-issues-historic-overhaul-of-pipeline-approvals/.

막대한 세금 : Stech Ferek, Katy. "Democrats Propose Tax on Large Oil Companies' Profits." Wall Street Journal, March 11, 2022. https://www.wsj.com/livecoverage/russia-ukraine-latest-news-2022-03-11/card/democrats-propose-tax-on-large-oil-companies-profits-LGIlAAwuIUF2onWRFZZ1.

진짜 변화 : Woellert, Lorraine, and Zack Colman. "SEC proposes landmark climate rule." Politico, March 21, 2022. https://www.politico.com/news/2022/03/21/sec-outlines-climate-disclosure-rules-for-businesses-00018849.

450억 달러의 세금 인상 : Lenton, Christopher. "Biden Administration's 2023 Budget Doubles Down on Energy Transition." Natural Gas Intel, March 29, 2022. https://www.naturalgasintel.com/biden-administrations-2023-budget-doubles-down-on-energy-transition/.

금융 업계의 안전 : Federal Deposit Insurance Corporation (FDIC). "Statement by Martin J. Gruenberg, Acting Chairman, FDIC Board of Directors on the Request for Comment on the Statement of Principles for Climate-Related Financial Risk Management for Large Financial Institutions." March 30, 2022. https://www.fdic.gov/news/speeches/2022/spmar3022.html.

사우디아라비아 정부가 성명을 내놓았다 : Turak, Natasha. "Biden administration asked Saudi Arabia to postpone OPEC decision by a month, Saudis say." CNBC, October 13, 2022. https://www.cnbc.com/2022/10/13/biden-admin-asked-saudi-arabia-to-postponeopec-cut-by-a-month-saudis-say.html.

소비자 가격이 증가하다 : U.S. Department of Labor. Bureau of Labor Statistics. "Consumer prices up 8.6 percent over year ended May 2022." June 14, 2022. https://www.bls.gov/opub/ted/2022/consumer-prices-up-8-6-percent-over-year-ended-may-2022.htm.

나는 논평을 실었다 : Hamm, Harold. "Biden's War on Oil Hits Consumers." Wall Street Journal, March 13, 2022. https://www.wsj.com/articles/bidens-war-on-oil-hits-consumers-gas-prices-producer-exporter-energy-drilling-federal-land-11647179341.

자유세계 질서의 미래 : Parks, Kristine. "High gas prices worth it for 'future of liberal world order,' White House economics adviser tells CNN." Fox News, July 1, 2022. https://www.foxnews.com/media/high-gas-prices-worth-future-liberal-world-order-white-house-economics-adviser-tells-cnn.

내가 보내는 메시지 : Biden, Joseph R. Twitter post. July 2, 2022, 11:00 AM CT. https://twitter.com/potus/status/1543263229006254080.

어이쿠, 인플레이션이 엄청나게 중요한 문제인가 보다 : Bezos, Jeff. Twitter post. July 2, 2022, 8:42 PM CT. https://twitter.com/JeffBezos/status/1543409762867494912.

우리가 말하고자 하는 것 : "Transcripts—New Day: Jennifer Granholm Is Interviewed about Oil Supplies; Election Lies Becoming Big Business." CNN, June 15, 2022. https://transcripts.cnn.com/show/nday/date/2022-06-15/segment/06.

재닛 옐런 재무부 장관이 한 말이다 : Chasmar, Jessica. "Treasury Sec. Yellen says only way to fix energy crisis is to 'move to renewables.'" Fox Business, June 19, 2022. https://www.foxbusiness.com/politics/treasury-sec-yellen-says-only-way-fix-energy-crisis-move-renewables.

옐런 *장관이 관리하다* : U.S. Department of the Treasury. "Duties and Functions FAQs." Accessed July 19, 2022. https://home.treasury.gov/subfooter/faqs/duties-and-functions-faqs#:~:text=The%20Secretary%20of%20the%20Treasury%20is%20responsible%20for%20formulating%20and,and%20managing%20the%20public%20debt.

미국 GNP : Macrotrends.net. "U.S. GNP 1962-2022." Based on World Bank, accessed July 20, 2022. https://www.macrotrends.net/countries/USA/united-states/gnp-gross-national-product.

총 기본 에너지 소비량 : U.S. Department of Energy. Energy Information Administration. March 2022—Monthly Energy Review, March 29, 2022, 19. https://www.eia.gov/totalenergy/data/monthly/archive/00352203.pdf.

수만 명의 농부 : Colton, Emma. "Dutch farmers form 'freedom convoys' to protest government's strict environmental rules." Fox News, July 10, 2022. https://www.foxnews.com/world/dutch-farmers-form-freedom-convoys-protest-governments-strict-environmental-rules.

모든 농부가 계속 농사를 지을 수는 없다 : Corder, Mike. "EXPLAINER: Why are Dutch farmers protesting over emissions?" Associated Press, June 28, 2022. https://apnews.com/article/netherlands-wildlife-the-hague-a0809b0fb37e8923ac9184b86325d2e3.

비료 사용 금지 : Priyadarshana, Tharaka S. "Sri Lanka's hasty agrochemical ban." Science 374, no. 6752 (December 2021): 1209. https://doi.org/10.1126/science.abm9186.

벼 수확량이 하락했다 : Swenson, Shea. "Sri Lanka's Organic Experiment Went Very, Very Wrong." Modern Farmer, March 26, 2022. https://modernfarmer.com/2022/03/sri-lanka-organic-experiment/.

농업 생산량이 하락할 것이다 : Jayasinghe, Uditha. "Sri Lanka appeals for farmers to plant more rice as food shortage looms." Reuters, May

31, 2022. https://www.reuters.com/markets/commodities/sri-lanka-appeals-farmers-plant-more-rice-food-shortage-looms-2022-05-31/.

미국 경제를 파괴해야 한다 : Hanson, Victor Davis. "Biden and Oil: Destroy America in Order to Save It." American Greatness, June 21, 2022. https://amgreatness.com/2022/06/21/biden-and-oil-destroy-america-in-order-to-save-it/.

Chapter 11 권력의 파이프라인

그냥 고맙다고 하면 된다 : Richardson, Valerie. "Obama takes credit for U.S. oil-and-gas boom: 'That was me, people.'" Washington Times, November 28, 2018. https://www.washingtontimes.com/news/2018/nov/28/obama-takes-credit-us-oil-and-gas-boom-was-me-peop/.

수 마일의 파이프라인 : Energy Infrastructure. "Why Pipelines?" Accessed October 23, 2022. https://www.energyinfrastructure.org/pipeline/why-pipelines.

200만 데카섬 : Mountain Valley Pipeline. "Overview." Accessed October 23, 2022. https://www.mountainvalleypipeline.info/overview/.

화석연료의 시대를 끝낼 것이다 : Phippen, Thomas. "Biden keeping his promise to 'end fossil fuel' increased gas prices, RSC memo shows." Fox Business, March 28, 2022. https://www.foxbusiness.com/politics/biden-fossil-fuel-gas-prices-promise-republican-study-comittee-memo.

카멀라 해리스는 프래킹 금지에 대찬성한다 : Cawthorne, Cameron. "Harris: 'There Is No Question I'm in Favor of Banning Fracking.'" Washington Free Beacon, September 4, 2019. https://freebeacon.com/politics/harris-there-is-no-question-im-in-favor-of-banning-fracking.

더 이상은 없다. 더 이상 새로운 프래킹은 없다 : "Transcripts—CNN Democratic Presidential Primary Debate." CNN, March 15, 2020. https://

transcripts.cnn.com/show/se/date/2020-03-15/segment/03.

나는 프래킹을 금지하지 않을 거다 : German, Ben. "Biden: 'I am not banning fracking.'" Axios, August 31, 2020. https://www.axios.com/2020/08/31/joe-biden-fracking-not-banning.

바이든은 프래킹을 금지하지 않을 것이다 : Allassan, Fadel. "Kamala Harris: 'Joe Biden will not ban fracking. That is a fact.'" Axios, October 7, 2020. https://www.axios.com/2020/10/08/kamala-harris-biden-ban-fracking.

바이든은 프래킹을 금지하지 않을 것이다 : Harris, Kamala. Twitter post. October 7, 2020, 8:46 PM CT. https://twitter.com/kamalaharris/status/1314019248344305664.

바이든은 분명하다 : Block, Eliana. "VERIFY: Did Joe Biden say he would ban fracking?" WUSA9, October 9, 2020. https://www.wusa9.com/article/news/verify/verify-does-joe-biden-want-to-end-fracking/65-1595c0c6-a90f-4e1b-ab55-5c516fa28240.

동맹국으로부터 들었다 : Harvey, Fiona. "Russia 'secretly working with environmentalists to oppose fracking.'" The Guardian, June 19, 2014. https://www.theguardian.com/environment/2014/jun/19/russia-secretly-working-with-environmentalists-to-oppose-fracking.

허위 환경 단체들 : U.S. House of Representatives. Committee on Science, Space, and Technology. Russian Attempts to Influence U.S. Domestic Energy Markets by Exploiting Social Media, March 1, 2018, 6. https://republicans-science.house.gov/_cache/files/f/d/fd019c96-dd07-466e-bd46-33a430d05288/A0504DB9367098664CAE6FC6EF9EC854.sst-staff-report---russian-attempts-to-influence-u.s.-domestic-energy-markets-by-exploiting-social-media-03.01.18.pdf.

미국의 에너지 정책은 어찌 될까? : Silverstein, Joe. "Citadel CEO says energy policy in the U.S. and Europe is a 'train wreck.'" Fox News, May

25, 2022. https://www.foxnews.com/media/citadel-ceo-energy-policy-in-the-u-s-and-europe-is-a-train-wreck.

Chapter 12 환경친화적 생활은 쉽다

새로운 빙하기? : "Vintage Scan #36: Parade (March 21, 1971)." RetroSpace, July 11, 2015. https://www.retrospace.org/2015/07/vintage-scan-36-parade-march-21-1971.html.

책이 있다 : Impact Team. The Weather Conspiracy: The Coming of the New Ice Age. New York: Ballantine Books, 1977.

토요타의 아키오 토요타 : Landers, Peter. "Toyota's Chief Says Electric Vehicles Are Overhyped." Wall Street Journal, December 17, 2020. https://www.wsj.com/articles/toyotas-chief-says-electric-vehicles-are-overhyped-11608196665.

현재 비즈니스 모델 : Landers, Peter. "Toyota's Chief Says Electric Vehicles Are Overhyped." Wall Street Journal, December 17, 2020. https://www.wsj.com/articles/toyotas-chief-says-electric-vehicles-are-overhyped-11608196665.

고위 정상회담의 꽃 : Landers, Peter. "Toyota's Chief Says Electric Vehicles Are Overhyped." Wall Street Journal, December 17, 2020. https://www.wsj.com/articles/toyotas-chief-says-electric-vehicles-are-overhyped-11608196665.

노르웨이 정부 : Southwell, Hazel. "Norway Wants People to Park Their EVs and Ride the Bus." The Drive, May 5, 2022. https://www.thedrive.com/news/norway-wants-people-to-park-their-evs-and-ride-the-bus.

투자자들에게 엄청난 영향을 미칠 것이다 : BlackRock's Global Executive Committee. "Net Zero: A Fiduciary Approach." BlackRock, January 26, 2021. https://www.blackrock.com/corporate/investor-relations/2021-

blackrock-client-letter.

ESG에 전념하며 : Terrett, Eleanor, and Charlie Gasparino. "Larry Fink's BlackRock to benefit from government ESG push." Fox Business, October 28, 2021. https://www.foxbusiness.com/financials/larry-finks-blackrock-benefit-esg.

세브론은 사회에 도움이 되고 있다 : Yahoo! News Transcript. "Buffett: 'I have no compunction about owning Chevron,'" May 1, 2021. https://news.yahoo.com/buffett-no-compunction-owning-chevron-190051565.html.

그것은 바뀔 수 있다 : Yahoo! News Transcript. "Buffett: 'I have no compunction about owning Chevron,'" May 1, 2021. https://news.yahoo.com/buffett-no-compunction-owning-chevron-190051565.html.

투자자산을 모두 처분하다 : Fink, Larry. "Larry Fink's 2022 Letter to CEOs: The Power of Capitalism." BlackRock, January 17, 2022. https://www.blackrock.com/corporate/investor-relations/larry-fink-ceo-letter.

지열 에너지 : Orkustofnun—National Energy Authority of Iceland. "Geothermal." Accessed October 10, 2022. https://nea.is/geothermal/#:~:text=Iceland%20is%20a%20pioneer%20in,the%20country's%20total%20electricity%20production.

1990년 배출량의 세 배가 넘는 양 : Newburger, Emma. "China's greenhouse gas emissions exceed those of U.S. and developed countries combined, report says." CNBC, May 6, 2021. https://www.cnbc.com/2021/05/06/chinas-greenhouse-gas-emissions-exceed-us-developed-world-report.html.

2010년과 2019년 사이 : World Bank. "이산화탄소 Emissions (kt) – China, United States." Climate Watch, 2020. GHG Emissions. Washington, D.C.: World Resources Institute. https://data.worldbank.org/indicator/EN.ATM.이산화탄소E.KT?end=2019&locations=CN-

US&start=2004.

2000년이 되면 : Huggins, Laura E. "Climate Armageddon?" Hoover Institution, January 5, 2011. https://www.hoover.org/research/climate-armageddon.

에너지 수요는 거의 세 배가 됐고 : Ritchie, Hannah, Max Roser, and Pablo Rosado. "Energy Production and Consumption." Our World in Data, accessed October 23, 2022. https://ourworldindata.org/energy-production-consumption.

석유 생산이 치솟다 : Organisation for Economic Co-operation and Development (2022). "Crude oil production (indicator)." Accessed December 23, 2022. Doi: 10.1787/4747b431-en.

전 세계 생활 수준이 급격히 상승했다 : Our World in Data. "World GDP." Based on World Bank & Maddison (2017). https://ourworldindata.org/grapher/world-gdp-over-the-last-two-millennia?time=earliest..latest.

기대 수명 : Macrotrends.net. "U.S. Life Expectancy, 1950-2023." Based on United Nations, World Population Prospects, accessed February 14, 2023. https://www.macrotrends.net/countries/USA/united-states/life-expectancy.

경제 규모가 기후변화로 인하여 쪼그라들 것이다 : Ciaccia, Chris. "Climate change will shrink 'virtually all' economies around the globe by 2100, study warns." Fox News, August 19, 2019. https://www.foxnews.com/science/climate-change-shrink-economies-globe-2100.

남극의 빙하가 녹다 : Ciaccia, Chris. "Melting Antarctic ice will raise sea levels and might cause humanity to 'give up ... New York.'" Fox News, September 24, 2020. https://www.foxnews.com/science/melting-antarctic-ice-sheet-raise-sea-levels-8-feet-study.

중국은 석탄발전소를 세우다 : Vaughan, Adam. "China is building more than half of the world's new coal power." New Scientist, April 26, 2022.

https://www.newscientist.com/article/2317274-china-is-building-more-than-half-of-the-worlds-new-coal-power-plants/.

중국 정책 입안자들은 승인하다 : Collins, Gabriel B. "China's Energy Nationalism Means Coal Is Sticking Around." Foreign Policy, June 6, 2022. https://foreignpolicy.com/2022/06/06/china-energy-nationalism-coal/#:~:text=Chinese%20policymakers%20recently%20greenlighted%20a,of%20the%20entire%20European%20Union.

미국 이산화탄소 배출량 : U.S. Environmental Protection Agency. "Climate Change Indicators: U.S. Greenhouse Gas Emissions." Updated July 2022. https://www.epa.gov/climate-indicators/climate-change-indicators-us-greenhouse-gas-emissions.

불과 5년 만에 : Yücel, Mine, and Michael D. Plante. "GDP Gain Realized in Shale Boom's First 10 Years." Federal Reserve Bank of Dallas, August 20, 2019. https://www.dallasfed.org/research/economics/2019/0820.

미국의 경제 생산액 : Benson, Tim. "Research & Commentary: New Report Says Fracking Saved Americans $1.1 Trillion over Past Decade." The Heartland Institute, November 21, 2019. https://www.heartland.org/publications-resources/publications/research--commentary-new-report-says-fracking-saved-americans-11-trillion-over-past-decade.

미국상공회의소가 실시한 한 조사 : Benson, Tim. "Research & Commentary: Fracking Has Turned United States into World's Leading Oil Producer." The Heartland Institute, September 19, 2018. https://www.heartland.org/publications-resources/publications/research--commentary-fracking-has-turned-united-states-into-worlds--leading-oil-producer.

1조 1,000억 달러의 에너지 비용을 절감하다 : Benson, Tim. "Research & Commentary: New Report Says Fracking Saved Americans $1.1 Trillion over Past Decade." The Heartland Institute, November 21,

2019. https://www.heartland.org/publications-resources/publications/research--commentary-new-report-says-fracking-saved-americans-11-trillion-over-past-decade.

테슬라의 급속 충전소 : Korosec, Kirsten. "Tesla owners can now see how much solar or coal is powering their EVs." Tech Crunch, April 16, 2021. https://techcrunch.com/2021/04/16/tesla-owners-can-now-see-how-much-solar-or-coal-is-powering-their-evs/. https://electrek.co/2021/04/27/tesla-power-all-superchargers-with-renewable-energy-this-year.

테슬라는 마침내 분리해 낼 것이다 : Lambert, Fred. "Tesla plans to disconnect 'almost all' Superchargers from the grid and go solar+battery, says Elon Musk." ElecTrek, June 9, 2017. https://electrek.co/2017/06/09/tesla-superchargers-solar-battery-grid-elon-musk/.

재량 지출을 줄이다 : McKinsey & Company. "How current events are shaping German consumer behavior," October 31, 2022. https://www.mckinsey.com/capabilities/growth-marketing-and-sales/our-insights/survey-german-consumer-sentiment-during-the-coronavirus-crisis.

캘리포니아 주민들에게 : Mulkern, Anne C. "Surging electric bills threaten Calif. climate goals." E&E News, April 5, 2022. https://www.eenews.net/articles/surging-electric-bills-threaten-calif-climate-goals/.

충전하지 말 것 : CBS Los Angeles. "Flex Alert extended to Saturday; EV owners asked now to charge vehicles during peak hours." September 2, 2022. https://www.cbsnews.com/losangeles/news/flex-alert-extended-to-saturday-ev-owners-asked-to-not-charge-vehicles-during-peak-hours/.

미국의 전기 : U.S. Department of Energy. Energy Information Administration. "Frequently Asked Questions (FAQs): What is U.S. electricity generation by energy source?" Updated November 2022.

https://www.eia.gov/tools/faqs/faq.php?id=427&t=3.

바츨라프 스밀 : Mitchell, Russ. "The energy historian who says rapid decarbonization is a fantasy." Los Angeles Times, September 5, 2022. https://www.latimes.com/business/story/2022-09-05/the-energy-historian-who-says-rapid-decarbonization-is-a-fantasy.

아민 알나세르 : Saudi Aramco. "Remarks by CEO Amin H. Nasser at Schlumberger Digital Forum 2022." September 20, 2022. https://www.aramco.com/en/news-media/speeches/2022/remarks-by-amin-h-nasser-at-schlumberger-digital-forum.

Chapter 13 미국의 제45대 대통령 도널드 트럼프

3,800만 달러 : MacPherson, James. "North Dakota can claim pipeline policing costs as damages." AP News, October 20, 2021. https://apnews.com/article/donald-trump-business-bismarck-north-dakota-wayne-stenehjem-2442da227012c9d2fd1b7b91dfddeb13.

저렴한 휘발유와 경유 : U.S. Department of Energy. Energy Information Administration. "Gasoline and Diesel Fuel Update." October 17, 2022. https://www.eia.gov/petroleum/gasdiesel/.

Chapter 14 대규모 정전의 재발을 방지하는 방법

합리적인 비외른 롬보르 : "Sensible alternatives to Russian oil and gas required." Business Day, March 17, 2022.

에너지 잠재력 : Layton, Bradley E. "A Comparison of Energy Densities of Prevalent Energy Sources in Units of Joules Per Cubic Meter." International Journal of Green Energy 5 (2008): 441. https://drexel.edu/~/media/Files/great-works/pdf_sum10/WK8_Layton_EnergyDensities.ashx.

수백만 명이 정전 사태를 경험하다 : Douglas, Erin. "Gov. Greg Abbott

wants power companies to 'winterize.' Texas' track record won'
t make that easy." The Texas Tribune, February 20, 2021. https://www.
texastribune.org/2021/02/20/texas-power-grid-winterize/.

목숨을 잃다 : Svitek, Patrick. "Texas puts final estimate of winter
storm death toll at 246." The Texas Tribune, January 2, 2022. https://
www.texas-tribune.org/2022/01/02/texas-winter-storm-final-death-
toll-246/amp/.

텍사스주 전력망 : Douglas, Erin. "Texas was 'seconds and minutes'
away from catastrophic monthslong blackouts, officials say." The Texas
Tribune, February 18, 2021. https://www.texastribune.org/2021/02/18/
texas-power-outages-ercot/.

10년이 채 안 돼서 : Bullard, Nathaniel. "Predicting the Future of Texas's
Grid Is a Texas-Sized Challenge." Bloomberg, May 19, 2022. https://
www.bloomberg.com/news/articles/2022-05-19/solar-wind-batteries-
will-change-the-texas-power-grid#xj4y7vzkg.

93퍼센트 하락했다 : Editorial Board. "Texas Spins into the Wind." Wall
Street Journal, February 17, 2021. https://www.wsj.com/articles/texas-
spins-into-the-wind-11613605698.

텍사스주나 오클라호마주가 아닌 : Francis-Smith, Janice. "Commission
defers ONG's storm bills." Journal Record, March 2, 2021. https://
journalrecord.com/2021/03/02/commission-defers-ongs-storm-bills/.

태양광이 올여름 텍사스를 구할 것이다 : Solomon, Dan. "Solar Power Is
Bailing Texas Out This Summer." Texas Monthly, July 12, 2022. https://
www.texasmonthly.com/news-politics/renewable-energy-texas-grid-
heat-wave/.

바로 다음 날 : Guilfoil, Kyla. "Texas power grid faces limited solar
energy supply." ABC News, July 13, 2022. https://abcnews.go.com/US/
texas-power-grid-faces-limited-solar-supply-amid/story?id=86755657.

테슬라의 차량 내부 스크린에는 : Hawkins, Andrew J. "Tesla asks Texans to avoid charging their EVs during peak times because of the heatwave." The Verge, July 13, 2022. https://www.theverge.com/2022/7/13/23207428/tesla-texas-ev-charging-heatwave-off-peak-grid.

제1차 세계대전 : Black, Brian C. "How World War I Ushered in the Century of Oil." The Observer, April 4, 2017. https://observer.com/2017/04/world-war-i-ushered-in-the-century-of-oil-global-economy-geopolitics-national-security/.

모래 폭풍과 극심한 가뭄이 덮치다 : Mullins, William H. "Okie Migrations." Oklahoma Historical Society. Accessed October 25, 2022. https://www.okhistory.org/publications/enc/entry.php?entry=OK008.

IQ가 같이 개선됐다 : Etter, Jim Marion. "Did you know this about Oklahoma?" Tampa Bay Times, December 21, 2003. https://www.tampabay.com/archive/2003/12/21/did-you-know-this-about-oklahoma/.

캘리포니아는 지역이다 : California Department of Food and Agriculture. "California Agricultural Production Statistics." Accessed October 25, 2022. https://www.cdfa.ca.gov/Statistics/.

베이 지역의 전기 요금 : U.S. Department of Labor. Bureau of Labor Statistics. "Average energy prices for the United States, regions, census divisions, and selected metropolitan areas." Accessed February 15, 2022.https://www.bls.gov/regions/midwest/data/averageenergyprices_selectedareas_table.htm.

에너지 가격을 인상하다 : Connelley, Eileen AJ. "Gas has nearly reached an incredible $10 a gallon." New York Post, June 4, 2022. https://nypost.com/2022/06/04/gas-nears-10-a-gallon-at-california-station-tops-5-in-nyc/.

캘리포니아의 이산화탄소 배출량 : Menton, Francis. "California's Zero Carbon Plans: Can Anybody Here Do Basic Arithmetic?" Manhattan Contrarian, May 11, 2021. https://www.manhattancontrarian.com/blog/2021-5-11-californias-zero-carbon-plans-can-anybody-here-do-basic-arithmetic.

마이클 셸런버거 : Justice, Tristan. "California Wildfire Devastation Was Entirely Preventable through Proper Land Management." The Federalist, September 3, 2021. https://thefederalist.com/2021/09/03/devastation-from-california-wildfires-was-entirely-preventable-through-proper-land-management/.

개빈 뉴섬 캘리포니아주 주지사는 예산을 삭감하다 : Justice, Tristan. "California Wildfire Devastation Was Entirely Preventable through Proper Land Management." The Federalist, September 3, 2021. https://thefederalist.com/2021/09/03/devastation-from-california-wildfires-was-entirely-preventable-through-proper-land-management/.

전력의 25퍼센트 : U.S. Department of Energy. Energy Information Administration. "California was the largest net electricity importer of any state in 2019," December 7, 2020. https://www.eia.gov/todayinenergy/detail.php?id=46156.

2020년 캘리포니아는 수입하다 : California Energy Commission. "Foreign Sources of Crude Oil Imports to California 2020." Updated April 6, 2021. https://www.energy.ca.gov/data-reports/energy-almanac/californias-petroleum-market/foreign-sources-crude-oil-imports.

러시아의 석유와 천연가스에 대한 합리적인 대안 : Lomborg, Bjorn. "Sensible Alternatives to Russian Oil and Gas Required." Business Day, March 17, 2022. https://www.businesslive.co.za/bd/opinion/2022-03-17-bjorn-lomborg-sensible-alternatives-to-russian-oil-and-gas--required/.

구글 검색하다 : Diaz, Clarisa. "Germans are looking to firewood for energy as natural gas prices soar." Quartz, August 26, 2022. https://www.yahoo.com/video/germans-looking-firewood-energy-natural-140600963.html.

Chapter 15 시장의 판도를 뒤바꾼 기술 : 세계 석유 시장을 바로잡으려는 이유와 방법

4조 달러 : "Oil and gas industry earned $4 trillion last year, says IEA chief." Reuters, February 14, 2023. https://www.reuters.com/business/energy/oil-gas-industry-earned-4-trillion-last-year-says-iea-chief-2023-02-14/.

기본적인 수요와 공급 : McCrank, John. "Oil plunge due to fundamentals, not financial markets: CFTC chairman." Reuters, April 21, 2020. https://www.reuters.com/article/us-usa-oil-cftc/oil-plunge-due-to-fundamentals-not-financial-markets-cftc-chairman-idUSKCN2232QR.

거의 400만 배럴 : U.S. Department of Energy. Energy Information Administration. "U.S. Exports of Crude Oil." January 31, 2023. https://www.eia.gov/dnav/pet/hist/LeafHandler.ashx?n=PET&s=CREXUS2&f=M.

시장이 작동했다 : Pound, Jesse. "CME boss says his exchange is not for retail investors and it's 'no secret' futures can go negative." CNBC, April 22, 2020. https://www.cnbc.com/2020/04/22/cme-boss-says-his-exchange-is-not-for-retail-investors-and-its-no-secret-futures-can-go-negative.html.

영국의 일부 트레이더들 : Vaughan, Liam, Kit Chellel, and Benjamin Bain. "The Essex Boys: How Nine Traders Hit a Gusher with Negative Oil." Bloomberg, December 9, 2020. https://www.bloomberg.com/news/features/2020-12-10/stock-market-when-oil-when-negative-these-essex-traders-pounced.

Chapter 16 수평 시추법과 ESG

사하라사막 이남 : World Bank Global Electrification Database. "Access to Electricity (% of Population)—Sub-Saharan Africa." Accessed October 26, 2022. https://data.worldbank.org/indicator/EG.ELC.ACCS. ZS?locations=ZG.

나무를 심다 : Kerry, John. "Remarks at World Economic Forum, Davos 2021." Speech, Davos, Switzerland, January 27, 2021. https://www.state.gov/remarks-at-world-economic-forum-davos-2021/.

대략 24억 명 : World Health Organization. "Household air pollution and health," September 22, 2021. https://www.who.int/en/news-room/fact-sheets/detail/household-air-pollution-and-health.

벌목하다 : VOA News. "Charcoal Trade Is Destroying Africa's Forest Cover." September 29, 2019. https://learningenglish.voanews.com/a/charcoal-trade-is-destroying-africa-s-forest-cover/5100247.html.

심각한 대기오염을 초래하는 연료를 사용하다 : Ogunbunmi, Kayode, and Madalitso Mwando. "Africa's climate policies burned by firewood dependence." Thomas Reuters Foundation, June 2, 2014. https://news.trust.org/item/20140530183509-63ekq.

전기를 공급받지 못하다 : International Energy Agency. SDG7: Data and Projections. Paris (2022). https://www.iea.org/reports/sdg7-data-and-projections/access-to-electricity.

깨끗한 에너지원으로 요리하다 : International Energy Agency. SDG7: Data and Projections. Paris (2022). https://www.iea.org/reports/sdg7-data-and-projections/access-to-clean-cooking#abstract.

1억 명 : World Population Review. "Countries in Africa 2022." Accessed July 25, 2022. https://worldpopulationreview.com/country-rankings/countries-in-africa.

10명 중 9명 : Bergen, Molly. "A River Lined with Smoke: Charcoal and

Forest Loss in the Democratic Republic of Congo." World Resources Institute, October 24, 2017. https://www.wri.org/insights/river-lined-smoke-charcoal-and-forest-loss-democratic-republic-congo.

전기가 없다 : Rockefeller Foundation. "End Energy Poverty." Accessed July 26, 2022. https://www.rockefellerfoundation.org/commitment/power/.

경제성장 : Zitelman, Rainer. "Anyone Who Doesn't Know the Following Facts about Capitalism Should Learn Them." Forbes, July 27, 2020. https://www.forbes.com/sites/rainerzitelmann/2020/07/27/anyone-who-doesnt-know-the-following-facts-about-capitalism-should-learn-them/?sh=6117c3dc3dc1.

지난 100여 년 : Burger, Oskar, Annette Baudisch, and James W. Vaupel. "Human mortality improvement in evolutionary context." Proceedings of the National Academy of Sciences (PNAS), 109, no. 44 (October 15, 2012): 18210-14. https://www.pnas.org/doi/10.1073/pnas.1215627109.

주들이 반발하다 : Catenacci, Thomas. "Republican states are planning an all-out assault on woke banks: 'We won't do business with you.'" Fox News, August 4, 2022. https://www.foxbusiness.com/politics/republcan-states-planning-assault-woke-banks-wont-do-business.

유럽은 메가톤을 수입한다 : Flach, Bob, and Sophie Bolla. "EU Wood Pellet Annual." U.S. Department of Agriculture. Foreign Agricultural Service, July 13, 2022, 10. https://apps.fas.usda.gov/newgainapi/api/Report/DownloadReportByFileName?fileName=EU%20Wood%20Pellet%20Annual_The%20Hague_European%20Union_E42022-0049.

우리의 ESG 이야기 : Continental Resources. "What we care about and why." Accessed July 26, 2022. https://www.clr.com/environmentalsocial-and-governance-esg/.

세계 에너지 소비량 : Ritchie, Hannah. "How have the world's energy sources changed over the last two centuries?" Our World in Data, December 1, 2021. https://ourworldindata.org/global-energy-200-years.

비료 부족은 진짜다 : Parks, Kristine. "Biden official says food shortages will push farmers to green energy: 'Never let a crisis go to waste.'" Fox News, May 1, 2022. https://www.foxnews.com/media/biden-official-says-food-shortages-will-push-farmers-green-energy-never-let-crisis-go-waste.

광범위한 시가총액 가중지수 : S&P Global. "S&P ESG." Accessed July 26, 2022. https://www.spglobal.com/spdji/en/index-family/esg/core-esg/sp-esg/#overview.

두 차례의 인종차별 논란 : Jonathan, Robert. "'A clear case of wacktivism': Elon Musk lashes out at 'scam' S&P 500 ESG Index." BizPacReview, May 19, 2022. https://www.bizpacreview.com/2022/05/19/a-clear-case-of-wacktivism-elon-musk-lashes-out-at-scam-sp-500-esg-index-1239695/.

소수의 자동차 : Branigan, Tania. "China and cars: a love story." Guardian, December 14, 2012. https://www.theguardian.com/world/2012/dec/14/china-worlds-biggest-new-car-market.

세계에서 가장 많이 배출하는 나라 : "China overtakes U.S. in greenhouse gas emissions." New York Times, June 20, 2007. https://www.nytimes.com/2007/06/20/business/worldbusiness/20iht-emit.1.6227564.html.

30퍼센트 이상 : Ritchie, Hannah, Max Roser, and Pablo Rosado. "China: 이산화탄소 Country Profile." Our World in Data, accessed October 26, 2022. https://ourworldindata.org/이산화탄소/country/china#what-share-of-global-이산화탄소-emissions-are-emitted-by-the-country.

중국의 상황은 더욱 악화되었다 : Bradsher, Keith, and Clifford Krauss.

"China Is Burning More Coal, a Growing Climate Challenge." New York Times, November 3, 2022. https://www.nytimes.com/2022/11/03/business/energy-environment/china-coal-natural-gas.html.

25조 달러 : Ginn, Vance. "We Know What Works in the War on Poverty." Texas Public Policy Foundation, May 6, 2022. https://www.texaspolicy.com/we-know-what-works-in-the-war-on-poverty/#:~:text=Nationally%2C%20about%20%2425%20trillion%20(adjusted,Poverty%20engendered%20the%20Great%20Society.

가난한 미국인 : U.S. Library of Congress. Congressional Research Service. Poverty in the United States in 2020. R47030, February 10, 2022. https://crsreports.congress.gov/product/pdf/R/R47030.

잘못된 길을 선택하다 : Bryce, Robert. "Ban Natural Gas! No, Ban Coal!" National Review, June 11, 2012. https://www.nationalreview.com/2012/06/ban-natural-gas-no-ban-coal-robert-bryce/.

〈파이낸셜 타임스〉와의 인터뷰 : Brower, Derek. "Harold Hamm: 'Republican, Democrat...I'm an Oilcrat.'" Financial Times, January 7, 2022. https://www.ft.com/content/93dffdd3-45f3-4628-b3b6-8204f1dd5777.

Chapter 17 EQ vs IQ : 무엇으로 에너지 미래를 이끌 것인가?

러시아의 국가 수입 : International Energy Agency. Energy Fact Sheet: Why does Russian oil and gas matter? Paris (2022). https://www.iea.org/articles/energy-fact-sheet-why-does-russian-oil-and-gas-matter.

이란 국가 수입의 거의 1/3 : Rome, Henry. "Iran's Oil Exports Are Vulnerable to Sanctions." Washington Institute for Near East Policy, November 9, 2022. https://www.washingtoninstitute.org/policy-analysis/irans-oil-exports-are-vulnerable-sanctions.

6,000개가 넘는 석탄발전소 : Bloomberg Global Coal Countdown. "Tracking Our Progress towards a Coal-Free Future." Accessed July 27,

2022. https://bloombergcoalcountdown.com/.

중국이 전기를 생산하다 : "China generated over half world's coal-fired power in 2020: study." Reuters, March 28, 2021. https://www.reuters.com/article/us-climate-change-china-coal/china-generated-over-half-worlds-coal-fired-power-in-2020-study-idUSKBN2BK0PZ.

중국 은행 : Colman, Zack. "China's Xi pledges to end funding for overseas coal power plants." Politico, September 21, 2021. https://www.politico.com/news/2021/09/21/chinas-xi-pledges-to-end-funding-for-overseas-coal-power-plants-513493.

독일이 폐쇄하다 : Harsanyi, David. "Germany's 'Green' Energy Disaster Is a Warning to the United States." The Federalist, June 21, 2022. https://thefederalist.com/2022/06/21/germanys-green-energy-disaster-is-a-warning-to-the-united-states/.

전기 요금 : GlobalPetrolPrices.com. "Electricity Prices, June 2022." Accessed February 15, 2023. https://www.globalpetrolprices.com/electricity_prices/.

더 많은 석탄을 태우다 : "Factbox: Germany fires up extra coal power capacity to plug winter supplies." Reuters,November 2, 2022. https://www.reuters.com/business/energy/germany-fires-up-extra-coal-power-capacity-plug-winter-supplies-2022-11-02/.

마크롱 프랑스 대통령은 MBZ와 통화하다 : "Macron tells Biden that UAE, Saudi can barely raise oil output." Reuters, June 28, 2022. https://www.reuters.com/article/macron-biden-oil/corrected-macron-tells-biden-that-uae-saudi-can-barely-raise-oil-output-idUSL8N2YE4KE.

소송 : Smith, Lem. "Drilling Down on Federal Leasing Facts." American Petroleum Institute, March 24, 2022. https://www.api.org/news-policy-and-issues/blog/2022/03/24/drilling-down-on-federal-leasing-facts.

<오일 앤드 가스 인베스터>지에 선정되다 : Hart Energy. "Continental Resources—Energy ESG Awards." November 29, 2021. https://www. hartenergy.com/energy-esg-awards/Continental-Resources.

1,200만 톤의 이산화탄소 배출량 : "Billionaire oil driller invests in Ames-based Summit's carbon-capture pipeline." Des Moines Register, March 2, 2022. https://www.desmoinesregister.com/story/news/2022/03/02/carbon-capture-pipeline-planned-summit-gets-250-million-harold-hamm/9341140002/.

4,000만 톤 : Page, Brad. Global Status of CCS 2020. Global CCS Institute, December 1, 2020, 5. https://www.globalccsinstitute.com/wp-content/uploads/2021/03/Global-Status-of-CCS-Report-English.pdf.

태양광 회사에 투자한 5억 달러 : Broder, John M. "Energy Department Issues First Renewable-Energy Loan Guarantee." New York Times, March 20, 2009. https://archive.nytimes.com/green.blogs.nytimes.com/2009/03/20/energy-department-issues-first-renewable-energy-loan-guarantee/.

Chapter 18 와일드캐터 정신에서 비롯된 가능성 추구의 문화

최대 석유 매장량 : Nysveen, Per Magnus. "Reserve Estimates." American Oil and Gas Reporter, July 2016. https://www.aogr.com/web-exclusives/exclusive-story/u.s.-holds-most-recoverable-oil-reserves.

더 많은 석유와 천연가스를 생산하다 : Tubb, Katie. "U.S. Is World's Largest Oil and Natural Gas Producer—Despite Biden's Energy-Constraining Policies." Heritage Foundation, March 8, 2022. https://www.heritage.org/coal-oil-natural-gas/commentary/us-worlds-largest-oil-and-natural-gas-producer-despite-bidens.

GDP 성장에는 저렴하고 풍부한 에너지가 필요하다 : Jack, Kelsey. "How much do we know about the development impacts of energy infrastructure?" World Bank Blog, March 29, 2022. https://blogs. worldbank.org/energy/how-much-do-we-know-about-development-impacts-energy-infrastructure.

휘발유와 전기 요금 : United States Congress. Joint Economic Committee. "To Combat Rising Energy Prices, Unleash American Production." February 2, 2022. https://www.jec.senate.gov/public/index.cfm/ republicans/2022/2/to-combat-rising-energy-prices-unleash-american-production.

반火화석연료 정책과 : Siciliano, John. "CEI warns lawmakers that a 'Green New Deal' would risk a humanitarian crisis." Washington Examiner, January 8, 2019. https://www.washingtonexaminer.com/ policy/energy/cei-warns-lawmakers-that-a-green-new-deal-would-risk-a-humanitarian-crisis.

저소득 가정은 더 많은 비용을 쓰다 : Noor, Dharna. "Poor Households Spend Nearly Four Times as Much on Utilities as Well-Off Ones." Gizmodo, September 10, 2020. https://gizmodo.com/poor-households-spend-nearly-four-times-as-much-on-util-1845010294.

전기를 공급받지 못하다 : International Energy Agency (2022). SDG7 : Data and Projections, IEA, Paris. https://www.iea.org/reports/sdg7-data-and-projections/access-to-electricity.

남미 인구 : World Population Review. "South America Population 2022."Accessed July 28, 2022. https://worldpopulationreview.com/ continents/south-america-population.

북미 인구 : World Population Review. "North America Population 2022." Accessed July 28, 2022. https://worldpopulationreview.com/ continents/north-america-population.

존 로버츠 대법관이 평결에 쓰다 : Stohr, Greg. "Supreme Court Crimps Biden's Climate Agenda with Limits on EPA." Bloomberg Law, June 30,

2022. https://news.bloomberglaw.com/us-law-week/supreme-court-curbs-epas-climate-authority-in-blow-to-biden.

태평양을 건너다 : Bradsher, Keith, and David Barboza. "China's burning of coal casts a global cloud." New York Times, June 11, 2006. https://www.nytimes.com/2006/06/11/world/asia/11iht-coal.1947793. html.

세계 8위 : Bloomberg Global Coal Countdown. "South Korea." Accessed July 28, 2022. https://bloombergcoalcountdown.com/countries/KR.

더 많이 짓는다 : Proctor, Darrell. "Coal Generation Reaches New High in South Korea." POWER, April 1, 2018. https://www.powermag.com/coal-generation-reaches-new-high-in-south-korea/.

합의에 이르다 : Continental Resources. "Continental Resources Enters into Joint Venture with SK E&S of South Korea to Develop Northwest Cana Woodford Shale." October 27, 2014. https://www.prnewswire.com/news-releases/continental-resources-enters-into-joint-venture-with-sk-es-of-south-korea-to-develop-northwest-cana-woodford-shale-626548828.html.

노후화된 석탄 화력발전소 두 곳의 가동을 중단하다 : Lee, Charles. "South Korea retires two oldest coal-fired power plants, to replace with LNG." S&P Global, January 3, 2022. https://www.spglobal.com/commodityinsights/en/market-insights/latest-news/energy-transition/010322-south-korea-retires-two-oldest-coal-fired-power-plants-to-replace-with-lng.

수입하다 : Lee, Charles. "South Korea to raise domestic natural gas price again to reflect LNG import costs." S&P Global, June 28, 2022. https://www.spglobal.com/commodityinsights/en/market-insights/latest-news/lng/062822-south-korea-to-raise-domestic-natural-

gas-price-again-to-reflect-lng-import-costs#:~:text=04%3A15%20
UTC-,South%20Korea%20to%20raise%20domestic%20natural%20
gas,to%20refle.

Chapter 19 자선 활동

프랭크와 제인 필립스는 환원하다 : Nelson, Mary Jo. "Phillips Book Tells Oil Story Well." Oklahoman, July 24, 1988. https://www. oklahoman.com/story/news/1988/07/24/phillips-book-tells-oil-story-well/62644966007/.

이 숫자는 굉장히 충격적이다 : Centers for Disease Control and Prevention. "Diabetes: The Facts, Stats, and Impacts of Disease." Accessed October 27, 2022. https://www.cdc.gov/diabetes/library/spotlights/diabetes-facts-stats.html#:~:text=37.3%20million%20 Americans%E2%80%94about%201,t%20know%20they%20have%20it.

특허를 팔다 : T1International. "100 Years: From Gift to Greed." Accessed September 22, 2022. https://www.t1international. com/100years/#:~:text=On%20January%2023rd%2C%201923%20 Banting,to%20it%20to%20have%20it.

5,000만 달러를 기부하다 : "Hamm donating $50m to Theodore Roosevelt library." Associated Press,January 6, 2023. https:// journalrecord.com/2023/01/06/hamm-donating-50m-to-theodore-roosevelt-library/.

Chapter 20 미래를 위해서

에너지부 : Lenton, Christopher. "Biden Administration's 2023 Budget Doubles Down on Energy Transition." Natural Gas Intel, March 29, 2022. https://www.naturalgasintel.com/biden-administrations-2023-budget-doubles-down-on-energy-transition/.

햄 미국 에너지 연구소 : Burke, Mack. "Historic donation establishes Hamm Institute for American Energy at Oklahoma State University." Oklahoma State University, December 15, 2021. https://news.okstate. edu/articles/communications/2021/historic_donation_establishes_ hamm_institute_for_american_energy_at_oklahoma_state_university.html.

우리의 선언 : Oklahoma State University. "Hamm Institute for American Energy at Oklahoma State University." Accessed July 29, 2022. https://go.okstate.edu/hamm-institute/.

세계 에너지의 80퍼센트 이상 : Environmental and Energy Study Institute. "Fossil Fuels." Updated July 22, 2021. https://www.eesi.org/topics/fossil-fuels/description#:~:text=Fossil%20fuels%E2%80%94including%20 coal%2C%20oil,percent%20of%20the%20world's%20energ.

스탠퍼드 대학교는 하계 강좌를 취소하다 : Lee, Michael. "Stanford cancels summer classes over power outages experts warn may become more common." Fox News, June 22, 2022. https://www.foxnews.com/us/ stanford-cancels-summer-classes-over-power-outages-experts-warn-could-become-more-common.

행동하지 않다 : Carter, Jimmy. "The State of the Union Annual Message to the Congress (January 19, 1978)." The American Presidency Project, UC Santa Barbara. https://www.presidency.ucsb.edu/documents/the-state-the-union-annual-message-the-congress-2.

최근 〈블룸버그〉에 보도된 머리기사 : "Shale firebrand Harold Hamm's $4.3 billion play to win 'freedom' to drill." Dallas Morning News, October 17, 2022. https://www.dallasnews.com/business/ energy/2022/10/17/shale-firebrand-harold-hamms-43-billion-play-to-win-freedom-to-drill/.

〈월스트리트저널〉은 어떻게 보도했나 : Morenne, Benoît. "Fracking Pioneer Harold Hamm to Take Continental Resources Private." Wall Street

Journal, October 17, 2022. https://www.wsj.com/articles/continental-resoures-gets-buyout-from-founder-11666005800.

에너지 정책에 관해서
더 자세히 알고 이해하자

안타깝게도 에너지에 관해서 듣는 많은 이야기는 편향되거나 잘못된 정보이거나 새빨간 거짓말이다. 이 책의 모든 장에 대한 이해도를 높이는 데 도움이 되고 당신이 흥미를 느낄 추가 자료가 많다. 더 많은 정보를 원한다면 웹사이트(http://www.haroldhammbook.com)를 방문할 것을 제안한다. 당신과 주변 지인들에게 영향을 줄 중요한 일에 관해 꾸준히 정보를 얻고 싶다면 이메일 뉴스레터를 구독할 것을 제안한다.

햄 미국 에너지 연구소와
함께하자

"인류의 최대 에너지 수요를 해결하는 것"이 햄 미국 에너지 연구소가 설립된 취지다. 이것이 연구소가 정확하게 하는 일이다. 연구소를 통해서 달성할 비전은 협업, 연구와 개발을 통해서 세계적으로 과학에 기반한 실용적인 해결책을 개발하는 데 업계를 참여시키고 내일의 에너지 리더를 키우는 것이다. 연구소는 세계 환경을 보호하고 전 세계의 에너지 소비자를 돕기 위해서 에너지 개발과 생산 분야에서 학문적 역량을 고취하고자 한다. 모두가 안정적으로 공급되는 저렴한 에너지의 혜택을 누려야 한다고 믿는다. 에너지 빈곤을 끝내고 에너지 풍족을 보장하는 것이 목표다.

햄 미국 에너지 연구소는 전 세계적으로 가능성 추구의 사고를 권장한다. 우리와 함께 세상을 더 살기 좋은 곳으로 바꾸자!

게임 체인저

발행 초판 1쇄   2024년 8월 30일

지은이   해롤드 햄
옮긴이   장진영
감수자   유정준

펴낸이   김영범
펴낸곳   ㈜북새통 · 토트출판사
주 소   서울시 마포구 월드컵로36길 18 삼라마이다스 902호 (우)03938
대표전화 02 - 338 - 0117
팩 스   02 - 338 - 7160
출판등록 2009년 3월 19일 제 315 - 2009 - 000018호
이메일   thothbook@naver.com

ⓒ 해롤드 햄, 2024
ISBN   979 - 11 - 94175 - 05 - 6 03320